城市轨道交通运营与维修技术丛书

城市轨道交通车辆运行与维修
（第二版）

邵伟中　宋　博　刘纯洁　主编

中国建筑工业出版社

图书在版编目(CIP)数据

城市轨道交通车辆运行与维修/邵伟中，宋博，刘
纯洁主编. —2 版. —北京：中国建筑工业出版社，
2019.6（2023.3重印）
（城市轨道交通运营与维修技术丛书）
ISBN 978-7-112-23684-8

Ⅰ.①城…　Ⅱ.①邵…②宋…③刘…　Ⅲ.①城市
铁路-铁路车辆-车辆运行②城市铁路-铁路车辆-车辆
修理　Ⅳ.①U239.5

中国版本图书馆 CIP 数据核字(2019)第 082789 号

本书共 6 章，分别是：概述、城市轨道交通车辆的运用和检修管理、地铁
车辆的维修、地铁车辆的机械部件维修、地铁车辆的电气部件维修、地铁车辆
维修主要设备等内容。在本次修订时，新增了车辆检修新技术、无人驾驶技
术、车辆检修发展趋势、辅助系统、乘客信息系统和其他电气系统等内容。全
书内容系统完整，描述全面简洁。

本书可作为城市轨道交通车辆检修专业、运输专业的教材，也可作为城市
轨道交通管理及相关专业人员的培训教材，还可供城市轨道交通企业车辆检修
人员使用。

责任编辑：胡明安
责任校对：李欣慰

城市轨道交通运营与维修技术丛书
城市轨道交通车辆运行与维修
（第二版）
邵伟中　宋　博　刘纯洁　主编

*

中国建筑工业出版社出版、发行（北京海淀三里河路 9 号）

各地新华书店、建筑书店经销

北京科地亚盟排版公司制版

北京建筑工业印刷厂印刷

*

开本：787×1092 毫米　1/16　印张：19½　字数：473 千字
2019 年 7 月第二版　2023 年 3 月第七次印刷
定价：**60.00** 元
ISBN 978-7-112-23684-8
(33986)

丛书编委会

顾　问：朱沪生　孙　章　王居宽

主　编：邵伟中　宋　博　刘纯洁

副主编：王如路　张凌翔　殷　峻　王大庆

编　委（以姓氏笔画排序）：

丁亚琦　王生华　王建兵　艾文伟

朱　妍　朱　毅　庄毅华　闫静雅

余佑民　陈　君　周　明　周　炯

周磊姿　姚湘静　奚笑冬　高伟民

瞿　斌

本书编写人员名单

主　　编：王生华　印祯民
第 1 章　周　炯　奚笑冬　高伟民
第 2 章　丁亚琦　傅嘉俊　金翠萃　沈晨君
第 3 章　周　炯　余佑民　王建兵　王林峰
第 4 章　张玮东　李文涛　朱皓青　郭秀娟　周　健
第 5 章　朱家奇　李晓靖　顾　潇　吴正晨
第 6 章　王汛韬　陈　超

前　言

城市轨道交通的高速发展，对促进城市经济发展、改善现代城市交通困扰局面、调整和优化城市区域布局、促进国民经济发展发挥了重要作用。同时，伴随科技水平的不断进步和发展，大量新设备、新技术在城市轨道交通生产中得到了广泛应用，新形势下对城市轨道交通专业人才提出了更高要求，现场关键岗位急需大量专业技能精湛，综合业务能力强的技能人才，这就迫切需要能够适应新形势需求，更加切合本专业特色的教材。

考虑到《城市轨道交通运营与维修技术丛书》（第一版）已成书十余年，在这十余年间，城市轨道交通技术的发展日新月异，大量的新技术、新方法和新工艺在车辆运维过程中得到了广泛的应用。不可避免地，原"丛书"的部分内容已不适应城市轨道交通运营的实际情况，针对这一情况，为了使本书能够更好地贴合当前城市轨道交通运维的实际情况，我们组织修订了这套《城市轨道交通运营与维修技术丛书》。

《城市轨道交通车辆运行与维修》是在当前最新一代地铁技术应用成就基础上，以上海地铁及广州地铁的模式为依托，结合国内、外同行业的先进技术经验，对投入运营的轨道交通项目，应怎样通过科学的运营管理手段，保持不同专业技术系统的可靠性和安全运转，进行了系统的论述。同时，我们通过直接和间接的实践经验，将有关资料归纳汇总上升到理论上，在同行业中作一抛砖引玉的尝试，希望能在运营管理与维修领域里，起到一定的作用。

在本次修订过程中，编者根据城市轨道交通发展的最新成果，对文中的部分老旧、过时的内容进行了删减和替换。同时，新增了车辆检修新技术、无人驾驶技术、车辆检修发展趋势、辅助系统、乘客信息系统和其他电气系统等内容，贴合城市轨道交通车辆系统应用技术的发展方向。全书内容系统完整，描述全面简洁，既可作为城市轨道交通车辆检修专业、运输专业的教材，也可作为城市轨道交通管理及相关专业人员的培训教材，还可供城市轨道交通企业车辆检修人员参考。

本套丛书的修订，是在建设部科技发展促进中心的主持和指导下得以完成的，并得到了上海申通地铁集团有限公司和广州地铁集团有限公司的大力支持，在此，谨向支持本套丛书的所有人表示诚挚的感谢！

由于我国城市轨道交通车辆发展日新月异，书中的资料和数据与实际设备存在个别的差异，仅供参考。鉴于编者水平所限，疏漏及不足之处在所难免，期待广大读者和同行多提宝贵意见。

编者
2019 年 1 月

目　　录

第1章 概　述

1.1　城市轨道交通及其车辆的发展

1. 城市轨道交通的发展

世界上第一条地铁于 1863 年 1 月 10 日在英国伦敦建成，列车由蒸汽机车牵引，尽管非常简陋，乘客饱受烟熏之苦，并且有煤气中毒的危险；但是由于它载客量大，每年可运送 1000 万乘客，还是充分显示了作为城市大容量交通工具的发展前景。

1890 年 12 月 18 日伦敦开通了世界第一条电力牵引地铁，车辆采用了电气传动，由三轨直流 600V 供电，并且采用转向架和韦斯丁豪斯空气制动机技术，由于采用电作为能源，在城市发展中大大减少了由于城市交通发展所引起的环境污染，受到人们的青睐，城市轨道交通从此进入连续发展的时期。截至 1935 年，世界上有纽约、芝加哥、巴黎、柏林、东京、莫斯科等 20 多个城市修建了地铁。

第二次世界大战后几十年，由于经济的恢复，随着人口大量增加并逐步集聚到城市，以及城市各产业的发展和科学技术的进步，在世界范围内，城市化的进程明显加快。世界发达国家在完成城市化之后，城市仍然在不断扩大。以经济发达的大城市为中心，带动周围城镇和农村，逐步形成以大城市为核心的经济区域，已成为城市发展的趋势。

在交通工具中，由于人们普遍感到汽车方便、灵活，汽车成为城市交通的主要工具得到大量应用，但随着城市人口的迅速增加，导致汽车增多，产生了交通拥挤堵塞、交通事故增加以及噪声、空气污染等一系列问题。

城市轨道交通具有运量大、速度快、低污染、避免地面拥挤、充分利用空间等其他交通工具所无法比拟的优势。另外，地铁的发展对城市发展和结构也会产生极大的良好影响，地铁可以和地面、高架道路联合构成高速交通网，地铁车站可以成为立体换乘中心，极大地吸引客流，还可以吸引公共事业、商业、服务等行业，促进其发展，形成城市发展新的中心，使城市的结构和产业布局更加合理。

随着世界经济的快速发展，促使城市化的加快，地铁建设得到蓬勃发展，截至 2016 年世界各地已有 220 座城市建有地铁，这些城市都已经形成较为完善的地下铁路交通网。地铁已成为城市交通的主要工具，也成为城市现代化发展水平的重要标志（见表 1.1-1）。

主要城市地铁运营情况（2016 年） 表 1.1-1

城市	运营长度（km）	车站数（座）	日均进站量（万人次）	日均客运量（万乘次）
上海	617	367	538.14	928.18
纽约	532.3	469	487.81	732.54
北京	460	274	435.25	826.73
伦敦	427.3	320	382.12	529.11

城市	运营长度（km）	车站数（座）	日均进站量（万人次）	日均客运量（万乘次）
莫斯科	338.5	203	646.83	1034.93
首尔	303	277	—	730
广州	301.3	190	421.59	701.73
马德里	285.6	301	158.63	232.66
墨西哥城	226.5	195	454.25	698.72
巴黎	205.8	386	424.04	—
香港	199.6	107	464.43	732.51
德里	187.5	154	275.38	386.48
柏林	146.3	194	151.12	—
台北	131.1	122.5	202.18	302.97
新加坡	129.8	84	209.87	229.87
巴黎	115.1	67	133.57	—
圣地亚哥	103.5	108	183.54	281.09
圣保罗	68.5	64	242.7	302.55

由于城市、地区、服务对象和客运量的不同，城市轨道交通出现多样化的发展趋势，除地铁外，其他类型的城市轨道交通也得到蓬勃发展，形成了有轨电车、轻轨交通、单轨交通、新交通系统、磁浮交通等多种城市轨道交通形式。

2. 我国城市轨道交通的发展

我国城市轨道交通起始于20世纪初，1908年我国上海第一条有轨电车建成运营，在20世纪50年代，北京、大连、天津、长春、沈阳、哈尔滨、鞍山等城市也相继建成多条有轨电车线路，曾在城市交通中起到骨干作用。但由于占用道路、速度慢以及城市建设规划等原因，被逐步拆除，目前只有长春、大连等少数城市还有有轨电车，并对有轨电车进行了改造，如大连的高科技园—沙河口的有轨电车线就采用了VVVF交流传动的六轴铰接的低地板电车。

在20世纪60年代，我国开始动工修建以地下铁道为标志的大运量、高速度的城市轨道交通。我国第一条地铁线路于1969年建成通车，它就是北京地铁1号线，从北京火车站—苹果园站，全长23.6km，随后延伸至四惠站，北京地铁1号线全长31km。截至2016年，北京城市轨道交通运营线路里程已超过460km。

上海地铁1号线北起火车站到终点站虹梅路，全长16.1km，于1995年4月通车，后经南、北延伸，上海地铁1号线全长增加到约37km，上海地铁先后又建成通车2号线64km、3号线（又称明珠线）40km、4号线33.6km、5号线17km、6号线36km、7号线34km、8号线23km、9号线45.6km、10号线（无人驾驶线路）36km、11号线120km、12号线40.4km、13号线38km、16号线59km、17号线35km等多条线路。到2016年，上海城市轨道交通运营线路里程达到617km，另有磁浮线30km建成通车运营。

目前，全国已开通运营的城市轨道交通的有北京、上海、广州、南京、深圳、天津、重庆、长春、武汉、大连、长沙、乌鲁木齐等30余座城市，总长度近4152.8km。城市轨道交通已成为城市持续发展的重要方面，建设城市轨道交通的城市数量迅速增加，我国城市轨道交通已进入快速发展阶段。

截至2017年年末，中国内地共计34个城市开通轨道交通线路165条，运营线路长度达到 5033km。共有 62 个城市的城市轨交通线网规划获批，规划线路总长 7321km。一线城市均已进入城市轨道交通网络化运营时代。

3. 地铁车辆的技术发展

（1）国外地铁车辆技术发展概况

地铁发展至今已有 160 多年的历史，城市轨道交通车辆的技术也在世界工业技术发展的基础上得到了不断地发展。

1）车体

车体结构从最初的木制车体，20 世纪初采用钢制车体，1952 年伦敦地铁开始采用铝合金车体，1858 年开始采用不锈钢车体，目前车体已发展为铝合金大型挤压型材或不锈钢整体承载车体轻型结构。

2）车辆牵引

牵引方式从 1863 年的蒸汽机车牵引，1890 年采用电力机车牵引，1896 年采用电动车辆由安装在转向架的直流电动机实现牵引，在 20 世纪 60 年代出现斩波调压车辆，在 1977 年柏林地铁开始采用交流电动机传动并发展了变压变频调速（VVVF）技术。

3）制动

制动从最早采用车长手制动方式，1875 年采用真空制动机，1890 年开始使用威斯丁豪斯自动制动机、之后逐步发展为电气和空气的联合制动，电气制动继而实现了再生制动，近年来空气制动进一步发展了计算机控制模拟制动机。

4）车辆走行部

车辆走行部最早采用二轴或四轴转向架，1904 年开始采用转向架，1950 年开始采用螺旋弹簧和液压减振器的联合减振装置，20 世纪 50 年代末出现了由压型钢板焊接成的轻型转向架构架，目前发展为构架为焊接结构、二系悬挂采用空气弹簧、无摇枕转向架。

5）车辆控制及驾驶

随着计算机技术的发展和应用实现了对列车及车辆各个系统的计算机网络自动化控制和故障自我诊断。特别是自动驾驶技术的应用，使列车实现了自动驾驶。法国、新加坡、加拿大等多个国家的城市轨道交通线路已经实现无人驾驶。

（2）我国地铁车辆的技术发展

我国从 1962 年开始研制地铁车辆技术，1967 年试制成功第一列地铁车辆，1969 年批量生产的 DK2 型地铁车辆于 1969 年 10 月 1 日开始在北京地铁运行，标志着我国现代城市轨道交通的开始。以后又对地铁车辆进行了大量自主技术研究、技术开发和车辆的改进工作，从 20 世纪 80 年代开展了多种形式的国际技术合作，进行了技术引进、合作生产和大量的国产化工作，使我国的城市轨道交通车辆的生产水平得到迅速提高。

1）车辆牵引技术

我国车辆的牵引技术走过了从直流牵引到交流牵引技术的历程，直流牵引控制技术又经过了凸轮变阻控制、斩波调阻控制和斩波调压控制阶段，目前"VVVF"控制的交流牵引技术已在我国城市轨道交通车辆使得到普遍应用。

20 世纪 60 年代我国地铁车辆采用直流牵引技术，牵引控制系统主要采用凸轮变阻方式，从开始批量生产的 DK2 型车辆直到 1994 年开发的北京 DK20 型车辆，虽经过大量技术改进，但基本采用的都是直流牵引、凸轮变阻控制方式。这种方式由于具有调速容易、运行可靠的特点，运行了多年，但也存在直流牵引系统重量大、体积大、维修量大以及能耗大、车辆运行平稳性能较差的问题，并且车辆长期运行会引起隧道内温升加剧。为了改进电阻调速质量，20 世纪 70 年代湖南湘潭电机厂成功开发了斩波调阻技术，并在北京地铁早期使用的车辆更新、改造中得到可喜应用。随着电子技术的发展，在大功率半导体晶体发展的基础上采用晶闸管，实现了斩波调压技术，继而又以 GTO（大功率可控硅元件）代替晶闸管，利用计算机控制技术实现了车辆牵引系统的无级调速。1987 年我国在进口日本斩波调压地铁车辆的同时，引进了车辆斩波调压系统设备的制造技术，在 1987 年设计、生产了 DKZ1 型地铁车辆并在北京地铁投入运行。20 世纪 90 年代初上海地铁 1 号线进口的地铁车辆采用了 GTO 元件由计算机控制的直流斩波调速牵引系统。

20 世纪 90 年代初，"VVVF"交流牵引技术被广泛应用，采用三相交流异步电动机作为牵引电机，牵引控制采用交流调频调压控制技术。20 世纪 90 年代，广州地铁 1 号线、上海地铁 2 号线引进的车辆的都是 VVVF 交流调频调压技术，我国目前生产的城市轨道交通车辆都采用了"VVVF"交流调频调压调速技术。我国也对"VVVF"交流调频调压调速技术进行研究、开发，株洲时代电气研制、四方车辆研究所等开发的完全自主产权的上述系统已投入使用。

2）车体制造技术

我国地铁车辆开始生产时主要采用碳素钢作为车体材料，造价低，但车体自重大、易腐蚀、维修成本高。20 世纪 80 年代耐腐蚀性能较好的耐候钢在国内地铁车辆得到广泛应用，同时车体制造工艺不断提高、完善，与采用碳素钢相比，车体的自重逐步降低，寿命得到很大提高。随着大型铝合金型材及其焊接技术和不锈钢以点焊为主要生产工艺的成熟，铝合金及不锈钢轻型车体结构被大量应用，尽管其价格相对较高，但由于其重量轻、耐腐蚀、使用寿命长，可以免除大量日常维护保养工作，这些优点使得铝合金及不锈钢车辆得到飞速发展。上海、广州于 20 世纪 90 年代引进的车辆均采用了铝合金车体。我国目前生产的城市轨道交通车辆，都采用了铝合金车体。我国在引进不锈钢车体生产技术的基础上，由长春客车厂和北京地铁联合研制，自行设计、生产的 DKZ6 型无涂装不锈钢地铁车辆采用高强度不锈钢材料和轻量化结构设计（图 1.1-1）。同时，激光焊、搅拌摩擦焊等焊接新技术也在车体生产中得到了广泛的应用。这些都为我国高速发展的城市轨道交通创造了有利条件。

图 1.1-1　我国研制生产的 DKZ6 型无涂装不锈钢地铁车辆

3）车辆制动技术

车辆制动系统是保证车辆运行安全的重要保证，我国地铁车辆最初采用 DK 型电空制动机，空气制动和电气控制作用同时产生，在电气控制失效时空气制动还能发挥作用。之后研制、开发了 SD 数字式直通电空制动机，该制动系统缩短了空走时间和制动距离，改善了车辆制动的一致性。1989 年北京地铁在吸收消化引进国外模拟制动技术和装备基础上研制成功电气控制模拟直通电空制动系统，有制力空一重车调整功能，可与 ATC 装置配合，但没有采用微机控制技术。20 世纪 90 年代广州地铁 1 号线、上海地铁 2 号线引进的车辆以及目前国内生产的城市轨道交通车辆都是采用的 NOBCO 和 KNORR 公司的微机控制的模拟直通电空制动系统。目前国内供应商，如中国铁道科学研究院、今创集团、南京中车浦镇海泰有限公司等都已有列车制动系统的国产化替代产品，并已得到了实际应用。

4）车辆整体制造技术

在转向架、车钩缓冲装置、通风空调、内装饰和乘客服务设施等方面采用世界先进技术的同时，也得到了持续改进和完善。

我国城市轨道交通车辆在引进、吸收、消化世界先进技术的同时进行创新，国产化工作蓬勃开展，可喜的是整列车辆的国产化生产也取得很大成绩，在 2005 年由北京地铁运营公司、长春客车厂、株洲时代电气和北京大城轨道信号公司使用完全自主技术联合研制、开发、生产的地铁车辆正式投入运行，技术性能和技术水平都接近了世界先进的水平。图 1.1-2 是北京国产化地铁车辆正在进行调试的情景。

图 1.1-2　北京国产化地铁车辆调试

我国在生产制造钢轮、钢轨车辆以外，还生产制造了单轨车辆、直线电机车辆。重庆地铁 2 号线，是中国西部地区第一条城市轨道交通线路，于 2005 年 6 月正式通车，如图 1.1-3，它也是中国第一条跨座式单轨线路。我国首列商业运营的中低速磁悬浮列车也已于 2015 年 12 月在长沙开通运营，如图 1.1-4。

我国城市轨道交通车辆的生产技术已接近或达到了世界现代化水平，为我国快速发展的城市轨道交通创造了有利条件。

图 1.1-3　重庆地铁 2 号线

图 1.1-4　长沙低速磁悬浮

1.2　城市轨道交通车辆的类型和选择

城市公共交通方式多种多样，城市道路交通和城市轨道交通都是城市公共交通的组成部分，它们具有不同的特点、能力。合理选择乘客运载工具、确定车辆类型，发挥各种交通方式优势，从而适应不同的需求，这是城市公共交通规划的核心。

城市道路交通，包括公共汽车、无轨电车以及出租车等，虽然站距小、灵活性大，投资也较小，可以随城市的发展而开辟新的线路，但其客运量较小，行驶速度也较低，并受地面交叉路口的限制，影响了交通的通畅程度。

城市轨道交通具有快速、安全、准时、大运量、无污染等众多优越性，作为城市公共交通的主要发展方向已被广泛地认同。国际、国内均已经明确城市交通应发展公共交通，而轨道交通应作为城市公共交通发展的重点。由于城市轨道交通均为专运通道，且大部分设置在地下（特别是城市中心区）或高架，因而投资造价高、投资大。城市轨道交通的系统费用由建设费、车辆购置费、运营费组成，其中车辆购置费和运营费占据着较大比例，因此，在考虑满足客流需求、适应城市发展的城市轨道交通网络时，应正确选用车辆的类型。

1. 概述

城市轨道交通是采用轨道进行承重和导向的车辆运输系统，依据城市交通总体规划的要求，设置全封闭或部分封闭的专用轨道线路，具有线路、信号、车站、供电、控制中心和服务等设施，以列车或单车形式，运送相当规模客流量的城市公共交通方式。城市轨道交通作为城市公共交通的重要组成部分，具有城市公共交通的特点。城市轨道交通运营中有早高峰、晚高峰的客流鲜明特征，要根据客流特点确定运营时间和列车行车的密度，非运营时间列车回车场进行检查维修。城市轨道交通分为地铁系统、轻轨交通系统、单轨交通系统、磁浮交通系统、自动导向交通系统等，见表1.2-1城市轨道交通分类表。

车辆类型选用的主要因素有。

（1）客流特点

城市轨道交通运送的主要对象是市内常住人口的上下班客流、车站和机场的集中到达客流、节假日及大型活动的集中客流、流动人口集中进出城市的客流等。建设城市轨道交通的最终目的是缓解城市公共交通，改善人们的出行条件，促进城市的经济发展。

（2）客流量

根据单向高峰小时最大断面客流量，通常单向高峰小时最大断面客流量在0.6～1万人次/h，宜采用地面公共交通车辆；1～3万人次/h可采用轻轨交通车辆；3～7万人次/h应选择地铁交通车辆；

（3）旅行速度

市区采用地面公交车辆，旅行速度为10～25km/h；市区交通采用轻轨、地铁交通车辆，旅行速度可为30～40km/h；城郊间采用快速轨道交通车辆，旅行速度为50～60km/h；城际区域间则要采用更高旅行速度的车辆。

（4）线路条件

若由于地形限制，线路小半径、大坡度特别多，就要考虑采用单轨车辆、直线电机车辆或低速磁浮车辆。

城市轨道交通分类表   表1.2-1

系统	分类	车辆和线路条件	客运能力 N(人次/h) 运营速度 v(km/h)	备注
地铁系统	A型车辆	车长：24.4m/22.8m，车宽：3.0m； 定员：310人； 线路半径：≥300m； 线路坡度：≤35‰	N：4.0～7.5万 v：≥35	高运量，适用于地下、地面或高架
	B型车辆	车长：19.52m，车宽：2.8m； 定员：230～245人； 线路半径：≥250m； 线路坡度：≤35‰	N：3.0～5.0万 v：≥35	大运量，适用于地下、地面或高架
	直线电机B型车辆	车长：（17.2m）16.8m，车宽：2.8m； 定员：215～240人； 线路半径：≥100m； 线路坡度：≤60‰	N：2.5～4.0万 v：≥35	大运量，适用于地面高架或地下

系统	分类	车辆和线路条件	客运能力 N(人次/h) 运营速度 v(km/h)	备注
轻轨系统	C型车辆	车长：18.9～30.4m，车宽：2.6m； 定员：200～315人； 线路半径：≥50m； 线路坡度：≤60‰	N：1.0～3.0万 v：25～35	中运量，适用于地下、地面或高架
轻轨系统	直线电机C型车辆	车长：16.5m，车宽：2.5m； 定员：150人； 线路半径：≥60m； 线路坡度：≤60‰	N：1.0～3.0万 v：25～35	中运量，适用于地面高架或地下
轻轨系统	有轨电车系统 （单车或铰接车）	车长：12.5/28m，车宽：≤2.6m； 定员：110/260人； 线路半径：≥30m； 线路坡度：≤60‰	N：0.6～1.0万 v：15～25	低运量，适用于地面道路混行。
单轨系统	跨座式单轨车辆 GJ_{231}	车长：15m，车宽：3m； 定员：150～170人； 线路半径：≥60m； 线路坡度：≤60‰	N：1.0～3.0万 v：≥35	中运量，主要适用于高架
单轨系统	悬挂式单轨车辆	车长：14m，车宽：2.6m； 定员：80～100人； 线路半径：≥60m； 线路坡度：≤60‰	N：0.8～1.5万 v：≥20	中运量，主要适用于高架
磁浮系统	低速磁浮车辆	车长：12～15.5m，车宽：2.6～3.0m； 定员：150人； 线路半径：≥70m； 线路坡度：≤70‰	N：1.5～3.0万 最高运行速度：100km/h	中运量，主要适用于高架
磁浮系统	高速磁浮车辆	车长：24～27m，车宽：3.7m； 定员：100人； 线路半径：≥300m； 线路坡度：≤100‰	N：1.0～2.5万 最高运行速度：430km/h	中运量，主要适用于郊区高架。
自动导向系统	胶轮导向车辆	车长：8.4m，车宽：≤2.4m； 定员：75人； 线路半径：≥30m； 线路坡度：≤60‰	N：0.6～1.5万 v：≥25	低运量，主要适用于高架
区域快速系统	特型车辆	车长：22～25m，车宽：≤3.4m； 定员：≥120人； 线路半径：≥400m； 线路坡度：≤30‰	N：1～3万 v：120～160	大运量，适用于城市区域交通方式

2. 地铁系统

地铁系统是高、大客运量的城市轨道交通系统，是城市轨道交通的主要形式。地铁车辆主要在大城市地下隧道中运行，也可在地面或高架线路上运行。根据线路客运规模的不同，分为高运量地铁和大运量地铁。

高运量地铁车辆的基本车型为A型车，大运量地铁车辆为B型车或直线电机B型车。车辆有带司机室和不带司机室、动车和拖车、动车带受电弓与不带受电弓之分的各种车型。列车编组通常由 4～8 辆组成，最高行车速度应大于 80km/h，旅行速度可达 35～45km/h，最小运行间隔可达 1.5min。地铁车辆的驱动方式有直流电机、交流电机，它们都是旋转式牵引电动机，依靠轮轨粘着作用传递牵引力；除了直流和交流电机外，近代新发展了直线电动机，它将传统电动机从旋转运动方式改为直线运动方式，突破了轨道车辆长期以来依靠轮轨粘着作用传递牵引力的传统技术。各种车型对线路技术条件的要求，以及适用的单向小时最大断面客流量都有所不同。图 1.2-1～图 1.2-5 为上海 1 号线、4 号线、广州地铁 2 号线、深圳地铁 1 号线、南京地铁 1 号线的地铁车辆，采用了 A 型车，图 1.2-6～图 1.2-13 为北京、天津、武汉、大连、郑州、乌鲁木齐的地铁车辆和城轨车辆，采用了 B 型车。

地铁系统的车辆及主要系统的标准及特征如表 1.2-2：

地铁系统主要标准及特征 表 1.2-2

	项目	标准及特征		
	车型	A 型	B 型	直线电机 B 型车
车辆	车辆基本宽度（mm）	3000	2800	2800
	车辆长度（mm）	24400/22800	19520	17200/16840
	车辆定员	310	230/245	215/240
	车辆最大轴重（t）	≤16	≤14	≤13
	列车编组（辆）	4～8	4～8	4～8
	列车长度（m）	100～186	80～160	70～136
线路	类型、形式	地下、高架及地面，全封闭型		
	最小平面曲线半径（m）	300	250	100
	最大限坡（‰）	35		60
运量规模		高运量	大运量	
高峰小时单向运能（万人次/h）		4.0～7.5	3～5	2.5～4.0
供电电压及方式		DC1500V 接触网供电或三轨	DC1500/750V 接触网或三轨	DC1500/750V 接触网或三轨
旅行速度（km/h）		≥35		

图 1.2-1　上海地铁 1 号线车辆
（A 型车，1500V 接触网受电，直流传动，铝合金车体）

图 1.2-2　上海地铁 4 号线车辆

（A 型车，1500V 接触网受电，交流传动，铝合金车体）

图 1.2-3　广州地铁 2 号线车辆

（A 型车，1500V 接触网受电，交流传动，铝合金车体）

图 1.2-4　南京地铁 1 号线车辆

（A 型车，1500V 接触网受电，交流传动，铝合金车体）

图 1.2-5　深圳地铁 1 号线车辆

（A 型车，1500V 接触网受电，交流传动，铝合金车体）

图 1.2-6　北京地铁 DK20 型车辆

（B 型车，750V 三轨受电，直流传动，耐候钢车体）

图 1.2-7　北京城轨 DKZ5 型车辆

（B 型车，750V 三轨受电，直流传动，耐候钢、不锈钢车体）

图 1.2-8　北京八通线车辆

（B 型车，750V 三轨受电，交流传动，不锈钢/耐候钢车体）

图 1.2-9　天津滨海线车辆

（B 型车，750V 接触网受电，交流传动，不锈钢/耐候钢车体）

图 1.2-10　武汉轨道交通 1 号线车辆

（B 型车，750V 三轨受电，交流传动，耐候钢车体）

图 1.2-11　大连城市快速交通车辆
（B 型车，1500V 接触网受电，交流传动，耐候钢车体）

图 1.2-12　郑州地铁 1 号线
（B 型车，1500V 接触网受电，交流传动，铝合金车）

图 1.2-13　乌鲁木齐地铁 1 号线
（B 型车，1500V 接触网受电，交流传动，铝合金车）

　　直线电机车辆采用交流变频变压控制的直线电机传动技术，直线电机是线性异步感应电动机的简称，其工作原理与旋转式感应电动机类似。可看成是将旋转电动机沿半径方向展开，定子由硅钢片叠压成扁平形状的铁芯上，放入两层叠绕的三相线圈构成，沿纵向固定安装于车辆转向架构架下部；而转子亦可看作是展平的感应轨，铺设在两条走行轨之间。工作基本原理见图 1.2-14。当通过交流电时，由于磁场的相互作用产生推力，驱动车辆运行或制动车辆。由于取消了传统的旋转电机从旋转运动转换成直线运动的机械变速传动机构，转向架变得重量轻、结构简单。

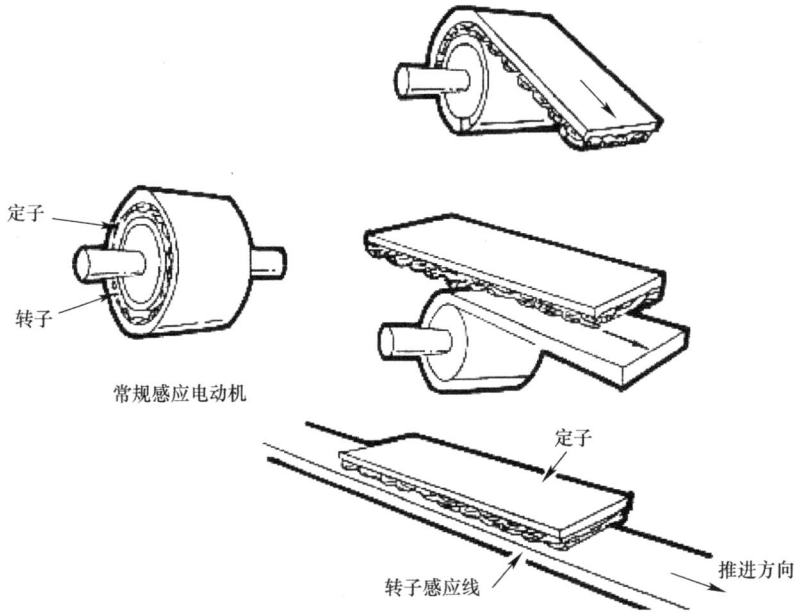

图 1.2-14　直线电机的工作原理

直线电机车辆的优点为：

（1）噪声低。由于省去了传统的机械减速传动机构，轮轨间不传递牵引力，从而减轻了轮轨间的磨耗，减少了许多噪声源。

（2）车辆小半径曲线通过能力强。采用线性电机，可采用小轮径的径向转向架，提高了车辆过小半径曲线的能力。

（3）车辆的爬坡能力强。车辆依靠直线电机直接驱动和制动，车轮仅起导向和支承作用，牵引力直接由轨道上的感应轨作用于装在车辆上的定子，所以不受轮轨间的粘着力影响，可产生较高的加、减速度，不会出现车轮打滑现象。

直线电机车辆缺点是效率低，约为旋转电机的效率70%，直线电机比同样功率旋转电机的耗电量大。另外，需要在线路的全长范围铺设感应轨，工艺要求高，工程投资大，控制技术复杂，车辆的制造成本高。一般运行在小半径曲线、大坡道线路上的车辆采用直线电机车辆。直线电机车辆已在加拿大的温哥华、多伦多和日本的大阪等城市以及在我国广州获得了应用。

地铁车辆中直线电机车辆根据其载客量分为直线电机 A 型车辆、直线电机 B 型车辆两类，直线电机 C 型车辆属于轻轨交通车辆。

我国广州 4、5 号线已采用直线电机 B 型车辆。车辆在正线运行采用 1500V 三轨受电，车辆进入检修基地时采用接触网受电（图 1.2-15）。

图 1.2-15　广州直线电机车辆

(B 型车，1500V，三轨/接触网受电，交流传动，铝合金车体)

3. 轻轨交通系统

轻轨交通系统是一种中运量的轨道交通系统，主要在城市地面空间环境中运行，线路采用地面专用轨道或高架桥轨道，在城市中心街区也可进入地下运行或与地铁接轨。

轻轨车辆的基本车型为 C 型车和直线电机 C 型车，轻轨 C 型车车体宽度为 2600mm，直线电机 C 型车车体宽度可为 2500mm。C 型车又可分为 C-Ⅰ型、C-Ⅱ型、C-Ⅲ型三种类型，具体分类如表 1.2-3。

C 型车分类表 表 1.2-3

类型	车辆	低地板车型	高地板车型
C-Ⅰ型	单节四轴轻轨车	C-Ⅰ（D）	C-Ⅰ（G）
C-Ⅱ型	单铰双节六轴轻轨车	C-Ⅱ（D）	C-Ⅱ（G）
C-Ⅲ型	双铰三节八轴轻轨车	C-Ⅲ（D）	C-Ⅲ（G）

轻轨交通的列车编组，C 型车通常由 1～3 辆组成，直线电机 C 型车可由 4～6 辆组成（图 1.2-16）。

图 1.2-16　长春低地板轻轨车辆

(C 型车，750V 接触网受电，耐候钢车体)

轻轨交通系统主要标准及特征见表 1.2-4。

轻轨交通系统主要标准及特征表 表 1.2-4

项目		标准及特征			
	车型	C-Ⅰ型	C-Ⅱ型	C-Ⅲ型	直线电机 C 型车
车辆	车辆宽度（mm）	2600	2600	2600	2500
	车辆基本长度（mm）	18900	2320	30400	16500
	车辆定员（人）	200	240	315	150
	车辆最大轴重（t）	11	11	11	11
	列车编组（辆）	1～3	1～3	1～3	4～6
	列车长度（m）	20～60	25～70	31～92	66～100
线路	类型、形式	高架、地面或地下，封闭或专用车道			封闭
	最小平面曲线半径（m）	受电弓 R≥50，受电器 R≥80			
	最大限坡（‰）	60			
高峰小时单向运能（万人次/h）		1～3			
供电电压及方式		DC750V/1500V 架空接触网			
旅行速度（km/h）		25～35			

　　轻轨交通系统还包括有轨电车，这里讲的有轨电车是采用现代科技，如交流牵引技术、计算机控制技术等，对过去城市有轨电车车辆和信号进行相应改造的新型有轨电车，是一种低运量的轻轨交通，主要在城市道路上铺设的轨道线路上和其他车辆混合运行，也可以采用半封闭专用车道（在道路平交道口处，采用优先通行信号）和全封闭专用车道（在道路平交道口处，采用立体交叉方式通过）。车站布置，可考虑设在街道两旁、人行道上，应与周围地形和环境密切配合，形式可灵活多样。新型有轨电车为适应不同运量的需要，有四轴六轴单绞及八轴双绞车等基本类型，可单节运行亦可编组运行。车辆采用低地板形式，乘降方便。图 1.2-17 所示为德国法兰克福低地板有轨电车，图 1.2-18 是大连低地板有轨电车。

图 1.2-17　德国法兰克福低地板有轨电车

图 1.2-18　　大连低地板有轨电车

4. 单轨系统

单轨交通系统是一种车辆在特制轨道梁上运行的中运量轨道运输系统，车辆与其专用轨道组合成一体的交通工具，轨道梁不仅是车辆的承重结构，同时也是车辆运行的导向轨道，单轨交通的类型主要有两种，一种是车辆跨坐在单片梁上运行的方式，称之为跨座型单轨电车系统，另一种是车辆悬挂在单片梁上运行的方式，称之为悬挂式单轨电车系统。

单轨交通系统的列车，通常为 4～6 节车编组，车辆供电制式为 DC750V 或 DC1500V。

单轨系统跨座式和悬挂式独轨交通的共同特点为：

（1）适应城市环境、地形复杂的要求

在大坡道和小半径曲线的区段能发挥正常性能。允许单轨线路走向选在很复杂的地形上。单轨交通的车辆使用橡胶轮胎，线路允许最小曲线半径 $R \geqslant 60m$、线路最大坡度不超过 60‰。

（2）占用地少

因为单轨交通轨道结构窄，且又可架设在道路上方，不需要很大空间。在市区不需要征用昂贵的土地，可设在市区道路中间分隔带上方，通过支柱铺设轨道梁。可减少建设线路所必需的拆迁。

（3）运量不大

单轨交通列车由 4 辆或 6 辆车组成，最高行车速度为 80km/h；旅行速度跨座式不小于 35km/h；悬挂式不小于 25km/h，属中运量或低运量车辆，单向每小时的客运量为 1.0～3.0 万人；其运量介于公共汽车与轻轨交通之间。

（4）运输安全、无脱轨事故

由于单轨交通车辆转向架有起稳定作用的导向轮作用在特殊结构轨道梁的两侧，能保证车辆的安全运行，没有脱轨的危险。

（5）建设工期短、施工简便、造价低

单轨交通轨道结构简单，标准轨道梁可在工厂预制，现场拼装，建造容易，工期较短，造价较低。

（6）噪声与振动低，单轨交通采用橡胶轮胎，运行时噪声较低。

单轨系统的缺点有：

（1）能耗大。走行装置采用橡胶轮。能耗比一般轨道交通大约高 40%。

（2）有橡胶粉尘污染。且橡胶轮使用寿命低，仅为 3 年左右，报废后的回收成为难题。

（3）整个系统不能与常规的地铁、轻轨接轨。

（4）道岔结构复杂、笨重，造价昂贵，道岔转换时间较长，列车折返时间长。

（5）列车在运行区间发生事故时，疏散和救援工作比较困难。

单轨交通系统主要适用在城市道路高差较大、城区基本成形、城市道路较狭窄、线路地形条件较差的地区；在旅游区域景点之间的连络线、旅游观光线路等可以采用单轨交通系统。

图 1.2-19　重庆单轨车辆

我国山城重庆市就由于城市道路高差大、线路地形条件差，采用了跨坐式单轨车辆（图 1.2-19），重庆市跨坐式单轨交通车辆的技术数据见表 1.2-5。图 1.2-20 为日本千叶都市悬挂式单轨车辆。

重庆跨坐式单轨交通车辆主要技术数据　　　　　　表 1.2-5

规格		M_c	M
列车编组辆数		$M_c+M+M+M_c$	
轨道尺寸（mm）		8500（L），1500（W）	
受流方式		轨道两侧刚性接触网	
供电电压		DC1500V	
尺寸	长（mm）	15500	14600
	宽（mm）	29800	29800
	高（mm）	5300	5300
自重（t）		9.5	7.5
自重（t）		28.6	27.6
轴距（mm）		走行轮1500，稳定轮2500	
性能	构造速度	80km/h	
	启动加速度	0.833m/s²	
	制动减速度	1.1m/s²	

图 1.2-20　日本千叶都市悬挂式单轨车辆

5. 磁浮交通系统

磁浮交通系统适用于城市人口超过 200 万人的特大城市之间，或区域城市群之间的客运交通。

（1）磁浮交通系统的优点

磁浮列车都具有悬浮、驱动、导向三大功能，利用电磁系统产生的吸引或排斥力将车辆托起，使之悬浮于线路上，利用电磁力导向，使用直线电机将电能直接转化成推动力，推动列车前进，磁浮车辆的基本工作原理见图 1.2-21。磁浮车辆没有车轮、车轴、齿轮传动机构，供电不需要架空输电线网，运行方式为悬浮飞行状态，主要在高架桥和地面上运行，必要时也可在地下隧道中运行。由于磁浮车辆彻底摆脱了轮轨关系的束缚，车辆磁浮运行无轮轨接触摩擦阻力，无机械振动，爬坡能力强，运行速度高；舒适度、平稳性强，运行安全、可靠；无机械噪声、能耗小。另外磁浮列车实现了全自动化控制等优点。

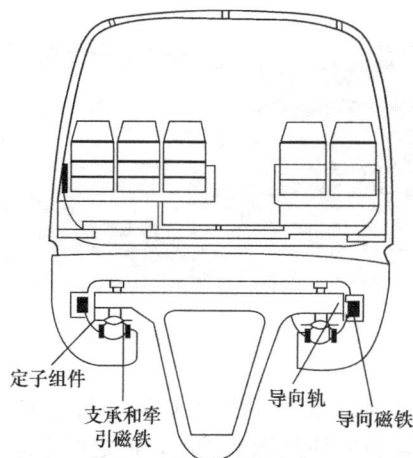

图 1.2-21　磁浮车辆工作原理

磁浮交通系统根据其运行速度可分为低速磁浮系统和高速磁浮系统。

高速磁浮是当今世界最新的地面交通运输技术。它是介于航空运输和常规陆路运输之间的一种新型运输方式，被誉为"21 世纪的交通工具"。

（2）磁浮车辆的分类

磁浮列车采用直线电机作为列车的推进装置，车辆运行时悬浮于轨道，与轨道保持一定间隙，直线电机的推进原理与旋转电机基本上相同，可将其视为直径无限大的旋转电动机。

磁浮车辆根据驱动方式，即"定子"和"转子"的长短可分为两种模式：

第一种是将"定子"安装在车辆底部，"转子"安装线圈在轨道上，即所谓长转子、短定子形式，当"定子"线圈接通电流，产生磁场，"转子"线圈在"定子"磁场中受电磁力作用，产生水平推力，推动列车前进。受流困难，并且效率不高，一般适用于低速、小功率的短距离电力牵引。

第二种是将"转子"安装在车辆底部，整条轨道上安装长"定子"绕组，称长定子、短转子形式。这种系统由于需要向车辆"转子"供电，地面电源只需随列车运行方向，沿途逐段向长"定子"供电，效率很高，高速，大城市间一般都采用这种磁浮系统。

磁浮车辆根据其磁浮方式和工作原理的不同，可分为常导磁吸式（简称 EMS 型）和超导磁斥式（简称 EDS 型）：

常导磁吸式（EMS 型）的磁浮主要利用装设于车辆转向架上的常导电磁直线圈和铺设于线路导向轨上的磁线圈，在磁场作用下相互的吸引力使车辆悬浮于轨面上，为了保持悬浮距离，通常采用测量车辆与轨面之间气隙传感器对系统进行实时反馈控制，使车辆与轨面之间的间隙始终保持在 10mm，使悬浮稳定、运行平稳。这种系统对磁浮间隙的控制精度要求很高。常导磁悬浮车辆利用磁力进行导向，在车辆侧面安装的导向电磁直线圈与导向轨侧面的磁线圈相互作用，使车辆保持正常位置，并与导轨侧面保持一定的间隙。达到控制列车运行方向的目的。德国的 TR 型和日本的 HSST 型磁悬浮列车都采用这种形式。图 1.2-22 为日本低速磁浮车辆。

图 1.2-22　日本低速磁浮车辆

超导磁斥型（EDS 型）的磁浮主要利用车辆底部超导电磁线圈（置于液态氦储存槽内）电流产生强磁场，车辆运行时切割地上线圈，使之产生感应磁场，与车载超导电磁线圈的磁场间产生排斥力，当排斥力大于车辆重量时，车辆就被抬起。控制车上超导电磁线圈的电流，可保持车辆上抬 100～150mm，并能使列车运行保持平稳。悬浮的高度与列车运行速度的大小有关，一般起始悬浮要求车辆运行速度大于 50km/h，列车启动、低速运行、停车时，悬浮力大大减弱以致消失，因此，必须在车辆上装设机械辅助支承装置，如支持轮、弹簧悬挂装置等，以保证安全着地与低速运行。这种系统超导技术比较复杂，而且必需对强磁场加以屏蔽。导向系统一般采用车辆上安装专用的导向超导磁体与导轨侧向的地面线圈产生磁斥力，使列车保持正确的方向运行。采用这种形式的有日本 MLU 型磁悬浮列车。

上海高速磁浮运营示范线已正式投入运营，采用的是德国的 TR 型磁悬浮列车，最高时速可达 500km，目前运行的最高时速为 430km。图 1.2-23 所示为上海高速 TR 型磁浮车辆运行时的情况。

图 1.2-23　上海高速 TR 型磁浮车辆

磁浮交通系统主要标准及特征如表 1.2-6。

磁浮系统主要标准及特征表　　　　　　　　　　　　表 1.2-6

项目		标准及特征	
	车型	低速磁浮系统	高速磁浮系统
车辆	车辆基本宽度（mm）	2800	3700
	车辆长度（mm）	1550	27210/24770
	车辆定员	135/153	80/107
	列车编组（辆）	4～8	4～8
	列车长度（m）	165～125	105～205
线路	类型、形式	高架、地面或地下	高架及地面，全封闭型
	最小平面曲线半径（m）	70	300
	最大限坡（‰）	70	100
运量规模		中运量	中运量
高峰小时单向运能（万人次/h）		1.5～3.0	1.0～2.5
供电电压		DC1500V	DC1500
最高运行速度（km/h）		100	430

6. 自动导向交通系统

自动导向交通系统，是一种车辆采用橡胶轮胎在专用轨道上运行的中运量轨道运输系统，其列车沿着特制的导向装置行驶，车辆运行和车站管理采用计算机控制，可实现全自动化和无人驾驶技术，线路形态在市区采用地下隧道，在郊外宜采用高架结构。占地面积小，自动化程度高，它是一种既节省人力也节省费用的有轨快速客运系统。

自动导向交通系统适用于城市机场专用线或城市中客流相对集中的点对点运送乘客，必要时，中间可设少量停车站。

自动导向交通系统的车辆比地铁和轻轨车辆小，一般列车编组2~6辆，适用于单向每小时1万人次客运量，属中运量的城市轨道交通系统。目前，世界上营运的自动导向交通系统系统有20多条，总长达到200多公里，其中以日本居多，占了总数的50%左右。图1.2-24所示为日本神户自动导向交通车辆。

图1.2-24　日本神户自动导向交通车辆

（1）自动导向交通车辆

自动导向系统的车辆（图1.2-22）外形类似于公共汽车，采用电力驱动、橡胶轮在全隔离的专用轨道上行驶，车辆设有导向轮与专用轨道的导向轨的互相作用实现列车的导向。

车辆的导向有两种。一种是中央导向，在线路的中央设置导向轨，在车辆底架下部伸出的导向轮，在车辆行驶时紧贴着导向轨滚动，实现导向。车辆一般采用橡胶车轮在两根主梁上行驶。另一种是侧面导向，在车辆走行装置的外侧装设水平配置的导向轮，在走行道两侧墙上装设导向轨滚道。在车辆行驶的时候，车辆前后两侧的导向轮沿着线路两侧的导向轨道滚动导向。

（2）自动导向交通系统的运行控制

自动导向交通系统采用全自动列车运行控制技术，无人驾驶，通过电子计算机进行运行调度控制管理。由列车自动控制ATC系统向列车提供限制速度的信息，列车根据ATC车载设备给出的限制速度运行。

全自动列车运行控制系统还同时控制列车的开关门、报站广播、运行方向的转换等。

（3）自动导向交通系统与单轨交通系统的相同之处

自动导向交通系统与单轨交通系统有许多相同之处，如都采用高架专用轨道，建设费用比地铁低，车辆采用橡胶轮胎、噪声低、安全性好，适用于大坡道和小曲线半径线路，也可以用于博览会、游乐场、机场内部运输、一般公共交通等。

（4）自动导向交通系统与单轨交通系统的不同之处

自动导向系统与单轨交通系统相比，其不同之处为：

1）自动导向交通系统的车辆一般比较小，列车车辆编组数也少。单轨交通的客运量较大，一般是自动导向系统的1.5~2倍左右。

2）自动导向系统自动化程度更高，可实现无人自动运行。

3）自动导向系统导向机构简单，道岔动作时间短，维修简单方便，单轨交通转向架、道岔结构复杂、维修困难。

自动导向交通系统主要标准及特征如表 1.2-7。

自动导向交通系统主要标准及特征表

表 1.2-7

项目		标准及特征
车辆	车型	胶轮导向车
	车辆宽度（mm）	2500
	车辆长度（mm）	8400
	车辆定员	75
	车辆最大轴重（t）	9
	列车编组（辆）	2～6
	列车长度（m）	16.80～50.4
线路	类型、形式	架空或地下，全封闭型
	最小平面曲线半径	30m
	最大限坡	60‰
高峰小时单向运能（万人次/h）		0.6～1.5
供电电压及方式		DC750V
旅行速度（km/h）		≥25

7. 市域快速轨道系统

市域轨道交通系统是一种适用于城市群城际之间的中程距离客运交通的轨道运输系统，日单向客运量可达 50～80 万人次（一般不采用高峰小时客运量的概念）。根据线路、车辆使用范围和条件不同，可采用不同类型的车辆，在城市市郊或城市之间的地面或高架桥上运行，必要时也可在隧道中运行。由于站距往往可达 5～10km，甚至在城市至城市之间可以不设站，因而可选用铁路动车组或运行速度 120km/h 以上的特种车辆，旅行速度可达 50km/h 以上。其动力也可因地制宜，可选用电气化铁路 AC 25kV 的供电方式，也可采用 DC1500V 的供电方式，必要时也可选用内燃动车组。

1.3　城市轨道交通车辆的组成

一般轮轨系统的城市轨道交通车辆组成如图 1.3-1。

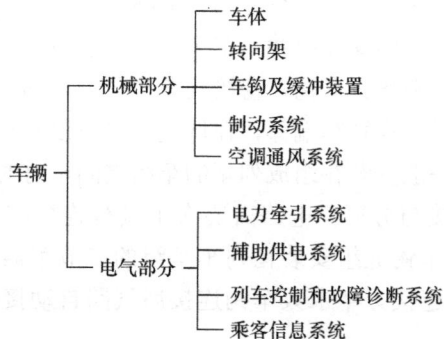

图 1.3-1　城市轨道交通车辆组成

1. 车体

车体由主要底架、侧墙、端墙及车顶组成，车体原来采用普通碳素钢制造，为了提高车体的使用寿命，以后又广泛采用了耐腐蚀的耐候钢制造。目前为达到在最轻的自重下满足强度的目标，普遍采用整体承载的不锈钢结构或铝合金结构，并且采用模块化生产工艺。车体底架采用上拱结构，即使在满载情况下车体也不会产生下挠度。

车体分有带司机室车体和无司机室车体两种。一般司机室采用框架结构，外罩玻璃纤维增强塑料罩壳，用螺栓紧固在车体构架上。在隧道运行的车辆前端还应设有乘客紧急安全疏散门，司机室内布置有驾驶台、转椅和设置有司机需要操作的各种电器的设备箱。

车体是搭载乘客的地方，采用美观、舒适的内部装饰。每侧有车窗和供乘客上下的宽型车门及其传动装置，车体内还布置有座椅、扶手、立柱、乘客信息系统等各种乘客服务设施，以及车门紧急手柄、紧急对讲、灭火器等安全设施。车体上还安装了车辆电子、电器、机械等各种设备和部件。

车辆及其设备禁止使用易燃材料，应采用高助燃性、低发烟浓度、低毒性的环保材料，车体要有隔声、减振、隔热、放火和各种保护乘客安全的措施，车体还应有良好的密封性和排水功能，以适应全天候运行的要求。

2. 转向架

转向架是支撑车体及其荷载并使车辆沿着轨道行驶的车辆走行装置。转向架分动力转向架和非动力转向架，它位于车体与钢轨之间，转向架一般由构架、弹簧悬挂装置、轮对装置和制动装置等组成。对于动力转向架还装设有牵引电机及传动装置。

转向架引导车辆沿着轨道行驶和承受与传递来自车体及线路的各种载荷并缓和其动力作用。地铁、轻轨车辆转向架一般利用转向架轮对踏面与钢轨的粘着力产生牵引力和制动力，利用车轮的轮缘与钢轨使车辆沿着轨道行驶；跨坐式单轨车辆转向架由走行轮、导向轮、稳行轮代替地铁、轻轨车辆的钢制车轮，走行轮为充氮气的钢丝，导向轮、稳行轮是充压缩空气的尼龙丝橡胶轮胎；磁浮车辆是由直线电机推动车辆行驶，用悬浮、导向电磁铁进行车辆的悬浮和导向。

转向架是保证车辆运行品质、动力性能和运行安全的关键部件。

3. 车钩及缓冲装置

城市轨道交通车辆都是多节车辆运行，车辆由车钩连接成编组运行的列车。为了改善列车纵向冲击，在车钩的后部装设缓冲装置。另外还必须连接车辆之间的电气和空气的管路。因此，车钩及缓冲装置包括车钩、缓冲器、电路连接器和气路连接器。它们连接车辆以及车辆间的电路和气路，并传递和缓冲列车运行的牵引力、制动力和其他冲击力。

目前，车辆一般都采用密接式车钩，密接式车钩分为自动车钩、半自动车钩、半永久车钩三种。自动车钩一般设置在列车端部，在低速时也可以实现机械、电路、气路的自动连接与分离；半自动车钩一般安装在组成列车的车组之间，有时也设置在列车端部，可以实现机械、气路的自动连接与分离，电路需要人工进行连接与分离；半永久车钩有时又称半永久连接杆，半永久车钩成组安装在列车车组的二节车辆上，二半永久车钩间用可以拆卸的一副连接环进行连接，半永久车钩连接后气路自动接通，电路也需要人工进行连接。

车钩和缓冲器装置固定在车体底架上，车辆运行牵引、制动时发生的纵向拉力、压缩力经车钩、缓冲器，最后传递给车体底架的牵引梁。缓冲器起到缓解车辆之间互相冲击的作用。

4. 制动装置

制动装置是使车辆减速、停车，保证列车安全运行所必不可少的装置。在动车、拖车上都设置有制动装置，使运行中的列车按需要减速或在规定的距离内停车。城市轨道车辆制动装置除常规的机械（压缩空气）制动装置外，还要求具有电制动（再生制动、电阻制动）功能，并且应充分发挥电制动能力，电制动和机械制动能够协调配合。

列车的制动系统能保持各车辆的减速度一致，以减少车辆制动的纵向冲动；具有根据载客量变化的制动力自动调整功能；还有紧急制动能力，除在遇到紧急情况可由司机施加紧急制动以外，在车辆运行中发生车辆分离等危及列车运行安全事故时列车可自动进行紧急制动。

城市轨道交通车辆的制动形式有摩擦制动和电制动两种，摩擦制动有以压缩空气为动力的闸瓦制动、盘式制动，还有用电磁铁与钢轨的作用力进行制动的轨道电磁制动；电制动有再生制动和电阻制动。电制动是在车辆制动时将牵引电机变成发电机将列车动能变为电能，再生制动是将这种电能反馈到电网供给其他列车使用，电阻制动将电网不能吸收的电能通过电阻器将其转变为热能散发到大气。

摩擦制动的压缩空气动力由车辆的供气系统供给。供气系统主要由空气压缩机、干燥过滤器、压力控制装置和管路组成，还向空气弹簧等需要压缩空气的设施供气。

5. 空调通风系统

城市轨道交通车辆由于客流密度大，为改善车厢的空气质量必须要有通风装置。车辆的通风方式有自然通风、强迫通风、空气调节。车厢空气质量是乘客舒适性的重要方面，随着城市轨道交通车辆服务质量的提高，自然通风已不被采用，单一的机械式强迫通风系统也逐渐被空调通风系统所代替。空调通风系统主要由压缩机、蒸发器、冷凝器、冷凝风机等组成。车厢内部分空气和车厢外新风混合，经空调机组处理后送入车厢。根据城市的自然条件和列车的运行环境，一些车辆还设置供暖装置，供暖一般采用电热器，安装在车厢的座椅或侧墙下方。

6. 车辆电气牵引系统

车辆电气牵引系统包括车辆上的受流器和各种电气牵引设备及其控制电路。

受流器有两种：三轨受流器和受电弓，受流器的选择主要取决于供电电压。供电电压DC750V，一般采用三轨受流器，其优点是对市容景观影响较小；供电电压DC1500V，一般采用接触器受电，其优点是线路电压降低，能量损失少，同时需要的牵引变压站数量少。

车辆电气牵引系统有直流电气牵引系统和交流电气牵引系统两种。车辆电气牵引系统采用直流牵引电机，虽然它有重量、体积大、维修量大的缺点，但由于具有调速容易的优点，曾得到广泛的应用。随着电力电子技术和微电子技术的高速发展，采用交流调频调压（VVVF）技术，效率高、性能好，目前几乎所有车辆都采用交流牵引电机和VVVF控制的交流电气牵引系统。

车辆直流电气牵引系统的控制方式从凸轮变速发展到斩波调阻变速方式，它们都是把车辆动能转化的电能消耗在电阻上，存在着浪费电能的缺点。随着电子技术的发展，直流电气牵引系统的控制方式发展为微机控制的斩波调压变速方式，可将车辆动能转化的电能存储在电抗器再反馈到电网。直流斩波调压变速方式的主要优点是：只有在列车电制动电网不能吸收再生电能时才由电阻消耗电能，节约能量；电机的电流波动小，提高粘着能力；结构简单，便于检修。

车辆交流电气牵引系统的控制方式是采用微机控制的交流调频调压（VVVF）技术，牵引逆变器主要由输入滤波器、三相逆变线路、制动斩波线路和控制线路组成。交流调频调压（VVVF）变速控制的优点是：采用交流异步牵引电机、VVVF无接点控制，维修量大大减少；电气牵引系统小型轻量化，减少重量；粘着性能好，提高了粘着能力。

7. 辅助供电系统

城市轨道交通车辆上的辅助设施如车厢通风、空调及牵引等系统设备的通风和空气压缩机电机、照明（采用交流电源）等交流负载，以及乘客信息系统、列车控制系统、车辆及其子系统控制系统、电动车门驱动装置、蓄电池充电器、照明（采用直流电源）等交流负载，都是由车辆辅助供电系统供给电源。

辅助供电系统主要由辅助静态逆变器、充电器、蓄电池三大部分组成。辅助静态逆变器将 DC1500V 输入逆变成 AC380V 供给车辆辅助交流负载，一路交流输出再转换成 DC110V 低压直流输出供给车辆辅助直流负载。DC110V 输出还有一类是与辅助静态逆变器分开设置，单独直接将 DC1500V 输入转换成 DC110V 低压直流输出供给车辆辅助直流负载。

蓄电池是车辆辅助供电系统的低压直流备用电源，在辅助静态逆变器正常工作时处于浮充电状态；在网压供电或辅助静态逆变器发生故障、不能正常工作时，作为紧急电源向车辆部分车辆辅助直流紧急负载如车厢紧急通风、紧急照明、各控制系统进行供电。

8. 列车控制和诊断系统

现代化的城市轨道交通车辆，列车、车辆及车辆主要系统都采用微机进行自动控制。微机控制系统还有自我监控和诊断功能，能够对列车主要设备的运行状态和故障自动进行信息采集、记录和显示。

使用微机控制设备的监控和诊断系统，还能够用手提数据收集器通过列车上的 USB 维修接口来收集所有的各种有关数据。同时也能在各系统微处理器的本地维修接口收集到相关数据。所收集的数据的种类和精确度能满足维修和分析故障的需要。

9. 乘客信息系统

城市轨道交通车辆乘客信息系统向乘客提供列车运行信息、安全信息和其他公共信息，如列车的终点站、停车车站、换乘信息等；在列车发生故障或事故时，向乘客提供回避危险的指挥、指导信息等。乘客信息系统包括广播、列车运行线路电子显示图、LED 显示器、VCD 显示器以及各种文字、图示固定信息。向乘客播报和显示的各种形式的信息应简洁、明了，还要正确并同步，避免对乘客产生误导。

第2章 城市轨道交通车辆的运用和检修管理

2.1 城市轨道交通车辆的运行、检修管理体制

城市轨道交通车辆的运行、检修工作是城市轨道交通系统的重要组成部分。随着城市轨道交通的快速发展，许多城市的城市轨道交通逐步形成网络，部分城市的轨道交通已实现了网络化运营模式，城市轨道交通网络统一化、总体化的综合管理已引起广泛重视。对城市轨道交通车辆建立适应城市轨道交通网络要求的运用和检修管理体制，实现城市轨道交通车辆设备资源、人力资源统一管理、综合利用，以及管理的集约化、规模化、规范化是提高车辆运行、检修工作效率、运行质量、经济效益和社会效益的有效途径，已成为城市轨道交通车辆的运用和检修工作的目标。

1. 城市轨道交通车辆的运用和检修的流程及其评估

（1）城市轨道交通车辆的运用和检修工作流程

城市轨道交通车辆的运用和检修工作的流程见图 2.1-1，图中虚线框中流程属于车辆检修单位（部门）的工作范围，双点画线框中流程属于车辆运用单位（部门）的工作范围。

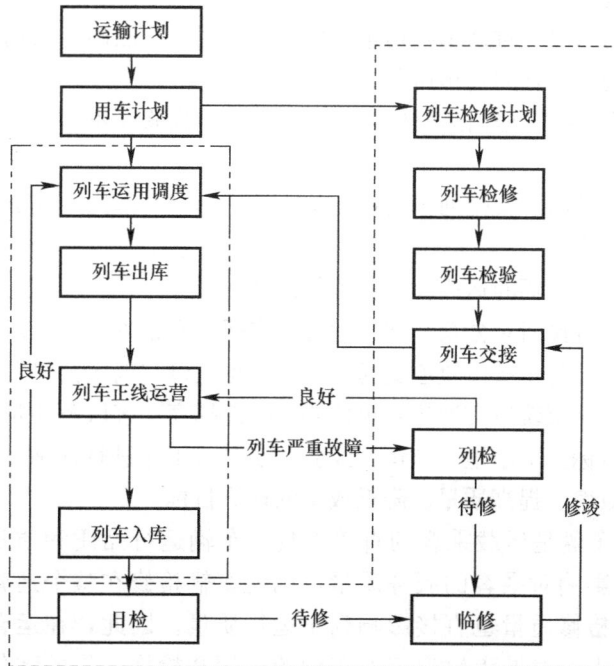

图 2.1-1 城市轨道交通车辆的运用和检修工作流程

当运营公司根据客流情况并统筹考虑公司车辆配属量及车辆检修需要制定乘客运输计划，确定了列车运行图后，也就确定了列车的需用计划。即进入车辆检修和运用单位（部门）的工作程序。

1）车辆检修的主要工作范围

车辆检修单位（部门）根据列车的运用计划，制定相应的列车检修计划。制定列车检修计划时应统筹考虑列车的修程和车辆检修设备等检修条件，在保证运营需求和列车运行质量的前提下科学细致地制定计划。

列车检修计划得到批准后，车辆检修单位（部门）应认真组织实施，按车辆检修规程和检修工艺实施检修作业，在列车修竣并经检验合格后，应与车辆运用单位（部门）进行列车交接，修竣列车作为完好列车纳入运用列车范围。

列车运营结束回库后，车辆检修单位（部门）对列车进行日常检查、维护，经检查技术状态良好和经维护和简单修理，恢复列车技术状态后交列车运用调度，作为次日运用列车。当列车需要进一步检修，交车辆临修组进行维修。

运营列车在运营途中发生故障时，若故障在列车司机处理范围之内并经司机处理恢复良好技术状态的列车可继续在正线运营；列车司机若不能处理应尽量避免救援，驾驶列车行驶至折返线或停车线，由车辆检修单位（部门）的列检人员进行处理和维护，经处理和维护恢复良好技术状态的列车可继续投入正线运营，当列车需要进一步检修，交车辆临修进行修理；列车司机若不能及时处理且无法避免救援时，应尽快组织救援，确保线路畅通，列车回库后交由检修人员进行修理

2）车辆运用的主要工作范围

车辆运用单位（部门）根据得到批准的列车检修计划，将需要进行检修的列车交车辆检修单位（部门）进行检修。

掌握运用列车的情况，对列车和列车司机合理调度，按照确定的列车运行图安排运用列车和列车司机，进行每日的列车运营。

在运营列车发生掉线、退出运营以及运用列车发生临修而不能投入次日运营时，组织安排备用列车投入运营。

车辆运用单位（部门）安排列车司机在车辆检修单位（部门）完成检修工作是，负责对检修列车的调试工作。

（2）城市轨道交通车辆的运用和检修工作的评估

城市轨道交通是直接面对公众和乘客的公共交通，它以安全、准时、快速、便捷的特点深受市民的青睐。同时，城市轨道交通运营单位也是以"人·公里"作为生产产品的运输生产企业。因此，城市轨道交通运营单位要不断地提高乘客服务质量，同时应以最小投入取得最大产出为目标，不断地总结运营经验，及时对工作进行评估，持续改进、提高管理水平，达到提高效率、提高质量、降低成本的最终目标。

城市轨道交通车辆是运载乘客的直接工具，车辆运行品质和质量将直接影响到乘客乘坐的舒适性，影响对乘客的服务质量，同时车辆检修在整个运营成本中占据着较高的比例，车辆的检修质量也直接影响列车运行质量。因此，在运营维护单位进行运营管理的评估工作中，对城市轨道交通车辆的运用和检修工作的评估占有极其重要的地位。

对城市轨道交通车辆运用和检修工作的评估指标主要有以下几项：

1）列车利用率（%）

最高运营列车数与配属列车之比。

$$\frac{最高运营列车数}{配属列车数} \times 100\%$$

指标意义：配属列车＝运营列车＋备用列车＋检修列车。

列车利用率高，说明列车质量稳定需要的备用列车少，列车检修停运时间少，列车的检修质量和效率高；同时投入列车增加可提高运营的经济效益。该指标反映了对列车的检修水平和车辆运营的成本水平。

2）列车平均无运营故障运行里程（km）

运营列车运营总里程与列车运营发生故障总数之比。

$$\frac{列车正线运行总里程}{列车正线运营故障总数}$$

指标意义：运营故障指运营列车发生救援、清客和造成 5min 及以上运营间隔的故障。该指标反映了列车的运行可靠性及车辆检修质量对运营服务质量的影响。

3）列车临修率（次/千列公里）

运营列车每运行千公里平均发生的临修次数。

$$\frac{列车临修次数}{列车行驶总里程} \times 10^{-3}$$

指标意义：临修指列车临时发生故障经技术工人修理的次数，修理指对车辆进行零部件更换或尺寸调整。该指标反映了对各修程对车辆的检修质量。

4）列车下线率（次/万列公里）

运营列车每运营万公里因故障离开运营线路回库的平均次数。

$$\frac{列车故障下线次数}{列车行驶里程} \times 10^{-4}$$

指标意义：列车下线包括因列车故障司机对可处理故障处理不当引起的列车下线和因列车故障司机不能处理引起的列车下线。该指标反映对列车的检修质量及司机在列车运行中处理列车故障能力。

5）列车维修效率（人/辆）

定修及以下修程的检查维修人员数与配属列车数之比。

$$\frac{列车维护(定修及以下修程)人员}{配属列车数}$$

指标意义：列车检查维修人员数为车辆日常检修实际需要人员数，不包括为新线开通准备的储备人员数。该指标反映对车辆进行日常维护的工作效率。

6）列车检修效率（人/辆）

列车架修/大修所用人工数与完成车辆架修/大修的列车数之比。

$$\frac{架修／大修人员数 \times 停运天数}{完成修理列车数}$$

指标意义：车辆检修人员数为实际需要人员数，不包括为新线开通准备的储备人员数，停运天数从送修起至竣工交付运营止。该指标反映对列车进行架、大

修的工作效率

2. 城市轨道交通车辆的运用和检修工作的管理模式

城市轨道交通车辆的运用和检修工作管理模式目前有两种：一种是城市轨道交通车辆运用和检修工作由车辆部门统一管理，另一种是车辆的检修由车辆部门进行管理，车辆的运用由客运部门管理。

第一种模式：每个运营线路的车辆管理单位是车辆段，下属有检修车间、运用车间和其他相关的辅助车间和职能部门，承担运营线路配属车辆的检修和运用工作。车辆段根据运营的需要向运营线路提供完好车辆，并对车辆的运用和检修（即图 2.1-1 中虚线框中和双点画线框中程序的所有工作范围）进行统一管理、全面负责。但运用车辆出段并进入运营正线后，统一由运营公司控制中心指挥，按列车运行图运行。

这种管理模式的优点是对车辆进行统一管理，有利于制定司机操作规程、列车故障操作办法等与车辆技术有关的列车运用规章制度，有利于进行列车司机的培训，有利于列车运行情况的反馈和处理，有利于车辆运用与车辆检修后的调试工作，比较容易进行车辆运行、检修的统筹安排，对车辆运用和检修的管理程序简化、管理效率较高。

第二种模式是各运营线路成立客运公司，车辆的运行（即图 2.1-1 中双点画线框中程序的车辆工作范围）和线路设备、设施由客运公司统一管理，这种管理模式可以对所有运营线路设备、设施和车辆统一管理，有利于统一协调，尤其是在发生运营特殊情况时协调和处理的效率高。客运公司的车辆运用部门除保证车辆的正线车辆运行外，还必须做好车辆检修所需要的调车、列车调试等配合工作。车辆段除完成车辆检修任务（即图 2.1-1 中虚线框中的工作范围），保证向线路运营提供完好车辆外，还必须做好制定各种与车辆技术有关的运行规章制度、对列车司机进行技术培训等配合工作。

无论采取哪种管理模式车辆的运用和检修工作都必须密切配合，还必须与运营其他各专业密切配合，才能使城市轨道交通系统作为大联动机顺利地运转。

3. 城市轨道交通车辆的检修模式

在城市轨道交通发展的初始阶段，城市只有城市轨道交通 1～2 条线路时，一般一条线设一个车辆段，另设车辆大修厂或在一个车辆段设置车辆大修能力。车辆段里设各种车辆部件的维修班组，对车辆进行现场修理，车辆检修效率低，成本高。

目前，我国城市轨道交通呈现网络化发展，北京、上海、广州、深圳、重庆、杭州、成都、南京、西安、天津等城市都规划了纵横交错、彼此连接的城市轨道交通网络体系（见图 2.1-1～图 2.1-5）。过去一条线设一个车辆段的城市轨道交通车辆的检修模式显然已经滞后于实际需求，远远不能适应城市轨道交通网络的要求。车辆检修的基地需要配备大量的线路、设备设施，并要占用大量土地。随着城市的高速发展，土地资源宝贵、土地价格昂贵，有必要对城市轨道交通网络的车辆、车辆检修设备以及有关的技术、物资、人力等资源实现共享。目前，车辆的设计和生产采用先进技术，使车辆的维修量逐步减少、维修周期逐步延长，并且很多车辆部件向着免维修的方向发展，这也对车辆检修资源的共享创造了有利条件。

我国城市轨道交通车辆的检修模式借鉴国外先进经验，在车辆检修资源共享、综合利用、统一管理方面得到很大发展。在其主要方面是：车辆检修方式采用部件互换修，车辆部件专业化集中修理，车辆使用、维护保养、检修合理分工，最终实现车辆段多线共用等。这不仅可以大大提高车辆检修的效率和质量、降低车辆的检修成本，而且对提高城市轨道交通运营的经济效益和社会效益都具有重要的意义。

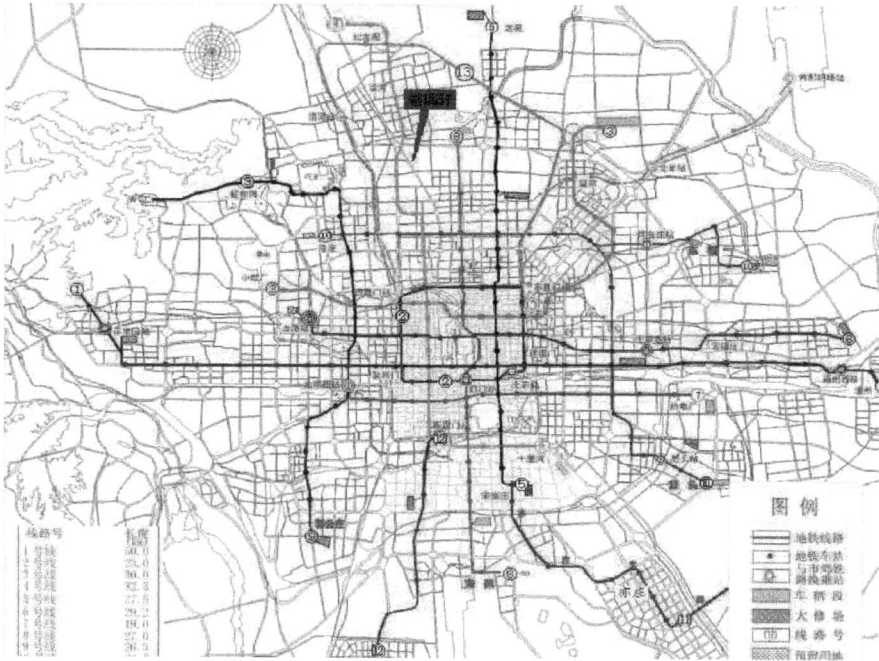

图 2.1-2　北京城市轨道交通规划

图 2.1-3　上海城市轨道交通规划

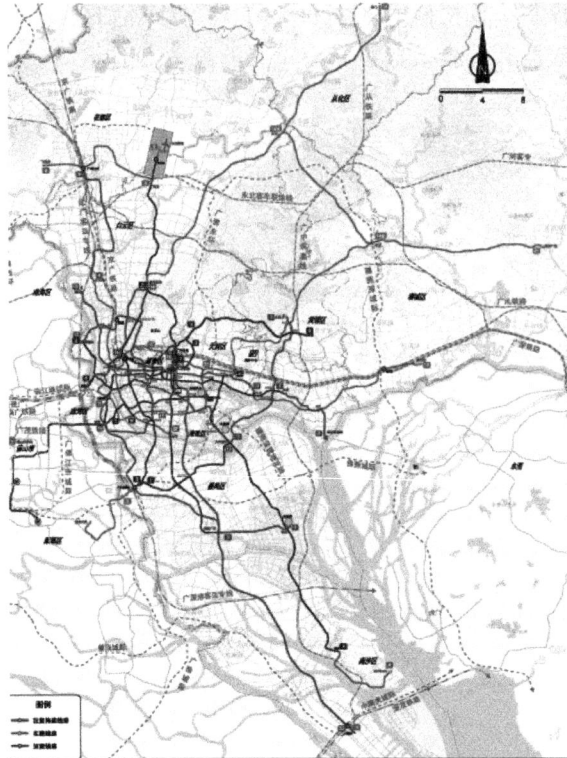

图 2.1-4　广州城市轨道交通规划

图 2.1-5　天津城市轨道交通规划

（1）采用部件互换修为主的车辆检修方式

在城市轨道交通发展初期，车辆配属量相对较少，车辆检修量较小，车辆的检修往往采用部件维修的工艺方式（图 2.1-6），这种方式除少量待修和报废的零件从备品库领取新品外，其他零部件均待修竣后再安装在车辆上。这种检修方式不需要储备过多的备用零部件，但是由于零部件检修时间较长，有时车辆需要等待零部件修竣才能组装、编组、调试，因此车辆的检修停运时间较长，有时还会导致检修质量得不到可靠保证。

车辆检修采用部件互换修的方式，是在车辆定期检修时将待修车辆上分解下来的零部件或车辆临修需要从车辆上拆卸下来的零部件，修竣后安装在同车型的任何车辆上。而在车辆检修组装时，所需的零部件来源于部件中心提供的互换零部件。车辆检修方式采用部件互换修的工艺过程如图 2.1-7 所示。

采用部件互换修的车辆检修方式需要必要的车辆零部件储备周转量，由图 2.1-7 可见，列车检修分为独立的两大部分：车辆检修和零部件检修。车辆检修实质上是（列车解编）—车辆分解—车体设备和内装饰检修—车辆组装—（列车编组）—调试的过程，而不受零部件检修时间的影响。

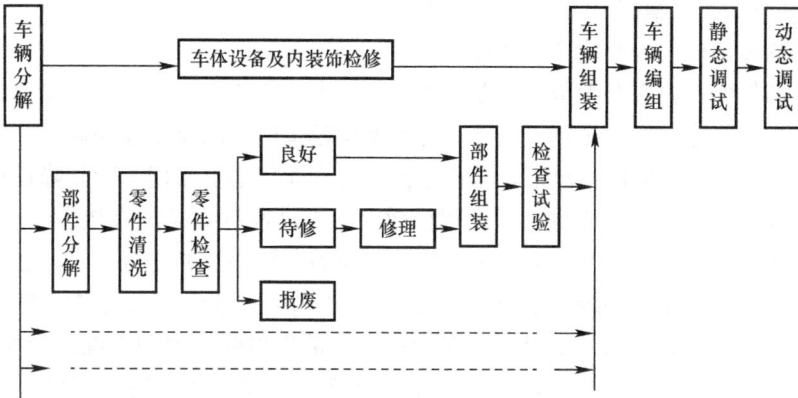

图 2.1-6　现车修方式的车辆检修工艺过程

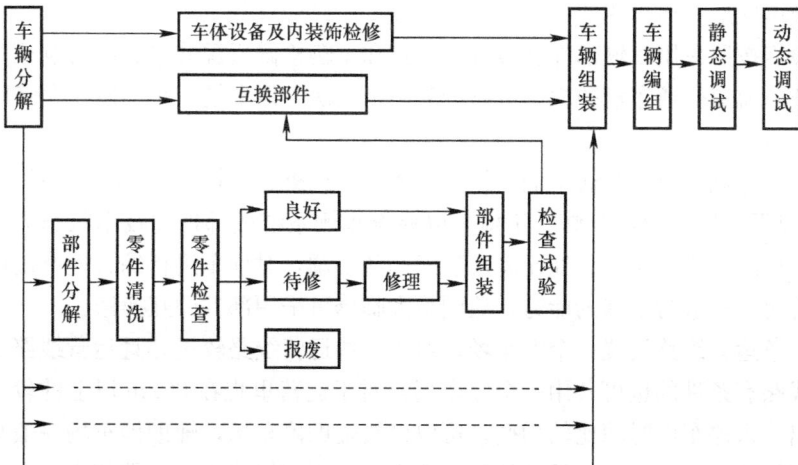

图 2.1-7　部件互换修方式的车辆检修工艺过程

采用部件互换修为主的车辆检修方式，具有以下优点：

1）可以大大缩短车辆的检修停运时间，提高车辆的利用率；

2）为合理组织生产创造有利条件，从而有效地提高劳动生产率；

3）能提高车辆的检修质量，提升车辆运行的可靠性；

4）为车辆零部件检修的专业化，形成检修生产规模化创造有利条件；

5）车辆利用率的提高还会减少城市轨道交通工程的建设成本，降低运营成本。

车辆检修时，如所有部件均采用互换修则需要大量的互换零部件作为备件，实施时有一定困难。需要根据实际情况确定零部件互换的范围，但对车辆主要零部件，如：车钩缓冲装置、转向架、轮对、轴箱装置、空调以及车辆电器和电气设备，目前一般都采用了互换修，形成了车辆以部件互换修为主的车辆检修方式。随着车辆设计和生产的改进，车辆采用模块化设计，相同功能的设备、零部件趋于外形、功能相同，在同类型车辆中可以互换、通用，车辆零部件的互换性得到提高，车辆零部件互换的范围也将进一步扩大。随着车辆设计正趋于少维修、免维修或延长检修周期。列车检修有可能不需要进行列车解编，车辆分解，以新的车辆零部件互换检修模式：列车编组换件修代替传统的车辆检修模式（分解—检修—组装—编组）。

（2）车辆零部件的专业化集中修理

车辆零部件的检修需要大量的专业化的设备、人才，还需要专业的试验设备。在城市轨道交通形成网络化，配属车辆大大增加，车型比较集中，以及车辆相同功能的设备、零部件趋于外形、功能相同的情况下，车辆零部件的专业化集中修理无疑是降低车辆零部件检修成本、提高检修效率和质量，形成规模效应，提高经济效益的有效途径。在规划中，城市轨道交通网络可以设置车辆部件维修中心，兼为车辆部件的物流中心；也可以在不同车辆段设置不同车辆零部件维修基地，作为部件维修中心的分部，供给本车辆段和其他车辆段的车辆部件互换修使用，使得原有车辆段的零部件检修能力和资源得到充分的利用。也可以设专门的车辆部件修理厂，对车辆组成部件（如车体等）进行厂修、或技术改造时，将其发展为车辆修理厂或大修厂，并进行车辆部件的集中专业修理，供应城市轨道交通网络车辆检修使用。

（3）城市轨道交通车辆的使用、维护保养、检修合理分工

车辆检修按照采用车辆部件互换修的方式和车辆检修资源共享、综合利用、统一管理的原则，城市轨道交通车辆的检修可以分为三个层次：停车场、车辆段、大修厂。

1）停车场

停车场承担城市轨道交通车辆的停放、清洁、检查、维护的任务，一般进行车辆定修（年检）及以下车辆修程，定修（年检）以检查车辆系统或部件的技术状态为主，并根据需要对其进行维修或更换。另外还需通过静调和动调，对列车进行综合性能的测试。停车场还应具有对车辆进行临修的能力，遇到重大临修可采用部件的互换修。

一般一条运营线路设置一个停车场，对于一些运营线路较短并且运营线路是交叉或共线运营的线路有条件的也可共用一个停车场，对于运营里程在30km以上的较长线路，为了使列车出、入停车库时间比较均衡，可以设置辅助停车场，辅助停车场一般只承担城市轨道交通车辆的停放、清洁、整备任务，不进行车辆的检修工作。即使进行车辆检修，一般只进行车辆列检工作。

2）车辆段

车辆段是进行车辆架、大修的车辆维修基地。车辆段应具有本线停车场的能力。对车辆的架、大修采用部件互换修方式为主、现场修为辅方式，可以提高车辆检修效率，减少车辆停运时间，加快车辆周转时间。车辆段还可具备车辆部件的检测和维修能力，进行车辆部分部件的专业化集中修理，供给本车辆段和其他车辆段的车辆部件互换修使用。

按照车辆检修资源共享、综合利用、统一管理的原则在城市轨道交通形成网络时，车辆段作为车辆架、大修基地大都采用多线共用方式。

德国柏林9条线总长146km，共设两个车辆段（大修基地），汉堡3条线总长101km，设一个车辆段（大修基地），俄罗斯莫斯科9条线总长230km，设两个车辆厂（大修基地）集中承担城市轨道交通全系统车辆的大修任务。

上海在规划城市轨道交通网络的基础上，研究形成了在城市轨道交通车辆停车场、车辆段的布局规划，并逐步设施。目前共有梅陇基地、北翟路基地、九亭基地、宝山基地和赛车场基地5个车辆段，承担了15条线，5000余辆车的架、大修工作。规划上海城市轨道交通全系统1000km设置7个车辆段承担上海整个城市轨道交通网络的车辆架、大修任务。各段还承担部分部件的修理任务，以满足本段和其他段对车辆架、大修的部件互换修要求。

3）车辆修理厂

车辆修理厂对全系统的车辆集中进行全面大修、翻新和技术改造工作，一般在车辆需要进行全面大修、对车体进行大修和进行技术改造时进行建设。

车辆修理厂还可以是轨道交通网络车辆部件（模块）的维修中心，满足停车场、车辆段互换件的需求。同时，具备到停车场、车辆段维修现场进行部件检查、简易维修的能力。可以同时兼有物流（部件）供应中心的功能。

（4）城市轨道交通车辆集中架、大修的模式

由于多种原因，目前在各个运营线路上运营的车辆虽然车型相同（如都采用A型车或B型车），但由于生产厂家不同，甚至在一条运营线路上运营有多种类型车辆，导致城市轨道交通车辆集中架、大修，需要根据实际情况采用不同的检修管理模式。

1）同类型车辆集中架、大修

这种车辆检修模式的优点是：使车辆检修所需要的检修技术及人力资源、检修设备和设施、材料和备品备件等资源类别简单统一，有利于统一使用；生产管理简捷高效，可以提高车辆检修的效率和质量；可以降低车辆的检修成本。

缺点是：车辆回送检修基地可能占用较长时间，空走距离较长；随着城市轨道交通服务水平的提高，运营时间延长，在线路非运营时间对运营线路及设备、设施的维护保养工作愈来愈紧张的情况下，有可能对线路正常运营和夜间线路及设备、设施的维护保养工作造成较大干扰。

在车辆共线运行或交叉运行，线路间具有联络线，回送距离较短的情况下，可以采用同类型车辆集中架、大修模式。

2）同线或同区域车辆集中架、大修

这种车辆检修模式技术性较复杂，检修设备和设施必须与多类型车辆兼容，材料和备品备件种类和储备量相对较多，技术管理、生产管理相对比较复杂。但是由于这种模式车

辆回送方便，对城市轨道交通网络的线路运营和晚间运营设备、设施维护保养或施工干扰较少，因此同线或同区域车辆集中架、大修模式普遍得以采用。

车辆检修在运营成本中占有较大比例，车辆是轨道交通乘客的直接运载工具，车辆运行的可靠性是保证城市轨道交通正常运营秩序的最重要因素，因此城市轨道交通网络应确定车辆的基本车型，统一车辆的基本技术要求，为车辆和车辆的检修设施设备的资源共享，实现车辆检修工作的集约化，降低车辆检修成本，提高车辆运行可靠性创造有利条件。

（5）车辆集中架、大修对城市轨道交通网络管理的要求

对城市单轨交通网络各线的车辆进行集中架、大修，就必须将网络的所有车辆作为一个系统，统一制定车辆的架、大修以及为车辆架、大修服务的车辆零部件检修和仓储计划，并且从网络出发编制列车的送修和回送计划，在保证车辆及时得到架大修的同时，还要把对各线路影响正常运营降低到最低，这就对城市轨道交通网络管理提出了较高的要求。

1）车辆集中架、大修计划

车辆大修计划的申报和制定，涉及不同的运营线路，有时还会涉及不同的运营公司，因此，车辆架大修时需要要由轨道交通网络进行统筹管理，统一协调指挥，实现资源统筹。

2）列车送修、回送计划

列车的送修和回送，可能通过多条轨道交通线路和联络线，势必涉及多条运营线路的运营和夜间线路设施的维修，必须统筹兼顾、周密安排，要由轨道交通网络进行统筹管理。

3）部件维修及仓储计划

承担车辆架、大修的车辆段还承担部件维修并具有物流（部件）的仓储功能，除满足本段的需要外，还服务于其他车辆段和停车场。为此部件维修计划和仓储计划的制订要求供求信息准确、及时、迅速，才能即满足列车维修的需要，又能有序、高效、经济、合理，这些资源也需要通过轨道交通网络统筹管理。

2.2 城市轨道交通车辆的检修制度

1. 车辆检修制度综述

城市轨道交通车辆采用定期维修方式，按预防修的原则，从车辆的技术水平出发，综合考虑车辆各部件的维修周期、寿命周期，确定车辆修程，并针对车辆的各级修程制订车辆的检修规程及车辆部件的检修工艺文件。当车辆运行到一定公里或一定时间时，需按车辆检修规程和车辆部件检修工艺要求，对车辆及其部件进行检查、维护或修理，这就是通常所讲的城市轨道交通车辆检修制度。

（1）车辆修程

车辆检修制度是车辆安全、可靠运行的基本而又重要的保证，也是确定车辆的检修体制以保证车辆检修工作顺利进行的基础。车辆检修制度对车辆修程的类型和等级、实施修程的车辆运行公里或时间、完成修程的车辆停运时间作出具体规定。

车辆采用定期预防性维修，修程及其检修周期的依据是车辆及其设备、零部件的产生磨损和发生故障的规律。产生磨损和发生故障的规律又和车辆的技术水平、运行条件、检

修技术密切相关。

车辆设计和生产的模块化、集成化程度逐步提高，车辆的设备、部件和零件的互换性和通用性进一步扩大,，使得车辆在运行可靠性方面得到提高的同时大大减少了车辆检修量，并为采用部件互换性方式提供了有利条件，可以极大地缩短车辆检修停运时间。与此同时，车辆部件朝着少维修、免维修方向发展，也提高了它们的维修周期。

随着车辆采用网络控制和故障诊断技术的应用，以及车地无线传输及在线检测技术的应用，车辆一些部件的检修正逐步朝着状态修的目标发展。

各运营单位都对车辆零件的磨损、车辆设备和部件的故障进行记录、统计、分析，在总结车辆运行、检修实践经验的基础上，对车辆的修程及其检修周期、检修停运时间不断进行优化，对检修制度进行改革，确定新的修程，并逐步向均衡计划检修方式过渡。中国香港地铁修程的变化见表 2.2-1。

中国香港地铁车辆修程 表 2.2-1

维修级别	原修程	现修程	工作分工
1	日检 周检 月检 半年检	15 天 45 天 半年检 一年检 二年检	停车场
2	1 年检 2 年检 3 年检 小修（6 年） 大修（12 年）	3 年检 小修（6 年） 大修（12 年）	大修厂
3	部件修	部件修	大修厂或社会专业工厂

上海地铁修程的变化见表 2.2-2，上海地铁 1 号线自 1993 年开始运行，车辆已进行了所有修程的检修。在不同的检修修程中，上海地铁及时记录了车辆运行的技术状况，定时统计、分析车辆发生故障的频次和原因，不断总结车辆检修的经验、教训，在充分掌握车辆零、部件的最小检修周期和使用期限的基础上，对车辆检修的设备、设施和车辆检修的组织和管理方式不断进行完善和革新，对于定修以下修程的内容做过多次调整，在此基础上又对车辆检修修程进行了改革。第一次用月检（A）月检（B）代替原有的双周检、双月检，第二次将定修以下修程的车辆检修内容进行综合调整，用均衡修 1～均衡修 12 代替原有的定修、月检（A）、月检（B）的车辆检修修程，车辆检修安排在车辆运行间隙时间进行，车辆检修停运时间大大减少，大大提高了出车率。

上海地铁车辆修程 表 2.2-2

维修级别	原修程	调整修程	现修程	工作分工
1	日检 双周检 双月检 定修（1 年检）	日检 月检（A） 月检（B） 定修（1 年检）	日检 均衡修 1～均衡修 12	停车场

维修级别	原修程	调整修程	现修程	工作分工
2	架修（5年） 大修（10年）	架修（5年） 大修（10年）	架修（5年） 大修（10年）	车辆段
3	部件修	部件修		车辆段或社会专业工厂

（2）车辆检修规程

车辆修程确定后，需根据车辆主要零部件的检修等级、检修范围和检修周期，同时考虑一般零部件的检修，制定不同修程的检修规程。

检修规程中规定了零部件的检修范围并确定相应的技术要求。技术要求包括磨耗件的使用限度要求、零部件间几何间隙允许偏差、电气设备的整定值、重要紧固件的紧固扭矩等。为使车辆零部件经过检修满足技术要求，检修规程还对检修所必须使用的工器具和检修的方法作出具体规定。表2.2-3是车辆均衡修修程中对"受电弓"部件检修的内容规定（其中修制栏中"B"是指仅在月检B修程中的检修项目），显示了车辆检修规程的常用格式。

（3）车辆检修工艺

检修工艺是保证车辆及其零部件的检修质量，提高检修效率的根本途径，对车辆及其部件的检修都必须制定相应的检修工艺。检修工艺要根据检修规程中的技术要求、检修和检测设备情况，并考虑合理的生产工艺过程，尽量使生产过程在工序上保持连续性，在时间上紧密衔接，在设备、人力等资源的使用上保持均衡性，使工作量和工作节奏保持均匀。

检修工艺的内容应包括：

1）从检修准备、分解、检查、修理、组装，直到检查、试验的工作程序；

2）每道工序的具体工作方法，操作者必须遵循的操作标准；

3）工序使用的工具、量具、仪表、设备及其规格、型号、精度要求；

4）工序使用的材料及其规格、型号；

5）每道工序的质量标准及其检验方法；

必要时还要对安全事项和运输等检修辅助工作给出具体的规定。

（4）车辆检修系统

车辆的检修过程是一项系统工程，该系统中车辆检修的生产过程的主要组成，性质和作用如下：

1）生产计划调度过程：以满足城市轨道交通运营的需求为目标，根据车辆修程的规定、车辆的技术状况、车辆检修的资源情况制定车辆检修计划。并根据车辆检修计划确定人力、设备、备品备件、材料等计划，在检修过程中还要根据检修的具体情况对以上生产要素进行调整、调度，以保证车辆检修计划的完成。

2）生产技术准备过程：在车辆检修前进行生产技术准备工作，主要有检修规程、检修工艺、检修工艺装备、材料消耗定额、工时消耗定额的设计和制定。还包括列车操作标准、列车故障处理办法等与车辆技术相关的一些规章制度的制定。

3）基本生产过程：直接进行车辆检修活动，是车辆检修生产过程中，检修系统最主要的组成部分，其他组成部分都是围绕它进行活动，为它服务的。

表 2.2-3

车辆月检规程（受电弓部分）

车顶电气

序号	项目	内容	方法	工器具材料	技术要求	备注	1	2	3	4	5	6	7	8	9	10	11	12
1	受电弓	检查上部框架	目测检查	手电筒	上框架无变形，无裂纹，对角拉杆无变形，连接部件无变形，无裂纹，螺栓紧固，无松动，防松标记齐全，无错位			√	√	√	√	√	√	√	√	√	√	√
		检查底架、下臂杆、拉杆、平衡杆部件	目测检查	手电筒	底架、下臂杆、拉杆、平衡杆无变形，无裂纹，无破损；连接部件无变形，无松动，无破损，防松标记齐全，无错位		√	√	√	√	√	√	√	√	√	√	√	√
		检查电缆连接线	操作检查	手电筒	检查电缆连接线无烧蚀现象，电缆线，无裂纹，连接部件无松动，防松标记齐全，无错位		√	√	√	√	√	√	√	√	√	√	√	√
		检查弓头旋转功能和碳滑板水平行度	操作检查	水平直尺	弓头在工作高度任意位置均应能其绕滑板表面与水平直尺之间无缝隙。碳滑板自由地接近水平直尺		√	√	√	√	√	√	√	√	√	√	√	√
		清洁并检查受电弓底架绝缘子	清洁检查 目测检查	白布、酒精	绝缘子表面无破损，无裂纹		√	√	√	√	√	√	√	√	√	√	√	√
		检查碳棒磨耗及碳棒固定架的固定状态、羊角外观	目测检查	钢皮尺	无异常，滑块厚度不小于 5mm；碳棒紧固螺栓无松动，羊角油漆范围无磨痕，羊角无损伤，无变形（若存在磨痕需补漆并做好记录）	（1）补漆要求见《11AO1型电动列车受电弓羊角补漆作业指导书》（2）碳棒更换要求见《11AO1型电动列车受电弓碳棒更换作业指导书》	√	√	√	√	√	√	√	√	√	√	√	√

编制	日期	校对	日期	线路/项目审核	日期	部门审核	日期

版本	11AO1 型电动列车均衡修规程	分页数/总页数	1/86

39

4）辅助生产过程：为保证车辆检修的基本生产活动正常开展所进行的各种辅助性生产活动，如：车辆零部件的检修，车辆及其零部件的清洗，车辆检修设备、设施的维护、保养等。

5）生产服务过程：为车辆检修基本生产和辅助生产活动提供保障的各种生产服务活动，如材料、工具、备件的保管、运输、供应，理化检验等。

通过车辆检修模式和车辆检修系统生产过程中的主要组成，需配套设立技术部门、生产部门、质量部门、辅助生产部门、生产服务部门和必要的管理部门，用于车辆检修作业的维护和管理，形成车辆检修组织架构。车辆检修系统这些生产过程及相应的部门既有分工区别，又有密切联系，需要由明确的工作责任制及有效的工作程序和规章制度建立起有效的车辆检修的生产组织和质量、进度、成本、安全控制体系，来保证按计划质量良好的完成车辆检修工作，以保证运营的需要。

2. 国外车辆检修情况

（1）日本地铁车辆维修制度

日本地铁车辆维修任务一般在车辆段进行，车辆段分为检修段和修理厂，两者独立管理。其检修制度和分工如表2.2-4所示。

日本地铁维修制度　　　　　　　　　　　　　表2.2-4

维修等级	检修周期		修停时间	分工
	东京营团	东瀛都营、名古屋		
日检查	≤6天	≤3天	0.25天	检修段
月检查	≤3个月	≤3个月	1.0天	
重要部位检查	60万km（或≤4年）	40万km（或≤3年）	12~15天	修理厂
全面检查	≤8年	≤6年	18~25天	

车辆检修的主要方式为部件互换修。

重要部位检查是对车辆的重要部位进行分解后作详细检查，并根据需要对其进行更换或修理。全面检查是对车辆所有部位进行分解后作详细检查，并根据需要对其进行更换或修理。

对于车体修理及车辆设备的更新改造则统一集中在所属的车辆修理工厂进行。

（2）莫斯科地铁车辆维修机构及其分工：

俄罗斯莫斯科地铁车辆维修采用大修与段修分修制，车辆大修厂集中承担地铁全系统车辆的大修任务。车辆段承担段本线车辆的定期修理（架修和定修）、日常维修（月修、技术检查、列检、清扫洗刷）和列车停放任务。莫斯科地铁现已建成13个车辆段，两个车辆大修厂。

莫斯科地铁车辆段的设置根据线路长短而定，一般每条线设一个车辆段，当线路长度超过30km时，一般设两个车辆段。

（3）汉堡地铁车辆维修制度：

德国汉堡对地铁车辆的维修从1990年起逐步完善，实行日常均衡维修。以车辆系统和部件为重点的计划性均衡维修制度逐步代替对列车进行全面维修的定期检修制度，其计划检修制度如表 2.2-5。

日常均衡维修大部分在停车场和车辆段的一般维修车间进行，少量则在停车点进行（备有抢险车）。其他部件修程根据工作量分别在停车场和车辆段的一般维修车间和大修车间进行。

根据不同车型在列车运行 75～140 万 km 时，对转向架进行更换维修，同时进行对车辆的全面检查，并根据检查结果需要对部件进行更换或维修，对车体进行补漆或重新油漆。

在车辆段的专门车间对部件进行集中维修，有些部件社会委外修。

汉堡的检修制度 表 2.2-5

修程名称			周期		工作内容		停留时间
检验（检查和保养）（针对不同车型）	F1		21 天		表观检查：闸瓦、集电靴、转向架、客室和司机室（重点为照明、座位、内壁、车顶）； 功能测试：紧急停车设备、应急装置； 其他：沙子、刮水器清洁液、内外部清洁		1.3h
	F2	1	120 天	360 天	表观检查：客室和司机室设备、车钩、车厢体、逆变器箱、蓄电池、电气控制部分	表观检查：电器箱外观； 功能测试：紧急制动开关； 测量：刹车片、储能弹簧释放行程、车厢构架	7.0h
		2		360 天	功能测试：紧急停车设备、应急装置、变压器、风机、空压机、开关、广播、集电靴	测量：电池电压、主传动轴高度	
		3		360 天	其他（按要求）：牵引电机风机过滤网和通风设备清洁	表观检查：逆变器箱、直流电机； 功能测试：集电靴； 功能测试和测量：车头车钩	
	F3	1	19 万 km		更换：门控继电器、应急装置、司机室暖气、减速箱润滑油； 清洁：内部照明、门传动装置； 润滑：变压器、牵引电机		2.5 天/2.5 天
		2	38 万 km		F3.1 再增加：清洁和润滑：轴承、制动拉杆		3.0/2.5 天
		基本	15 万 km		更换：传动装置润滑油、通风装置、主接触器； 清洁：司机室暖气过滤网、主接触器灭弧罩、气体弹簧调节螺栓； 测量：调节螺栓、门装置；		3.0 天
		1	30 万 km		清洁：车门红外线装置、车门柱、金属网罩 测量：制动钳部分、轴滚动轴承； 更换：恒温箱、司机室暖气		在 F3 修程内
		2	45 万 km		更换：司机室和客室内的荧光灯、IFZ 模块； 清洁：灯罩		在 F3 修程内
		3	60 万 km		测量：电机座（支架）		在 F3 修程内
座位清洁	RS		15 万 km		清洁：硬座位的表面和背面		跟随其他修程
空压机保养	TL		10 万 km		更换：空压机机组中的磨耗件		在 F2 修程内每年 1 次
暖气检查	IH		360 天		功能测试：司机室和客室暖气		
牵引电机和逆变器检查	IK		10 万 km		测量：牵引电机和逆变器循环		

修程名称		周期	工作内容	停留时间
轮对检查（针对不同车型）	IP	15 万 km	测量：轮径、轮缘高度和厚度、车辆高度调整	1.0h
		25 万 km		1.0h
		30 万 km		2.0h
轮对保养（针对不同车型）	WP	20 万 km	镟轮	10h
		30 万 km		14h
		35 万 km		18h
客室清洁	RF	90 天	清洁：窗、顶、侧墙、地板、座位、司机室（基本清洁）	
车厢清洁	RW	365 天	清洁：车厢外表面	1.0h
设备清洁	RB	根据需要	清洁：集电靴	
BOStrab 检查（针对不同车型）	BI	8 年或 50 万 km	表观检查：制动装置、减速器、空压机 功能测试：紧急停车设备、应急装置、车门、电子设备、司机制动开关 测量：制动状态下的电阻和绝缘	4 天
		10 年无公里数限制		
轮对更换（针对不同车型）	TR	100 万 km	更换：车轴（配新的轮对）	5 天
		120 万 km		4.5 天
		140 万 km		4.5 天
转向架更换（针对不同车型）	TG	75 万 km	入库检查：罩漆、转向架拆装（含电缆和气路） 更换：根据入库检查结果 出库检查	6 周
		140 万 km		在 TR 修程内进行
电池更换（针对不同车型）	TB	360 天	更换：车载电源电池	在 F2 修程内
	TV	360 天	更换：预激励电池	

3. 国内城市轨道交通车辆检修修程

目前，我国地铁车辆的维修制度基本上沿用了传统的轨道交通车辆的检修经验，虽然随着车辆及车辆检修采用新技术，车辆检修周期不断延长，但采用的车辆检修制度仍然是按运行里程和时间进行预防性"计划维修"和列车发生故障的事后"故障维修"。北京地铁车辆检修制度和广州地铁车辆检修制度见表 2.2-6、表 2.2-7。

北京地铁车辆检修制度   表 2.2-6

修程	检修周期		停修时间（天）
	运营时间	走行公里（万 km）	
月修	1 月	0.9～1.1	2
定修	13～15 月	13～15	16
架修	26～30 月	26～30	24
厂修	78～90 月	78～90	

广州地铁车辆检修制度   表 2.2-7

修程	检修周期		停修时间（天）	
	运营时间	走行公里（万 km）	近期	远期
日检	1 天			
双周检	2 周	0.35～0.5	1	4h

修程	检修周期		停修时间（天）	
	运营时间	走行公里（万 km）	近期	远期
三月检	3 月	2.5～3.5	3	2
半年检	6 月	6.5～8.0		
1 年检	1 年	12.5～15.0	8	6
2 年检	2 年	23～28		
3 年检	3 年	34～40		
架修	6 年	62～75	24	18
大修	12 年	125～150	36	30

一般来讲，对车辆的检修分日常维修和定期检修。日检、双周检、月（三月）检都属于日常维修，定期维修是按日期或走行里程进行的各级修程，一般分大修、架修、定修（年修），检修周期和走行里程按先达到的标准进行。

日检于每日车辆入库后进行。主要从外部检查车辆制动、车辆走行装置、受电弓、车门传动装置、车体、车厢、照明等与行车安全与服务质量有关的部件和装置，保证次日列车的正常运行。

双周检：对主要部件作外观检查，主要检修蓄电池液面、牵引电机换向器碳刷、轮对、制动闸瓦的相关尺寸；

月（三月）检：对列车进行全面、细致检查，并且要对接近到限的易损、易耗件进行更换，对主要部件的技术状态进行检查、测试和保养。

定修：对主要零、部件技术状态进行检查，对技术状态不良的零、部件要进行更换或检修，消除所发现故障；还要对电气部分的技术整定值进行检测和调整。

架修：对车辆进行架车、解体，以对零、部件进行清洗、检查、测定、修复、更换为中心内容，对重要部件如转向架、车门传动、车钩、制动、牵引电机、受电弓等都要进行测试、检查、修复，然后进行整车组装。

大修：对车辆进行全面分解、全面修复，以达到新造车技术水平，恢复其全面性能。

定修、架修、大修三个修程，在检修完成后都要对车辆进行静态调试，最终还要到试车线试车、进行动态调试。

上述修程中，一般高级修程都包含低级修程的检修内容。

以上地铁车辆维修制度基本上沿用了传统的轨道交通车辆的检修经验，采用按运行里程和时间进行预防性"计划维修"和列车发生故障后的"故障维修"；定修、架修、大修都是对车辆进行全面维修。都需要列车停止运营集中时间进行。

4. 车辆均衡计划修和车辆检修制度的改革

随着城市轨道交通网络化的发展，城市轨道交通车辆设计、生产、技术向"低维修、高性能"方向发展，不同的城市轨道交通企业对车辆的维修方式和车辆维修资源的合理配置均进行了深入研究，逐步对传统的车辆检修制度进行改革，能够使车辆的维修工作以至于车辆段的规划、设计和建设都更加经济合理、更加高效。

（1）车辆的日常均衡检查、维修

1）列车运行窗口和车辆的日常均衡检查、维修

城市轨道交通运营时间具有非昼夜连续的特点，运营时间一般为 5：00～23：00，具

有早、晚客流高峰时段特点，在高峰期和非高峰期采用不同的运行图，运行列车数也各有不同。列车都有停止运营的间隙时间，对列车非运营时间我们称作列车运行窗口，如图 2.2-1 所示的阴影部分。

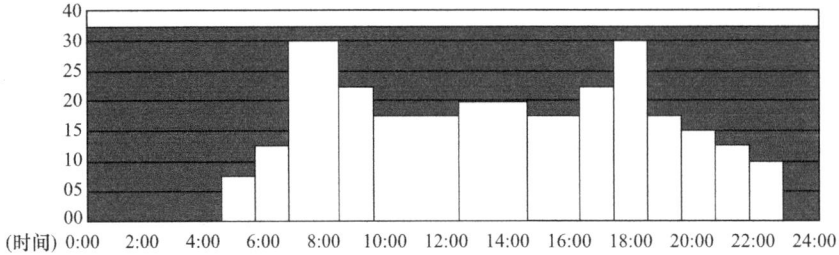

图 2.2-1　全日运行计划和列车运行窗口

目前对车辆的日常检查维修如周检、月检（双月检、三月检）、定修（年检）是以列车作为检修对象，将列车停运集中进行全面检查、维修，一般要分别占用半天、一天、十天才能完成对车辆的检查、维修工作。如果把以列车作为检修对象转换为以车辆设备、零部件作为检修对象，并将检修项目的完成时间控制在列车运行窗口时间内，就可以充分利用列车运行窗口时间将原车辆的检查内容分散在几个时段及不同场合进行，对检查后需要进行维修的零部件采用互换修的方式，就可以使对车辆的检查、维修工作分散而均衡，这就是均衡修方式。如图 2.2-2 所示。

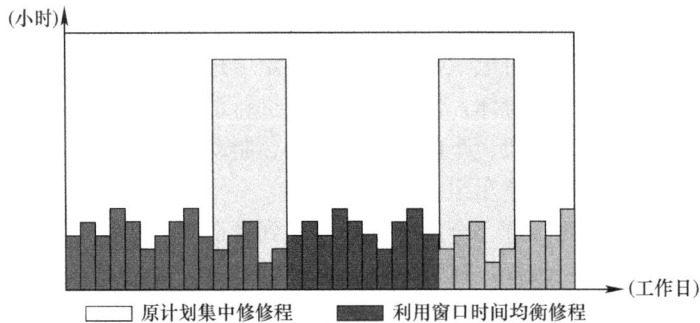

图 2.2-2　车辆均衡方式示意图

2）车辆日常均衡检查、维修方式的试验

上海地铁在实现了对车辆检修的计算机软件管理和对车轮等零部件进行了状态修的基础上，实现了车辆日常均衡检查、维修方式，并不断优化。首先对多年车辆运营、检修统计、积累的大量数据进行分析研究，对检修项目周期进行分类处理，有些缩短、有些延长，对检修周期和内容进行优化，使之更加合理，符合车辆的实际技术状况，以提高车辆检修质量和列车运行的可靠性；然后覆盖原有月检 A、月检 B（双月检）、定修（年检）三个修程的项目和内容，进行重新组合，将修程调整为均 1～均 12，对车辆的检修工作均在列车运营窗口时间完成。列车运营窗口时间定义为 10：30～20：30。均 1～均 10 在一个列车运营窗口时间完成；均 11～均 12 安排检修量较大和彼此关联性较强、较多的检修项目，占用两个列车运营窗口时间，安排在运营高峰特点不明显的双休日进行，或将同类车辆设备、零部件按车辆单元分阶段进行。对于在检查中发现需要进行修理的车辆设备、零部件用互换件进行更换，避免车辆零部件的修理对车辆检修进度的影响。

检修项目的周期分类如表2.2-8所示。表中"√"为对全列车的同类设备零部件进行检查、维修，"M""Mp""Tc"表示对M、Mp、Tc车的同类设备零部件进行检查、维修，对于加热器、空调则按季节进行检查、维修。在对车辆设备、零部件检修项目和内容进行组合时考虑项目的关联性和检修工作的均衡性。由表可见，均1～均12的检修项目包含了车辆月检、双月检、三月检、半年检、一年检的检查、维修项目。

车辆均衡修的检修项目分类表 表2.2-8

序号	项目分类	均1	均2	均3	均4	均5	均6	均7	均8	均9	均10	均11	均12
1	月检	√	√	√	√	√	√	√	√	√	√	√	√
2	双月检		√		√		√		√		√		√
3	三月检			√			√			√			√
4	半年检			√								√	
5	年检						√						
6	按车辆	M	Mp	Tc									
7	加热器					10月进行							
8	空调					3月进行							

采用日常车辆的均衡检查、维修工作方式具有以下优点：

① 避免必须使列车退出每日运行才能进行检修，运能发挥最大效能；

② 检修力量和检修设备避免忙闲不均现象，检修能力效益最大化；

③ 互换修可以使车辆检修和车辆零部件的维修可以平行，可提高检修质量和列车运行的可靠性。

采用日常车辆的均衡检查、维修工作方式，对检修生产组织工作提出了更高的要求：

① 检修生产的计划、调度工作复杂，对此必须建立相应的计算机软件管理系统进行生产的计划、调度工作，并根据车辆的车况进行调整；

② 需要增加车辆互换件的储备量；

③ 对车载信号和无线通信设备的检修必须和车辆均衡检修方式相适应；

④ 需要行车调度和停车场或车辆段的检修调车作业更加密切的配合工作。

（2）车辆的计划预防性全面修理和以部件为重点的车辆均衡计划性修理

制定车辆检修制度，确定车辆的检修周期，主要考虑车辆零部件的检修周期和使用寿命，通常将最小检修周期定为一年，将检修周期短、数量不多、检修量又不大的零部件列为日常检查维修的内容。城市轨道交通车辆目前采用的检修循环结构与检修周期如图2.2-3所示。

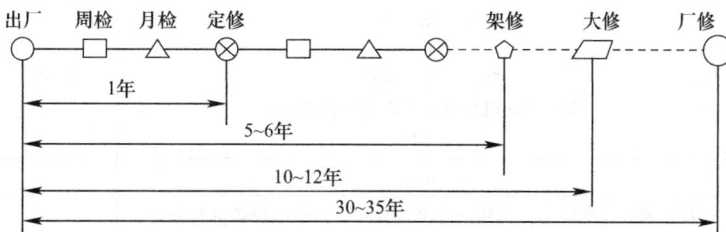

图2.2-3 车辆检修循环图

图 2.2-3 中显示修程，目前均按里程或运行时间进行车辆的检并修，他们都是以整个列车作为对象，定修（年检）是对整列车进行检查维修，架修和大修采用对车辆解体和组装，进行全面修理，检修项目和内容也大致相同。但是车辆部件具有不同的使用寿命和维修周期，因此目前按里程或运行时间的方式确定的修程，造成有些部件得不到及时维护，而有些部件又进行了不必要维修的情况。以致人力、财力浪费，列车技术状态质量难以保证。

根据车辆每个系统和零部件维护标准为重点，增加以部件为重点检修内容的修程，安排含有不同检修内容的多级修程，并对列车的整体技术性能进行检测。在车辆主要系统需要进行更换修时，对车辆进行全面检查、修理或更换，全面恢复列车的技术性能。

这样就可以延长对车辆进行全面修理的周期，这种均衡计划检修方式可以使车辆的检修成本、效率、质量最优化。

表 2.2-9 所示的车辆的检修计划就反映了这种以车辆的系统和部件为重点的均衡计划修方式。

车辆检修计划 表 2.2-9

修程	检修主要内容	时间间隔	运行距离（km）
F1（月检）	目测检验转向架和车体	每月	10400
F2a（三月检）	目观检验特定的磨损件（受电弓滑板、制动闸瓦），更换空气过滤网	3 个月	31250
F2b（半年检）	F2a 再另外加上： 更换受电弓滑板； 检查气动元件功能 ……	6 个月	62500
F3a（年检）	F2b 再另外加上： 检查牵引箱及辅助逆变器； 检修车门；清洗及加油脂； 镟轮； ……	每年	125000
F3b（2 年检）	F3a 再另外加上： 检修接地触头； 检修空调； 更换车轮； ……	2 年	250000
F3c（3 年检）	F3b 再另外加上： 检修接地触头； 检修空调； 更换车轮； ……	3 年	375000
R1（6 年修）	F3b 另外加上： 更换贯通道的易损件； 牵引箱大修	6 年	625000
R2a（12 年修）	R1 另外加上： 车体小大修； 转向架重点大修； 牵引电动机和减速齿轮箱重点大修； ……	12 年	1250000
……	……		
R2b（30 年修）	对车辆的内部装饰、外部油漆进行翻新，对车辆设备进行全面分解、检测、修理或更换，使车辆全面恢复技术性能。并进行重大技术改造	30 年	3750000

掌握车辆零部件故障间隔周期是制定车辆均衡修修程的重要依据，根据零部件检修周期进行分组是制定修程的重要步骤。

将原有修程改变为均衡检修方式需要进行车辆故障及其间隔时间进行统计，并要细化故障部位，统计列车各系统、子系统、零部件故障发生周期，在对大量数据的积累、分析基础上，掌握车辆各系统可靠度、故障分布规律等可靠性技术参数及检修周期。然后对车辆检修周期相同或相近的零部件进行分组，制定以车辆设备、部件为主的车辆均衡计划检修规程。

在车辆购置时，要对车辆的设计、生产提出均衡计划检修的要求，并要求车辆生产单位提供车辆部件的设计寿命和检修周期，提出车辆修程的建议。随着车辆设计、生产水平提高、零部件制造水平提高、使用寿命的延长，部件故障间隔周期和检修周期发生变化，针对不同的车辆均衡修修程也各有差异。并且还需要车辆运营单位对车辆运行和检修的情况进行统计分析，根据车辆的实际车况进行相应地调整，使均衡修修程更加科学、严谨。

（3）车辆均衡计划检修的优点和所需条件

车辆均衡计划检修的最终目标是在不降低列车可靠性的前提下最大限度地缩短停库时间，最大限度地提升列车投运率。实现车辆均衡计划检修要求对车辆检修的生产组织工作提高到一个新的水平，并且必须创造一定的客观条件。

1）采用车辆性均衡计划检修的方式，必须具备的主要条件：

① 需要掌握车辆零部件的故障规律和磨损规律，根据车辆不同部件的寿命和维护周期，制订不同的检修策略；

② 采用用互换修方式对车辆进行检修，需要一定的备品、备件储备量；

③ 对车辆零部件尽可能专业化集中检修，完备车辆部件的检测设备和检修设备，提供车辆零部件的检修质量；

④ 尽可能增加列车的在线检测设备，及时掌握列车及其设备的动态技术状态，不断提高对车辆的状态修水平。

2）采用车辆性均衡计划检修的方式的优点：

① 提高对车辆及其设备检修的利用效率，提高车辆检修工作和资源利用的均衡水平；

② 使备品备件储备集中，资源共享，统一调配，使备品备件的分散库存量降到最低，有些可实现"零"储备，减少因此占用的流动资金；

③ 可以实现车辆和车辆零部件的专业化检修，提高维修车辆检修的质量；

④ 使车辆检修的厂房和设备集中，减少建设投资，并提高其利用效率，降低维修成本；

⑤ 提高列车的投运率和运营的可靠性，将会产生良好的经济效益和社会效益。

2.3 城市轨道交通车辆检修新技术应用

1. 网络化运营后对车辆检修模式的影响

随着我国城市轨道交通的蓬勃发展，城市轨道交通车辆及其运营维护技术水平已获得了持续进步，但总体上，运维水平还处于追踪国外先进技术的阶段，距离全系统全面超越国外技术水平尚有差距。根据中国城市特点，城市轨道交通成网络化运营后带来的规模效应，将使乘客数量呈显著上升态势。随着生活水平的提高，乘客对于乘坐的准点率、舒适性要求也不断提高，同时，伴随轨道交通规模的增长，运维的压力也同步增长，这就需要通过技术手段改进运营管理，车辆维护及车辆设计水平。

为了面对设备越来越高的的检修需求与日益减少的检修窗口时间之间的矛盾，需要转变目前以计划修为主的维修模式，以机器代替人工完成一部分的检查检测工作，提高检修人员的劳动价值。

2. 车辆检修新技术应用

车辆实现列车信息实时传输功能，由列车状态信息智能采集系统通过采集与列车运营检修相关的所有信息，信息结构多样且复杂，主要由9个子系统组成，分别是：实时车地无限信息传输子系统、轨旁受流器检测子系统、列车轮对尺寸检测子系统、列车轮对踏面检测子系统（含平轮）、轨旁车顶车侧检测子系统、轨旁走行部检测子系统、列车关键设备温度检测子系统、列车轮轨振动检测子系统、列车检修点巡检子系统（信息采集），列车状态信息智能采集系统收集产生的大量多源异构数据是后续大数据技术应用分析及列车检修协同处置的重要数据基础。

（1）实时车地无线信息传输

列车实时运行信息采集系统对列车状态数据进行管理，并将其传输到地面。列车状态数据传输到地面的实现方式有三种：车地无线传输、自动传输、手动下载。列车实时运行信息采集系统主要由实时车地无线传输模块和离线自动传输模块构成。整体结构见图 2.3-1。

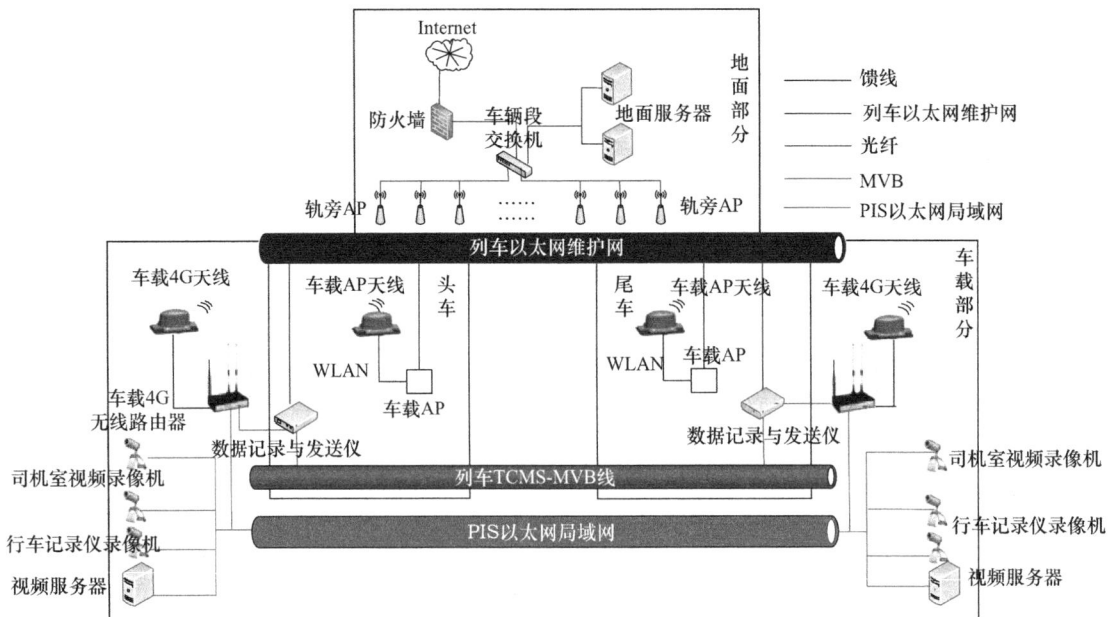

图 2.3-1 系统架构图

此外，该系统还对传输到地面的列车状态数据进行基础的应用和处理，对不同型号的列车数据进行格式化处理。该子系统针对列车运行时的实时性，可以进行实时数据的回放，监控、报警和实时状态预警以及实时状态的大数据分析。为云平台提供运营实时数据来源。

1）实时车地无线传输模块

实时车地无线传输模块采集数据种类主要包括硬线采集信号数据、MVB 通信传输数据、传感器在线监测数据三大部分。监测信号覆盖了列车本身及各子系统所有的关键信号数据。

2）车地无线传输数据应用

① 列车运行状态实时监控

系统实时监控入网列车基本运行状态、各系统状态以及主要部件的状态，监控状态页面显示与线路列车驾驶室显示屏显示保持一致，这为地面专家指导司机处理应急问题提供了支持，从而达到降低不必要的故障引起列车清客等运营故障。

② 列车运营全网监控

系统能够实时动态监控网络内各列车运行状态及所处的位置等信息，支持运营调度、列车救援等，便于地面运营中心依据列车全网运行图，形成更加灵活地运营调度机制。

③ 列车故障实时报警及状态预警

对列车发生的实时故障以及基于运营经验设置的预警条件产生的异常状态实时报警，根据报警的相关变量进行快速分析，定位故障原因，提供预定义的故障处置指导。同时系统能够结合根据运营经验、易产生故障的工况，在大数据积累的过程中，可灵活根据运营情况，设置模式条件及报警内容实现对列车预警信息的灵活性配置功能，当配置完成后，提前预判故障的发生，并发出提示，提醒地面监控人员重点关注，减少列车故障发生。

④ 列车视频远程实时监控

当列车发生故障时，地面监控人员能够根据需要实时调取相应摄像头视频流信息，实现对列车有效监控，指导司机完成相应的应急故障处置。及时准确向报警列车提供应急处理建议，降低运营损失。

⑤ 车辆运行状态信息分析

根据收集的列车运行数据进行数据分析，对部件的健康状况进行评估，分析列车历史参数的发展趋势。

例如，通过里程与能耗与运行状态的分析，实现对线路列车能耗的管理，挖掘低耗节能策略。通过对车载客流量的分析，调整发车密度，合理组织运营。通过特定时间段内对故障的统计和分析，用于支持列车日常检修作业，对列车进行具体针对性的检修维护，并达到提前准备检修工具以及检修物料，提高检修效率。

⑥ 深度数据挖掘，形成专家系统

系统基于大量历史数据的深度挖掘，达到列车故障的预测，已经相关故障处置准确的智能指导，检修相关工单、物料及人员的自动安排，实现专家系统未保存故障的自动学习，不断自动完善专家系统。根据系统建议达到优化完善整个地铁网络运维管理规程策略的目的。

3）离线自动传输模块

车辆上安装的振动监测系统、轴温监测系统，具备无线传输功能，其在车辆段设有服务器，当车辆回库之后，能自动将记录的数据传输到服务器中。

列车全列车配置一台车载 AP 网关以及相匹配的车载 AP 天线，列车回库后，列车数据记录仪借用地面布设的 WLAN 局域网通道将每天记录的非实时运行数据下传到地面服务器。

4）地面数据网关

地面网关系统包括地面轨旁 AP 网关、交换机、服务器、防火墙等功能单元构成，负责接收通过车地无线传输方式与自动传输方式发送的车辆状态数据。

车辆段内通过布设地面无线 AP 网关，形成地面局域网覆盖，无线 AP 之间通过单模光纤连接，接入千兆交换机，形成星型拓扑，保证单台设备故障的情况下，不影响网络中其他设备的通信，并且保证数据正常转发，地面局域网通过防火墙与外网隔离并提供外网访问接口。

（2）轨旁受流器检测

通过在车辆段出入库线轨道旁安装基于机器视觉的检测装置，车辆经过时自动检测车辆受流器状态，将此类信息发送到数据服务器和监控终端，能够有效支持车辆日检作业。

1）受电靴检测

在轨外侧布置区域激光探测器和高速图像传感器，当车辆通过时，区域激光探测器对集电靴的碳滑板部位发射面激光，高速图像传感器同时获取该部位的数字图像，再通过数字图像分析技术，可以准确计算出碳滑板厚度、缺口大小、断裂情况等参数。见图 2.3-2。

当车辆通过时，激光位移传感器分别对集电靴的臂轴部位和碳滑板部位进行扫描，原始波形反映了激光位移传感器臂轴和碳滑板之间的三维空间位置关系，由于传感器相对于轨面的安装位置是固定的，因此，通过几何运算，即可分别计算出臂轴和碳滑板相对于轨面的高度，以及碳滑板的三维运动姿态。

2）受电弓检测

采用高速图像采集及识别技术，通过检测设备，在线检测碳滑块厚度、部件缺失、受电弓形位异常等受电弓工作状态，具有高速图像采集、分析，数据判断管理等功能。根据监测记录图像和数据，为维修处理提供直观的信息和可靠的判断依据，见图 2.3-3。

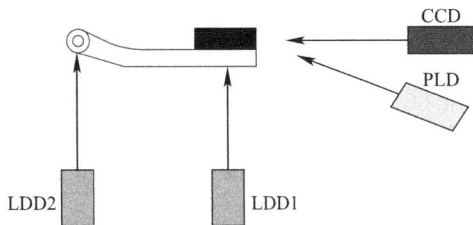

图 2.3-2　受电靴检测原理图　　　　　　　　　　图 2.3-3　受电弓检测装置

LDD1、LDD2-激光位移传感器；CCD-相机；PLD-激光发射器

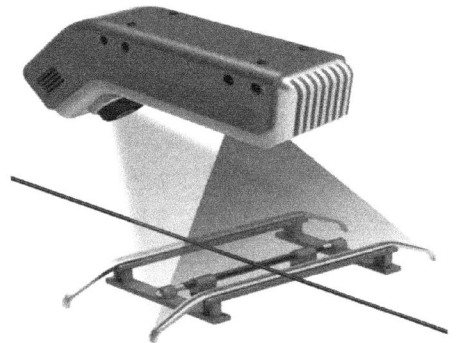

该系统采用激光线扫描传感器对受电弓滑板表面进行高速线扫描，可在 1ms 内扫描一幅滑板剖面的线轮廓形状，通过多个线扫描轮廓综合处理，精确地复现出受电弓滑板表面凹凸的 3D 式样，系统具备以下特点：测量直观准确，速度快，精度高，结构简单，激光强度较高，不易受外界光线等因素影响。

（3）列车轮对尺寸检测

列车车轮整体几何尺寸的正确对地铁列车安全运行起着至关重要的作用，同时车轮几何尺寸也间接反映了其他地铁系统的配合关系，比如和轨道的关系。因此车轮几何检测一直是检修的重要环节。

列车轮对尺寸检测子系统利用"光截图像测量技术"，激光线光源沿一定角度投射到车轮踏面，形成包含车轮外形尺寸信息的光截曲线，高分辨率面阵 CCD 摄像机拍摄车轮外形光截曲线，经图像采集、处理获得车轮外形轮廓及关键外形几何尺寸，见图 2.3-4。

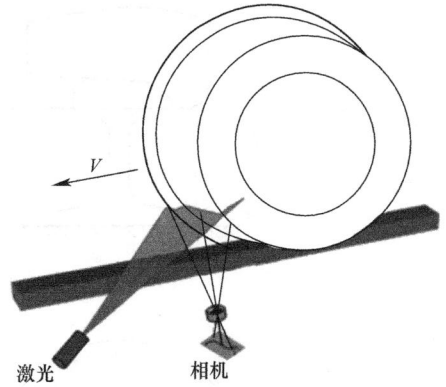

图 2.3-4　光截图像测量示意图

为了保障系统的高检测精度，系统设计了多个测点完成轮对检测，采用同步拍摄多幅图片方式获得轮周多个点的外形光截曲线图像。系统在数据处理中将综合所有测点的数据，择优选择数据，对有效数据进行综合统计分析从而计算得到最优的车轮外形尺寸参数。

内距的检测也是采用"光截图像测量技术"，将外形尺寸检测单元左右模组结合在一起，通过标定参数，利用同一轮对左右车轮的内侧基线计算得到检测轮对内距。见图图 2.3-5。

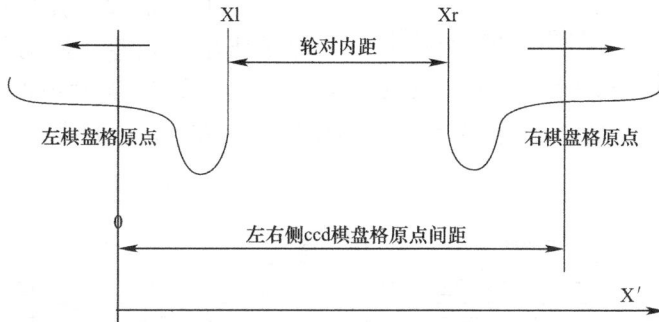

图 2.3-5　内测距检测原理图

（4）列车轮对踏面检测

轮对踏面是车轮与轨道直接接触的部分，踏面的状态、伤损情况对列车运行的安全、乘坐舒适性起着至关重要的作用。轮对踏面检测子系统由接触式擦伤检测单元、踏面缺陷动态图像监测单元和平轮子系统组成。

列车轮对踏面检测有两种检测手段，分别为接触式擦伤检测、踏面缺陷动态图像监测，平轮子系统通过综合检测踏面周边信息综合评判轮对与踏面之间的复杂配合关系。

1）接触式擦伤检测：

采用"接触测量法"，利用高精度位移传感技术测量车轮轮缘高度的变化，来定量测量轮轨接触区域的车轮擦伤和不圆度，利用轮缘与踏面滚动圆为同心圆，采用平行四边形高灵敏位移检测技术，通过轮缘顶点的位置变化反映了车轮踏面受损的信息。当测得轮缘顶点的相对位移 h 沿圆周的分布情况，就可得到当前车轮的踏面擦伤深度值，而 h 在整个圆周上的最大偏差 h_{max} 即为圆度偏差（不圆度），见图 2.3-6。

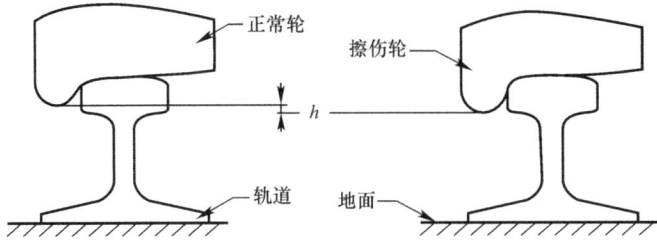

图 2.3-6 轮对接触式测量法示意图

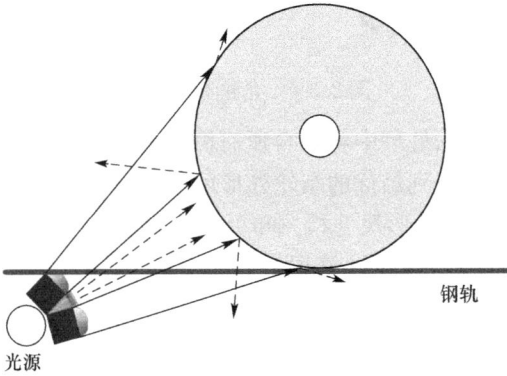

图 2.3-7 轮对踏面图像检测示意图

2) 踏面缺陷动态图像监测

轮对踏面与钢轨长期滚动摩擦，踏面光滑。采集圆柱形的踏面时，不同位置的踏面距离面阵相机的距离不等，且补光光源透射到踏面表面反射角度不同，造成踏面成像中间区域出现亮斑。因此，选择合适的相机、光源搭配角度可以使拍摄的踏面图像更加均匀。见图 2.3-7。

轨旁安装振动传感器、温度传感器，当列车进入到区域内的测量区间，系统开始采集轴温信息、振动信息和车号信息（当有标签经过天线上方时，主机读 READ 标签信息），系统可自动识别车速、计轴计距、采集轴承温度，并自动转换传感器传输采集的信号，存储在综合管理平台服务器中，平轮系统布置见图 2.3-8。

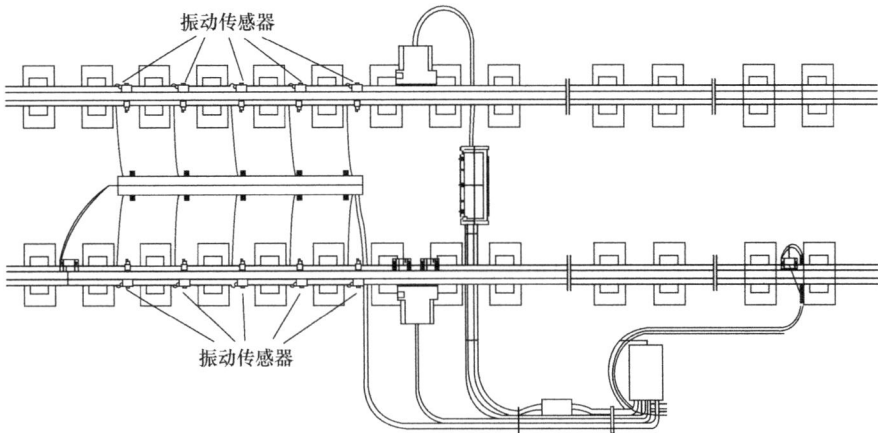

图 2.3-8 平轮系统布置图

系统能够定时或响应上位机指令进行组件及状态自检，并且将检测结果实时地上传。

（5）轨旁车顶车侧检测

轨旁车顶车侧检测子系统使用图像识别技术，通过智能图像识别技术分析识别车顶和车侧状态，进行异常识别和报警。该子系统主要由多组线阵图像采集传感器和光源一体化采集模块组成。每组线阵采集单元单独负责一定角度范围的图像采集，图像采集模块可以完整的覆盖列车车顶侧面范围。

（6）轨旁走行部检测

地铁列车走行部是以转向架为核心的一系列部件，保证列车灵活安全地沿钢轨运行，是最关键的列车部件。走行部检测子系统采用图像采集和识别技术，对走行部进行智能检查、报警。

1）走行部视觉检测

车下走行部监视单元主要由多组线阵光源一体化采集模块组成。每组线阵采集单元每组单独负责一定角度范围的图像采集，图像采集模块可以完整的覆盖走行部底部和侧面外侧范围。

2）闸片或闸瓦尺寸、外观检测

闸瓦检测系统通过获取闸片或闸瓦视觉图像，通过视觉技术抓取，图像识别在图像采集后自动计算，首先通过算法确定闸瓦和闸片的轮廓和位置，依据边缘计算闸瓦厚度，确定其最薄处的厚度是否超出运用限度。

（7）列车轮轨振动检测

通过安装在轴箱、齿轮箱、电机上的复合传感器，同时监测振动、冲击、温度 3 个物理量，并通过基于广义共振与共振解调的故障诊断技术，实现走行部关键部件的车载在线实时诊断，对于故障实现早期预警和分级报警，准确指导车辆的运用和维修。

（8）列车检修点巡检子系统（信息采集）

点巡检子系统是将原检修人员的日常带单作业工作与信息化结合，将传统人工检查、维修工作信息化。检修人员利用点巡检终端扫描车上二维码或 RFID，结合 LBS 定位技术、SQLITE 本地数据库等技术，收集检修现场信息，通过内网 WIFI 网络或者数据线方式与巡检管理系统进行交互；后台系统由 J2EE 构成的企业平台，用于计划和工单制定、审核、发布，向移动设备发送计划、作业内容等信息，并接收移动设备作业数据的信息，通过 ETL 技术和数据分析、数据挖掘技术形成对管理有价值的报表。

LBS 技术是基于位置的服务，它是通过网络定位获取移动终端用户的位置信息（地理坐标，或大地坐标），在地理信息系统平台的支持下，提供相应服务的一种增值业务。

二维码是用特定的几何图形按一定规律在平面（二维方向上）分布的黑白相间的矩形方阵记录数据符号信息的新一代条码技术。通过手机等移动设备可识别二维码中包含的信息，二维码具有信息量大，纠错能力强，识读速度快，全方位识读等特点，适合设备编码信息的获取。

二维码的实际应用中，有工况环境的需求。比如列车外部设备，张贴纸质条码可能很容易损坏，对于这种需求可采用激光打印二维码方式，此方式费用较高。二维码的使用和用户的位置管理需求有关，在实际应用中可在关键位置张贴二维码，以记录作业人的到位情况。对于没有条件使用二维码的地方，可在移动应用上点击相应设备直接进行巡检检查。

NFC 识别：与 RFID 一样，NFC 信息也是通过频谱中无线频率部分的电磁感应耦合方式传递，但两者之间还是存在很大的区别。首先，NFC 是一种提供轻松、安全、迅速的通信的无线连接技术，其传输范围比 RFID 小。其次，NFC 与现有非接触智能卡技术兼容，已经成为得到越来越多主要厂商支持的正式标准。再次，NFC 还是一种近距离连接协议，提供各种设备间轻松、安全、迅速而自动的通信。与无线世界中的其他连接方式相比，NFC 是一种近距离的私密通信方式。

3. 成果探索

随着轨道交通领域的飞速发展，如何提高列车运维、检修工作的效率，如何降低列车的运行成本等一系列问题相继出现，城市轨道交通检修新技术的引入对城市轨道交通的发展与管理带来新的理解。以上海地铁为例，2020 年全网线路总长超 800km，配属列车1222 列，7514 辆，新技术的应用，能够极大程度上降低设备维护费用投入，预计人车比从 0.6 降低到 0.4，可节约 1800 人，按照上海地铁每年用工成本 25 万元计算，每年可节省 4.5 亿元。按照目前批复的城市轨道交通规划，至 2020 年，全国轨道交通总里程将达到 6000km，若该模式在全国推广，每年将节约 20 亿元的运维成本。

2.4 城市轨道交通车辆的检修基地

1. 检修基地概述

（1）检修基地的功能

车辆良好的技术状态和正常的运行，是由各级修程保证的。城市轨道交通车辆采用计划预防维修和按技术状态事后临时维修相结合的制度，设有日常维修和定期维修两部分。城市轨道交通运营单位根据修程对城市轨道交通车辆进行的各级检修工作必须在专门的车辆检修基地（以下简称检修基地）进行。列车退出运营后也要进入检修基地进行洗刷、清扫、定期消毒等工作。因此，维修基地是地铁车辆停放、检查、维修、保养和检修的专门场所，它是保证城市轨道交通车辆良好的技术状态和城市轨道交通正常运营的重要基础。对维修基地要根据城市轨道交通网络，进行统筹考虑、合理配置和分工，根据需要确定它的规模，对车辆实施不同的修程。车辆维修基地根据功能和规模的大小可划分为停车场、车辆段。

检修基地以车辆运用、检修为主，但考虑到地铁系统管理需要，方便组织城市轨道交通地铁各专业的维修工作，可以将工务、通信、信号、机电设备等专业的维修与车辆检修基地一并考虑，这样有利于协调各专业接口，对各专业维修工作进行有效的协调管理，可以合理规划、统一使用场地和设备，节约土地和投资。同时也有利于实现计算机网络和现代化管理。

1）城市轨道交通车辆维修基地的分类及功能。

① 停车场

停车场是车辆停放的场所，承担的任务有：车辆的停放、洗刷、清扫、以及车辆列检和乘务工作，停车场所在正线运营列车的故障处理和救援工作，车辆均衡修以下车辆的各级日常检查维修的修程。遇到车辆的重大临修则采用部件互换的修理方式。每条地铁线路按其线路长度和配属车辆的多少，设置停车场或根据需要再增加设置辅助停车场，辅助停车场仅设置停车、列检设施，只承担车辆的停放、清洁、列检工作。

停车场配备车辆运用、整备和日常检查维修及配套设施，主要有停车列检库、不落轮镟轮库、调机库、临修库和车辆自动洗刷库及出入段线、洗车线、试车线、各种车库线，以及牵出线、存车线、走行线等各种辅助线路；主要设备有：调机车（内燃机）、不落轮镟床、自动洗车机和车辆救援设备，以及为车辆重大临修服务的架车机、起重机等。

② 车辆段

车辆段除具有停车场的功能，还是对城市轨道交通车辆进行较大修程的场所。车辆段主要拥有以下功能：

A. 承担所属线路的车辆停放、清洁、列检工作。

B. 承担所在线路车辆的均衡修以下车辆检查维修和临修工作。

C. 承担所属线路和由多条联络线互相沟通的线路的车辆架、大修工作。

D. 承担车辆部件的检测、修理工作，满足车辆各修程对互换部件的需求。其维修能力的设置也可使其成为地铁网络的车辆部件维修点，为其他车辆段服务。

车辆段要在停车场的基础上增加车辆架、大修的设施设备，车辆主要检修方式采用部件互换修。同时，根据工艺要求，要具备车辆零部件的检修能力。

车辆段配备的车辆检修设施主要有架、大修库、静调库和部件检修间，以及油漆间、机加工间、溶焊间和必要的辅助间等。车辆架、大修主要设备有：架车机、移车台或车体吊装设备、公铁两用牵引车、转向架、车钩、电机等各种部件的试验和修理设备、车辆油漆设备、列车静态调试和动态调试设备。承担列车转向任务的车辆段还设置列车的回转线。

车辆段内无物资总库时还要设置材料库，并配备必要的运输和起重设备。

车辆段主要划分为检修区和运营区，所有的检修工作均集中在检修区进行，运营区主要负责段属车辆的停放、列检和乘务工作。

车辆段一般还兼有综合检修基地功能，是保障线路各系统正常运行的保障基地和管理部门。在停车场一般设置各系统的维修工区，属综合检修基地管辖。

2) 综合检修基地的功能和任务如下。

① 承担所辖线路沿线隧道、线路和桥梁等设施的检查、保养和维修工作；

② 承担所辖线路车站建筑和地面建筑的保养和维修工作；

③ 承担所辖线路变电所、接触网、供电线路和设备的运行管理、检查、保养和维修工作；

④ 承担所辖线路各机电系统及设备的运行管理、检查、保养和维修工作；

⑤ 承担所辖线路通信、信号系统的运行管理、检查、保养和维修工作；

⑥ 承担所辖线路自动售检票系统和设备的运行管理、检查、保养和维修工作；

⑦ 承担所辖线路防灾报警系统、设备监控系统的检查、保养和维修工作。基地各系统和设备的大、中修等工作外委。

⑧ 承担所辖线路运营、检修所需的各类材料、设备、备品配件的采购、储备、保管和发放工作。

综合检修基地主要设施：综合检修基地检修车间、材料总库、特种车辆库、办公楼等设施。

(2) 维修基地的选址原则和布置原则

1) 选址原则

维修基地位置的选定要从技术需要、经济合理和环境可能等诸因素综合考虑。选址的主要原则有：

① 要有一定的场地面积，相邻单位和居民要少，尽量减少拆迁费用，同时在保证基地用地布置需要的同时，尽可能减少对周围环境的影响。

② 能布置通畅的道路与外界道路相通，便于各种运输车辆的进出；并且临近铁路，与铁路有较好的联系，便于地铁列车、调车机车、工程列车、货物列车与铁路之间的接泊和转运。

③ 设置于城市轨道交通网络的较佳点，便于列车的出车和收车，减少列车空走距离，做到方便、可靠、迅速、经济，达到节能、高效的目的。

④ 根据城市轨道交通网络规划，留有远期发展的余地。

⑤ 避开工程地质、水文地质不良（如滑坡、活断层、流沙、高地下水位、永冰土层等）地段，降低建设造价和保证工程的质量。

⑥ 场地标高具有良好的自然排水条件。尽量避开受洪水影响地形，当无法避开时应有切实可行的防洪措施。

⑦ 有利于电力、通信等线路和供水、排水等管路的引入。

⑧ 维修基地的纵轴尽可能与本地区的主导风向一致或成较小角度。

⑨ 对于用地困难的城市，可以因地制宜。采用半地下、双层、三层等结构，上部可作为办公或进行综合开发使用，以减少占地面积。

2）布置原则

维修基地的总体布置应首先满足停车功能和检修功能，还要根据占地的形状和地形，因地制宜，综合考虑。

一般来讲，细长的占地形状便于布置，有利于节约用地，可以将检修区和停车区分别集中，便于管理减少干扰。

停车场承担列车停车和日检、均衡修等较低级修程的检修任务，一般检修库和停车库并列（横列式）布置（图2.4-1），这样便于工作的互相联系和减少占地面积。

车辆段（大修段）承担停车和包括架大修较高级修程的各级修程检修任务，一般停车库和检修库串联（纵列式）布置（图2.4-2），将对车辆各级修程的检修工作都集中在检修区。这样便于检修的集中管理，对车辆检修的大型设备辅助车间、设备和备品、备件库及工具间也可以协调统一使用，提高它们的使用率和工作效率。

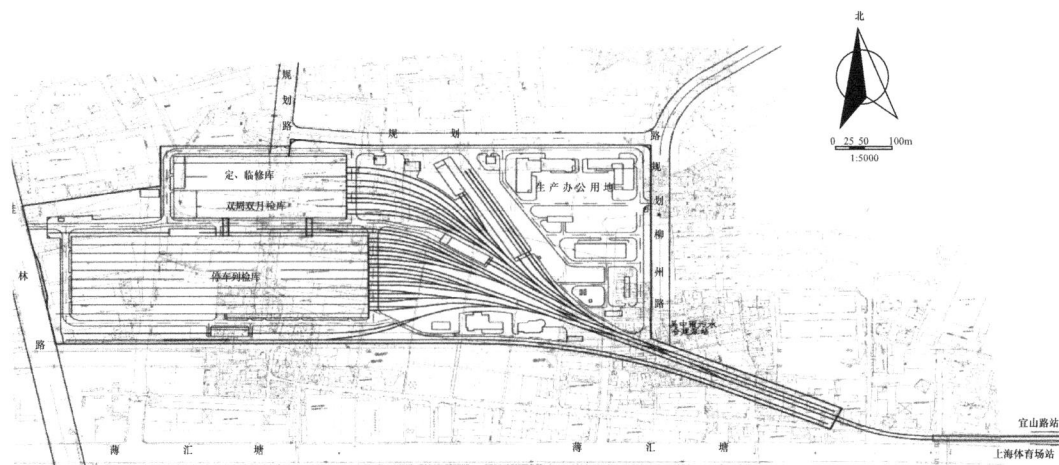

图 2.4-1　检修库和运用库的横列式布置

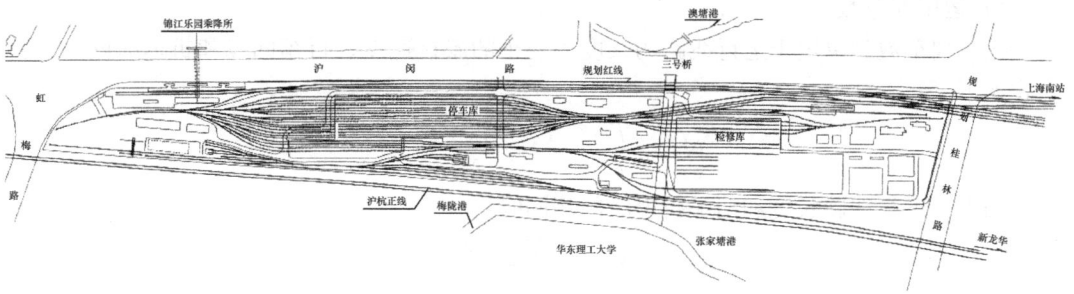

图 2.4-2　检修库和运用库的纵列式布置

停车库尽可能布置成贯通式，列车由停车库两端进出，可以大大缓解车场道岔咽喉区的列车通过能力，这种布置方式一般还设置连通两端的联络线，对列车的灵活调度、运用，缩短出、入库时间具有明显的优点。

3）维修场地的总体布置还要遵循以下基本的原则：

① 根据车辆运行组织、车辆检修规程使作业流程顺畅、安全、便利，减少各工序流程间的冗余时间及车辆空走和运输距离。

② 基地内道路尽量避免与生产运输的道路交叉。需要交叉时，交叉角应在 $45°\sim90°$ 之间，交叉道口不应有明显影响车辆司机瞭望线的障碍物，必要时可以设置人工监护或自动道口栏杆及报警装置，以保证列车与人身安全；道口应采用混凝土硬化地面，平整顺畅。

③ 基地的布置根据设施的不同功能分区布局，一般分为车辆运用区、车辆检修区、行政管理和后勤服务区，各功能区域宜尽可能集中设置，这样便于设备的统一使用，减少生产运输路程，可以集中考虑水、电、通信等各种线路、管道设施的布置，对废水、废液、废气和噪声等统一处理，有利于建立消防、安全保卫系统，并且方便职工的就餐、就医、上下班交通等生活需要。

④ 在满足功能的前提下，尽量减少用地面积，提高土地使用率，并要为长远发展留有余地。

⑤ 建筑物的纵轴尽可能与主导风向一致或成较小夹角，主要建筑物尽量不要处于南方西晒、北方寒风裂击的不利朝向。

⑥ 基地的布置与建设还要和城市的生态环境、文化环境、建筑特色相协调。

（3）维修基地建设规模

维修场地的规模主要取决于配属的地铁列车数和列车的检修模式，同时考虑其他专业设备的检修规模。

配属列车包括运用列车、检修列车和运用备用车。

$$N = N_y + N_j + N_b$$

式中　N——配属列车；

　　　N_y——运用列车；

　　　N_j——检修列车；

　　　N_b——备用列车。

1）运用列车数

运用列车数量决定于运行线路的长度、列车的旅行速度、行车间隔和折返时间，计算公式如下：

$$N_y = \frac{T_z}{t_j} = \frac{T_y + T_y' + t_z + t_z'}{t_j}$$

当上、下行线路长度和两端折返时间相同时：

$$N_y = \frac{2T_Y + 2T_z}{t_j}$$

即：

$$N_y = \frac{2L/V \times 60 + 2t_z}{t_j}$$

式中　N_y——运用列车数（列）；

　　　L——运营线路长度（km）；

　　　V——旅行速度（km/h）；

　　　t_z——一头折返时间（min）；

　　　t_z'——另一头折返时间（min）；

　　　t_j——行车间隔（min）；

　　　T_z——列车周转时间、即列车在线路上运行一个来回需用时间；

　　　T_y——列车单程（上行）运行所用时间（不包括折返时间）；

　　　T_y'——列车单程（下行）运行所用时间（不包括折返时间）。

其中行车间隔（min）取决于每小时列车运行对数：

$$t_j = \frac{60}{A}$$

式中　A——每小时列车运行对数（对/h）。

运行对数 A 决定于小时单向最大客流断面和列车编组、列车载客量和超载系数。

$$A = \frac{\vartheta_g}{q \cdot \lambda_g}$$

式中　ϑ_g——高峰小时单向最大断面客流量（人次/h）；

　　　q——列车定员数（人/列）；

　　　λ_g——高峰时段计划满载率，一般取为 110%～130%。

2）备用列车数

备用列车数是作为车辆临时发生故障时投入使用的储备列车，根据有关实例，备用列车数量一般取为运用车的 10% 左右。当运用列车多时，取<10%，当运用列车少时，取>10%。一般一条运行线要保证 2 列备用列车。目前，车辆的技术水平逐步提高，也可以采用以下方法：

运营线路 20km 及以下，配备 2 列备用列车，运营线路每增加 20km，增加一列备用列车也能基本满足运营需要。

3）检修列车数

检修列车数取决于运用车辆数、检修周期及检修的停库时间。

$$N_j = (N_y + N_b)\alpha$$

式中 N_j——检修列车数；

N_y——运用列车数；

N_b——备用列车数；

α——检修系数。

$$\alpha = \sum \alpha_i$$

式中 α_i——各级修程的检修系数

$$\alpha_i = T_i(1/n_i - \sum 1/n_k) \div T_n$$

式中 T_i——该级修程的检修停运时间（日）；

T_n——全年工作日（日）；

n_i——该级修程的检修周期（年）；

n_k——该级以下修程的检修周期（年）。

2. 维修场地的主要线路

（1）停车线

停车线应为平直线路，一般设成车库，停放车辆同时兼作检修线，分为尽端式和贯通式，但贯通式便于列车的灵活调度，因此尽可能采用贯通式。一般尽端式每线停放两列列车、贯通式可停放2～3列列车。

停车库线数为：

$$S_t = (N - N_j)/n$$

式中 N——配属列车数；

N_j——检修列车数；

n——每线停放列车数。

停车库长度为：

$$L_t = (L + A)N_i + B$$

式中 N_i——每线停车列数；

L——每列车的长度；

A——两列车之间通道，再考虑停车不准确因素，一般 $A = 6m$；

B——列车端部通道，综合消防、运输及作业需要等因素确定。

（2）出、入段线

供车辆出、入停车场或车辆段的线路，除特殊条件限制都要设置为双线，并避免切割正线，根据行车和信号要求留有必要的段（场）线路与运营正线的转换长度。

（3）牵出线

牵出线适应段（场）内调车的需要，牵出线的长度和数量根据列车的编组长度和调车作业的方式和工作量确定。

（4）静调线

设在静调库内，列车检修完毕在到试车线试车之前，要在静调库对列车进行静态调试，检查列车各部分的技术状态，对各种电气设备和控制回路的逻辑动作和整定值进行测试和调整。静调线全长设置地沟，地沟内设置照明光带。静调线为平直线路，静调库内还要设置车间牵引电力电源和有关的测试设备。车辆段在车辆检修后进行车辆的尺寸检查，其中要对车辆的水平度进行检查，需要轨道高差精度等标准较高的线路（称为零轨），宜设在静调线。

（5）试车线

供定、架、大修后列车在验收前的动态调试。试车线的长度应满足远期列车最高运行速度、性能试验、列车编组、行车安全距离的要求。一般为平直线路，线路中间要设置不小于一单元列车长度的检查坑，供列车临时检查用。为进行列车车载信号装置的试验，试验线还应设置信号的地面装置，试车线旁应设置试车工作间，内设信号控制和试车必需的有关设备、设施和仪器。试车线应采取隔离措施。

（6）洗车线

供列车停运时洗刷车辆用，洗车线中部设有洗车库。洗刷线一般为贯通式，尽量和停车线相近，这样可以减少列车行走时间，并减少对车场咽喉地区通过能力的压力。洗车库前后要设置不小于一列车长度的直线段，以保证列车平顺进出洗车库。

（7）检修线

检修线为平直线路，布置在检修、定修、架修、大修库内。架大修线的线间距要根据架修作业需要，还要综合考虑架车机等检修设备以及检修平台等的布置，检修移动设备、备件运输车辆移位，以及检修人员作业需要的空间确定。检修线中要有一条平直度要求较高的线路，用于车体地板高度的精确测量。

（8）临修线

列车发生临时故障和破损，在临修线上完成对车辆的临修工作，临修线的长度能停放一列车，并考虑列车解编的需要。

以上是保证列车运行和检修的主要线路，除此之外，维修基地内还必须按需要设置临时存车线、检修前对列车清洗的吹扫线、材料装卸专用线、内燃调机车和特种车辆（如轨道车、触网架线试验车、磨轨车、隧道冲洗车等）停车线、联络线和与铁路连通的地铁专用线等。

这些线路用道岔互相连接，道岔和信号设备连锁，由设置在站场中央调度室对电气集中控制设备进行操作，排列和开通列车的进路，进行调车和取送车作业。在技术、经济条件允许下，也可采用计算机连锁。为了控制出入段列车能按运行计划进入推出正线运行，出入段线的信号机由正线行车指挥系统进行开放控制，对有关线路的列车运行进行监视。

布置车场线路，应遵循以下几点要求：

① 列车停车、检修、试验及其他作业的线路应为平直线路，其他线路的坡度不应大于2‰；由于在车场内是无载客运行，通过对数较少、行车速度较低，最小平面曲线半径的选择不易采用太高标准，可以根据道岔的导曲线半径及车辆构造允许的最小曲线半径等因素确定，一般以 $R \geqslant 150\text{m}$ 左右为宜。

② 除架线、大修线外，车场内地铁列车可能到达的地方应设置接触网或接触轨（包括接通至库内）。采用接触轨应有防护设施，保证人身安全。采用接触网，在线路有接触网区段和无接触网区段交界处应设置醒目的标志，防止列车误入无接触网区段，造成列车受电弓和接触网的损坏事故。

③ 在线路端部应设置车挡。在技术、经济条件允许情况下，采用弹性车挡为宜。存车线若有坡度，应布置为面向车挡为下坡道，防止溜车。

④ 对各线路接触网应根据实际情况分区（段）供电，设置隔离开关，分别断、送电，

便于对列车进行各种作业。

⑤ 除架修、大修线外，其他线路的有效长度至少应保持按远期规划列车编组长度与内燃调机长度之和再加上满足司机瞭望和行车安全的距离。防止列车停止在道岔区，堵塞相关的进路。

3. 车辆运用、检修库房和车间及其主要设备

(1) 停车列检库及其附属车间

停车库兼有停车、整备、清扫、日常检查，司机出乘等多种功能，为实现这些功能，停车库除设有停车线外，还设有运用车间、运转值班室、司机待班室等司机出乘用房，还设有列车以及列车车载信号检修用房。由于列车本身价值昂贵在地铁运行中占据着重要地位，因此在停车库都设置自动防灾报警设备，和整个消防系统联系在一起。架空触网或接触轨应进库，接触轨应加防护装置，每条库线两端和库外线之间及停车台位之间设置隔离开关，可以对每条停车线的接触网（接触轨）独立停、送电，每条停车线还应有接触网（接触轨）送电的信号显示和列车出、入库的音响报警装置。停车线兼作车辆列检线，应有检查地沟。

停车库兼列检线的停车线设宽地沟，地沟内应有 220V 及 24V（或 36V）插座，地沟的长度为：

$$L = l_1 + 2L_1$$

式中　l_1——列车长度；

L_1——梯阶平面长度。

地铁车辆除了由自动洗刷机洗刷外、对列车自动洗刷不到的部件进行人工辅助洗刷外，还要对列车的室进行每日的清扫、洗刷和定期消毒。这些工作在清扫库进行，清扫库一般毗邻停车库，库内应设置上、下水及洗刷平台。

在停车库两端应有一段平直硬化地面，作为消防、运输通道，通道应该设置可动防护栏杆，平时封锁，仅在必要的特殊情况下使用。

(2) 检修库及其辅助车间

检修库及其辅助车间的平面布置主要取决于车辆的配属量、车辆的修程、检修方式及其工艺流程，同时要综合考虑自然地形条件、工件运输线路以及安全、防火和环保要求等因素。

1）日常检修库

日常检修库主要承担均衡修作业，均衡修要在库内对列车的走行部、车体及车顶设备进行检查，为便于作业和保证安全，线路采用架空形式，除线路中间设置地沟外，在检修线两侧设有三层立体检修场地，底层地坪低于库内地坪（若以轨面标高为 ±0.00m，其地坪标高约为 −1.0m），可以对走行部以及车体下布置的电气箱、制动单元、蓄电池进行检查，中间为标高 +1.1m 左右平台，可对车体、车门进行检查作业，车顶平台标高 +3.5m，主要对车辆顶部的受电弓、空调设备进行检修，车顶平台设有安全栏杆（图 2.4-3）。

日常检修库库根据作业的要求可设有悬臂吊，可以对需要进行拆、装作业的受电弓和空调设备进行吊装。还配置了液压升降车、蓄电池等电气箱搬运车等运输车辆。

为了对车辆进行均衡修，还应设置受电弓、空调装置、车载信号、试验设备等辅助工间以及备品工具间。

图 2.4-3　日常检修库立体检修平台

2）定修库

定修库和日常检修库一样，线路采用架空形式，线路中间设置检修地沟，线路两侧设置三层检修场地。车库设 2t 起重机。车辆的定修和临修有时也可以在一个车库进行，合并为定修、临修库，这时必须根据列车编组在库内设置架车机组，在列车解钩后可以同步架起一个单元的车辆。车库内设有 10t 起重机，其起重量可吊装车辆的大部件。其辅助工间应和其他检修库统一考虑。

3）架、大修库

架、大修的布置应根据车辆检修工艺流程确定。对车辆设备和零部件的检修方式采用互换修为主，作业流程根据实践情况，一般采用流水作业和定位修方式相结合。采用部件互换修可以减少列车的停库时间，并且可以合理地安排计划，做到均衡生产，避免因某一部件检修周期长，影响整列车的检修进度。联合检修厂房内设置车辆的待修、修竣部件和部件的存放场地。

架、大修库内主要设备有：地下式架车机、移车台、假转向架、桥式起重机、公铁两用牵引车、必要的运输工具、工作平台等。图 2.4-4 为地下式架车机架车的情景。

图 2.4-4　地下式架车机

4）辅助检修车间及其设备

地铁车辆是一种涉及多种专业、极其复杂的设备，在对车辆进行架、大修时，都要架车、分解，对部件进行检修。这些检修工作都在辅助检修车间进行。这些辅助检修车间根据列车架、大修的工艺流程，大部分都布置在检修主库的周围。

① 转向架、轮对间

转向架、轮对间通过轨道和转向架转盘架、大修库相连接。主要由转向架检修区、轮对检修区和轮对等零、部件的存放区组成。

转向架检修区对转向架进行分解，分解后的零、部件送到相应检修位置进行检修，恢复技术状态，然后进行组装。转向架检修区的主要设备有转向架冲洗机、转向架回转台、构架试验台、转向架综合试验台（图2.4-5）、地下式转向架托台以及减振器试验台、一系悬挂弹簧试验台等。

图 2.4-5 转向架综合试验台

轮对间主要对轮对以及轴箱、轴承进行检修。主要设备有从轴颈上组装、拆卸轴承的感应加热器、组装车轮的轮对压装机、加工车轮内孔的立式车床、加工轴颈的轴颈磨床和加工轮对踏面的轮对车床等大型设备。还有对轴箱轴承进行清洗和检查以及分解轴箱的感应加热器等设备。由于轮对的车轴受有循环应力，其破坏形式是疲劳破坏，应定期对其进行探伤，还要配置超声波及磁粉探伤设备。由于对轴承的检修工作专业性强，需要大量的设备和占地，但是每年的工作量很小，所以一般都将轴承检修工作委托社会专业单位承担。有条件的地方，也可以将探伤工作委托社会专业单位承担。

转向架、轮对间要适应互换修方式有足够的转向架、轮对及其他零部件的存放场地，还应配备相应的起重设备。

② 电动机间

电动机间是对车辆牵引电机、空气压缩机电动机以及其他车辆设备（如制动电阻冷却风机等）的动力电动机进行检修的辅助车间。需要配备电动机分解、检测、组装、试验的设备和必要的起重、运输设备。

主要设备有牵引电动机试验台（图2.4-6）、其他电动机试验台，采用直流电动机还有整流器下刻机、点焊机、动平衡试验机等。

图 2.4-6 牵引电动机试验台

电动机大修专业性强，检修量少，并且需要绕线、浸漆、烘干等设备，一般都委托专业工厂进行。

③ 电器间、电子间

电器间承担对车辆电气组件的检修作业，对列车的主控制器、主逆变器、辅助逆变器、各类高速开关、直流接触器等各种电器进行试验、检修、检验，装备有综合电气试验台，辅助逆变器试验台，高速开关试验台，主接触器试验台、速度传感器试验等各类试验台，以及供电气测试的各种仪器仪表。

电子间主要对列车牵引、制动、空调等计算机控制系统的各类电子控制板进行检修作业，由于电子间的检修、测试对象都是精密的电子元件，因此，电子间要求采取无尘、防静电、控制环境温度和湿度等措施，是一个环境要求很高的车间。

辅助车间还有车门、制动、车钩、受电弓、空调检修间，相应的配备有车门试验台、制动试验台、阀类试验台、车钩试验台、受电弓试验台、空调试验台以及必要的检修设备。

上述辅助车间一般都布置在架、大修主库的周围，可以使检修工序、流程合理、紧凑、简洁，减少运输路程，提高工作效率。

（3）其他库房及车间

维修场地内有些库房及车间由于环境保护和劳动保护要求、检修的特殊要求等因素，或者是由于设施和维修基地的检修共同使用，要单独设置。

1）不落轮镟床库

地铁车辆转向架的轮对在运行中有时会发生踏面的擦伤、剥离和轮缘磨耗，达不到运行技术要求的问题，需要及时镟削。使用不落轮镟床可以不拆卸轮对直接对车辆的轮对踏面和轮缘即时地进行镟削。运行的实践说明，不落轮镟床是保证地铁车辆正常运行不可缺少的重要设备，开始建设时就要对此作充分考虑（图 2.4-7）。

不落轮镟床需要在温度、湿度得到控制的环境使用，为减少投资，在库内为镟床单独设置隔离的环境空间。

不落轮镟床库及其前后一辆车辆范围的线路为平直线路。作业线的长度要满足列车所有车辆轮对镟削的要求，列车出入库和轮对的就位一般由专门的牵引设备承担。

图 2.4-7　不落轮镟床

2）列车洗刷库

列车洗刷库建在洗刷线的中部，库内设有自动洗刷机，可对列车端部和侧面进行化学洗涤剂和清水洗刷。在洗刷过程中，列车的行进可利用自身动力，也可用专设的小车带动，分为水喷淋、喷化学洗涤剂、刷洗等多道工序，在寒带地区还应有车体干燥工序（图 2.4-8）。

图 2.4-8　列车自动洗刷机

为避免列车洗刷作业对其他线路的进路的影响，洗刷机前后线路的长度都不应小于一列车的长度。

3）蓄电池间

蓄电池间主要对地铁车辆的碱性蓄电池进行充电和检修，另外也对各种运输车辆的酸性蓄电池进行充电和检修。蓄电池间要配置相应的试验、充电设备和通风、给水排水和防腐设施。碱性和酸性蓄电池操作间应分开设置，防止酸气进入碱性蓄电池，酸、碱发生中和作用，影响蓄电池的质量。蓄电池间要单独设置，并布置在长年主导风向大下风侧，还要有防爆措施。

4）中心仓库

中心仓库承担城市轨道交通全线各专业所需机电设备、机具、工具、材料、备品备件的供应工作。主要工作环节有采购、入库、仓储、发放。仓库中应有仓储起重、运输等设备和设施，还应附有露天存放场和材料专用轨道线。还要设置专门的环控库房，存放环境要求高的精度配件。

对于易燃、易爆物品要单独设立危险品仓库，危险库仓库应单独设置在对周围建筑影响最小的位置，并与外界隔离，根据易爆、易燃物品的性质要分不同房间存放，建筑物的通风、消防等要符合有关规定。有时为了减少与邻近建筑物之间的防火距离，易燃品库也可采取半地下式或地下式的建筑。

城市轨道交通设备配件种类繁多（仅车辆配件就有数千种），价值昂贵。仓库对物流的管理涉及社会流通领域和城市轨道交通内部生产流域。它既是各专业检修生产工艺的组成部分，与检修生产密不可分，要保证供应；又有着非常强的"成本中心"的作用，对材料、备件的消耗管理和物流本身对资源的占用和消耗都和检修成本有着直接关系。

随着现代物流技术、计算机信息管理技术和电子商务的发展，使中心仓库采用自动化立体仓库仓储技术，建设"城市轨道交通自动化综合物流系统"成为可能。

自动化综合物流系统主要由货物存储系统、货物存取和运输系统以及控制和管理三大系统组成，还有与之配套的供电系统、消防报警系统、网络通信系统等。

除此之外，根据需要还有调机（内燃机车）库、消防间，污水处理站、配电站、变电站、机加工中心、汽车库等库房，车间也需要单独设置。

（4）车库、车间建筑的一般技术要求

1）车库的长度根据股道作业车辆数如停车列数、检修台位数，及横向运输、消防通道作业要求等因素确定。

2）车库的宽度应根据股道数量、股道间作业需要间距、检修设备布置、运输、消防通道等因素综合考虑，并要符合建筑设计的有关要求。

3）车库的高度根据车辆限界和车顶作业和车顶上部起重设备作业和维修要求确定。

4）厂房应有良好的通风、采光条件，对有环境要求的车间厂房应有空调环境设备，在寒带地区应有供暖设施。

5）应设置必要的上下水、动力、照明、压缩空气的管、线路及相关设施，按作业区设置必要的用电，用水计量表具。

6）按消防要求配备必要的手携式灭火器、消防水栓、水喷淋等消防设备和设施。建筑的防火等级要和厂房的用途相适应。

7）在主库的边跨布置必要的办公和生活设施。

8）在必须设检查地沟的线路，一般设置宽地沟，地沟的深度应为 1.4～1.45m 为宜。并于检查地沟两端分别设置踏步。

9）必须设接触网（轨）的线路，以不影响其他作业区，保证设备人身安全为原则，设置隔离开关及进行分区供电并要设置必要的安全设施。

10）对于三废处理，废水和废渣应形成处理系统，进行集中处理为宜；废气应就地处理达到环保排放标准。

11）噪声应得到治理，对振动和噪声较大的设备应采取将基础隔离或采取消声设施等措施。

4. 综合维修基地

综合维修基地承担全线各种设备、设施的定期维修、维护和故障维修。综合维修基地一般都和车辆维修场地设置在一起，也可以单独设置，但必须设置在车辆维修基地的紧邻地区。

在城市轨道交通运营线路较长或者担当两条以上运营线路的设备、设施维修任务时，维修任务大，可以设立综合维修中心，维修中心下可设备专业段（或车间）。在维修量不大，也就是在运营线路不长或在地铁运营的初、近期阶段，可设立综合维修段（所），下设备专业维修工区。

按照专业，一般可分为下述几个段（工区），根据专业特点需要有相应的检修间，并配备必要的检修设备。

通（信）、（信）号段（工区）承担全线通信（包括有线通信、无线通信、车站和车载广播、电视监控系统）和信号（包括 ATC 设备、地面和车载设备和车场折返线的道岔电气集中连锁控制系统）设备、设施的维修、维护工作，综合维修基地与工作相适应，要设立通信维修间和信号维修间。

机电段（机电工区、接触网工区）承担全线主变电站、牵引变电站、降压变电站的运行及设备维护、维护和接触网、车站通风、空调等环控设备，以及自动扶梯、电梯、照明、防灾报警等辅助设备的维护、维修工作。设置了机电维修间和接触网架线、实验车和相关的机械加工设备。

修建段（工区）承担全线地下隧道及建筑、高架桥梁机建筑、线路、道岔等设备、设施的巡检、维护、维护工作。在综合维修中心设有工务维修间，并配备有轨道探伤、检测设备、磨轨机、隧道清洗车等必要的生产设施。

在综合维修基地还要配备相应的生产设施和特种车辆存放线和车库以及办公、生活设施。

2.5　城市轨道交通车辆运行的基本工作标准

车辆是城市轨道交通运载乘客的最直接设备，列车司机在整个运行过程中起着重要作用，城市轨道交通管理部门规定了列车司机上岗值乘的必要条件，司机必须经过考试合格，并取得"电动列车驾驶证"后方准独立驾驶列车；对司机的组织纪律性和身体状况、心理状况要作出鉴定，必须符合条件。司机驾驶列车时还必须严格遵守各种城市轨道交通车辆运行的规章、工作标准和工作程序，以保证列车正常的运营秩序和列车的运营安全。

现以某运营单位采用接触网受电的车辆正线运行为例，介绍在这些规章、工作标准和工作程序中最基本的"列车司机作业标准"、"列车救援的基本要求""列车脱轨、冲突事故的处理程序"。

1. 列车司机作业标准

（1）出勤和接班

出勤和接班前应充分休息，4h 禁止饮酒。出勤时应穿地铁职业识别服，应携带驾驶证、计时工具、工号牌及劳动防护用品。

1）出勤

在车库报到出勤：

① 定时间到指定地点向值班员报到。

② 认真听取或阅读值班员传达的各项通知并做好记录。

③ 领取列车钥匙、故障单、司机报单。

2）接班

在列车运营至折返站接班：

① 对口交接，并查阅司机报单内容，内容包括：

A. 车辆技术状况；

B. 运行情况及注意事项。

② 接班时必须口头交接的内容如下：

A. 车辆是否有故障及故障的现象及注意事项；

B. 继续有效的行车命令及内容。

（2）接班后在车库内的车辆检查和试验

1）列车出库前的车辆检查

① 司机下车巡视，目视检查列车外部下述各项部件。

A. 车体外壳检查

车体外壳、安全门、车门、车窗无损坏且关闭良好外部文字完整、清晰、标记无损坏、列车目的地、车次号显示完好，外部照明，指示灯与灯罩齐全良好。

B. 车体下部检查

目测检查车体下部各项部件：转向架构架、抗侧滚扭杆、空气弹簧、阀门、垂直减振器、人字形橡胶簧等无机械损坏，车钩状态良好无损坏、气动设备阀、阀门无损坏且阀门位置准确、无泄漏、各设备箱锁闭良好。

② 检查列车内部以下各项物件

A. 车体客室内各装饰件清洁、完好无机械性损坏，车顶通风格栅完好，内部照明无损坏，灯管良好，乘客座椅清洁无损坏，列车门窗玻璃无损坏，嵌条和玻璃无损坏，锁闭器件完好、安全疏散门安全销锁闭、无损坏、应急设备无缺（灭火器、脚踏泵等）。

B. 客室设备柜检查

客室设备柜各个部件齐全完好，无损坏，各短路器、开关位置正确、设备应锁闭良好。

C. 司机室设备检查

司机室设备柜内各部件齐全完好、无损坏，各开关位置正确，如有铅封的开关铅封应齐全。

2）列车起动及静态试验

① 将列车控制保护开关扳至合位，检查蓄电池电压表，确认蓄电池电压在规定范围。如果蓄电池电压小于规定值，则按逆变器紧急起动进行。

② 检查风缸压力大于升弓压力。如果主风缸压力小于升弓压力，则按人工升弓方式升弓。

③ 把钥匙插入主控制器，扳至工作位，使主控制器工作，观察操纵台有关显示灯状

况，落弓灯、停车制动灯、左侧右侧关门灯、高速开关分灯、故障显示复原灯应亮。

④ 按升弓按钮，将列车所有受电弓升起，升弓按钮内指示灯亮，列车上逆变器及空压机开始工作，检查触网电压应在工作范围内。

⑤ 检查总风管压力，压力应在规定范围内。

⑥ 打开客室照明开关，客室照明灯应全亮。

⑦ 检查通信、广播系统状态良好，并进行功能试验。

A. 将无线电台设置所需讯道，并注册进行通信试验。

B. 检查司机室、客室广播、报站器状态良好，并进行功能试验。

⑧ 进行气笛功能试验，刮雨器功能试验并良好。

⑨ 检查头尾灯功能试验，状态必须良好。

⑩ 进行故障显示屏及司机室指示灯功能试验，所有指示灯必须良好，蜂鸣器鸣响。

⑪ 进行全列车车门功能试验，状态必须良好。

⑫ 列车进行气制动试验

3）车辆动态试验

制动装置功能试验。

① 停车制动试验

② 常用制动试验

③ 紧急制动试验

④ 警惕按钮功能试验

⑤ 列车出库时进行牵引，制动试验

（3）出库及出场

1）出库前确认出库信号开放，库门开启良好。

2）动车前将手柄拉至全常用制动位，建立慢速前行方式确认慢速前进指示灯亮。

3）库门口一度停车确认列车条件具备，平交道上无人员后启动列车。

4）场内行驶要做到瞭望不间断，严守限速要求。

5）列车在出场信号前一度停车。

6）列车发车时要确认出场信号机开放。

7）在进入正线前的信号机外方规定地点一度停车，确认车次号注册良好，信号机信号开放，速度码具备，进路良好后，以 ATP 方式驶入车站，至规定位置停车。

8）在车站调车时，列车要控制好速度，严禁越出阻挡信号，停车后及时进行换向作业，换向后须确认调车信号开放，进路正确，速度码具备后方可启动列车。

（4）正线运行

1）准确平稳操纵，按图运行，严守速度要求，加强信号、线路、道岔的瞭望确认。当发现线路异物时，应对列车采取紧急制动。

2）进站时要注意站内情况，必要时及时采取措施，保证运营安全。列车的开、关门：在车辆零速、停稳，并停靠在停车线时才能开门，关门时注意避免夹人、夹物。

3）ATC 运行方式：按 ATC 方式规定驾驶。

4）ATP 手动运行方式：按 ATP 方式规定，根据列车收到的码速度手动驾驶。

5）ATP 切除人工驾驶方式：按 ATP 切除方式完全人工驾驶，驾驶时注意列车运行速度和停车信号。

（5）退勤

1）在厂内到运转室退勤，在正线至规定地点退勤。

2）退勤内容包括

车辆技术状况，有无遗留故障，列车运行中的安全情况。与值班员办理交接手续，交司机报单及列车钥匙，做好当班行驶情况小结，交值班员鉴定。与列车运行晚点和运行中发生故障以及值班员认为有必要的事情，司机回厂后应写出书面材料交运转室。

2. 列车救援的基本要求

（1）救援准则

在线列车发生故障需要救援时，应竭力遵循正向救援的准则，以确保其他在线列车正常运行秩序。

（2）列车救援连挂作业标准

列车在区间或车站因故障被迫停车，不能继续运行时，故障列车司机应采取有效的制动措施，并及时用列车无线电话或轨旁电话，将故障情况报告行车调度员，已请求救援的列车不得移动（故障排除并经调度员准许时除外）。

（3）故障司机请求救援的要求和内容

1）救援要求

在运行过程中，如果出现故障情况，列车无法继续运行需要救援时，救援司机应及时向行调报告。

2）汇报内容

① 列车车次、车号；

② 请求救援事由；

③ 迫停时间、地点（以百米标为准）；

④ 是否妨碍邻线；

⑤ 其他必须说明的事项。

（4）行车调度员接到司机的救援请求后，应立即向有关车站发布救援命令，封锁救援区间，派出救援列车，并向故障车司机，说明救援列车开来方向，向封闭区间开行救援列车，不办理行车闭塞手续，以行车调度员的命令，作为进入封闭区间的许可，凭手信号发车。

（5）救援列车接到救援命令后在就近站清客。

（6）故障列车在站台清客，如在区间不能清客时，则救援后至就近站清客。

（7）故障车司机救援准备工作

1）清客时或在区间停车，用列车广播向乘客说明清客及停车的原因。

2）打开救援列车开来方向的头灯进行防护。

3）如列车不可缓解，故障车司机迅速关闭车辆制动供气阀门（作用是缓解并旁路车辆制动），然后检查连挂端车钩状态。

（8）救援列车司机得到救援命令并在就近站清客后，以 ATP 限速进入封闭区间（注意百米标）当收到 0 码后以"慢速前进"方式行车，距故障车 30m 时一度停车，根据故障司机的信号与故障车连挂，连挂速度不超过 3km/h。

（9）故障车司机请求连挂信号以头灯忽明忽暗的灯光往复两次，救援司机鸣笛一长声回复，随后连挂如要求救援车司机采取紧急停车，则鸣笛连续短声、连挂后用列车司机室联络广播通知救援车司机。

（10）故障车连挂后，故障车司机缓解停车制动并试验无线对讲良好后，通知救援司机试拉，并负责前方进路和停车位置的确认。

（11）救援列车推进运行时，前方进路和停车位置由被救援车司机负责，推进速度不超过30km/h。牵引列车运行时，前方进路和停车位置由救援车司机负责，牵引速度不超过40km/h，进站及侧向过道岔限速为30km/h。

（12）故障救援列车的摘挂调车作业的基本要求

1）调车作业必须按照行车调度员下达的救援命令和有关道岔防护信号机及手信号的显示要求进行，没有救援命令（或信号）不准动车，信号不清立即停车。

2）在进行手信号动车调车时，调车指挥人为故障列车的司机。

3）调车作业时，调车指挥人必须正确及时地显示信号，司机要确认信号，并鸣笛回示。

4）故障和救援列车司机（或有关集中站行车值班员）在接受救援命令时要复诵核对，正确无误后再开始救援调车作业。

（13）故障救援列车调车进路的确认

1）救援列车单列运行或救援列车牵挂故障列车运行时，前方进路的确认由救援列车司机负责。

2）救援列车推进故障列车运行时，前方进路的确认由故障列车司机负责，并用无线电话经常及时告知救援列车司机，遇有危及安全险情，应立即告知救援列车司机停车。

（14）故障救援列车调车速度

1）在正线上应严格按照线路道岔的允许速度运行，瞭望条件不良时应适当降低速度。

2）调动载有乘客的列车或车辆，限速15km/h。

3）遇天气不良等情况，应适当降低速度。

3. 列车脱轨、冲突事故的处理程序

（1）脱轨、冲突的定义

1）列车脱轨

指地铁列车的车轮落下轨面。

2）冲突

指地铁列车相互之间或地铁列车与设备发生冲撞（包括追尾、正面和侧面）后招致车辆破损。

（2）事故汇报

事故发生后，司机或车站值班员应立即向总调所汇报，汇报内容：事故发生的日期、时间、地点、里程（站名）、车次、列车号、当事人姓名、单位（线路/车站）、职务；事故概况，人员伤亡情况，请求救援事项等；

（3）救援组织及指挥

1）救援组织

①相关专业的救援队、保健站医生等抢修人员待命；

②由公司总经理（副总经理）、总调所以及安保、设施、技术、客运等相关职能部门

组成救援领导小组。

2）现场指挥

① 由公司、轨道分局、有关分公司组成现场指挥小组。

② 由现场指挥小组全面负责现场指挥（现场指挥小组成员未到现场之前，由就近车站站长或司机指挥）。

3）现场处置

① 总调度所下达乘客疏散命令，中断该区段列车运行。

② 抢救伤员，就近协助抢救伤员；向就近车站疏散乘客。

③ 车站派员和轨道公安分局共同负责客流的疏散引导。

④ 车辆进行脱轨车辆的起复。

⑤ 其他援救队检查行车设备和设施完好。

⑥ 派出救援列车到达事故现场。

⑦ 在抢救结束时救援列车牵引事故列车至就近停车线或回库。

⑧ 恢复运行。

4）脱轨救援

① 使用器具

救援汽车装载液压复轨器等车辆救援设备。

② 起复分类

A. 轻微脱轨；

B. 严重脱轨。

按脱轨的不同程度采用预定的方法起复脱轨车辆。

（4）列车冲突救援

1）抢救伤员；疏散乘客；

2）救援。

① 冲突后不发生脱轨；

用轨道交通列车或内燃调车与事故列车连挂后，牵引回库；

② 冲突后脱轨

A. 救援队分离冲突列车；

B. 起复事故列车；

C. 连挂、牵引事故列车回库。

3）恢复

① 救援队撤离现场、出清现场；

② 现场指挥小组确认现场无遗留影响行车的人、物；

③ 核实行车设施技术状况良好；

④ 现场指挥小组通知总调所恢复运行。

4. 列车安全驾驶的基本规定

（1）司机的基本要求

1）掌握列车（车辆）的基本构造、性能，具有一般的故障处理能力，能在规定时间内及时、准确地排除故障。

2）熟悉地铁线路和站场等基本设施情况，包括必须明确担任驾驶区段、站场线路纵断面情况。

3）掌握相关的业务能力并具有一定的应变能力。懂得救援的过程和方法、懂得消防灭火的要求、学会扑灭初起火的方法、熟悉灭火机的使用等。

4）必须经过考试合格，并取得"电动列车驾驶证"后方准独立驾驶电动列车。

5）脱离驾驶岗位 6 个月以上，如再需驾驶列车必须对业务知识和安全运行知识等进行再培训与考核并且合格。

6）对纪律性和身体状况、心理状况要有相关管理部门以及有关领导作出鉴定。

（2）司机出勤的安全规定

1）在出勤前必须充分休息，班前 4h 严禁饮酒，其身体状况必须符合工作要求；

2）出勤必须按照运转行车计划表，提前到达指定地点接受运转值班员的点名、询问与检查；

3）要按规定穿戴规定的识别制服、标志；

4）在运行途中交接班时必须交接清楚列车的运行技术状态，并填写在司机报单上，内容包括制动性能、故障情况、线路情况、调令接受情况以及其他必须交接的情况；

5）点名出勤时应抄录有关的运行、安全注意事项，了解值乘列车（车辆）的技术状况与故障记录、对于临修后的列车要认真验收确认。

（3）列车整备作业安全规定

1）司机对列车进行各种性能试验和部件检查后，对发现的问题要及时报告运转值班员。由运转值班员通知检修部门派人进行处理，司机要在规定的范围内进行配合，并且对维修后的车辆状况进行验收和试验，确认故障或问题已经排除或解决。列车发生严重故障或影响运行的故障，如"ATP"故障、通信故障、制动故障、列车重要照明故障、走行部无法确定原因的异常等严禁出库投入运营。

2）司机在对电动列车进行动态试验、制动试验、升弓试验以及可能影响其他作业人员安全的试验时，应该确认列车左右、前后、上下的状况，确定安全无碍后才能够进行。

3）加强自我保护和自我防范措施、防止发生工伤事故，司机在车库内进行作业时必须禁止下列行为：

① 跳越地沟；

② 紧靠移动中的车辆行走；

③ 横跨线路时从停留的车辆下部钻越或从列车顶部翻越；

④ 在移动的车辆前抢越；

⑤ 飞乘、飞降以及未抓稳、扶牢即上车和下车；

⑥ 横越线路和行走时脚踏道岔尖轨与道岔转动部分。

（4）列车出库及出场运行的安全规定

1）列车出库

① 电动列车司机必须掌握该列车的出库时间，保证按照规定正点出库。

② 电动列车出库时，司机必须在出库命令到达后、动车前认真确认车库大门定位开放、信号或者命令正确；与列车相关的其他作业已经停止并且撤离动态限界等列车周围安

全情况与状态。确认内容包括在列车驾驶室内无闲杂人员和与运行无关的人员停留。

③ 电动列车出库时，司机应使列车头部越出车库大门时一度停车，确认列车四周以及停车库门前平交道口的安全情况，然后速度以 5km/h 速度行驶出库。

2）列车出场

① 列车在站场内动车时必须严格按信号显示要求进行。

② 列车出场运行，应在规定的位置一度停车，进行相关的准备后进站，在车站规定站台停车牌处停车。

③ 列车出场时严禁冒进信号进入车站或正线。

（5）列车正线运行安全规定

1）电动列车司机的一般要求

① 列车在运行过程担任操纵的司机不得离开驾驶位置。当有新司机或实习司机跟车学习、练习操纵时，列车安全由值乘司机负责。

② 列车在运行时，值乘司机包括实习人员不得做与行车工作无关的事情，认真瞭望，密切关注与确认区间和车站站台的情况、动态，随时准备应付突发事件的发生。

③ 在运行时必须平稳操作、规范操作、认真瞭望、按图运行，对发现的危害行车安全和人身安全的情况要反应准确、措施及时。

④ 在驾驶过程中必须遵守和执行行车相关的各种限速规定、线路标志规定、信号规定，保证列车正常的运行秩序。

⑤ 禁止列车司机擅自改变运行方式，确保行车安全。

⑥ 列车在运行中遭遇紧急情况时，司机要立刻采取紧急停车措施，报告行车调度员；

⑦ 列车在区间内运行时，在遇到道岔防护信号时，必须按信号显示的要求进行，同时还必须确认该道岔防护信号机与该列车的运行进路是否符合，防止由于信号系统失误或其他因素造成的不良后果。

⑧ 在列车运行时，遇到"ATC"设备故障或多种因素形成的自动控制失常现象，保持冷静，立刻与行车调度员取得联系；严格按行车调度员指示的行车模式进行。当切除"ATP"以人工驾驶方式运行时，要加倍集中精力，谨慎驾驶，严格按照限速规定行车。

2）运行中对电动列车司机的"特殊"规定

① 列车在运行过程中遇到大雾、大雨、烟雾、大雪等瞭望视线不佳时，应该加强瞭望。"ATP"人工驾驶时要适当减速、鸣笛，"ATO"方式运行时在进站时鸣笛示警，发现险情立即采取停车措施。

② 列车在行驶中越过显示红色灯光的信号机或越过显示红色灯光的道岔防护信号而发生挤岔事故后要就地停车，严禁擅自移动列车，并立即报告行车调度员。在有关人员到现场后，司机应根据允许动车的手信号驾车越过或退回该架信号机，并减速运行至规定位置。

③ 列车在正线运行时产生故障，司机应立刻采取处理措施并报告行车调度员。司机要根据车辆故障情况快速判断，如果确定或者经处理短时间内无法恢复列车车辆正常运行状态，司机应及时请求救援并做好故障救援的准备（已请求"救援"的列车不得擅自移动）。

④ 列车在正线区间运行，发生人员伤亡事故或者发现运行线路有伤亡人员时，司机必须立即停车并向行车调度员报告情况，准确地记录下时间、地点，在停车后及时抢救伤员，配合有关部门进行救助。在处理过程中，只能根据有关规定移动列车，列车重新投入运营必须有行车调度员的命令。

⑤ 列车在运行中发生其他恶性事故（事件）时，司机必须立刻报告行车调度员，并且组织乘客自救与疏散，最大限度地努力防止事故（事件）的扩大和升级，等待有关部门的救援。

⑥ 报告情况时必须讲清事由、地点、时间、状况，内容要清楚、明了，在得到行车调度员的回答后才能停止通话、关闭通话器。

⑦ 列车救援运行时，救援列车司机负责操纵列车，被救援列车（故障列车）司机负责瞭望线路，前后部司机保持不间断联系，及时、准确通报信息，发现异常立即采取措施。

3）列车到发时的安全规定

① 列车发车

A. 在列车停站后应认真监护乘客的上下乘降情况，见到乘客上下车基本完毕，发车表示器开始闪光，关闭车门。

B. 在关闭车门后确认列车客室车门关闭情况良好，确认车门无夹人、夹物。

C. 确认进入区间的凭证正确，符合要求，列车发车。

② 列车到达

A. 运行中的电动列车在接近车站时要做好客室的广播工作并且进行监听与确认防止漏播和错播。及时更正客室广播的失误。

B. 列车进站司机必须加强瞭望，密切注意车站站台乘客以及线路，如果发现异常情况，司机必须立即采取制动措施，确保人身安全和行车安全。

C. 列车进车站按规定停车位置停车，列车停站后司机应立即开客室车门并下车监视，确保乘客及时上下车。

4）列车运行速度的规定

① "ATP 人工驾驶" 状态时列车进站速度为 45km/h，终端车站时列车进站速度为 30km/h，但不得大于 ATP 指示速度。

② "ATO 驾驶" 状态时列车进站速度按 "ATP" 速度码指示的要求运行。

③ 列车进站未到停车牌停车时，司机可以按 3km/h 的速度移动对位至停车牌，然后进行正常的开关门作业。

④ 列车进站越过停车位置，并且影响乘客上下客时，列车司机应报告行车调度员，提出 "某次列车请求退行对位"，司机根据行车调度员的准许退位命令以 3km/h 速度退行对位至停车牌，

⑤ 列车反方向运行时有速度码，按要求运行。如无速度码时，区间运行不大于 60km/h，进站运行不大于 30km/h。

（6）列车入场及回库运行安全规定

1）列车入场

① 列车驶离车站进入车场，必须认真确认站场的入场信号机的显示，确认站场内的

进路以及调车信号机的显示状态。

②列车入场运行中，禁止司机驾车越过显示红色灯光的入场信号机与站场内调车信号机。

2）列车入库

①电动列车至停车库前平交道处10m一度停车，确认停车库大门开启良好、安全锁定位，库内无异物侵入限界等周围安全情况；

②列车以5km/h速度入库，在规定的位置停车。列车接近停车位置时应严格控制速度，防止意外发生。

（7）退勤的安全规定

1）列车在进库停妥后，司机要全面巡检列车，并且按规定"收车"；

2）回库退勤时

①司机要将列车运行中发生的技术异常情况、安全异常情况向运转值班员汇报，并将司机报单、列车钥匙交运转值班员存放；

②在运行中发生事故或列车晚点10min以上，应写出书面材料或说明交运转值班室值班员；

③在正线运行的途中退勤还必须向接班司机明确该列车的技术状态、运行状态以及其他有必要交接的项目和内容；

④电动列车司机在运行过程中发生有关运行事件、行车事故等，有关安全职能部门、行车运转管理部门认为有必要令其退勤时，司机应按规定立即退勤到规定处所报到，配合有关部门做好事件（事故）的分析、调查、处理工作。

2.6　全自动驾驶技术应用

1. 概述

随着轨道交通自动化技术的发展，人工干预的内容越来越少，城市轨道交通技术正进入"全自动无人驾驶模式"的发展时期。全自动无人驾驶技术作为先进的城市公共交通技术，代表了城市轨道交通的未来发展方向。全自动无人驾驶系统是一种将列车司机执行的工作，完全由自动化的、高度集中的控制系统所替代的列车运行模式。

在国际上，全自动驾驶系统是一项成熟的技术，已得到广泛应用。截至2016年，全球37个城市55条线路采用全自动驾驶，运营里程达803km，车站848座；即全球157个轨道城市中近1/4的城市至少有一条线路以全自动模式运行，运营里程占全部里程的6%。预计到2025年全自动驾驶轨道交通线路里程将超过2300km。全自动驾驶技术主要在过去30年得到快速发展，其在中东和欧洲具有较高的份额，全自动驾驶线路分别占全部线路的15%和10%，而亚洲虽然全自动驾驶技术全球领先，但由于庞大的轨道交通网络，全自动驾驶线路仅占5%。哥本哈根、伦敦、新加坡、巴塞罗那等城市都已开通运营了全自动无人驾驶线路。全自动驾驶系统在我国城市轨道交通的使用也在不断增加，如上海地铁10号线、北京燕房线、上海浦江线、香港等。

2. 全自动驾驶列车的应用

全自动驾驶线路的运营组织方式目前有两种：一种是无人值守的全自动驾驶，如新加坡市区线（图 2.6-1）、上海浦江线，列车上不设司乘人员，一切由全自动控制系统完成，仅当列车发生故障或需要人工干预时，才派出工作人员上车处理事务。

图 2.6-1　新加坡市区线（DOWNTOWN LINE – DTL）

另一种则是有人值守的全自动驾驶，如上海地铁 10 号线，列车也由系统自动驾驶，但列车上配置有相关司乘人员负责提高运营服务的质量、维持列车秩序、发现不安全因素、处理故障等（图 2.6-2）。

图 2.6-2　上海地铁 10 号线

3. 全自动驾驶列车技术

根据欧盟标准《铁路应用　城市指导运输管理和命令/控制系统》EN 62290 中 GoA4 的要求，全自动驾驶车辆应具备完全自动化的运营功能，无需人工干预，车辆将自动完成：自动唤醒、自动综合自检、自动出库、自动停站、精准对标、自动开关门、站台自动发车、终点站自动清客、正线下线、自动回库、自动洗车、自动休眠等功能：

（1）自动唤醒

无人驾驶模式下，在即将接近列车发车时，信号系统将自动给列车发送唤醒指令。列车接收到唤醒指令后，将执行车载各子系统的启动、自检测试。所有唤醒程序结束，TC-

MS 将向信号系统报告列车状态（唤醒成功或是故障）、列车的唤醒过程及唤醒工况。如果列车唤醒成功，则列车可以投入运营，等待信号系统发送新的指令。

无人驾驶模式下，运营方可以在乘客量显著增加的情况下，使用按钮直接从库中远程唤醒新的列车进入运营系统。

（2）自动休眠

根据时刻表，列车服务行程结束后，列车驶入停车场库线或正线存车线并停稳后，为了节省能源和保养设备，系统将自动启动休眠程序，在休眠前，信号系统将给车辆维护系统发送提示信息，使其确认是否需下载车辆维护信息。在给定时间内，车辆关闭相应的车载子系统，进入休眠状态，仅唤醒部分相关设备保持持续工作。

（3）自动自检

在运营服务之前，列车将从睡眠模式进入运行模式，并执行一系列自动化自检和测试。

列车收到信号系统发出的唤醒命令后依次询问各个子系统自检状态，自检完成后通过 TCMS 系统发送给信号系统，由信号系统反馈给控制中心，由控制中心人员判断是否正常。

（4）自动精准对标及跳跃

信号系统负责对标，并规定一个对标精度限值，列车欠标，或冲标在限值以内时，系统将自动执行一次跳跃（向前或向后）程序，直到对标准确为止。列车冲标超过限制，将直接自动启动驶到下一个车站（如果前方进路允许）而跳停本站。并生成一个警告发送至OCC，同时启动广播向列车上的乘客广播。

（5）障碍物探测

列车前端和末尾配备机械障碍物探测装置。在相对于铁轨高度可调节的位置安装横梁，用于从轨道上扫除障碍物，并在碰到大型障碍物时可以发出信号，该信号可启动列车的自动制动系统；同时将信息通过列车控制系统发送至 OCC。

（6）断路器自动复位

车辆在关键子系统上大量采用可控微型断路器，以便在关键子系统故障的情况下，可由 OCC 通过信号系统实现故障系统的远程重启和复位。其他的微型断路器也都具备辅助触点，用于网络监视其状态。

（7）列车自动回库/存车

1）OCC 的工况指令：

① 车载 CBTC 接收到 OCC 发送的回库/存车任务指令。

② 相应的进路排列，车载 CBTC 收到运行至存车位置的移动授权。

2）驶向存车线：

① 列车驶向存车线或者车辆段。

② 存车位置接近车挡或者另一存车位。

3）接近存车位：

① 为了防止意外碰撞，列车速度降低到联挂速度。

② 列车到达存车位后，关闭司机室激活，并施加停放制动。

③ TCMS 关闭列车照明等子系统，通风及空调系统降功运行。

（8）列车自动洗车

列车洗车：

1）列车自动运行至洗车机前，并进入洗车模式。

2）当洗车机准备就绪后，列车保持洗车速度自动运行。

3）当列车完全出清洗车机后，将停车退出洗车模式。

这些高度自动化功能能有效增加运能，大大提高系统效率，节省了人力、财力。随着劳动力成本的不断攀升，全自动无人驾驶线路的优势会日渐显现。

第3章 地铁车辆的维修

3.1 车辆检修概述

城市轨道交通车辆的计划维修是按车辆的运营里程数或运营时间，对车辆进行不同等级的周期性维修。一个科学的计划维修模型的建立及检修项目和技术标准的制订，是城市轨道交通车辆安全、准点运营的重要保障。同时，也将最大限度地降低城市轨道交通车辆的维修成本。

城市轨道交通车辆的计划维修的修程规定了计划维修的车辆运营里程数和运营时间，要求在车辆运营里程数和运营时间中有一个达到就要安排车辆的维修。

城市轨道交通车辆的计划维修从日检至大修，一般分日检、月检、定修（运营1年或100000km）、均衡修、架修（运营5年或500000km）、大修（运营10年或1000000km）等修程。各修程内容的制订应遵循高一级修程包含低一级修程内容的原则，且在对各类磨损件限度标准的制订上，必须要保留足够的使用余量至下一修程。

各级计划维修修程的制订中，根据车辆各设备的功能及安装部位的不同，通常分为车顶电气、客室电气、司机室电气、车下电气、转向架、车体、风动系统、空调、静态检查和动态检查十大部分。但不同等级的修程根据检修的深度和广度，对系统分类及检修内容进行相应增减及合并。

1. 日检

日检是对当天参与运营回库的电动列车所进行的检修维护，是最初级的检查。其主要目的是对主电路中的受电弓、牵引电动机的安装及状态，走行部分的转向架构架、轮对、齿轮箱及联轴节、车载设备的控制单元及各类信号、指示灯等进行检查，其中除各控制单元的检查以外，其余多以目测检查为主。以保证电动列车走行部分的安全和电气控制性能的良好。

2. 月检

月检是对运营时间或运营里程数分别达到一个月10000km的电动列车所进行的检修维护。月检规程可分为A检和B检两类，其中A检项目是每个月都需执行的，而B检项目是每两个月执行一次。由于各型电动列车的技术水平和使用环境都不相同，因此，在下面的介绍中，不对A检或B检内容进行特别的标示。

月检的主要目的是对主电路中的受电弓、牵引电动机及其他电气箱，走行部分的转向架构架、轮对、齿轮箱及联轴节、车载设备的控制单元及各类信号、指示灯等进行检查。以保证电动列车走行部分的安全和电气控制性能的良好及易损易耗件具有足够的工作尺寸。

3. 定修

定修是电动列车运营里程数每达到100000km或运营时间达一年时进行的检修，一般定修的周期为 10 天。前 5 天主要进行无电状态下的检修，后 5 天进行有电状态下的检修检查和静、动调作业。

在定修中要求对车顶、车顶部件和车下部件如受电弓、空调、避雷器、电器箱、转向架及牵引电动机等进行外表清洁。对此，应做好电器箱的防水密封工作并选用合适的清洗剂，以防止对车厢外表及橡胶件产生腐蚀。在下面的定修介绍中，不再提出对上述部件的外表清洁要求。

电动列车的定修规程，分为车顶电气、车内电气、车下电气、转向架、车体、空气气路及制动系统和动态调试 7 个部分。

4. 架修

架修是电动列车运营里程数每达到 625000km 或运营时间达 5 年时进行的检修，一般架修的周期为 20 天。前 10 天主要进行无电状态下的检修，后 10 天进行有电状态下的检修检查和静、动调作业。架修的周期控制与备品备件的供应密切相关，建议对关键部件采用更换修。

在架修中要求对车顶、车顶部件和车下部件，如受电弓、空调、避雷器、电器箱、转向架及牵引电动机等进行外表清洁。对此，应做好电器箱的防水密封工作并选用合适的清洗剂，以防止对车厢外表及橡胶件产生腐蚀。另外在架修修程的列车分解和运送中已提出部分需拆下和安装的部件，故在下面的架修修程介绍中，不再提出对上述部件的外表清洁要求和拆下、安装要求。

5. 大修

大修是电动列车运营里程数每达到 1250000km 或运营时间达 10 年时进行的检修，一般大修的周期为 25 天。前 20 天主要进行无电状态下的部件拆卸、检修和安装，后五天进行有电状态下的检查、静态测试和列车动态测试。大修的周期控制与备品备件的供应密切相关，应以更换修为主。

电动列车的大修是最高级修程，因此，在大修中，许多的电气部件和机械部件都将从车辆上拆下送检修车间进行分解维修或直接报废。由于各主要电气部件和机械部件的分解维修在后面的车辆部件维修中都做了详细的介绍，在此，将不再重复。

大修规程分列车预检、列车的分解及清洗、部件拆卸、部件检修、部件安装、静态调试和动态调试。

6. 均衡修

均衡修是计划修的一种融合表达形式，是建立在充分掌握列车可靠度和零部件故障周期基础上的一种修程制度，它通过调整列车检修修程来创造合适的维修条件，在管理上发挥最大效能，从而缩短列车维修停运时间、提高列车的利用率和运行可靠性。

原修程，如定修，将若干小时数的维修工作以每天 24h 计，集中在几天内完成，车辆需停运数日；而均衡修则将若干小时数的维修工作分布在较长时间内完成，每天仅需数小时（图中实心无色区域），并不是全天，这给列车上线运营和下线维修提供了更大的调整空间。

与传统预防修体制相比，均衡修具有下述技术特征：

（1）在修程制定方面强调以零部件寿命周期为依据。列车上不同部位、工作强度不同的零部件及不同零部件供货商生产的零部件，寿命周期应区别对待；该寿命周期是在实际运营中统计出来的，即寿命周期应实时修正。

（2）在维修作业方面强调以换件修为主要方式，强调充分利用列车运营窗口时间，在库停时间及车库内完成维修作业。

（3）在维修设备使用方面强调合理分配维修作业，使设备利用率最优。

（4）在备品备件供应方面强调零部件质量稳定，备品备件和原装件的寿命周期服从同一统计分布规律。

（5）在列车技术水平方面强调较高的设计可靠性和维修性，所划分的最小在线维修单元不依赖或少依赖专用工具既能实施维修。

（6）零部件有着特定的寿命周期，它在车辆寿命期内维修间隔时间虽然相同但其维修内容不尽相同，与传统修程（如月检、年检等）意义大不相同，均衡修强调作业指挥的灵动性和严谨性。

（7）通过实施均衡修使列车使用可靠性、用车率较大提高。

3.2　车辆日常维护和维修

1. 车辆临修的概念

地铁车辆的正常维修包括日检、月检、定修、均衡修、架修、大修，各级修程的常规检修项目内容范围及技术要求由车辆专业公司制定并由上级部门批准颁布的法定文件"各级修程技术规程"限定。车辆临修是指在本次正常计划修程的规定时间内或正常检修力量配备下无法完成，并且超越该修程法定项目内容范围或超越本次修程计划成本的检修任务以及正线运营列车非正常下线产生的检修任务：超计划维修检修项目。

"超计划维修检修项目"称为：地铁车辆的临修。

2. 车辆临修的认定及组织实施流程

车辆临修的认定：

"临修"是由正常计划修程派生出来的检修任务。车辆检修项目在满足以下条件之一的情况下被认定为临修任务：1）该检修任务超出本次法定修程内容范围；2）如果实施该检修项目将超出本次修程计划成本；3）如果实施该检修项目将使本次修程无法在规定时间内完成；4）正线运营列车非正常下线产生的检修。

（1）直接被确定的临修

正线运营车辆由于列车故障而掉线、清客、救援及以上事故回库，由计划部门直接安排相关部门对其实施临修；

（2）由常规计划修程演变而来的临修

地铁车辆常规修程一般包括日检、月检、定修、均衡修等。如果在实施上述常规计划修程过程中，发现超计划维修检修项目，那么计划部门将该检修项目确定为车辆临修。

车辆临修分为一般临修和重大临修。可以在一般检修线上实施，并不需要使用架车机、镟床、行车、铲车等大型设备就能完成的临修任务我们称其为一般临修；而必须在专用检修线上实施，并且要借助架车机、镟床、行车、铲车等大型设备完成的临修任务我们称其为重大临修。

3. 由日检而产生的临修

由日检而产生的临修大多数为一般临修。

每天地铁列车运营结束，检修人员必须对所有列车实施"日检"。日检人员依据"日检技术规程"对车辆进行检查，同时根据运转部门的"司机报单"，对当日正线运营的故障列车进行重点查检。日检人员对故障进行初步分析，对影响或可能影响第二天车辆运营的故障列车立刻填报"故障列车临修单"，报送计划部门安排扣车临修，同时计划部门及时通知运转部门调整第二天运营列车。

日检人员在正常检修时如果发现不符合规程技术要求情况，而该故障在本次日检中又无法排除，特殊情况下如：轮对踏面擦伤、剥离超标，转向架裂纹等。日检人员同样填报"故障列车临修单"，由质检人员确认后报送计划部门安排扣车转为临修。

4. 由月检、定修、均衡修产生的临修

由月检、定修、均衡修而产生的临修很多属于重大临修。而重大临修多数为机械部分的维修作业。

（1）各类尺寸超标的临修

月检、定修按技术规程必须对车辆各类尺寸进行全面检查测量，尤其是车辆走行部分的各类部件及尺寸都要严格测量。对轮对各类尺寸：轮对内侧距、轮径尺寸（D）、轮缘高度厚度综合值（S_h、S_w、Q_r）踏面磨耗情况等测量，技术标准为：直径大于 $770mm$，$28mm \leqslant S_w \leqslant 32mm$，$Q_r = 6.5 - 13.5mm$，$28mm \leqslant S_h \leqslant 34mm$，同一轮对轮径偏差 $\leqslant 2mm$，同一转向架轮径偏差 $\leqslant 4mm$。如有尺寸超标或踏面严重擦伤（剥离）即填报"故障临修单"，送计划部门，计划部门等待月检或定修、均衡修完成后立即组织安排上"不落轮镟床"对超标轮对进行镟削修正。轮对在正常状态线路上运行时，轮缘的内侧距是影响运营安全的重要因素，地铁车辆轮缘内侧距有严格规定：$1358 \pm 1mm$ 或 $1353 \pm 1mm$（根据车型情况而定），这样才能保证车辆在各线路上运行时轮缘与钢轨之间有一定的游间，同时又能保证在最不利的情况下，轮对踏面在钢轨上仍有足够的搭接量，不致造成脱轨，并安全通过道岔。因此，如果检查发现轮对内侧距超标，车辆必须立即转为重大临修更换轮对。

同样，对于车轮与钢轨接触面的踏面以及沿圆周凸起的圆弧轮缘，是保持车辆沿钢轨运行，防止脱轨的重要部分。地铁车辆运营时车轮踏面常有擦伤及剥离现象。车辆车轮上的每一处擦伤或剥离，可以形象地比喻一个运动着的锤子，车轮转动时，它周期地以很大的力捶击钢轨，同时又反作用到轮对上，发出噪声。有时擦伤剥离严重的车轮，会使它所通过的钢轨发生大量损伤甚至折断。另外，车轮由于冲击、振动而引起车辆配件的磨耗和损坏，危及行车安全。

（2）车辆走行部主要部件的临修

对车辆走行部的状态检查以及制动系统的全面检查，是月检、定修、均衡性的重要内容，如发现轮对车轴裂纹、构架裂纹、橡胶联轴器裂纹超标、一系橡胶簧裂纹超标、电动机受损、空压机异声等严重威胁运营安全的隐患，该车辆必须立即转入专用临修线，启用架车机、行车、铲车等大型设备，对发生裂纹的转向架、橡胶联轴器、受损电动机、故障空压机等部件进行更换。此类临修属于重大临修。

关于转向架裂纹的临修，转向架构架的疲劳裂纹。裂纹的出现部位主要集中在电机吊座内侧面和牵引拉杆支座，出现的裂纹不仅涉及一号直流车，而且交流车也有发现。转向架是电动列车的走行部，是列车牵引动力、车辆载荷和轨道外力的直接承受者，而构架是转向架的重要支承部件，它传递、承受各种载荷和作用力。

在月检、定修、均衡修作业时，还必须对车下各机械部件润滑情况是否良好、是否漏油进行检查。牵引电动机轴承、轴箱轴承、刚性联轴器、齿轮箱、横向垂向减振器、空压机等部件如有缺油及漏油现象，必须立即找出原因进行一般临修。保证车辆各部件的润滑良好极为重要，油的泄漏必将导致相关部件润滑的不充分，从而损坏转动轴承甚至各传动部件，严重的还会引起运行车辆轴温升高、车轴咬死、切轴等现象，直接威胁行车安全。

检查各螺栓紧固件是否松动，也是月检、定修、均衡修作业时的重中之重。紧固件虽小但其紧固于否将直接关系到运行车辆的舒适度甚至危及安全。如：2号线交流车辆走行部的架车保护螺栓松动，临修频率很高。

3.3　车辆架、大修

车辆架、大修是车辆维修的高级修程，相当于段修或厂修，一般采用扣车修的方式进行。根据运营年限或公里数，电动列车30年全寿命架、大修维护需先后实施"架1"、"大1"、"架2"、"大2"、"架3"共5个修程。

1. 架、大修项目管理流程介绍

（1）计划

车辆运营单位负责跟踪统计列车的运营里程和运营时间，并根据电动列车维修手册的要求，编制电动列车架、大修作业计划，提前2年或20万km启动项目。

（2）立项

车辆运营单位根据上级公司审批通过的年度项目立项计划，编制架、大修项目计划实施方案，并报上级部门审批。

（3）合约

经审批通过的立项项目，车辆运营单位根据相关管理办法后，办理架、大修项目的招标、合约工作。

（4）实施

1）试修

每个列车架、大修项目立项申请前，车辆运营单位负责组织列车架、大修承揽方、维修部（线）开展现场调研与车辆状态评估工作。同时，首列车进场试修期间，车辆运营单位负责试修列车的质量监督、技术联络、监修及完工验收。

2）预检

列车架、大修实施预检制度，预检工作由车辆运营单位负责牵头组织，承揽方承担车辆预检主体工作，信号预检由通号负责，车辆运营单位参与列车预检、确认车况，负责为预检工作提供必要条件。

3）维修

① 转线转场

车辆运营单位负责列车架、大修过程中（除承揽方、通号职责范围内）转线（场）、调车及调试等的施工与管理工作，车辆分公司维修部（线）应参照《电动列车架、大修转线（场）、调车及调试管理规定》做好相关的配合及转线、转场的保驾工作。

② 实施架、大修

承揽方根据车辆运营单位提出的维修要求展开生产、组装、试验等工作。

③ 首检

车辆运营单位负责牵头组织架、大修承揽方委外维修部（线）件的首件检查，针对承揽方及其分包商的生产、组装、试验等的质量控制与维修工艺进行审查。

④ 列车验收

每列车架、大修作业及相关调试完成后，承揽方须按相关验收管理规定，准备完工列车的验收资料，并报请车辆运营单位组织质量验收。

⑤ 通号调试

由车辆运营单位进行信号调试和正线联调。

⑥ 试运营

通号上线调试完成后，车辆运营单位应按上级公司相关上线施工管理规定，做好架、大修列车试运营的申请，并经计划部上报调度指挥室审批。

架、大修列车正线试运营批复后，车辆运营单位应按修程修制要求，做好日常的维修保养及正线试运营期间的跟车保驾工作。架、大修承揽方应做好架、大修列车的跟车工作。

⑦ 正式运营

架、大修列车正式运营批复后，维修部（线）收到计划部下发的正式运营批复通知后，正式交付维修部（线）。架、大修承揽方应做好架、大修列车的质保服务。

（5）项目验收

项目完成后，车辆运营单位应做好项目竣工验收工作。

（6）销项

车辆运营单位应参照相关管理规定办理项目销项手续。

2. 列车架、大修检修范围

上海地铁现有架、大修模式为列车整体委外维修，车辆分公司起草编制列车架、大修规程，承揽方根据架、大修规程的要求编制相对应的工艺。同时，各个承揽方也根据其工艺实际需要，配置了相应的设施设备。

列车架、大修检修范围按大类分主要由机械、电气和调试组成。其作业内容主要包括车辆预检、部件拆卸、清洁、更换、组装、测试、总装及调试等工序。

（1）机械系统

1）转向架

转向架：主要包括对构架、中央牵引装置、空气弹簧、抗侧滚扭杆、横向垂向减振器、联轴节（动车）的架、大修工作。

构架：主要包括构架的清洗，构架焊缝的目视检查、关键构架焊缝（电机吊座、齿轮箱吊座、构架焊缝）的探伤。

中央牵引装置：主要包括中心销探伤、牵引拉杆探伤（西门子车型、庞巴迪车型、长客 C 型车）、更换牵引中心橡胶堆（阿尔斯通车型）。

二系悬挂（空气弹簧）：主要检查空气弹簧的龟裂、磨损、裂纹、鼓包深度和长度是否超标；检查应急簧的龟裂、裂纹、鼓包深度和长度是否超标。

抗侧滚扭杆：主要包括抗侧滚扭杆的扭杆两端探伤、扭杆轴承、密封件、润滑油的更换。

横向垂向减振器：主要包括垂向横向减振器液压油的更换、密封件的更换、减振器的刚度测试。

联轴器：主要包括联轴器的润滑油更换、联轴器密封件的更换、联轴器紧固件的更换。

2）轮对

轮对：主要包括车轴、车轮、轴箱轴承、齿轮箱架、大修工作。

车轴：主要包括车轴轴颈和轴身进行磁粉探伤、车轴端面、轮座和齿轮箱座进行超声波探伤。

车轮：主要包括车轮镟修或换轮。

滚动轴承：主要包括拆卸、检修、润滑、压装。

齿轮箱：主要包括吊杆探伤和润滑油更换。

3）车体

车体：主要包括司机室、车体外部、客室内装、贯通道的架、大修工作。

司机室：主要包括司机室座椅、挡风玻璃、雨刮器总成、司机室内部的架、大修工作。

车体外部：主要包括车体外壳、车体装饰板、车体油漆等。

客室内装：主要包括客室内饰、客室顶板、内墙板、车窗玻璃、座椅、地板等架、大修工作。

贯通道：主要包括贯通道的清洁、润滑、磨耗件的检查等架、大修工作。

4）车门

车门：主要包括客室车门、紧急逃生门、司机室侧门、司机室客室通道门架、大修。

客室车门：主要包括客室车门清洁、润滑、尺寸调整、客室车门相关测试。

紧急逃生门：主要包括清洁、门机构检查、开关门功能测试等。

司机室侧门和司机室客室通道门：主要包括清洁、门机构检查等。

5）车钩

车钩：主要包括全自动车钩机械钩头架、大修、全自动车钩解钩气缸、全自动车钩气路，全自动车钩电钩驱动机构，全自动车钩电气钩头，全自动车钩缓冲器，全自动车钩对中装置，全自动车钩的轴承座的架、大修工作。

机械钩头：主要包括中心轴，钩锁总成，车钩连接环干法探伤；钩头法兰湿法探伤。测量钩板、钩板连接销、中枢、钩杆、钩杆连接销尺寸。更换钩头中心轴处密封圈，衬套；更换钩杆衬套，撞块衬套。更换拉伸弹簧，压缩弹簧。检查解钩绳及滑轮机构。更换导向杆衬套。

解钩气缸：主要包括解钩气缸的分解、清洁、润滑、组装。

全自动车钩：气路部分主要包括主风管和解钩风管的清洁和密封件的更换。

全自动车钩电钩驱动机构：主要包括电钩驱动机构分解、清洁、润滑、组装；密封件的更换；调节螺杆和压缩弹簧的尺寸调节。

全自动车钩电气钩头：主要包括电气车钩触点的清洁、检查、密封件的更换。

全自动车钩缓冲器：主要包括缓冲器的清洁和润滑，牵引杆除漆后湿法探伤，球面轴承的检查。

全自动车钩中装置：主要包括对中装置的清洁和润滑。

全自动车钩的测试：主要包括车钩连挂测试和气密性测试。

（2）电气系统

1）制动供风系统

空压机：主要包括对空压机进行分解及清洁、空压机内部易损易耗件的更换、空压机各部件的组装、润滑油的加注和空压机的测试。

空气干燥器：主要包括对空气干燥器进行分解及清洁、空气干燥器内部易损易耗件的更换、空气干燥器的组装及空气干燥器的测试。

油水分离器：主要包括对内部滤芯进行更换。

安全阀、压力开关和压力传感器进行更换。

气制动控制模块：主要包括对气制动控制模块进行分解及清洁、更换内部各类阀的密封件和紧固件、更换内部压力开关和压力传感器、气制动控制模块各部件的组装和气制动控制模块的测试。

制动电子控制单元：主要是对制动电子控制单元的进行清洁检查并进行检测。

各类阀如止回阀、减压阀、防滑阀、高度阀、溢流阀、各类电磁阀等：主要包括对其密封件、弹簧和紧固件进行更换。重新组装后需要做相关的测试。

风缸风管：主要包括对风缸风管外观进行检查，如有必要进行适当的清洁。对于使用寿命超过 10 年的风缸，需要对风缸焊缝处进行探伤。

单元制动机：主要包括对于单元制动机进行分解及清洁、更换密封件和紧固件、组装和最后的测试。

气路中的橡胶软管需要对其进行更换。

各类表具、架，大修中需要进行第三方的检测。

2）车下电气

车下电气：主要包括牵引箱、辅逆箱、蓄电池、制动电阻、牵引电动机及各类小风机等。

牵引箱：主要包括对牵引逆变器箱的清洁、各类接触器的检查、高速断路器的检修、逆变模块的清洁及接线检查。

辅逆箱：主要包括对辅助逆变器箱的清洁、各类接触器的检查、应急电池的测量或更换、逆变模块的清洁及接线检查。

蓄电池：其设计使用寿命是 15 年，因此，在第二次架修时需要对蓄电池组进行报废。在架、大修中需要对蓄电池进行保养和维护，主要包括对蓄电池外观的清洁检查、蓄电池总成和单体电池电压的测量、电气连接线的紧固、蓄电池组的补液和对蓄电池组进行充放电操作。

制动电阻箱：主要包括箱体内部清洁、制动电阻片的清洁检查、制动电阻的测量、绝缘子和云母片的检查及相关的检测。

牵引电动机：主要包括分解电动机、清洁检查电动机各部件、检查或者更换牵引电动机轴承、加注润滑脂、绝缘耐压测试、电流平衡测试、温升测试及振动测试等。

各类小风机：主要包括清洁检查、更换小电动机轴承及相关的电动机测试。

3）车顶电气

车顶电气：主要包括受电弓和避雷器。受电弓有分为电动弓和气动弓。

受电弓：主要包括对弓头的检查、上下框架的检查、底架的检查、升弓动力单元的检查及受电弓总成的调节和测试。

弓头：主要包括对碳滑板、弓头悬挂装置、羊角的检查，其中需要对弓头轴承和分流导线进行更换。必要时需要对羊角和弓头悬挂装置进行探伤。

上下框架：主要包括框架的检查、加强筋的检查、拉杆和平衡杆的检查、轴承及关节轴承的更换和分流导线的更换。其中需要对应力集中点进行探伤。

底架：主要包括对底部框架的清洁检查、轴承的更换、绝缘子的清洁检查和绝缘测试。必要时需要对底部框架进行探伤。

升弓动力单元：电动弓的升弓动力单元为升弓弹簧和降弓电动机，对于电动弓需要对电动机进行清洁、对电动机的绝缘子进行清洁检查和绝缘测试、对升弓弹簧及钢丝绳进行检查。气动弓分为气囊弓和气缸弓，主要是对气囊进行检查、气缸内部的密封件进行更换、气管进行更换、钢丝绳进行润滑、气阀箱进行清洁检查。

受电弓总成的调节和测试：受电弓总成组装后需要在受电弓试验间进行调试，主要包括碳棒的平行度、弓头的回转量、受电弓的接触压力、受电弓的最大升弓高度、受电弓的落弓位置、升降弓时间和升降弓状态进行调试。

避雷器：需要进行外观清洁检查并测试，对接线进行检查。

4）客室电气

客室电气：主要包括客室内各类控制单元、PIS系统、客室及司机室设备柜、司机室驾驶台及照明系统。

客室内各类控制单元：客室内各类控制单元主要包络车辆控制单元、空调控制单元、车门控制单元、广播控制单元和CCTV监控系统。对于此类控制单元需要对其外观进行清洁检查、保证插头插座连接牢固、线缆无破损及功能正常。

PIS系统：主要是紧急对讲功能、视频监控功能、列车报站功能、LED显示功能进行检测并对外观进行清洁检查。

设备柜：主要包括对设备柜内部的清洁检查、继电器、继电器、空气开关的功能检查、接线检查等。

司机室驾驶台：主要包括主控器、司机室显示屏、麦克风、各类按钮及各类表具。

主控器：分解、更换相应的行程开关、润滑机械联动系统、组装后需要对主控器进行相关的检测。

司机室显示屏：主要是对外观进行清洁检查、接插口安装牢固、功能测试正常。

麦克风：对麦克风进行外观检查并进行功能测试。

各类按钮：对各类按钮进行外观检查并进行功能测试。

各类表具：对各类表具送第三方进行检测。

5）空调

空调总成：主要是对空调总成进行清洁、保温层进行更换、更换所有的温度传感器、检查空调机组电缆及接线盒。

压缩机：主要包括对压缩机的检查或更换，绝缘测试和三相电流平衡检测。

冷凝器：主要包括对冷凝器翅片进行清洁检查、更换干燥过滤器、对冷凝器风扇进行维护。

蒸发器：主要包括更换混合风滤网、清洁新风及回风滤网、检查回风门动作情况等。

送风机：需要分解、更换轴承、做绝缘盒三相电流平衡测试和动平衡测试。

风道：需要对机组连接软风道和客室风道进行清洁。

（3）调试

1）静态调试

静态调试是指列车通电后，在列车静止条件下进行相关部件的功能调试。主要包括列车相关尺寸的测量、受电弓的功能检查、司机室各类电器部件的功能检查、空调的功能检查、车门的功能检查、制动系统的检测、蓄电池功能测试。

列车相关尺寸的测量。列车相关尺寸的测量主要包括底板面高度、车钩高度。

受电弓的功能检查主要包括应急升弓操作、升降弓时间检测、升弓压力检测。

司机室各类电器部件的功能检查主要包括各类指示灯、客室照明、刮雨器功能、广播系统、报站功能、各类旁路开关的功能、司机室显示屏的检查。

空调的功能检查：主要包括制冷功能正常、紧急通风功能正常。

车门的功能检查：主要包括开关门试验、车门紧急解锁功能检查、车门切除功能操作。

制动系统检查：主要包括空压机的功能检查、气密性测试、安全阀检测及制动压力测试。

蓄电池的功能检查：主要包括在测试落弓状态满负载状态下蓄电池的续航能力。

2）动态调试

动态调试是指列车在运行状态下，测试牵引和制动性能。主要包括常规牵引试验、制动试验等。

牵引试验是指列车在两个司机室进行牵引，牵引功能正常。

制动试验是指列车两个方向上以不同的速度进行的常用制动试验、快速制动试验、紧急制动试验。

3. 大修更新改造

大修更新改造是指原来的设备老化、技术性能落后、能耗高及效率低等问题，需要采用新技术或改用新材料、新工艺以提高设备的使用性能，而对设备进行的更新改造称大修更新改造。大修更新改造的原则：以技术性能先进、经济节能环保的设备取代原型旧设备，以提高综合管理水平。

上海地铁 1 号线扩编改造项目简介：

（1）背景

如图 3.3-1 根据数据统计，2004 年上海地铁 1 号线、2 号线和 3 号线 3 条线总客流量已达到 4.7 亿人次，3 条线日均客流由 2003 年的 110 万人次增加到 129 万余人次，较 2003 年增长 16.8%；其中 1 号、2 号线分别增长 16.2%、22.0%，而 2004 年年底 1 号线北延伸开通以来，1 号线客流暴涨，工作日日均客流量已达到 149 万人次，2005 年 1 月 1 日至 3 月 10 日

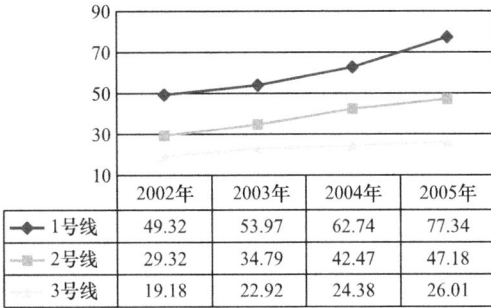

	2002年	2003年	2004年	2005年
1号线	49.32	53.97	62.74	77.34
2号线	29.32	34.79	42.47	47.18
3号线	19.18	22.92	24.38	26.01

图 3.3-1 2002～2005 年 3 条线路日均客流
增长（单位：万人次）

（注：2005 年的数据截至 3 月 10 日）

止 3 号线日均客流更是达到 150.54 万人次，其中 2005 年 3 月 4 日客流曾达到最高值 196.33 万人次。限于当时轨道交通线路的规模化和网络化程度，现有线路的运能已不能适应市民出行的需求，特别在早、晚高峰时段，运能与运量的矛盾显得尤为突出。为了解决 1 号线运能和运量的矛盾，需要对原来的 6 节编组列车进行扩编。

（2）设计理念

本项目是将 24 辆（8 辆来自 1 号线、16 辆来自 2 号线）原德沪地铁集团提供的带驾驶室的 A 车（拖车），通过采购 72 辆新动车，编成 12 列 8 辆编组的列车。经扩编后的列车将运营在上海地铁 1 号线上，因此列车的技术性能应适应上海地铁 1 号线的环境条件、气候条件、线路条件（地面、高架、地下）、供电、限界、通信和信号、运行条件。

（3）车辆设计遵循的原则

扩编列车的 A 车基本保持原有功能及性能，新的动车与 A 车相匹配；

所有现有 A 车的列车控制功能都能在扩编列车上实现。A 车上的列车控制系统、故障显示和列车运营功能都将可用；

A 车一位端采用原来的车钩，所有功能将保持不变；

扩编列车将满足 1 号线的限界要求；

扩编列车应运行安全、易于维修、人性化设计、乘坐舒适；

在每节新动车上预留 2 个 LED，8 个 LCD，2 个乘客紧急对讲装置及其相关设备的安装座，以及布线和供电；

列车应与 1 号线的 ATC 系统兼容，并在没有 ATC 信号的情况下可以人工驾驶；

列车应能完全满足 1 号线无线通信、屏蔽门、供电、接触网的要求；

在遭遇事故和蓄意破坏时（如火灾、高压、毒气等），采取措施来尽可能的保护乘客。

（4）基本要求

新采购的动车将采用可靠和成熟的技术，主要技术要求如下：

平均国产化率不低于 70％；

按照本文件的技术要求，车体和转向架构架的设计寿命不少于 35 年；

新的中间动车采用的技术将基于明珠线二期车辆的设计；

轻量化、低能耗、低噪声、低寿命周期成本；

内饰设计简洁而富有现代气息；

铝合金挤压型材的焊接车体、模块化设计、整体承载结构；

稳定可靠的轴承外置式，两级弹性悬挂系统，高强度低合金钢板焊接 H 型构架，无摇枕结构转向架；

三相交流异步传动变压变频控制技术；

现代微处理电子技术应用于车辆的控制、诊断、通信和显示系统；

带空调的通风系统。

3.4 车辆检修发展趋势

1. 概述

轨道交通列车有系统机电结合度高、系统集成度高、设备种类多、设备工况复杂、故障模式繁多的特点。

由于系统或设备的工作特性、寿命特性、维护需求及对维护环境、维护人员要求的多样性，在轨道交通行业，维护规程的类型根据不同维护层级、不同维护周期、不同维护内容，分为日检、均衡修、架修和大修。

日检是最基本的维护，每日在列车回库后，对列车功能及走行部进行目视检查及操作检查。

均衡修将月检项目、季度检项目、半年检项目、年检项目结合，执行定期的目视检查、操作检查、易损易耗件的检查及更换等。

架修和大修利用时间较长的停车周期，可对列车进行深层维护，对系统或设备进行拆解后的清洁、检查及更换。

上海地铁在近年的运营及维护过程中，为了提高维护的经济性与时效性，结合设备的寿命特性，将架修、大修与均衡修相结合，形成均架修、均大修的维护模式，更灵活得根据设备的寿命分布特性，在均衡修过程中执行架修或大修的项目。

维护规程的作用是通过修订合适的维护策略，杜绝高位风险事件（人员伤亡、各类事故）的发生，将列车的可靠性、可用性保持在一个合理的水平。故如何使用列车投入运营后的使用数据，挖掘出最适合于列车的维护策略，是航空、铁路、轨道交通等公共交通设备维护行业普遍遇到的课题。

以可靠性为中心的维护（RCM）是一项通过对故障进行识别、选择合理的故障管理策略，有效达到列车预期的运营安全性、可靠性、可用性的手段。故障管理策略包含维护行为、工艺优化、设计变更等一系列降低故障影响的措施。

RCM 技术最早于 20 世纪 60 年代，商业航空业根据 ATA-MGS-3 标准（Operator/Manufacturer Scheduled Maintenance Development）对其进行发展。RCM 技术使用至今，已被证实有效且广泛应用于诸多行业。

RCM 提供了一种决策过程，这种过程可以帮助确定具有可操作性且有效的预防性维护需求、管理措施，且此过程能与设备的安全性、会导致运营及经济损失的故障，以及导致这些故障产生的退化机理相结合。整个 RCM 过程完成后输出的结果，是对于执行一项维护任务，或一次设计变更，或其他实现优化的备选方案的必要性判断。

RCM 过程的基本步骤如下：

（1）启动及规划；

（2）功能故障分析；

（3）任务类型选择；

（4）实施；

（5）持续改进。

在设计阶段进行 RCM 分析，可以获得的利益是最大化的，因为分析结果可以在设计阶段帮助改进设计。同时，在运营及维护阶段进行 RCM 分析也可以帮助到改进既有的维护任务。

RCM 的成功应用离不开对于设备、系统、运营环境及接口系统的深度理解，以及可能发生的失效及其影响。针对可能产生严重安全影响、环境影响、经济及运营影响的潜在故障进行分析，会获得最大的效益。

2. RCM 启动及规划

（1）进行 RCM 分析的目的

规划 RCM 分析的第一阶段是确定研究的需求及程度，下列目标为最基础的考虑：

1）建立最优化的维护任务；

2）识别优化设计的可能；

3）评估当前的维护任务是否存在无效、低效或不合理的项点；

4）确定可靠性优化项。

评估是否需要进行 RCM 分析，应当作为公司持续改进管理体系中的常规管理措施。如果目前的故障管理策略存在问题，则通过大范围的针对企业维护策略系统中有效数据的分析，可以确定目标系统。

分析结果将会揭露以下潜在的事件：

1）经营环境的变化；

2）可用性或可靠性不足；

3）安全事故；

4）不可接受的高预防性和/或纠正性维修工时；

5）维护工作进度缓慢造成堆积；

6）当前费用过高；

7）纠正性维修与预防性维修的比例过高；

8）新的维修技术；

9）项目技术变更。

完全依赖维修管理系统内的数据可能会对分析结果产生误导，应当在数据之外，听取现场维护人员的建议或其他检测系统的数据，以得到数据中可能不包含的信息。在 RCM 规划过程中，应包括对可用信息的完整性和准确性的评估。

让现场维护人员参与到 RCM 分析的另一个好处是，在分析过程中，可以让现场维护人员对维护场地环境、现有的维护策略、设备或系统的故障模式有更一步了解。

（2）RCM 分析优先级

作为维护政策的一部分，RCM 分析应在以下两种情况下应用：明确对实施效果有信心，或一些关键目标，如安全及环境要求目标，该目标远高于经济利益。这些因素需在全寿命周期内不间断考量。

偏离整体业务目标的系统需要作为分析对象。应根据以下条件来筛选和确定问题的优先级：

1）维护效率；

2）可靠性改进；

3）设计/运营条件变更。

以下方法可用于选择和对系统进行优先级排序：

1）根据以往的列车运营数据及基于列车工程的判断，对设备或系统发生故障后的影响进行定性分析；

2）定量分析，以故障严酷度评级、安全系数、失效率、故障率、生命周期成本等定量标准为基础，评价系统功能退化或失效对设备安全、性能和成本的重要性。定量分析法适合应用于有合适的检修数据或数据模型存在的情况下。

3）将定量分析的结果与定性分析的结果相结合。

通过分析可将待分析的事件，按照失效影响严酷度及优先级顺序成列清单。

（3）与设计及维护支持建立关系

各列车子系统的大部分维护需求是在设计阶段确定的，因此在列车设计阶段应考虑维护及维护支持的计划，以便在功能需求、维护能力、全寿命周期成本、可靠性和安全性之间进行权衡。

（4）RCM 知识及培训

RCM 分析也需要作业环境、维护工作、维护工艺的相关经验。分析的需求如下：

1）对于 RCM 分析的相关知识与经验；

2）了解对于当前需进行分析的列车的设计特点；

3）了解对于当前需进行分析的列车的运营环境；

4）了解对于当前需进行分析的列车的当前情况（包括所需分析的一些设备）；

5）子系统及各设备的故障模式及其影响；

6）了解安全、环保或其他符合当地要求的法律法规；

7）熟悉维修工具及技术；

8）熟悉成本控制。

如在进行 RCM 分析中，发现有对部分内容知识的缺失，需进行专项培训。

3. 功能失效分析

（1）原则与目标

如果要成功开展一个 RCM 分析项目，需要对列车运营过程中的功能、故障及其影响有一个充分的了解。

对于功能、故障及其影响的分析因围绕列车的运营需求及目标，为了使 RCM 分析有效，分析的输出应当根据下文的要求。

"FMEA（故障模式及影响分析）"及"故障影响严酷度分析（IEC 60812）"是比较适用于 RCM 分析的。

作为功能失效分析的一部分，FMEA 分析应将现场实际列车使用中产生的故障数据相结合，以便获得更真实的故障频度及故障严酷度信息。

（2）定义功能故障的需求

针对已经被定义的功能，必须有相关联的功能故障或功能失效的对应定义。

功能故障的清单罗列应始终与特定的功能所对应，并应对其未能达到的性能、功能或其他参数进行描述。一般来说，全部的功能丧失都会被考虑在内，但是部分功能的丧失也是功能故障，如部分功能丧失后的影响与全部功能丧失的影响不同，则应分别进行表述。

功能故障包括但不限于：

1）功能完全丧失；

2）未能满足性能要求；

3）间歇性故障；

4）非需要时，出现的功能。

除此之外，许多特殊的功能故障要根据具体设备或系统运行时的要求或特定的性能参数来定义。

在定义功能故障的过程中，需要区分丧失的只是部分特定的功能或是丧失了全部的功能。

（3）定义故障模式的需求

应明确导致每一起功能故障发生的具体的、合理情况。

故障模式应当包含故障件的故障现象以及对于故障机理的描述。例如：“法兰盘因疲劳导致开裂”或“由于密封圈破损，导致润滑液泄漏”。故障模式细化的程度将会影响到后期分析的层级，以及整个维修策略的制订。需要注意的是，在整理编制故障模式清单时，即使是那些发生概率极低，但是会造成重大影响及后果的故障模式，依然需要进行考虑。

对于历史故障，或已经通过预防修进行控制的故障，也需要加入清单。除此之外，一些非设备本身的原因，例如，司机操作不当、环境影响、设计缺陷等的可能引起功能故障的因素，都需要被添加到清单中。

（4）定义故障影响的而需求

功能故障的影响是需要被定义的。

故障影响描述了，当部件发生了故障模式后，通常该故障模式会对该部件、周围的部件、已经最终部件的功能执行及运营性能造成的影响。故障影响的描述应当考虑在正常运营情况下，而非执行特定的任务、检测或试验或实施预防修的情况下。

故障影响的定义应当是合理范围内的最严重的影响，“合理范围”的定义也应当在分析的最底层规则中有所体现。

故障影响描述需包含充足、应用的信息，以便准确评估影响。对设备、操作人员、公众、环境的影响也许视情况加入。

许多对故障影响的分析只停留在了故障设备本身，对于上下级设备的考虑并不充分。对于上下级设备的分析也是必须的，有些情况下，会造成关联故障。

（5）风险度

将 RCM 应用于每一个潜在的功能故障及其故障模式需要花费大量人力物力，是不切实际也是不经济的。所以对于公司来说，需要有一个逻辑化、结构化的流程来筛选，需要将哪些故障模式进行 RCM 分析，以便将风险降低到可控的程度。

用来筛选故障模式的评估方法一般使用风险排序分析法，该方法将故障影响与故障发生频度相结合，得出代表故障模式风险程度的风险值。风险度值包含了故障后果的所有方面，包括安全、列车运行性能和经济成本。

风险值可以用来帮助识别哪些是风险可控的故障模式，这些风险可控的故障模式不需要进行故障管理。对于那些风险超出当前可控范围的故障模式，则可通过风险值对其进行优先级排序。对于风险可控的故障模式，通常情况下是允许其发生的，也不需要使用积极的预防修维护策略以节约经济成本，当然，风险可控的定义需要根据运营的环境及目标而言。

4. 故障影响分类及 RCM 决策

（1）原则和目标

预防性维护方案是采用一种指导性逻辑决策的方案制订的。通过对潜在失效的管理策略进行评估，是可以得到指定部件的整体维护方案的。一种决策逻辑树是用来指导分析过程的。

预防性维护也包括在规定的时间间隔内，执行以下一项或多项的任务：

1）状态监测；

2）计划性性能恢复；

3）计划性部件更换；

4）故障原因查找。

清洗、润滑、调整和校准维护是一些部件或系统所需要的，可以与上面列出的任务组相结合进行执行。

纠正性维护任务的执行是基于不执行预防性维护的决策，或基于即时性的状态检查任务，或对于执行预防性维护的部件的非预期失效的发生。

RCM能保证不会在增加了维护任务、增加了维护成本的情况下，可靠性没有提升。当针对故障模式的维护方案不恰当或不必要时，可能会导致可靠性的降低。

RCM任务选择的目的是针对那些高严酷度的故障模式，通过选择合适的维护策略，使故障模式的后果降低或避免。在确定了维护策略后，通常还需要确定以下额外信息：

1）任务所需工时的预估；

2）执行任务所需的维护人员的技能类型及人员等级；

3）执行任务的时间间隔。

（2）RCM决策流程

使用RCM决策流程图，可指导制订针对特定故障模式最合理的维护策略。详见图3.4-1。

用于识别适用及有效的预防性维护策略任务的方法是针对每一个高严酷度故障模式进行逻辑决策判断。决策逻辑将不同的故障模式分情况进行分类判断，然后确定是否存在可以预防或降低故障模式影响的维护策略。

有可行性的维护策略有两个条件，一是对故障模式有针对性；二是在技术上是可行的。

5. RCM案例示范

RCM（以可靠性为中心的维护）是一个以列车运营环境、运营要求为目标，通过定性及定量的评价方式，对故障模式的影响进行优先排序。

根据运营要求，可以根据风险排序的优先级，识别并筛选出风险超出运营要求的高风险故障模式。

通过RCM逻辑决策流程，根据决策条件，为高严酷度故障模式选择适合的维护策略，降低或避免故障模式带来的后果及风险。

通过RCM分析后，可以制订出满足运营要求及运营环境的维护策略，并且在运营可靠性、安全性及经济性之间，取得平衡。

（1）FMECA（故障模式及影响分析）

针对功能的定义、功能故障定义、故障模式定义、功能故障的影响定义，FMECA是业内比较通用的工具。在编制FMECA文件时，需考虑多方面的数据输入，例如，列车实际运营故障数据、新车设计文件、现场维护专家意见、头脑风暴会议或其他形式。但需要注意的是，编制FMECA文件的功能故障的影响时，故障影响的定义应当是合理范围内的最严重的影响。

以上海地铁某车型制动系统为例，FMECA文件的格式如下，详见表3.4-1。

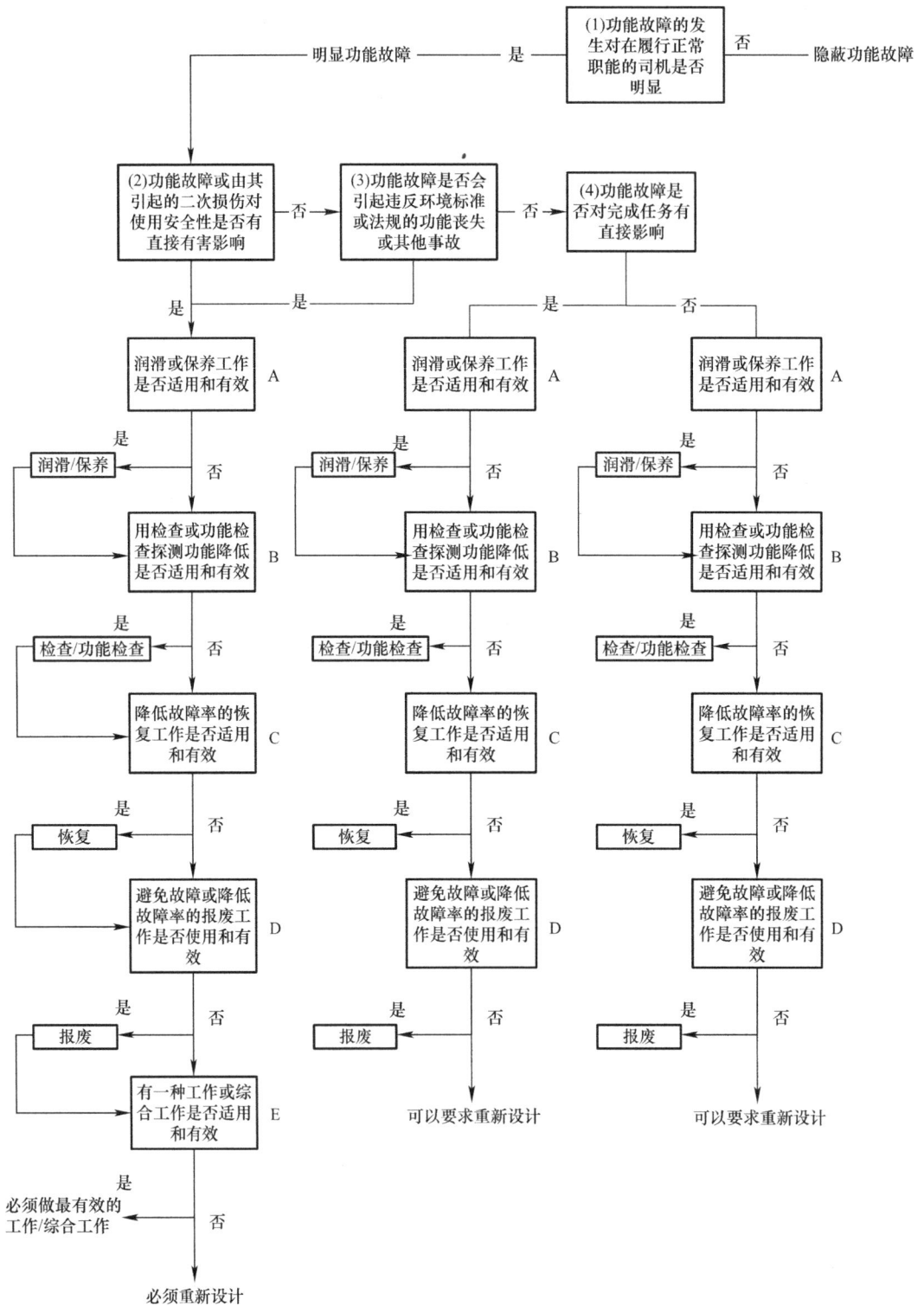

图 3.4-1 RCM 逻辑

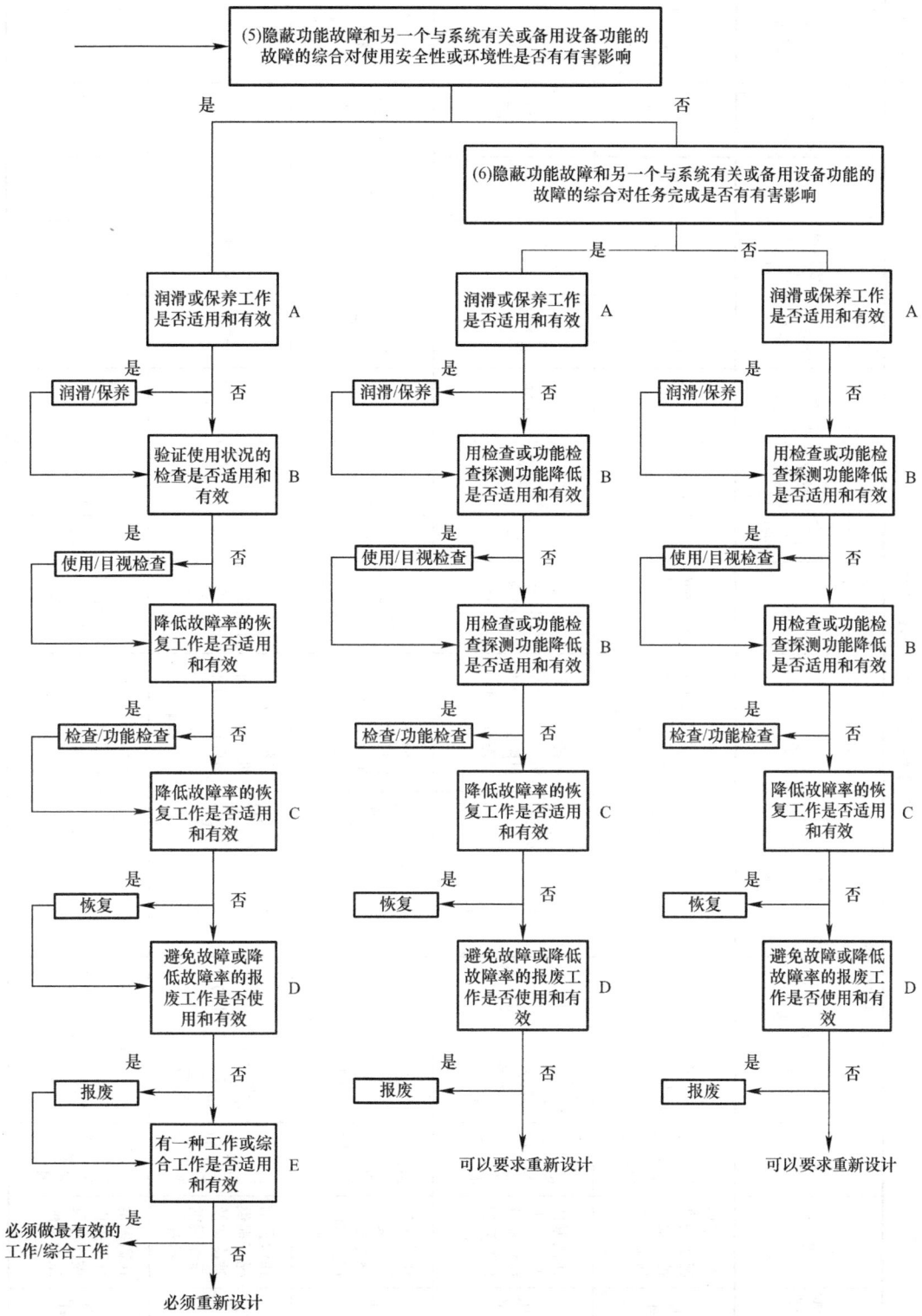

决策流程图

某车型制动系统 TMECA 示例

表 3.4-1

序号	系统名称	功能	故障模式	故障原因	故障检测方式			失效现象	故障影响/结果				隐患分析					备注
					操作人员检查	检修人员检查	自带检测功能		子系统级	列车级	安全性影响	运营影响（数据/清客/掉线/换表）	任务完成率/列车	故障率/列车	故障模式发生频率	因子	故障率/故障模式	安全设计评估
1	空压机组	在微振情况下提供被冷却及压缩后的空气	提供的空气比要求的温度高	空气冷却器有污物	污垢沉积			空压机在工作但气压过低	可能导致空压机输出气压小，但不会造成迅速的影响	不会造成迅速的影响	无	由运营方定义	2.00E+00	1.21E-06	1.66E+06	5.00%	6.03E-07	无
2	空压机组	在微振情况下提供被冷却及压缩后的空气	提供的空气比要求的温度高	空气冷却器有污物，人工检查未彻底	污垢沉积			空压机在工作但气压过低	可能导致空压机输出气压低，但不会造成迅速的影响	不会造成迅速的影响	无	由运营方定义	2.00E+00	1.21E-06	1.66E+06	5.00%	6.03E-07	无
3	空压机组	在微振情况下提供被冷却及压缩后的空气	提供的空气比要求的温度高	空气冷却器受阻	无			空压机在工作但气压过低	可能导致空压机输出气压低，但不会造成迅速的影响	不会造成迅速的影响	无	由运营方定义	2.00E+00	4.82E-07	4.15E+06	2.00%	2.41E-07	无
4	空压机组	在微振情况下提供被冷却及压缩后的空气	提供的空气比要求的温度高	风扇叶片受到外部损伤	外物			空压机在工作但气压过低	可能导致空压机输出气压低，但不会造成迅速的影响	不会造成迅速的影响	无	由运营方定义	2.00E+00	4.82E-07	4.15E+06	2.00%	2.41E-07	无
5	空压机组	在微振情况下提供被冷却及压缩后的空气	提供的空气比要求的温度高	风扇叶片润滑不够	风扇叶片转速过慢			空压机在工作但气压过低	可能导致空压机输出气压低，但不会造成迅速的影响	不会造成迅速的影响	无	由运营方定义	2.00E+00	2.41E-07	8.30E+06	1.00%	1.21E-07	无

序号	系统名称	功能	故障模式	故障原因	故障检测方式			失效现象	故障影响/结果					隐患分析				安全设计评估	备注
					操作人员检查	检修人员检查	自带检测功能		子系统级	列车级	安全性影响	运营影响（救援/清客/掉线/换表）	任务完成率/列车	故障率/列车	故障模式发生频率	因子	故障率/故障模式		
6	空压机组	保持内部压力	空气泄漏	外来异物损伤	轻微的漏气声			空压机工作但气压过低	可能导致空压机输出气量降低、但不会造成迅速的影响	无	无	由运营方定义	2.00E+00	6.03E−07	3.32E+06	2.50%	3.01E−07	空压机组持续供气	
7	空压机组	保持内部压力	空气泄漏	未连接正确	轻微的漏气声			空压机工作但气压过低	可能导致空压机输出气量降低、但不会造成迅速的影响	无	无	由运营方定义	2.00E+00	9.04E−06	2.21E+05	37.50%	4.52E−06	空压机组持续供气	
8	空压机组	保持内部压力	空气泄漏	未连接正确、人工检查未发现	轻微的漏气声			空压机工作但气压过低	可能导致空压机输出气量降低、但不会造成迅速的影响	无	无	由运营方定义	2.00E+00	9.04E−06	2.21E+05	37.50%	4.52E−06	空压机组持续供气	
9	空压机组	保持内部压力	空气泄漏	腐蚀、老化、磨耗	轻微的漏气声			空压机工作但气压过低	可能导致空压机输出气量降低、但不会造成迅速的影响	无	无	由运营方定义	2.00E+00	2.41E−06	8.30E+05	10.00%	1.21E−06	空压机组持续供气	
10	空压机组	在微振情况下提供被冷却及压缩后的空气	未供气	电气连接不正确	空压机未启动/EP2002主风管道压力低/压力开关/TCMS			空压机工作但气压过低	气压不升高/空压机输出气压降低/主风管道压力降低	如有必要，冗余空压机开始工作	无	由运营方定义	2.00E+00	2.41E−07	8.30E+06	1.00%	1.21E−07	空压机组持续供气	

序号	系统名称	功能	故障模式	故障原因	故障检测方式			失效现象	故障影响/结果				任务完成率/列车	故障率/列车	隐患分析			安全设计评估	备注
					操作人员检查	检修人员检查	自带检测功能		子系统级	列车级	安全性影响	运营影响（救援/清客/掉线/换表）			故障模式发生频率	因子	故障率/故障模式		
11	空压机组	在微振情况下提供被冷却及压缩后的空气	未供气	电气连接不正确，且人工检查未发现	空压机未启动/EP2002主风管道压力指示/压力开关/TCMS			空压机在工作但气压过低	气压不升高/空压机输出气压降低/主风道压力降低	如有必要，冗余空压机开始工作	无	由运营方定义	2.00E+00	2.41E-07	8.30E+06	1.00%	1.21E-07		
12	空压机组	在微振情况下提供被冷却及压缩后的空气	未供气	电动机失效	列车无法继续行驶/EP2002主风管道压力指示/压力开关/TCMS			空压机在工作但气压过低	气压不升高/空压机输出气压降低/主风管道压力降低	如有必要，冗余空压机开始工作	无	由运营方定义	2.00E+00	4.82E-07	4.15E+06	2.00%	2.41E-07		
13	空压机组	在微振情况下提供被冷却及压缩后的空气	未供气	车钩连接失效	列车无法继续行驶/EP2002主风管道压力指示/压力开关/TCMS			空压机在工作但气压过低	气压不升高/空压机输出气压降低/主风管道压力降低	如有必要，冗余空压机开始工作	无	由运营方定义	2.00E+00	6.03E-08	3.32E+07	0.25%	3.01E-08		
14	空压机组	在微振情况下提供被冷却及压缩后的空气	未供气	空压机曲轴失效	列车无法继续行驶/EP2002主风管道压力指示/压力开关/TCMS			空压机在工作但气压过低	气压不升高/空压机输出气压降低/主风管道压力降低	如有必要，冗余空压机开始工作	无	由运营方定义	2.00E+00	1.81E-07	1.11E+07	0.75%	9.04E-08		

（2）故障模式风险优先排序

风险优先排序的作用是通过定性的方式，对故障模式的影响严酷度及故障模式发生的频度进行评分，两者的乘积作为判定故障模式风险程度的依据，越高表示风险越大。

在本案例中，由于考虑到轨道交通列车安全性的需求，在风险评价中，加入检测度指标。

根据轨道交通列车运营要求，严酷度评价标准如下，详见表3.4-2。

故障模式后果评价标准　　　　　　　　　　　　　　　　　　表 3.4-2

失效后果"严酷度 S"量化表		
分值	严酷度	判断依据
1	忽略不计	列车可完成当天运营
2	小	列车需在终点站进行故障修复或回库处理
3	一般	列车需清客退出运营
4	中等	列车需救援推出运营
5	大	造成伤亡事故

故障发生频度评价标准如下，详见表3.4-3。

故障发生频度评价标准　　　　　　　　　　　　　　　　　　表 3.4-3

故障"发生频度 O"量化表		
分值	故障频度	判断依据
1	低	故障次数≤1 次/年/车队
2	一般	1 次/年/车队＜故障次数≤3 次/年/车队
3	中等	3 次/年/车队＜故障次数≤5 次/年/车队
4	高	5 次/年/车队＜故障次数≤10 次/年/车队
5	很高	故障次数＞10 次/年/车队

故障可被检测度评价标准如下，详见表3.4-4。

检测度评价标准　　　　　　　　　　　　　　　　　　　　　表 3.4-4

"可被检测度 D"量化表		
分值	被检测度	判断依据
1	容易发现	目测、耳闻可发现
2	可以发现	专业工种目测、耳闻可发现
3	不容易发现	操作检查可发现
4	难发现	操作检查有概率发现
5	很难发现	超出用户范围

按照设备或系统的实际运营要求及运营环境建立评价标准后，需对每一条被罗列出的故障模式按照标准进行打分。本案例建立了 3 个评价标准，则对每条故障模式进行 3 个纬度的评价。

（3）识别高风险项

根据轨道交通列车的运营环境、运营要求、运营特点及"严酷度"、"故障频度、"检测度"评价标准，建立以下原则以识别筛选高风险项：

1）高严酷度风险项：严酷度 $S>4$；

2）中严酷度中频度风险项：$S>3$ 且 $O>3$；

3）综合风险项：RPN 乘积 $>33＝27$。

经过筛选，该案例中，高风险项共有 3 例，其中综合高风险项为 1 例，高严酷度风险项为 2 例。具体详见表 3.4-5：

高风险项示例　　　　　　　　　　　　　　　表 3.4-5

序号	评分表				系统名称	功能	故障模式	故障原因	故障检测方式	失效现象
	严酷度 S	故障频度 O	可检测性 D	$RPN=S×O×D$					操作人员检查	
1	2	3	5	30	空压机组	在微振情况下提供被冷却及压缩后的空气	提供的空气比要求的温度高	空气冷却器有污物	污垢沉积	空压机在工作但气压过低
2	5	1	1	5	空压机组	在微振情况下提供被冷却及压缩后的空气	供气过程中有异声	柔性悬架安装不正确	振动	空压机在工作但气压过低
3	4	1	1	4	空压机组	在微振情况下提供被冷却及压缩后的空气	未供气	车钩连接失效	列车无法继续行驶/EP2002主风管道压力指示/压力开关/TCMS	空压机在工作但气压过低

（4）维护决策逻辑流程

维护决策逻辑流程主要分为两层逻辑，第一层逻辑为故障模式后果的确定，需判定故障模式的后果为安全性后果、环境性后果、任务性后果、经济性后果。

第二层逻辑为维护策略的确定，需根据条件判定该故障模式的维护策略为润滑/保养、使用/目视检查、检查/功能检查、恢复、报废、重新设计。

3 例故障模式进行维护决策逻辑流程判定后，故障模式的影响判定结果及维护策略的判定结果如下，详见表 3.4-6。

维护决策逻辑流程判定结果　　　　　　　　　　表 3.4-6

序号	系统名称	功能	故障模式	故障原因	(1) 故障是否明显	(2) 是否有安全性影响	(3) 是否有环境性影响或法规的功能或事故	(4) 是否对任务有直接影响	(5) 隐蔽故障是否对安全性及环境性有影响？	(6) 隐蔽故障是否对综合任务有影响？	影响性质	维护策略
1	空压机组	在微振情况下提供被冷却及压缩后的空气	提供的空气比要求的温度高	空气冷却器有污物	×				×	×	隐蔽/任务性影响	检查/功能检查

102

序号	系统名称	功能	故障模式	故障原因	(1) 故障是否明显	(2) 是否有安全性影响	(3) 是否有环境性影响或法规的功能或事故	(4) 是否对任务有直接影响	(5) 隐蔽故障是否对安全性及环境性有影响?	(6) 隐蔽故障是否对综合任务有影响?	影响性质	维护策略
2	空压机组	在微振情况下提供被冷却及压缩后的空气	供气过程中有异声	柔性悬架安装不正确	✓	✓					安全性影响	检查/功能检查
3	空压机组	在微振情况下提供被冷却及压缩后的空气	未供气	车钩连接失效	✓	✓					安全性影响	检查/功能检查

（5）维护决策优化

根据维护决策逻辑判定结果，对照目前所实施的维护策略，序号 2 故障原因"柔性悬挂安装不正确"未执行对应的维护。

根据该故障模式的故障机理，及维护决策逻辑结果，与现场维护专家及技术人员充分沟通后，由于对柔性悬挂进行功能检查需将空压机组进行拆解，最终将目前的"柔性悬挂色标目视检查"维护任务，修改为"在案例车型架大修规程中，每 62.5 万 km，进行一次柔性悬挂吊装螺栓的扭力复测"。

第4章 地铁车辆的机械部件维修

4.1 空 调

1. 概述

空调系统已成为城市轨道交通列车的标配，它承担着列车车厢内的空气调节作用。每节车厢一般配有2台空调机组，安置于列车车顶，由独立电子控制单元自动控制空调机组的运转。送风风道承担着空调机组出风的分配和传递，保证乘客在车厢内有较舒适的环境。传统的列车空调均为定频控制，即压缩机在工频50Hz下启停运行，随着电子技术的发展和控制理念的提高，列车空调的控制逐步出现了变频控制，即压缩机的工作频率可根据各种工况调节，从而实现用电节能以及精确控制的目的。

地铁列车空调系统的核心部件之一就是压缩机，在列车空调系统的发展历程中，压缩机的类型和控制方式也逐步发生着变化。原来的空调系统多数为单制冷回路，早期压缩机较常见的有螺杆式、活塞式等。此类压缩机个体体积较大，噪声较高，该类后续逐渐被涡旋压缩机替代。涡旋压缩机有着噪声小、体积小等诸多优势，随着该类压缩机的应用，空调的控制方式也悄然发生着变化。从单压缩机系统到双压缩机系统，再至近几年的四压缩机系统，制冷量的调节也原来越精准，从原先的只有起、停，到可以有50%的起、停，最终到四压缩机的25%。压缩机的多级控制，大幅降低了起停损耗，达到了节能目的。近几年，随着技术的发展，变频空调控制技术也使用在列车空调上。压缩机的变频控制能零电流启动，进一步减少了压缩机的开关损耗，同时更精确的频率控制能更精确的保证空调制冷量的输出，保证客室车厢的舒适。空调系统的启动、工作与监控都是由其自身的自动控制系统来实现自动控制、自动调节的。与传统定频空调相比，差异仅在变频器及部分控制逻辑处有不同。

城市轨道交通列车空气调节参数要求（以上海地铁为例）。

（1）制冷

1）在正常情况下

27℃；

最大相对湿度65%。

2）在以下环境条件中：

① 地面：

35℃；

相对湿度：68%；

载客负荷：AW2（310人/车厢）；

太阳负荷：840cal/sec。

② 隧道：

35℃；

相对湿度 65%；

载客负荷：AW2；

其他负荷：内部照明灯，送风机等。

3）在下述条件下，空调系统应正常工作，但允许制冷量有所下降

车体外表温度：45℃；

地面气温：38.7℃；

太阳负荷：840cal/sec。

（2）制热

列车环境温度在-5～10℃范围时，要求客室内温度 10～18℃。

并要求列车客室内每位乘客得到 10m³/h 的新鲜空气（与铁路交通客运有所差异），而乘客停留区的风速，要求在地板以上 1.2m（座位区）和 1.7m（站立区）处测量所得的平均值应≤0.5m/s。在上述高度测得的最高风速应不超过 0.7±0.2m/s。另外，列车客室内空气含尘量应不大于 0.5mg/m³，且应尽量地降低噪声、减轻振动，以获得良好的舒适性。

客室空气调节装置主要由通风系统、空气冷却系统、空气加热系统及自动控制系统等组成。其通风系统包括离心式通风机、送风风道、回风风道、排风口。空气冷却系统是蒸气压缩式制冷机组，空气经过制冷机组的蒸发器降温除湿后由离心式通风机送入送风风道。空气加热系统包括吸入空气预热器和车内空气加热器，其热能来自于列车供电系统的电能。

目前城市轨道交通的列车客室空调系统一般是在每节客室的顶部安装两台空调（制冷或热泵）机组，分散的向客室车厢内各部位送风。夏季，通过制冷机组和送风风道向车厢内送冷风；冬季，通风机仅向车厢内送风（新风与回风混合后的混合风）或是经空气预热器预热后的混合风，另由安装在车厢内的辅助电热设备（空气加热器）对车厢加热。

2. 空调系统组成

现以上海地铁 17 号线电动列车空调系统为例（变频空调系统）。

上海地铁 17 号线电动列车，目前为 6 节车编组而成，分为两个单元，每个单元分别有 A、B、C 三种车型。每节车辆上都设有两台集中式单元空调机组，分别位于每节车辆车顶的 1/4 和 3/4 处。为了使车辆的外形轮廓不超过车辆静态界限，特在车顶两端设计了两个专用于安装空调机组的空调井，并在安装空调机组的机座上衬垫减振橡胶，以减小与车体间相互的振动影响。由于该线路采用的是压缩机变频技术，空调机组可以低频启动，与传统的空调系统启动有所不同，传统空调机组在启动控制上均有时序控制逻辑，以免多台压缩机同时启动，启动电流过大，导致辅助逆变器负载过大而损坏。

上海地铁 17 号线客室空调机组采用变频空调系统，制冷由制冷循环提供，制热采用热泵技术，在客室车厢的预冷（热）模式，以及 AW3（及以上）工况时，空调机组的压缩机会高频运行，以期快速地将车厢内温度达到目标值，当车厢温度稳定后压缩机的频率则维持在一个较低的频率带中。空调系统正常工作时的主工作电源是由列车的辅助逆变器提供三相 380V 交流电源，控制系统的控制电源是由辅助逆变器提供的 110V 直流电源。另外，列车设有一台应急逆变器，用于在辅助逆变器停止工作时，将列车蓄电池输出的直

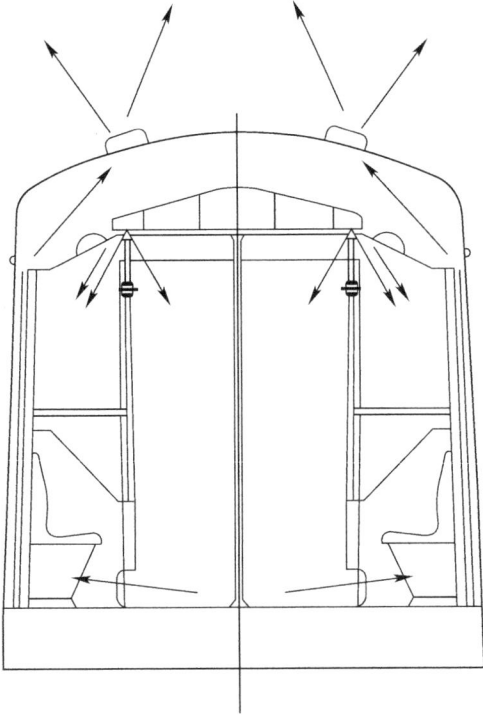

图 4.1-1　客车空调系统通风气流的流向

流电源逆变成三相交流电，供应急通风使用。

每节车辆空调系统的主要技术参数：

总通风量：10000m³/h；

新风量：3200m³/h；

循环风量：4000m³/h；

排风风量：4000m³/h；

事故通风：4000m³/h（全新风）；

总制冷量：88kW；

总制热量：40kW。

客室空调系统通风气流的流向如图4.1-1。

车顶的两台空调机组，通过与车体相连的两个吸振消声的过渡风道将处理后10000m³/h的冷空气送到车顶风道，然后由客室顶板上的出风口散发到客室内。A车司机室设置有独立空调。（注：在城市轨道交通的列车中也有司机室的制冷及通风系统与A车风道相连，通过将头车客室的冷空气送入司机室。）

散发到客室内的冷空气带走客室内的热量后通过座椅底下的回风口经过车体侧墙的夹缝流至车顶的回风风道，其中的一部分热空气通过排风口排出车外，另一部分则通过回风管回到空调机组与吸入的新风混合后，经过空气过滤器过滤、蒸发器冷却后由离心式通风机将其送到车顶风道，这样就在客室内形成空气循环，达到调节空气温度的目的。（另外，近来国外很多设计制造城市轨道车辆的公司考虑到缩短制造周期及便于将来的维修等诸多因素，在设计车体时普遍采用模块化，车体侧墙内再无夹层，这对空调系统的回风口的布置带来了一定的影响。现在很多空调系统的设计方法是车顶中间是送风，车顶的两侧设回风口。这对空气的气流分布有一定的影响，有可能会造成气流的短路。）

空调机组主要由全封闭涡旋压缩机2台、冷凝器2台、蒸发器2台、储液筒1只、电子膨胀阀2只、四通换向阀1只等组成，这些部件通过管道、阀门等依次连接，形成一个封闭的制冷循环系统；另外辅以冷凝轴流风机2台、离心式通风风机2台、恒压器箱等辅助部件，构成一个完整的集中式空调机组。恒压器箱内设有用于对制冷系统安全保护的高、低压压力传感器和控制继电器（图4.1-2）。

每节车辆的空调系统都设有12个NTC温度传感器（包括2个压缩机吸排气温度传感器、2个冷凝温度传感器、2个新风温度传感器、2个回风温度传感器、2个送风温度传感器、2个客室温湿度传感器），它是空调系统能够实现自动控制的基础，空调控制器通过采集温度传感器的数值来确定空调机组的启动或关闭，空调机组的工作状态；另外控制系统还可根据温度传感器的当前值与机组的当前工作状态来判断空调系统的工作是否正常。

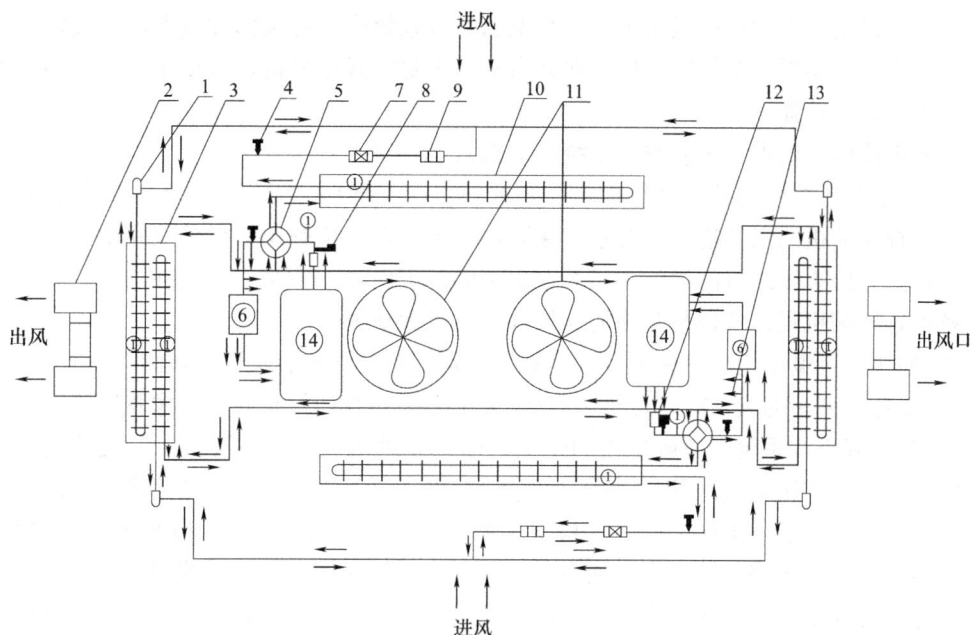

图 4.1-2 上海地铁 17 号线电动列车车辆空调制冷循环流程图

1—膨胀阀；2—送风机；3—蒸发器；4—冲注阀；5—四通换向阀；6—气液分离器；

7—干燥过滤器；8—高压压力开关；9—视液镜；10—冷凝器；11—冷凝风机；

12—单向阀；13—低压压力传感器；14—变频压缩机

控制单元是一个微型计算机处理系统，它通过通信与空调机组内的变频控制单元进行通信，从而达到空调机组变频控制、精细输出冷量的作用。同时控制单元通过专门设计的软件形成一个集控制、监控、诊断、故障存储与显示为一体的空调控制单元，并能通过标准的 RS232C 的串行接口与计算机连接，实现人机对话、人工调试和控制空调机组的运行。

近年来其他的空调控制方式还有多级并联的控制方式，轨道列车空调一般为 4 级并联系统。

3. 空调系统部件维修

制冷系统除了发生故障时应立即进行维修外，在连续运转的条件下，需定期对系统的零部件进行维护保养。具体如下：

（1）压缩机的检修

压缩机是蒸气压缩式制冷装置中的一个重要部分，它是推动制冷剂在制冷系统中不断循环的动力，起着压缩和输送制冷剂蒸气的作用，它是由电动机驱动进行工作。压缩机工作的好坏直接影响到制冷循环的完成程度。因此，制冷压缩机常称为蒸气压缩式制冷装置的主机。

压缩式制冷装置常用的压缩机有活塞式、螺杆式、旋转式、涡旋式、离心式等。在车载空调系统中，以前活塞式压缩机应用的最为广泛。近几年来像螺杆式、涡旋式压缩机也成熟应用在车载空调领域。

另外，按压缩机与电动机的组合方式的不同又可分为开启式、半封闭式和全封闭式三种。其中全封闭式压缩机一般用于中、小型的空调系统中，可维修性较差，一般情况下损坏后无法修复，须更换新的压缩机；而开启式、半封闭式压缩机多数用于大、中型空调系统中，可维修性较强。

压缩机检修的要点（车载空调系统压缩机）：

1）定期对压缩机的外观进行检查，要求外表面无损伤、无泄漏，各紧固件紧固，无松动。检查压缩机的电器连接，要求连接紧固，无松动。检查压缩机的三相电流、功率及其绝缘性能。检查压缩机的油位，是否在要求的范围内，如不是，则需补油。用专用的检漏设备检查压缩机吸排气口与管路的连接处，要求无泄漏。

2）如压缩机电动机有热保护装置，则需要定期对热保护装置进行检测。

3）在每次列车的大修时（运行 1000000km），需更换压缩机底架上橡胶座垫。

4）在车载空调系统中一般采用的是全封闭式压缩机。一般情况下，发现此类压缩机损坏时，只需更换压缩机即可，无需对其进行维修。更换压缩机时，必须确保压缩机区域附近管路没有制冷剂。更换完毕后，检查压缩机区域的气密性（用氮气检测）。充氮保压检查合格后，需对压缩机区域进行抽空，防止空气或氮气进入制冷系统回路。但是也有例外的，像上海地铁 3 号线使用列车的车载空调采用的就是半封闭式活塞压缩机，对此类压缩机的检修除了上述 1、2、3 三点以外，还可以拆开压缩机，对其内部进行检修（具体检修方法可参查相关的书籍）。

（2）换热器的检修

在制冷装置中除了压缩机外，还有必不可少的换热设备——包括蒸发器、冷凝器等。制冷装置中的换热器和管系担负了制冷过程的全部热量传递和输送工作，它对制冷机的工作性能有极大的影响。制冷机用的换热器均为表面式换热器。在常用的列车车载空调系统中使用的换热设备有蒸发器和冷凝器，一般都采用冷却空气型蒸发器和空气冷却式冷凝器。

为了保证换热设备的换热效率，必须定期对车载空调系统的换热器（蒸发器、冷凝器）进行吹污清洁或用中性洗涤剂清洗，并逐段进行检漏。对锈蚀严重处应焊修或更换换热器。换热器的散热肋片（盘管肋片）应完整，肋片翘曲者应修复。蒸发器的回气管的绝热包扎应良好，对裂损脱落处应修补。

（3）膨胀机构的检修

在蒸气压缩式制冷系统中，除了压缩机及各种换热设备外，还需要由专门的膨胀机构，使制冷剂节流后降低温度和压力。膨胀机构除了起节流作用外，还起调节进入蒸发器的制冷剂流量的作用。通过膨胀机构的调节，使制冷剂离开蒸发器时有一定的过热度，保证制冷剂液体不会进入压缩机。膨胀机构的种类很多，一般可分为五类：手动膨胀阀、热力膨胀阀、电子膨胀阀、毛细管和浮球调节阀。轨道交通列车的车载空调系统一般都采用热力膨胀阀或毛细管，上海地铁车辆车载空调采用的有热力膨胀阀和毛细管两种。

检修膨胀机构时的注意要点：

1）定期检查感温包（使用热力膨胀阀的制冷机组）及毛细管的安装。

2）如系统出现脏堵时，安装热力膨胀阀的需要拆开膨胀阀对其进行清洁或更换膨胀阀（或阀芯）；安装毛细管的则需要打开系统，将毛细管中的杂质用高压气将其吹出或更换毛细管。对使用性能良好的热力膨胀阀，检修时可不拆解。

（4）阀类检修

蒸气压缩式制冷系统是由压缩机、蒸发器、冷凝器、膨胀阀等组成，通过许多阀门和管道依次连接，形成一个封闭的制冷循环系统。在制冷系统中常用的阀门有截止阀、电磁阀、止回阀、填充阀等。截止阀安装在制冷设备和管路上，起着接通和切断制冷剂通道的作用。电磁阀是一种自动开启的阀门，用于自动接通和切断制冷机系统的管路。电磁阀通常安装在冷凝器与膨胀阀之间，位置应尽量靠近膨胀阀，因为膨胀阀只是一个节流元件，本身无法关严，因而需利用电磁阀切断供液管路。电磁阀和压缩机同时启动。压缩机停机时电磁阀应立即关闭，停止供液，避免停机后大量制冷剂流入蒸发器，造成再次启动时压缩机中发生液击。止回阀又称单向阀，它的作用是限定制冷剂单向流动。填充阀一般用于加注或回收制冷剂。

在对上述阀门进行检修时，应根据具体条件，在可能的条件下，应对所有的阀门的填料涵进行检漏。另外，部分阀门中带有电气部分，还需对其进行电气测试（如电磁阀线圈）。状态不良者应予以修理或更换。

（5）储液器的检修

储液器又称储液筒，用于储存制冷剂液体。按储液器功能和用途的不同，分为低压储液器和高压储液器两类。低压储液器仅在大型氨制冷装置中使用。高压储液器用于储存由冷凝器来的高压液体制冷剂，以适应工况变化时制冷系统中所需制冷剂量的变化，并减少每年补充制冷剂的次数。在部分轨道交通列车的车载空调系统中安装有高压储液器。

对储液器需要定期地进行外表面吹污及清洁和检漏。

（6）更换干燥过滤器（或过滤器芯）

干燥过滤器，该部件用于吸收制冷系统回路中可能存留的少量潮气和杂质，从而防止系统在膨胀机构的节流口处形成冰堵或脏堵，以及杂质对压缩机的损坏，提高系统运行的可靠性。

常用的干燥过滤器按其结构来分有两种：一种是干燥过滤器的滤芯与外壳是一体化，通过焊接或法兰与制冷系统回路连接起来；另一种是干燥过滤器的滤芯与外壳是独立的，更换干燥过滤器只需更换滤芯即可，过滤器通过法兰与制冷系统回路连接起来。

在列车车载空调制冷系统回路中一般会安装一个带有制冷剂含水量指示器（彩色）的视液镜，根据指示器颜色（含水量）的变化及视液镜内表面的清洁度等因素来判定是否需要更换干燥过滤器。

更换干燥过滤器时需注意以下几个要点：

1）必须确保更换部件区域附近管路没有制冷剂。

2）安装上新的过滤器后，检查干燥过滤器区域的气密性（用氮气检测）。

3）充氮保压检查合格后，需对干燥过滤器区域进行抽空，防止空气或氮气进入制冷系统回路。

（7）空气过滤器的检修

空气过滤器，该部件是用于过滤空气中的尘埃与有害物质，对空气实施净化处理。为了保证列车客室空气的洁净，空调机组吸入的新风和回风都必须经过过滤处理，才能被送入客室，保证乘客的舒适。

为了保证空气过滤器的过滤效果，必须定期的对其进行更换或清洗。如果过滤器安装有方向要求时，在安装时注意空气过滤器安装面的方向。

（8）风机的检修

在车载空调系统中常用的风机有冷凝风机和通风风机两种。冷凝风机和通风风机一般都采用三相异步电动机。

在对电动机的检修时需注意以下几个要点：

1）定期对电动机的外表面及配套的风叶进行吹灰，防止电动机表面及风叶上积灰严重影响电动机正常工作。

2）定期检查电动机的表面及风叶，要求电动机表面无损伤，风叶无损伤、变形。

3）定期检查电动机的电气连接，要求电气连接紧固无松动。

4）定期对电动机进行维护保养。将电动机解体，所有零部件清洗后烘焙干燥。更换电动机轴承油脂或轴承，并对电动机的定子绕组及转子进行检查。定子绕组检查包括：测量绕组线圈电阻阻值（三相）；做绕组线圈对地直流绝缘（500V）测试，要求绝缘值大于5MΩ；做绕组线圈对地交流耐压（1200V/min）测试；检查线圈是否有损伤、变色，要求外包绝缘完好；检测电动机热保护装置工作性能。转子检查包括：检查转子电枢绕组，要求铝条不允许有裂纹、断条；检查转子转轴，要求各装配轴颈部位光洁，不允许有拉毛、毛刺；转轴绕度应≤0.02mm。如电动机不符合上述检查要求则需更换电动机。

（9）空调自动控制系统

城市轨道交通列车车载空调的自动控制系统包括：各种继电器及微机控制单元（如坐直流电动列车空调系统中的6A1）。

对于这些部件的维护，在电气的维修中将会提到，在这就不再叙述。

（10）通风系统的维修

通风系统包括离心式通风机、送风风道、回风风道、排风口。由于离心式通风机的维修在前面已经讲过，在这就不再叙述。

对空调系统的风道的维修要求有：定期地对风道进行吹灰、消毒处理。

（11）空气加热系统的维修

随着人们生活水平的提高，对乘车环境的要求也越来越高。在城市轨道车辆空调系统中，除了要求有制冷以外，在冬季需要有制热，特别是在北方城市的轨道交通车辆。由于受到车辆实际情况的限制，常用的城市轨道车辆的制热设备有热泵机组或电加热器两种。电加热器是让电流通过电阻丝发热而加热空气的设备。它有结构紧凑、加热均匀、热量稳定、控制方便等优点。

一般车载空调系统为了便于维修，使用电加热器（管式电加热器）较多。多数电加热器安装位置分布在列车车厢内，但有时也有部分的电加热器安装在通风系统中，对送到客室的空气进行预热，防止冬季较冷的空气直接吹向乘客。一般对电加热器的维修要求有：定期地对电加热器表面吹灰，防止表面积灰严重而影响制热效果及损坏加热器。定期测量电加热器的电阻丝阻值及测试电加热器的热保护装置的性能（应根据具体条件，在可能的条件下）。

（12）其他的维修

1）定期的检查空调机组的外观，要求无损伤、无变形。

2）定期清洗空调机组的外表面。

3）定期按照规定的扭矩要求检查空调机组中的各紧固件。

4）根据橡胶件的规定使用年限，对空调系统中的橡胶件进行更换。

5）检查所有的电气连接、电缆、接地装置，要求连接紧固无松动，电线电缆表面无破损，要确保接头处固定好以免松动和腐蚀。

6）检查空调机组的内部和外部的油漆是否损坏和腐蚀。

7）修补油漆缺口，换掉腐蚀的部分并对该修理区进行油漆。要求使用的油漆要与车体一致。

（13）气动系统检查

1）检查每个气动导管的走向及确保固定牢固，保证气动气缸有足够的移动空间。

2）确保管路连接正确及做必要的修理，以免影响使用和气体泄漏。

4. 检测与试验

（1）压力检测

在空调设备装配完成时，关闭所有的管路开口。将带有管接头的法兰装在合适位置。设备中充入氮气，压力达到 2MPa。关闭填充阀，断开氮气供应。记录初始状态的环境温度和环境压力。压力应在保持 12h 后检查一次，记录下该时刻的环境温度和环境压力。测量调节装置的校准。测试压力 $P_d=2MPa$，温度变化缓慢（最大 5K/h）。

环境温度 t_U（℃）　　压力允许误差

X　　　±0

X　　　±1℃　　±0.008MPa；

X　　　±2℃　　±0.014MPa；　　　（正压力值对应的正温度值）

X　　　±3℃　　±0.021MPa；

X　　　±4℃　　±0.027MPa；

X　　　±5℃　　±0.035MPa。

举例

初态压力测试：$P_d=2.0MPa$；

$t_{U0}=24.0$℃。

末态压力测试：$P_d=1.98MPa$；

$t_{Uf}=19.0$℃。

24℃－19℃＝5℃；

X　　　－5℃对应的压力允许误差为　－0.035MPa；

因此允许的最低 $P_d=1.965MPa$。

（2）系统抽空

1）打开系统中的所有手动开关和电磁阀。

2）真空泵应连接在回路吸气和高压侧，确保工作区的环境温度为 15℃。

3）利用高真空管将真空泵连接到需进行抽空的那一部分回路。

4）将真空计连接到排空的那一部分的回路上。

5）为达到一个高的干度的等级，真空泵应运转大约 4h，直至压力低于 0.7kPa。

6）然后在此压力下运转 4h，当压力大约到 0.7kPa 时，排空过程结束。

① 拆下真空泵，真空允许保持 30min，在这期间应检查真空度。在此期间压力不允许升高。此时可拆下真空计。

② 此时可对抽空的设备中充入制冷剂。

（3）制冷剂的维护

制冷剂又称制冷工质，是在制冷系统中循环且不断产生相态变化而传递热量的物质。如在蒸气压缩式制冷循环中，利用制冷剂在蒸发器内吸热汽化，在冷凝器中放热液化而传递热量，进而实现制冷。制冷剂应具备的基本特性是：易凝结，冷凝压力不要太高；标准大气压力下，汽化温度较低，单位容积制冷量大，汽化潜热大，比容小；无毒、不燃烧、不爆炸、无腐蚀，且价格低廉等。常用的制冷剂有氨、各种氟利昂及某些碳氢化合物和无机化合物等。

在对空调系统维护时，有时需要用专用的设备将整个空调机组的制冷剂回收，并且对回收的制冷剂进行再生，然后对制冷系统进行定量加液，确保制冷系统的正常工作。

（4）焊接

1）总述

在空调机组的维修时经常会需要使用焊接。

在焊接时需要注意以下事项：

在压力大于大气压时，禁止在制冷剂回路中进行焊接。焊接完毕后，必须对回路抽空后再给设备充制冷剂。

当焊接时，管路要开路，以免压力增大，导致渗漏，严重的会损坏管子焊接的接缝处。

设备上有气泡时，焊接时要特别小心。焊接前要去掉冷冻油。

铜焊是唯一允许用在制冷剂管路上的焊接方式。

在焊接过程中，寒冷状态下的铜管在热的区域会变软。粗锌焊接管要比铜管坚固。

焊接过程要利用铜管间接缝处的毛细管作用。因此套管要同中心，环绕和平行管子的轴心。

焊接处最小缝隙为 0.02mm。如果管子的外径为 54mm 则最大允许缝隙为 0.3mm，对于大于 54mm 的管子，其最大缝隙为 0.4mm。

当管子依据 DIN 1786 或 DIN 59785 并且装配依据 DIN 2856。管子的一端非圆形，特别是软管和被切管子的端口发生变形，这些情况必须调整。

在焊接前，管子端口和装配表面必须用钢丝刷和管刷进行打磨。

当表面清洗干净，用焊料涂好表面，要清除掉研磨颗粒。

2）焊接工具

焊接要用焊枪。当焊接时要用小火苗（大量气体，少量氧气）以防止过热及焊接区不必要的扩大。

3）焊接材料（焊料）和焊处理剂

Degussa 焊料 4003，Degussa 焊处理剂 H，这些用于铜钢间的连接，也可用于铜铜间的连接。Degussa 4003 是一种高合金含银 40% 焊料。该焊料的工作温度为 610℃ 并且在该温度下流动容易。焊接时管子内部要用保护性气体进行清洗以防止焊接处增大。

无融剂的 Silfos 焊料（Degussa），Silfos 焊料仅用于铜铜焊接。这种焊料含银大约

15%，工作温度为710℃。在高温环境下工作容易造成焊缝面积增大。所以焊接时要用保护性气体进行清洗。

4）焊接处的准备

在阀和电枢上焊接前，所用热敏感元件要拆除。

在制冷剂回路的接口处，原有的焊接要清除并且不能用加热方式打开。

铜管的外径为22mm时要用切割刀割管子。注意不要用力过大，以免切割处管子变形。所有切割过的管子要用专有工具去除毛刺，并且管子的开口要朝下。以免毛刺落入管子内。

安装前要对焊接表面进行彻底清洗。

用纱布、毛刷清洗焊接表面，以防止研磨颗粒或油脂进入制冷回路。在所有情况下，都不能用压缩空气或流动气体清洗管子外表面，以防止不必要的湿气进入制冷剂回路。

5）焊接实施

管子端口要涂好融剂。但融剂不能涂在套管内部。

将管子一端放入套管直达顶部。套管焊缝处涂盖物的最小长度是壁厚的3倍，必须要超过5mm。要注意避免拉伸过度，而导致接缝处的裂纹，引起泄漏。

保护性气体用于所有焊接接点，特别是对于修理有裂口的设备。不用保护性气体焊接会引起管子内部活性炭的增多。

焊接前，保护性气体在无压力下流入管子。只要能感到气体的流动就足够了。

焊枪火焰直接对装配件进行加热，而不要对焊接口直接进行加热，但要与套管垂直。

预热接缝处，用焊料对接口处进行温度控制。

在任何情况下，焊料都不能用火焰进行融化。

对于单一焊点只用 Degussa 4003 就足够了。对达到焊料融化温度的区域进行焊接。Silfos 焊料具有较高黏性，适用多个焊点。用 Degussa 4003 总是有些困难。

焊接铜管时要避免超过工作温度。当焊接铜管及铜制品（阀体，配件），小心不要直接把火焰对准铜管。铜管（黄铜）的融化温度大约1080℃，要高于铜制品。在焊料用于接缝处前。铜制品很快就进入工作温度。

6）焊后的焊缝处理

冷却后，焊好后的焊缝处必须清洗和擦拭。接缝处焊处理剂不能去掉，以免引起腐蚀。

4.2 转 向 架

1. 概述

转向架是城市轨道交通车辆的重要走行部件，列车在线路上行驶时，车体与转向架之间、转向架与轨道之间会产生各种力和位移，转向架主要负责承受并传递这些力和位移，从而保证列车沿着轨道安全、可靠地运行。

转向架位于车体底架与轨道之间，是传递牵引力与制动力并引导车辆沿着轨道运行的走行装置。转向架的结构合理性将直接影响车辆的运行品质、动力性能与运营安全，所以转向架是车辆最重要的部件之一。

（1）转向架的要求

1）悬挂装置可根据客流的变化调整高度，以保证车辆客室地板面与站台面的高度相协调，方便旅客的乘降。

2）转向架结构便于弹簧减振装置的安装。以使其具有良好的减振性能，缓和车辆与线路之间的相互作用，减小振动与冲击，提高车辆运行的安全性与平稳性。

3）对动力转向架而言，要便于安装牵引电动机及传动装置，以提供驱动车辆的动力。

4）转向架是车辆的一个独立部件。在转向架与车体之间的连接件要尽可能少，结构简单且拆装方便，便于转向架独立制造与维修。

（2）转向架的作用

1）增加车辆的载重、长度和容积，提高列车运行速度。

2）通过转向架的轴承装置使车轮沿着钢轨的滚动转化为车辆沿线路运动的平动。

3）支撑车体，承受并传递各种载荷及作用力，并使轴重均匀分配。

4）保证车辆安全运行，能灵活地沿直线线路运行及顺利地通过曲线。

5）缓和车辆和线路之间的相互作用，减小振动和冲击，减小动应力，提高车辆运行的平稳性和安全性。

6）充分利用轮轨之间的粘着，传递牵引力和制动力。

（3）转向架的类型

随着轨道交通车辆技术的发展和列车形式多样化水平不断提升，不同车型所配置的转向架也不尽相同。从转向架结构形式可以分为构架式和侧架式；从二系悬挂结构可以分为有摇动台、无摇动台及无摇枕结构转向架；根据二系悬挂弹簧形式可以分为椭圆弹簧、圆弹簧及空气弹簧悬挂转向架；根据车轴数量不同又可以分为2轴、3轴及多轴转向架；根据轴箱定位结构的差异又可以区分为导柱式、拉板式、拉杆式、转臂式及橡胶弹簧式轴箱定位转向架。

另外，根据有无动力源又可以将转向架分为动车转向架和拖车转向架两种。为了检修方便，满足相同部件的互换性，两者基本结构相同，主要区别在于驱动系统。动车转向架由于要提供动力，通常配置牵引电动机、联轴器、齿轮箱、齿轮箱悬挂装置以及动力轮对等，这也是动车转向架和拖车转向架的主要区别。

一般情况下，城市轨道交通车辆转向架采用2轴构架式转向架，一系悬挂主要有金属螺旋弹簧、人字形和锥形金属橡胶弹簧三种结构；二系悬挂采用空气弹簧外加金属叠层弹簧的配置。城市轨道交通车辆转向架均为无摇枕结构，"H"形低合金钢焊接箱型构架，转向架设两系悬挂，配垂向、横向减振器，抗侧滚扭杆等装置提高列车稳定性和舒适性。转向架除了动车、拖车不同外，每种车型也对应不同的转向架。

下面以较为常见且应用广泛的地铁线路运营列车转向架为例，介绍城市轨道交通车辆转向架的结构特点。对于跨坐式单轨车辆、悬挂式单轨车辆以及乘客自动输送系统（APM）列车转向架结构，在本书中不做过多介绍。

1）一系悬挂采用人字形金属橡胶弹簧，简称第一类型转向架，见图4.2-1。

2）一系悬挂采用螺旋金属钢弹簧，简称第二类型转向架，见图4.2-2。

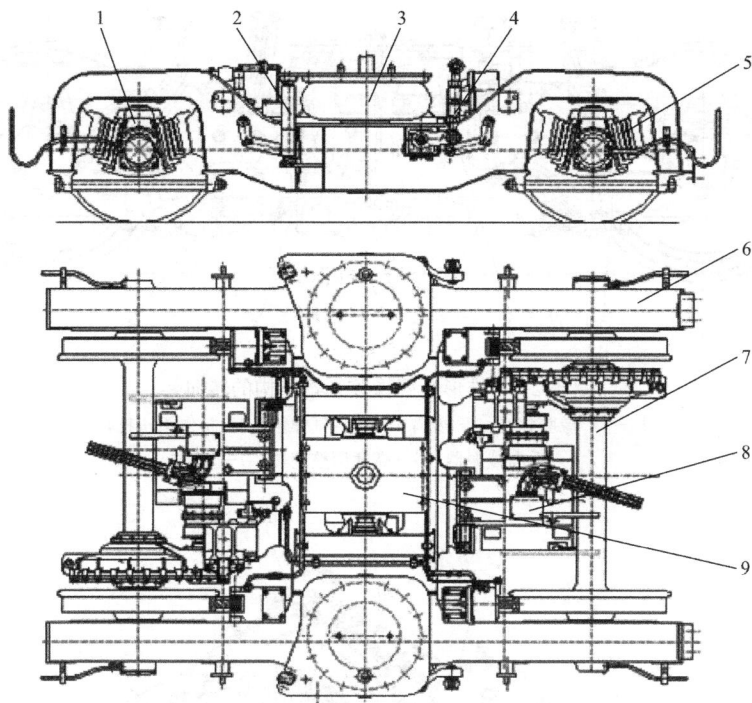

图 4.2-1　人字形金属橡胶弹簧结构的转向架

1—轴箱；2—减振器；3—空气弹簧；4—抗侧滚扭杆；5—人字形弹簧；

6—构架；7—轮对；8—牵引电动机；9—中心销

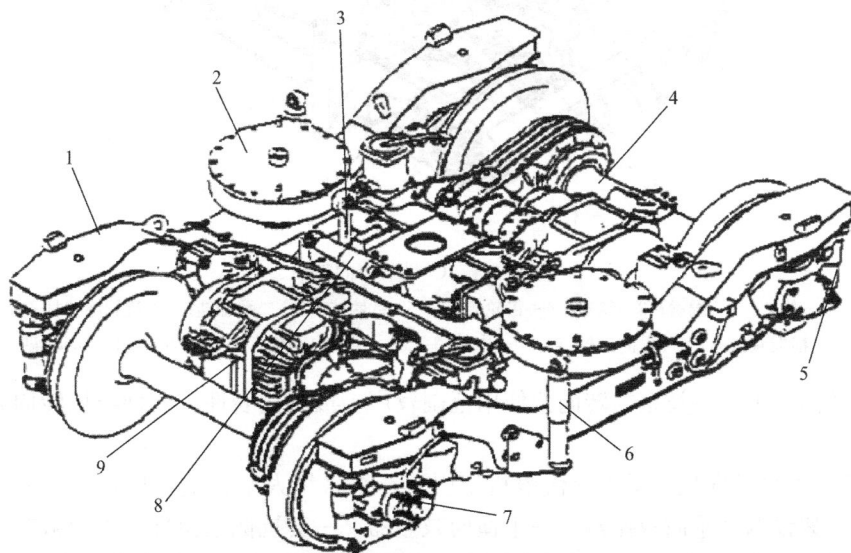

图 4.2-2　螺旋钢弹簧结构的转向架

1—构架；2—空气弹簧；3—抗侧滚扭杆；4—轮对；5—一系减振器；

6—二系垂向减振器；7—轴箱；8—横向减振器；9—牵引电动机

3）一系悬挂采用锥形金属橡胶弹簧，简称第三类型转向架，见图 4.2-3。

4）城市轨道交通 C 型车转向架，简称第四类型转向架，见图 4.2-4。

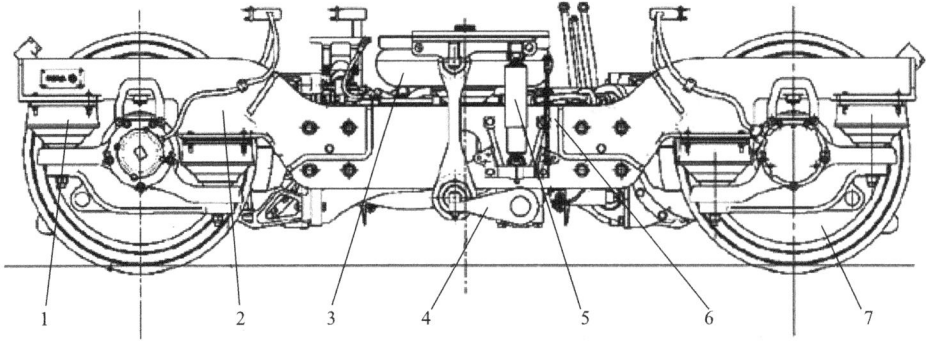

图 4.2-3　锥形金属橡胶弹簧结构的转向架
1—锥形橡胶弹簧；2—构架；3—空气弹簧；4—抗侧滚扭杆；
5—垂向减振器；6—高度调整装置；7—轮对

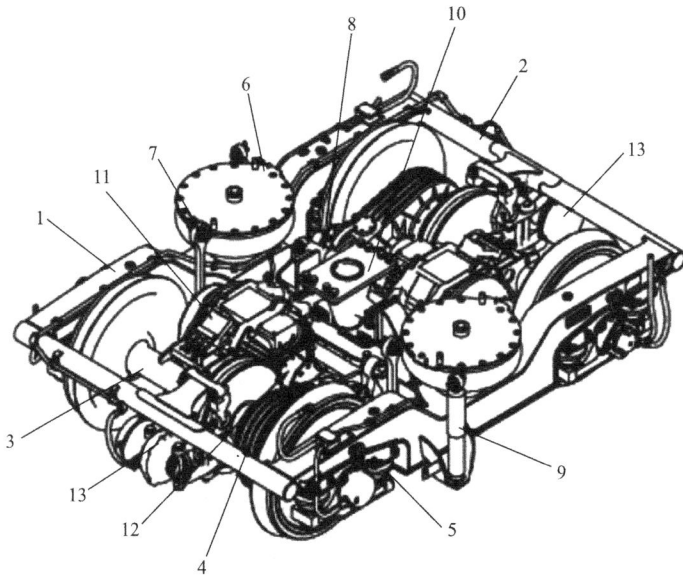

图 4.2-4　C 型车转向架
1—构架；2—端梁；3—轮对；4—齿轮箱；5——系悬挂；6—二系悬挂；7—抗侧滚扭杆；
8—横向减振器；9—垂向减振器；10—中心销；11—牵引电动机；12—联轴节；13—制动盘

四类转向架中第一类型的转向架使用范围较广，极具代表性。四种类型转向架的区别如下：

1）第一类型转向架：采用交流电机牵引。一系采用人字弹簧定位，二系采用空气弹簧，每转向架设两个垂向减振器、一个横向减振器，一套抗侧滚扭杆。横向减振器在构架下侧（见图 4.2-5），便于检修。抗侧滚扭杆的扭臂、连杆置于构架外侧，扭杆工作长度大，对车体侧滚运动反应灵敏且有效。构架为"H"形箱体焊接结构，轴箱部位呈拱形以适应人字弹簧定位要求，横梁两侧设悬臂式电动机座和齿轮箱吊座。中央牵引装置采用中心销、复合弹簧、心盘座、"Z"形牵引拉杆结构，均匀分配牵引力和制动力，中心销两侧设横向止挡。牵引电动机有直流和交流两种，齿轮箱为一级减速，区别在于直流车齿轮箱箱体为卧式水平分型面，易于维修；交流车为横向垂直分型面，不便于维修。从维修的角

116

度考虑，齿轮箱箱体建议选用卧式水平分型面。另外两种齿轮箱的大、小齿轮齿数及减速比也不同。直流车采用橡胶联轴器，电动机中心与小齿轮轴中心的同轴度要求高，齿轮箱吊杆长度可调；交流车采用机械联轴器，齿轮箱吊杆长度不可调，只需转向架进行台架试验时加垫片调整。直流车每辆车的两个转向架分别设一个和两个高度阀，即车体三点定位，易调整地板面高度，也易满足转向架均衡性要求。交流车每辆车的两个转向架分别均一个高度阀，即车体两点定位，易满足转向架均衡性要求，但调整地板面高度难度大。

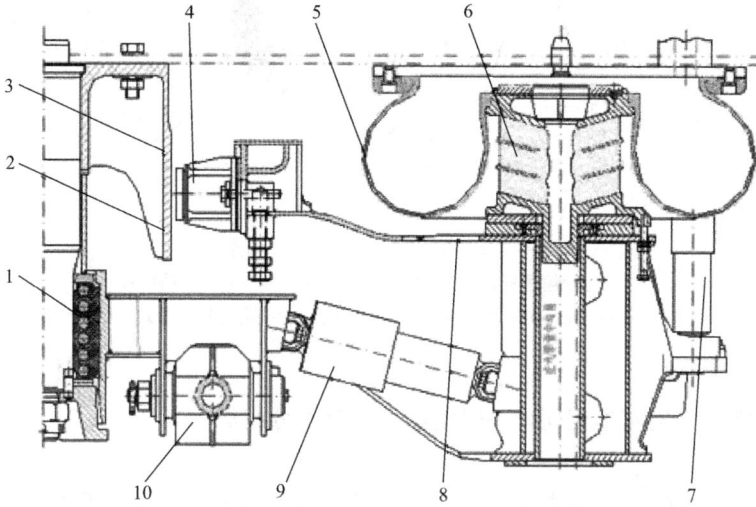

图 4.2-5　第一类型转向架中央牵引装置

1—复合弹簧；2—中心销；3—中心销座；4—横向止挡；5—空气弹簧；
6—应急弹簧；7—垂向减振器；8—构架；9—横向减振器；10—牵引拉杆

2) 第二类型转向架：一系采用转臂式轴箱定位，二系采用空气弹簧，每转向架设两个垂向减振器、一个横向减振器，一套抗侧滚扭杆。区别在于横向减振器设在构架上方，不便检修；抗侧滚扭杆的扭臂、连杆置于构架内侧，扭杆工作长度小，对车体侧滚运动反应不够灵敏，效果较差。构架为"H"形箱体焊接结构，横梁两侧设悬臂式电动机座和齿轮箱吊座，动车、拖车转向架构架不能互换。中央牵引装置采用中心销和橡胶堆结构，结构简单，易于检修，中心销两侧设横向止挡。牵引电动机为交流驱动电动机，齿轮箱为两级减速，结构较复杂（见图 4.2-6）。采用机械联轴器，齿轮箱吊杆长度不可调，台架试验时加垫片调整。每辆车的两个转向架分别设两个高度阀，即车体四点定位，易调整地板面高度，不易满足转向架均衡性要求。

3) 第三、四类型转向架：采用锥形橡胶套定位，一系为锥形橡胶套。二系采用空气弹簧，每转向架设两个垂向减振器、一个横向减振器，一套抗侧滚扭杆。横向减振器设在构架上方；抗侧滚扭杆的扭臂、连杆置于构架外侧，扭杆工作长度大，对车体侧滚运动反应灵敏且有效。构架为"H"形箱体焊接结构，横梁两侧设悬臂式电机座和齿轮箱吊座。中央牵引装置采用中心销和单牵引杆结构，结构简单，易于检修，中心销两侧设横向止挡。牵引电动机为交流驱动电动机，齿轮箱为一级减速，齿轮箱箱体为卧式水平分型面。采用机械联轴器，齿轮箱吊杆长度不可调，台架试验时加垫片调整。每辆车的两个转向架分别设两个高度阀，即车体四点定位，易调整地板面高度，不易满足转向架均衡性要求。

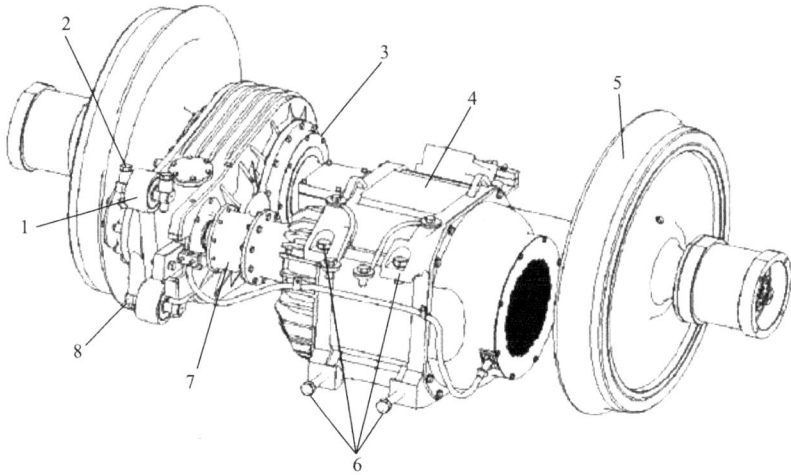

图 4.2-6　第二类型转向架驱动系统

1—齿轮箱吊杆；2—螺栓；3—齿轮箱；4—牵引电动机；
5—轮对；6—紧固螺栓；7—联轴器；8—齿轮箱保险块

2. 系统结构组成

2 轴转向架的结构基本相同，一般由以下几个部分组成。

（1）构架

构架是转向架的基础，它把转向架的零部件组成一个整体。它不仅仅承受和传递各种作用力及载荷，而且它的结构形状、尺寸和大小都应满足各零部件的结构、形状及组装的要求（如应满足制动装置、弹簧减振装置、轴箱定位装置的安装要求）。

构架是转向架的基础，将车体与走行部件连成一体，其主要作用是：

1）支撑车体；

2）车体减振与悬挂件的基础；

3）实现列车的平移；

4）传递列车的牵引；

5）传递列车的制动。

（2）一系悬挂装置

为了减少线路的不平顺和轮对运动对车体的动态影响（如垂向振动、横向振动和通过曲线等），在轮对与构架之间设置的弹性悬挂装置称为一系悬挂（又称轴箱悬挂）。

（3）二系悬挂装置

为了减少线路的不平顺和轮对运动对车体的动态影响（如垂向振动、横向振动和通过曲线等），并能有效根据载客情况实时调整地版面高度，在构架与车体之间设置的弹性悬挂装置称为二系悬挂装置（又称构架悬挂）。

（4）轮对、轴箱装置

轮对沿着钢轨滚动，除了传递车辆重量外，还传递轮轨之间的各种作用力，包括牵引力和制动力。轴箱与轴承装置是联系构架和轮对的活动关节，使轮对的滚动转化为车体沿钢轨的平动。

轮对根据使用情况分为非动力轮对和动力轮对，区别在于动力轮对具有齿轮箱。轮对的作用是沿着钢轨滚动，将轮对的滚动转化为车体的平移；除了传递车辆重量外，还传递轮轨之间的各种作用力，包括牵引力和制动力。

轴箱的作用是支撑构架，同时轴箱也是轮对与一系悬挂的连接纽带，并且为一系悬挂提供下部支撑，轴箱也与轮对配合实现牵引力、制动力的传递及车体重量的承载。

（5）（基础）制动装置

为了使车辆在规定的距离内停车，必须安装制动装置，其作用是传递制动闸缸产生的制动力或单元制动机产生的制动力，使闸瓦与轮对之间产生转向架的内摩擦力转换成轮轨之间的外摩擦（即制动力），从而使车辆承受前进方向的阻力，产生制动效果。

制动装置的维修见"制动系统"维修的相关章节。

（6）中央牵引装置

中央牵引装置是车体与转向架的连接部分，其结构应能满足安全可靠地架承车体，并传递各种载荷和作用力，同时车体与转向架之间应能绕不变的旋转中心相对转动，以使车辆顺利通过曲线。

中央牵引装置的主要做应用包括：

1）架承车体，并传递各种载荷和作用力。

2）同时完成车体与转向架之间绕旋转中心相对转动，以使车辆顺利通过曲线。

3）架车时悬吊转向架。

（7）驱动系统

驱动系统是动车转向架所特有的，主要由牵引电动机、联轴器、齿轮箱、齿轮箱悬挂装置以及动力轮对等组成。该系统既提供牵引力，也提供制动力（电制动力）。

（8）轮缘润滑系统

轮缘润滑装置由润滑油喷射或固体滑块两种方式，通过轮缘润滑装置可以减少轮缘根部与钢轨接触面之间的磨耗。轮缘润滑装置能够有效降低轮缘和轨道的磨损，延长车轮和轨道的使用寿命（尤其是弯道处的钢轨），降低轮轨噪声，降低牵引阻力，从而节约运行成本。

（9）其他辅助装置

随着转向架技术的革新与发展，也为了适应更加复杂的行车工况。转向架系统内也加装了撒沙装置、踏面清扫装置、轴温检测装置、信标天线、ATC天线装置等附属组件。以便应对更加复杂的轮轨关系与运营环境，同时也可以通过技术的升级和设备的丰富降低日常转向架维护检修的工作量。

3. 转向架部件维修

（1）构架

构架的维修包括如下内容：

1）构架检查

转向架分解后首先进行目测检查，重点检查构架电机悬挂座、牵引拉杆座、齿轮箱吊座、一系簧座等受力部位，看表面是否腐蚀或损坏。

2）构架清洗

将构架彻底清洗，晾干或烘干，便于构架的进一步检修。

3）构架探伤

对构架进行除漆或无损探伤，检查构架重点受力部位和关键焊缝。这对地铁构架的维修至关重要。

4）尺寸检查

对构架进行安装尺寸检查和形变检查。

5）油漆与涂油

对构架进行重新油漆或对脱漆部位进行补漆，不能油漆的部位涂符合要求的防锈油。

6）记录

对维修好的构架记录有关信息，包括维修内容、检查数据，一般有登记入档和做数据库两种方式。

7）构架附件的维修

构架的附件视转向架的不同而有所区别，如轴箱拉杆、轴箱转臂、起吊装置、调整垫片、紧固件等。维修原则：主要受力部件维修内容与构架相同；垫片进行清洗、矫正，油漆后继续使用（下面述及的部件维修原则相同）；紧固件全部更新（下面述及的部件维修原则相同）。

（2）一系悬挂

一系悬挂的维修应包括如下内容：

一系悬挂与转向架的轴箱定位方式有关，第一类型转向架采用人字弹簧定位，其一系悬挂为人字弹簧；第二类型转向架采用转臂式轴箱定位，其一系悬挂为内、外圈钢弹簧，附加垂向减振器；第三、四类型转向架转向架采用锥形橡胶套定位，一系为锥形橡胶套。下面以人字弹簧为例，介绍一系悬挂的维修。

1）人字弹簧寿命

人字弹簧寿命一般为 8~10 年，根据上海地铁和国外地铁的使用经验，人字弹簧如果使用前存放时间不超过 1 年，其寿命一般能满足一个大修期（10 年）的要求。所以在 5 年架修时，需对人字弹簧进行选配；使用 10 年后全部作报废处理。

人字弹簧由四层钢板、四层橡胶和一层铝合金（最内一层）组成。

2）人字弹簧编号及检查

在 5 年架修时，首先将分解下来的人字弹簧进行编号并检查，若无脱胶、无变形、无裂纹，或裂纹符合如下条件，人字弹簧可继续使用。

① 一条深度小于规定阀值 1 的裂纹，

② 或多条深度小于规定阀值 2 的裂纹，

③ 或一条深度小于规定阀值 3 的整个周向裂纹。

3）人字弹簧刚度试验

由于动车与拖车转向架人字弹簧的刚度不同，根据人字弹簧的性能进行抽检试验，试验前需将人字弹簧放置在恒定温度下一定的时间，测量人字弹簧垂向刚度时一般成对进行。超出刚度范围的人字弹簧作报废处理。

4）人字弹簧选配试验

根据人字弹簧的性能逐件进行试验，试验前也需将人字弹簧放置在恒定温度下一定的时间，测量人字弹簧变形量。测量人字弹簧变形量需逐件进行，并根据变形量分组、配对、标识。超出变形量范围的人字弹簧作报废处理。

5）记录

对选配好的人字弹簧记录有关信息。

6）其余一系悬挂部件的维修

其余一系悬挂部件，如锥形橡胶套、钢弹簧、减振器等。锥形橡胶套的检修内容与人字弹簧基本一致；钢弹簧需进行检查、探伤、高度测量、刚度测量等内容，也可参照铁路标准进行维修；一系减振器的维修参考后面的二系减振器的维修。

（3）二系悬挂

二系悬挂基本都是空气弹簧，结构上主要区别是应急弹簧的形式不同。空气弹簧有较低的纵向、横向、垂向刚度，能较好提高列车的舒适性。

空气弹簧一般与高度阀同时使用，在不同载荷作用下，保持列车地板面一定的高度。

二系悬挂的维修应包括如下内容：

1）空气弹簧寿命

进口空气弹簧寿命能达到10年大修的要求，在5年架修时，需对空气弹簧进行检修；使用10年后橡胶件全部作报废处理，部分结构件可继续使用。

2）空气弹簧结构件

对空气弹簧结构件清洗、检查、探伤、补漆。

3）应急弹簧与磨耗板

对应急弹簧进行外观检查、尺寸检查及性能试验。要求外观无脱胶、裂纹深度不超标；尺寸不超出范围；垂向、水平刚度不超出技术要求，应急弹簧可继续使用。磨耗板无偏磨，尺寸符合要求，否则更换。

4）空气弹簧胶囊

清洗并检查空气弹簧胶囊内、外表面，无严重损伤、无裂纹和刀痕，无金属丝暴露在外的现象，叠层弹簧表面不得有深度大于一定数值的疲劳裂纹，或大于规定深度的橡胶与金属松弛现象。

5）密封性与刚度

检查空气弹簧胶囊与应急弹簧之间的密封，空气弹簧密封无泄漏。测试组装后空气弹簧的水平、垂向刚度。

6）记录

对检修好的空气弹簧记录有关信息。

（4）抗侧滚扭杆

抗侧滚扭杆虽然形式多样，但其结构基本相同，一般由扭杆、支撑座、扭臂、连杆组成，见图4.2-7。

抗侧滚扭杆的作用是抑制车体相对于转向架的侧滚，提高列车稳定性和舒适性。

抗侧滚扭杆的维修包括如下内容。

1）扭杆

抗侧滚扭杆分解后，对扭杆进行清洗，然后进行扭转变形（塑性变形）测量，扭转变形超标则报废。扭杆是重要的受力部件，最后需进行探伤检查。

2）支撑座

支撑座包括座体、关节轴承、轴承盖、密封圈、垫片、紧固件等。对座体进行外观检查、内孔测量、补漆等检修。关节轴承10年大修更换。对轴承盖进行外观检查、补漆处理。密封圈在5年架修即更新。

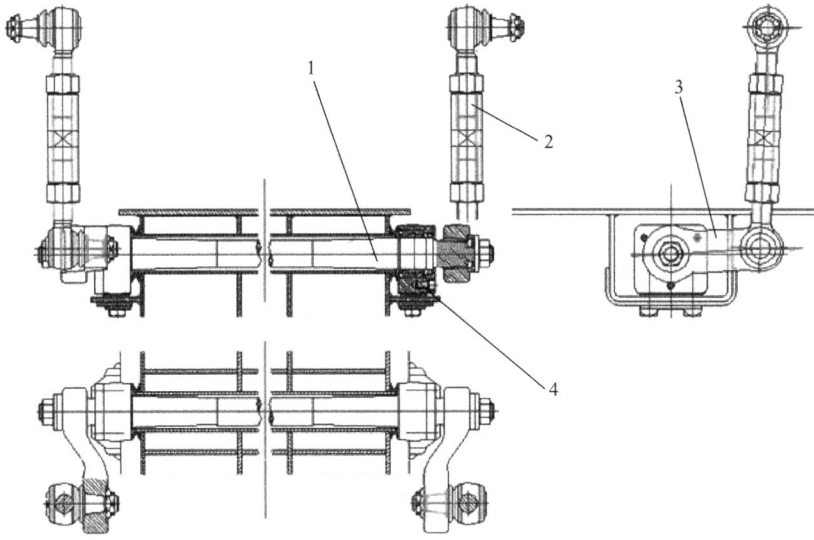

图 4.2-7 转向架抗侧滚扭杆
1—扭杆；2—连杆；3—扭臂；4—支撑座

3）扭臂

扭臂也是重要的受力部件，除清洗、油漆外还需进行探伤检查。

4）连杆

连杆主要由球铰和调节套筒组成。对球铰每 5 年需彻底进行密封和性能检查，对与调节套筒连接的螺纹部分进行检查。对调节套筒进行螺纹检查。

5）组装与记录

对部件进行预组装，并记录。

（5）液压减振器

液压减振器的维修应包括如下内容：

1）液压减振器为免维修部件，又有寿命限制，因此 5 年架修和 10 年大修的检修要求不同。减振器一般分垂向和横向液压减振器两种，但维修内容相同。

2）架修时需外观检查、示功图测试，橡胶件完好、无漏油、示功图正常可继续使用。除非液压减振器质量差，否则无需进行分解、维修。

3）大修时全部需进行分解、检查、维修，密封件和受力橡胶件全部更换，并根据技术要求进行性能测试，使液压减振器恢复到新出厂水平。

4）记录

对检修好的液压减振器记录有关信息。

（6）轮对、轴箱装置

轮对、轴箱装置是转向架的重要部件，因此，维修要求更高。轮对、轴箱的维修应包括如下内容：

1）轴箱的维修

轴箱由轴箱体、轴箱轴承、轴箱盖、迷宫环、密封圈、层叠环、各类传感器、紧固件等组成。

① 轴箱体

第一类型转向架轴箱体的材料是铝合金，常见的轴箱体的材料一般采用碳钢、合金钢。对轴箱体的维修包括清洗、外观检查、尺寸检查（内孔、端部）、探伤、油漆等内容。

② 轴箱轴承

第一类型转向架轴箱轴承采用两排圆柱滚子轴承。无论是架修还是大修，对车轮的检修内容是相同的。维修内容包括分解、清洗、检查、探伤，并原套检修。分解内圈采用电磁感应加热的方式，加热时间有严格要求，过长或过短都不能拆卸；组装也有类似要求，组装时需将轴箱内加满规定的油脂。

轴承寿命基本能满足大修要求，根据寿命要求并考虑规程更换轴承。

③ 轴箱盖

对轴箱盖等结构件的维修按清洗、检查、探伤（大修时）、补漆的要求进行。

④ 迷宫环、密封圈及层叠环

对密封件的维修除结构件外，大修时均要求更新。

⑤ 各类传感器

轴箱内装有速度传感器、防滑传感器等各类传感器。对传感器的拆卸与组装需根据技术要求进行。

⑥ 组装与记录

在大齿轮热套（动车轮对）、轮对压装完成后，按与拆卸相反的顺序组装轴箱，并对检修好的轴箱记录有关信息。

2）轮对的维修

① 车轮的检修

无论是架修还是大修，对车轮的检修内容是相同的。车轮的维修包括：

A. 清洗并测量轮对，架修时若车轮超过标准（非极限尺寸）、镟轮后不能达到规定尺寸及大修时，要退下轮对的旧车轮，更换新轮。

B. 车轮加工，压装轮对，要求不得有陡吨现象，压装力、轮对内侧距、端跳等达到规定值。

C. 轮对踏面加工，防锈处理。

D. 记录有关数据信息。

② 车轴的维修

A. 检查车轴，特别是重点安装部位。

B. 车轴轮座若有拉毛或损坏，应进行打磨或等级修。

C. 对车轴探伤。

D. 补漆、防锈处理，并标识。

E. 记录有关数据信息。

（7）中央牵引装置

第一类型转向架中央牵引装置由中心销、中心销座、复合弹簧、下心盘座、牵引拉杆、橡胶套、横向止挡等组成，见图 4.2-8。

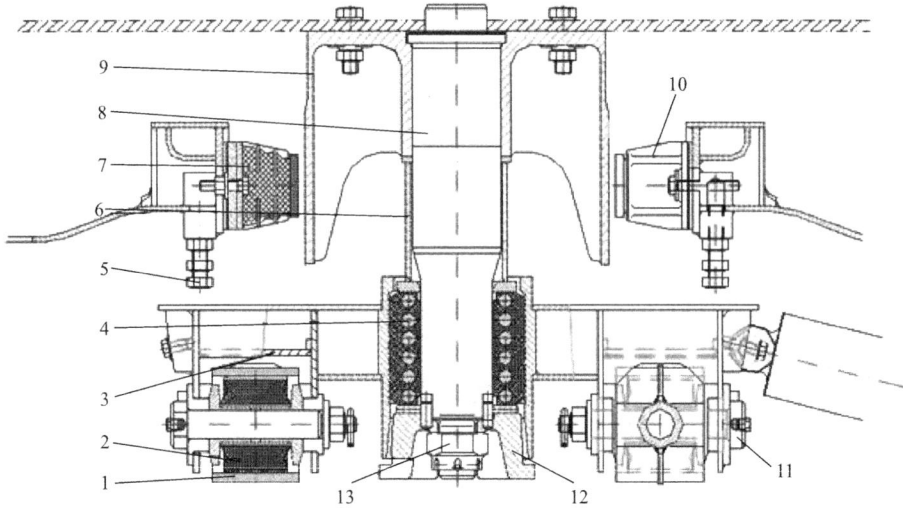

图 4.2-8 第一类型转向架中央牵引装置

1—牵引拉杆；2—橡胶套；3—下心盘座；4—复合弹簧；5—保护螺栓；6—定位套筒；7—横向止挡；
8—中心销；9—中心销座；10—横向止挡座；11—牵引拉杆销；12—压板；13—紧固螺母

上海地铁转向架架承车体的方式为非心盘承载，即空气弹簧承载。中央牵引装置的维修应包括如下内容：

1）中心销系统的维修

① 中心销

架修与大修时均要对中心销进行清洁、检查，并探伤。中心销无变形、无裂纹，螺纹无损伤。

② 中心销座

架修与大修时均要对中心销座进行清洁、检查，并探伤。中心销座无裂纹，与横向止挡的接触部位无严重撞伤，无凹坑。

③ 复合弹簧

架修时对复合弹簧进行清洁、外观检查、尺寸检查、刚度测量。表面橡胶无损伤、无铁件外露，尺寸和刚度均在技术要求范围内，可继续使用。大修时全部进行更换。

④ 下心盘座

架修与大修时均要对下心盘座进行清洗、检查，并探伤。对撞击部位的凹坑进行修补，补漆。

⑤ 其他结构件

对结构件进行清洗、检查，对重要受力部件进行探伤。若无异常，结构件可继续使用。

⑥ 紧固件

紧固件架修、大修全部进行更换。

⑦ 记录

对检修好的中央牵引装置及相关部件记录有关信息。

2）牵引拉杆

① 牵引拉杆的作用：传递列车运行时的牵引力核和制动力。

124

② 牵引拉杆的维修：架修时需清洗、检查，大修时还要进行探伤、油漆。

③ 牵引拉杆橡胶套的维修：架修时无需拆卸，只对牵引拉杆总成进行检查和刚度试验。大修时全部更换橡胶套。

④ 紧固件

紧固件架修、大修全部进行更换。

⑤ 记录

对检修好的牵引拉杆及其部件记录有关信息。

3）预组装中央牵引装置

先组装牵引拉杆，并将牵引拉杆与下心盘座组装在一起。

4）横向缓冲装置

横向缓冲装置主要是指横向止挡和横向止挡座，其维修遵照橡胶件的要求进行，并进行性能测试。对横向止挡座进行检查，一般可继续使用。

（8）驱动系统

驱动系统是动车转向架所特有的，主要由牵引电动机、联轴器、齿轮箱、齿轮箱悬挂装置以及动力轮对等组成。驱动系统中电动机的维修见相关章节，动力轮对中车轴、车轮的维修上文已作介绍，这里仅对相关部分进行说明。驱动系统的维修应包括如下内容。

1）联轴器

联轴器的作用是传递扭矩，即牵引力和制动力，同时还具有调整电机与齿轮轴的同轴度的作用。常用的联轴器是机械联轴器，但第一类型直流车转向架采用的是橡胶联轴器。因此在维修时应采用不同的检修标准和工艺。

① 由于橡胶联轴器在列车运行时承受巨大的交变扭矩（尤其在电机过流时），联轴器易疲劳，因此在架修和大修时均要更换橡胶联轴器。同时在低修程的检修中应重点检查。

② 对于机械联轴器，在架修时进行清洗、检查，更换油脂；在大修时还应进一步分解联轴器，对零部件进行检查。

③ 检查完毕，两种联轴器均要进行预组装，并登记相关信息。

2）齿轮箱

齿轮箱的作用是电机与轮对间的减速装置，并传递牵引力和制动力。齿轮箱及悬挂包括齿轮箱体、大齿轮、小齿轮、轴承、密封件、紧固件等，有的还有中齿轮。

架修和大修时对齿轮箱的维修内容不同，架修时只对齿轮箱进行检查、清洁，更换齿轮箱润滑油，最后进行组装调整即可。大修时需分解齿轮箱，对各部件进行逐项维修，下面时大修时的维修内容。

① 齿轮箱在动力轮对上分解的，分解前先放净润滑油，并对箱体进行检查、清洁、编号，大、小齿轮要成对编号、放置，组装时不得混淆。

② 齿轮箱体

清洗箱体，检查油塞、回油孔、透气装置、密封件，更换密封件。

③ 大齿轮

A. 清洁大齿轮上的油污，目测及用靠模板检查齿轮各齿的磨损情况，符合技术要求的进行修复，对大齿轮进行探伤。

B. 加热、退大齿轮，加热时间及温度需严格控制。

C. 检查大齿轮内孔尺寸及拉伤情况，对拉毛及擦伤部位进行修复。

D. 对大齿轮内孔部位进行探伤。

E. 将完好的大齿轮热套在车轴上。

F. 对大齿轮进行防锈处理（涂油）。

④ 小齿轮

A. 小齿轮一般与小齿轮轴是一个整体，因此也叫做小齿轮轴。

B. 清洗、分解小齿轮轴、轴承、密封件等部件。

C. 检查小齿轮轴各部位的磨损、齿形情况，并探伤。

D. 组装小齿轮轴，更换密封件和紧固件。

⑤ 轴承

对齿轮箱轴承的维修及更换原则可参考轴箱轴承的维修。

⑥ 组装齿轮箱

A. 检查、清洁维修过的齿轮箱各部件。

B. 将小齿轮、轴承、密封件等部件组装在齿轮箱体上。

C. 在齿轮箱分合面上涂密封胶，将齿轮箱体组装在动力轮对上。

D. 调整各部件，按要求加油。

E. 对加油、透气、检查孔等密封。

F. 对组装好的齿轮箱进行跑合试验，检查振动、异声情况。

⑦ 记录

记录齿轮箱维修信息。

3）齿轮箱吊杆

① 齿轮箱吊杆有多种类型，如可调式吊杆、固定式吊杆、"C"形支座等。虽然结构有多种，但基本上都是由橡胶件（橡胶节点或橡胶堆）和结构件（吊杆或支座）组成。

② 齿轮箱吊杆的作用是承受齿轮箱作用于构架的交变载荷，起缓冲作用，同时避免齿轮箱脱落，造成事故。

③ 齿轮箱吊杆的维修

A. 对可调式吊杆，架修、大修时全部更换。

B. 对固定式吊杆，架修时需进行清洁、检查橡胶件，测试未分解吊杆的刚度，符合技术要求的可继续使用；大修时需分解吊杆，对结构件进行探伤，并更换橡胶件。

C. 对"C"型支座的维修可参考固定式吊杆的维修原则。

（9）高度阀

高度调整阀安装在车体和转向架之间，它通过调节气囊内的压缩空气压力，来保证车辆地板面与轨面之间的距离。高度阀的维修应包括以下内容：

1）对高度阀阀体的外观和泄漏仔细维护，同时对螺纹紧固状态以及阀杆的转动灵活度进行检查。

2）如果高度阀关节轴承出现裂纹或关节球有脱出现象，应及时更换。

3）检查调整杆组成的外观，对损坏、锈蚀的零件进行更换。

4）更换弯曲的调整杆及损坏的零部件。

5）检查关节轴承的旋转动作是否正常，对动作不正常的关节轴承进行更换。

6) 关节轴承如有卡死现象，应及时修复。

7) 弹簧垫圈如出现弹性失效现象应及时更换。

8) 如发现调整杆体裂纹或滑丝现象应及时更换相应零部件。在更换零部件时，拆卸过程按照安装过程反方向执行。杆体受外力产生永久性变形，调整杆重新更换。

（10）转向架的组装

转向架的组装是在构架的基础上进行的，对预组装的部件按技术要求进行调整、组装。

1）构架部件组装

① 抗侧滚扭杆：将除上球铰和调节螺筒之外的抗侧滚扭杆部件按与拆卸相反的顺序安装在构架上。

② 单元制动机：将单元制动机安装在构架上，注意斜对角的制动机类型一致。

③ 横向止挡：将横向止挡与横向止挡座组装在一起，并安装在构架上。

2）轮对

① 在组装好的轴箱体上安装选配好的或新的人字弹簧，注意拖车轮对和动车轮对上的人字弹簧型号不同，要求同一转向架上的人字弹簧型号完全一致。

② 将轮对吊放或推到转向架升降台上，构架吊放在轮对上。升起转向架，安装轴箱拉杆。

3）中央牵引装置

① 在构架上安装架车保护螺栓。

② 将组装好的下心盘座及牵引拉杆安装在构架上。

4）驱动系统

① 对动车转向架，安装牵引电机。

② 安装、调整联轴器。

③ 安装齿轮箱保险杆。

④ 安装、调整齿轮箱吊杆。

5）二系悬挂

在构架上预安装应急弹簧。

6）落车组装

落车后有下列几项组装内容：

① 中央牵引装置：将定位套、复合弹簧、下压板等按顺序进行组装，并将中心销螺母紧固到规定扭矩，最后加开口销。

② 空气弹簧：若空气弹簧胶囊、大盖固定在车体上，则落车时需将空气胶囊与应急弹簧连接，注意密封（一般为自密封）；若胶囊、大盖与应急弹簧为一体，则将大盖与车体连接，注意通气孔接通。

③ 抗侧滚扭杆：将上球铰、调节螺筒、下球铰连接在一起。

④ 垂向减振器：将垂向减振器上、下两端分别安装在车体和构架上的支座上。

⑤ 高度阀：将高度阀下端与构架上支座连接，上端与高度阀控制杆连接。

⑥ 线缆：连接电源线、接地装置、传感器导线等线缆。

⑦ 轴箱限位：安装轴箱限位垫片或限位块。

⑧ 组装完成后，在静态调试时还需进行有关的尺寸调整。

4. 转向架相关试验

转向架组装完成后、落车前，转向架需按试验要求进行台架试验，试验在转向架试验台上进行。转向架台架试验主要测量项目有：静载试验、车轮轮载、转向架气密性测试、轴距差测试、空气弹簧高度测试、车轴平行度、构架至轨面的距离、齿轮箱吊杆高度调整、齿轮箱跑合试验、轮对跑合试验以及空气弹簧气密性试验。

（1）转向架静载试验

在静载试验台上对转向架进行载荷加载试验；带空气弹簧的转向架可对空气弹簧进行气密性试验；检测转向架的垂向刚度；对转向架台车进行重量测量，对转向架台车进行轴距轮距测量，并自动计算对角线长度等参数；对转向架的车轮位置进行测量，如轮内侧距、轴距、对角线的测量；对转向架空气弹簧座高度进行测量；加载模拟车体及其载荷对弹簧的作用来调整弹簧的高度。

（2）车轮轮载

1）台架试验的工况：零载荷、AW0 工况、AW2 工况、AW3 工况、零载荷（卸载后）。

2）测量结果：在上述工况下测量每个车轮的轮载，进而分别计算出轴重、轮载偏差、轴重差。

3）评定标准：在任何工况下轮载偏差、轴重差均不超出技术要求范围。

4）若超出技术要求范围，将转向架调转 180°，重复上述内容。

5）若仍然超出范围，则需对一系弹簧按技术条件进行调整。

（3）转向架气密性测试

对管路充入规定压力的气体，保压一定时间后，检查测试压降，评判转向架气密性是否达标。

（4）轴距差测试

转向架左、右轴距差不得超过规定数值。

（5）空气弹簧高度测试

对拖车、动车分别加载，并于两侧空气弹簧间平等分配载荷，测量无气状态下轨面至空气弹簧顶面高度与同一转向架左右两侧空气弹簧高度差值，检查两参数是否在允许范围内。

（6）车轴平行度

1）台架试验的工况：零载荷、AW0 工况、AW2 工况、AW3 工况、零载荷（卸载后）。

2）测量结果：在上述工况下测量每个车轮的位移，进而分别计算出轴距、每个车轮的位移变化量。

3）评定标准：在任何工况下轴距、车轮的位移变化量均不超出技术要求范围。

4）若超出技术要求范围，将转向架调转 180°，重复上述内容。

5）若仍然超出范围，则需对一系弹簧按技术条件进行调整。

（7）构架至轨面的距离

1）台架试验的工况：AW0 工况。

2）测量结果：在 AW0 工况下测量每侧构架至轨面的距离，计算两侧高度差。

3）评定标准：构架至轨面的距离、两侧高度差不超出技术要求范围。

4）若超出技术要求范围，将转向架调转 180°，重复上述内容。

5）若仍然超出范围，则需对一系弹簧按技术条件进行调整。

（8）齿轮箱吊杆高度调整

在加载 AWO 载荷的条件下，对动车转向架进行调整齿轮箱吊杆高度。对可调式吊杆通过调整螺筒到合适长度；对固定式吊杆，通过加垫片调整到合适长度。

（9）齿轮箱跑合试验

齿轮箱跑合试验用于模拟地铁车辆运行状态时的齿轮箱跑合试验，即在不同转速和不同旋转方向时，通过检测齿轮箱、齿轮箱输出轴轴承的温度变化和振动烈度变化以及齿轮箱油温的变化的来分析判断齿轮箱各部件的适配状态和性能。

（10）轮对跑合试验

轮对跑合试验用于模拟地铁车辆运行状态时的齿轮箱跑合试验，适应于各种车型的动车及拖车轮对。试验中需要在不同运行速度、径向载荷、轴向载荷下对轴箱部位的温升状况进行实时监控，提供准确可靠的监控数据，使车辆检修的安全质量得到有效提高。

（11）空气弹簧气密性试验

对空气弹簧进行额定气压下的关键性能测试，以验证满足装车的要求。该试验在空气弹簧试验台上完成，主要用于车辆空气弹簧进行气密性试验及保压试验，也可以用于空气弹簧的检修与装车前的例行试验。

4.3 制动系统

1. 概述

人为地使列车减速或阻止它加速叫做制动。为了施行制动而在地铁列车的动车和拖车上装设的由一整套零部件组成的装置，称为制动装置。

（1）粘着制动

以闸瓦制动为例，钢轨、车轮、闸瓦这三者之间有三种可供分析的状态：第一种是难以实现的理想的纯滚动状态；第二种是应极力避免的"滑行"状态；第三种是实际运用中的"粘着"状态。

1）靠滚动着的车轮与钢轨接触点在接触瞬间的静（不发生相对滑动）摩擦阻力作为制动力，车轮沿钢轨边滚动边减速停止。在此过程中，车轮与钢轨之间是静摩擦；车轮与闸瓦之间是动摩擦。这是一种难以实现的理想状态。若能达到这种状态，则可实现的制动是轮轨间静摩擦阻力的最大极限值。

2）而第二种情况正好与第一种情况相反。即轮瓦之间为静摩擦；轮轨之间为动摩擦。由第一种状态中的车轮滚动减速改变为滑行（车轮在车辆未停止前即被闸瓦抱死，在钢轨上滑行）减速。由原来轮轨之间的几乎是静摩擦改变为滑动摩擦。此时轮轨之间的动摩擦力即为滑行时的制动力，且大大小于轮轨之间的静摩擦力。这样的摩擦还可能造成车轮的擦伤，这是必须杜绝的事故状态。

3）实际上，车轮在钢轨上滚动时，轮轨接触处既非静止，亦非滑动，而以滚动为主，略带滑动，俗称"连滚带滑"。在有轨交通术语中将这种状态称为"粘着"。造成这个现象主要是车轮和钢轨都是弹性体，因此，它们之间的接触不是线接触，而是一个椭圆形的接触面。

要依靠粘着滚动的车轮与钢轨粘着点来实现地铁车辆的制动，叫做粘着制动。

粘着制动时，可实现的最大制动力，不会超过粘着力。

粘着制动是车辆使用摩擦制动中采用的制动方式。根据轮轨之间的静摩擦系数 μ、粘着系数 ψ、动摩擦系数 φ，这三者中存在着 $\mu > \psi > \varphi$ 的关系。在上述三种情况中：可实现的制动力的最大值，以第一种状态时为最大，但实际上这是达不到的；第二种最小，这不但会擦伤轮轨，而且还会延长制动距离；第三种介乎这两者之间，它随气候与速度等条件的不同可以有相当大的变化。所以采用粘着制动，必须对那些可利用的粘着条件加以研究，以获取可能的最大制动力。

地铁车辆的闸瓦制动、电阻制动和再生制动，从制动力形成的方式来看，都属于粘着制动。它们的制动力的大小都受粘着力的限制。

（2）地铁车辆的制动

地铁车辆必须适应地铁运行的特点，地铁线路的站间距一般都在 1km 左右，正由于站间距离短，列车的调速及制动都比较频繁。为了提高运行速度，列车必须起动快，制动距离短，这就要求地铁车辆的制动装置有操纵灵活、运用迅速、停车平稳、准确和制动力大等特点。

由于地铁列车是使用电能驱动的，它的动车装有两台或四台牵引电动机，这就为采用电制动提供了基本条件。电制动有再生制动和电阻制动两种，再生制动是将列车的动能通过电动机（将电动机转接成发电机）转化成电能（其电压高于网压时）再反馈至电网上供其他列车应用。当电动机发出的电能电压低于网压时，无法馈送到电网上去，则将这部分电能通过电阻变成热能散逸到大气中去，这就是电阻制动。当列车速度降低到某一速度时，电制动力也随之降低，这时制动力已达不到要求值，则必须将及时补上空气制动以达到要求值。在整个速度范围内，要充分发挥各种制动方式的作用，适应地铁列车的自动控制，并且还需要协调配合以获得最佳的制动性能。

电制动有许多优点，例：能回收能源、无机械磨损、无空气污染等，这些对于空气制动是无法实现的。

另外，电制动还有磁轨制动方式，它是利用安装在列车上的电磁铁通电后与路轨之间的吸引力所形成的制动力来实施制动的。但磁轨制动目前应用很少，特别在国内几乎尚无使用。上海地铁车辆的制动方式为三种：再生制动、电阻制动和空气（摩擦）制动。

空气制动属机械制动的一种，在机械制动中除了常见的踏面制动外，还有盘形制动、胀闸制动等，其动力不仅有利用压缩空气，也有利用弹簧力等。

下面对四种制动方式进行简单介绍

1）闸瓦制动

闸瓦制动又称踏面制动，是最常用的一种制动方式。制动时通过闸瓦压紧车轮，轮瓦间发生摩擦，使列车的动能通过轮瓦间的摩擦变成热能逸散到大气中去，并产生制动力（图 4.3-1）。

在闸瓦与车轮这一对摩擦副中，车轮由于主要承担着车辆走行功能，因此其材料不

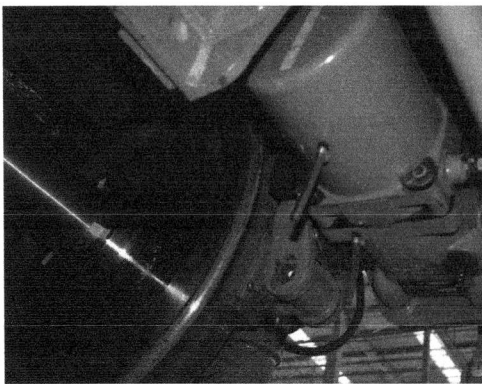

图 4.3-1　闸瓦制动

能随意改变。要改善闸瓦制动的性能，只能通过改变闸瓦材料的方法，早期的闸瓦材料主要是铸铁，为了改善摩擦性能和增加耐磨性，目前城市有轨交通车辆中大多采用导热性能良好，且具有较好的摩擦性能和耐磨性的高磨合成闸瓦。但闸瓦制动由于与车轮的接触面积较小，当高速进行摩擦制动时，车轮踏面温度会急剧上升，会产生车轮踏面非正常磨耗、裂纹或剥离，影响车轮的使用寿命，故闸瓦制动无法满足高速列车制动的需求。

2）盘形制动

制动时，通过制动夹钳夹紧制动盘的方式，使闸片与制动盘间产生摩擦，把列车的动能转变为热能，热能通过制动盘与闸片逸散到大气中去，称为盘形制动。

盘形制动有轴盘式和轮盘式之分（图 4.3-2 和图 4.3-3）。这两种形式区别在于转向架的结构布置不同，制动效果无差异。

图 4.3-2　轴盘式制动　　　　　　　　　图 4.3-3　轮盘式制动

对比闸瓦制动，盘形制动的优缺点有：

① 盘形制动可以双向选择摩擦副，因此，可以获得比闸瓦制动大得多的制动功率；

② 由于作用力不在车轮踏面上，盘形制动可以大大减轻车轮踏面的热负荷和机械磨耗；

③ 制动平稳，几乎没有噪声；

④ 盘形制动的摩擦面积大，而且可以根据需要安装若干套，制动效果明显高于闸瓦制动，尤其适用于时速 120km 以上的高速列车；

⑤ 车轮踏面没有闸瓦的磨刮，将使轮轨粘着恶化；

⑥ 制动盘使簧下重量及冲击振动增大，运行中消耗牵引功率。

3）电阻制动

将发电机输出的电能加于电阻器中，使电阻器发热，将电能转变为热能，而这些热能靠外加风扇强迫通风而消散于大气中，这种制动方式称之为电阻制动。

电阻制动能提供稳定的制动力，但在列车底架下需要较大的空间安装电阻箱（图 4.3-4）。

4）再生制动

再生制动是将列车的动能通过电动机（将电动机转接成发电机）转化成电能（其电压高于网压时），反馈至电网上供其他列车应用（图 4.3-5）。

再生制动既节约能源，又减少了制动时对环境的污染，且基本上无磨耗。因此，这是一种最为理想的制动方式。

图 4.3-4　制动电阻箱

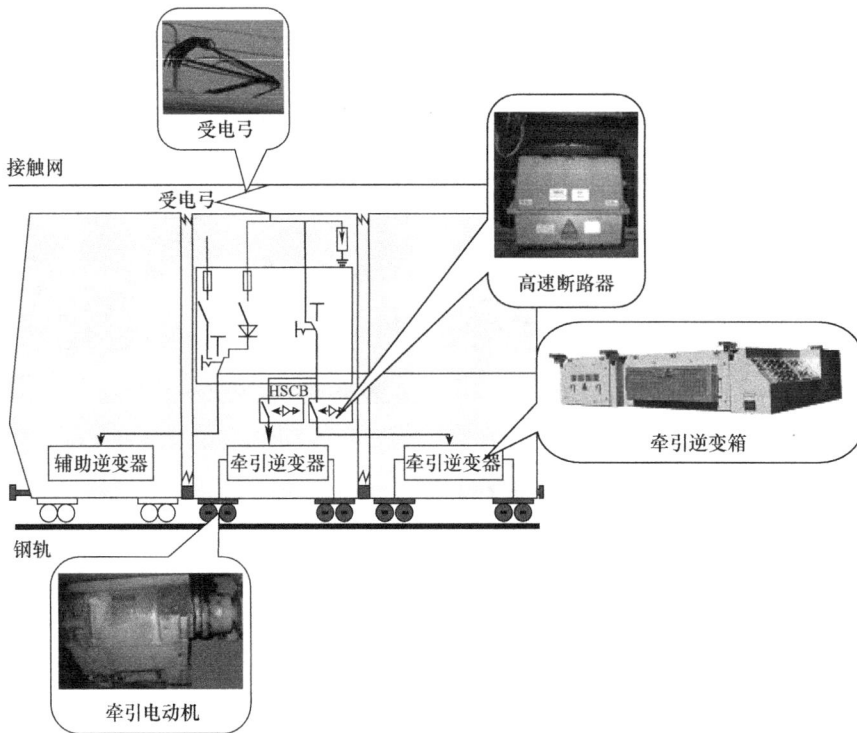

图 4.3-5　再生制动

　　另外，地铁车辆乘客的波动大，相对于轻量化的地铁车辆来说乘客上下引起的载重波动对车辆的总重影响较大，易引起制动率（制动率：车辆每吨重量的闸瓦压力）的波动。制动率变化过大，对列车制动时要保证一定的减速度、防止车轮滑行及减小车辆间纵向冲动都是不利的。因此，地铁车辆制动系统应具有在各种载客量的工况下，使车辆制动率基本恒定的性能。

　　（3）地铁车辆的制动方式

　　地铁车辆制动方式一般有再生制动、电阻制动和空气（摩擦）制动三种，它们分别为第一、第二和第三优先级制动，并且还采取了程序制动措施。什么是程序制动呢？

　　程序制动的含义是：充分利用电制动，尽量减少气制动，即在制动力未达到其指令的75%（交流传动车为78%）时，同时在粘着力允许的条件下用足电制动，也就是说电制动不仅供动车制动使用，而且还要承担拖住拖车任务，当二节动车的电制动力能满足一组车（二动一拖三辆车）的制动要求时，则这一组车就不再使用气制动，反之，则要使用气制动以补足电制动的不足。

随着列车的速度下降其电制动力也将不断地减弱，当列车速度降低至一定的速度时，电制动力已不能再满足制动所需的要求，这时电制动力将逐渐被切除，所有的制动力则由气制动来承担。同时列车还进入了一个停站制动的程序。所谓停站制动程序是，当列车减速进入车站时，在接近停止前略将闸缸内的压力空气放去一些，然后再充气将列车刹停。这样可减小列车的冲动，可提高列车停站过程的舒适性。

（4）制动控制方式

有轨交通车辆的控制方式有：气控制气、电控制气，还有电控制气和气再控制气程序控制（电—空控制）等多种控制方式。

1）气控制气

利用一根贯通全列车的管道（称为列车管）内压缩空气的变化通过一些阀的动作来控制执行元件的动作。

2）电控制气

利用列车线来控制操纵执行元件的电磁阀，从而达到控制执行元件的动作。

3）电—空控制

利用电信号来控制气信号，再用气信号控制执行元件的动作。先进的电空控制则是应用电脑对各种数据进行处理后发出电信号，进行控制。

一般货运列车都采用气控制气的控制方式。地面客车过去大都采用气控制气的方式，近年来在向电—空控制方式发展。地铁列车绝大部分采用电—空控制。

（5）地铁列车制动系统

1）车控式制动系统

车控式制动系统，即一个制动系统控制同一节车的2台转向架，主要由一个制动电子控制单元，一个气制动控制单元组成。制动电子控制单元及气制动控制单元布置在车辆的中间。制动时，制动电子控制单元控制气制动控制单元，同时向两侧转向架上的单元，制动器充气，以施加制动（图4.3-6）。

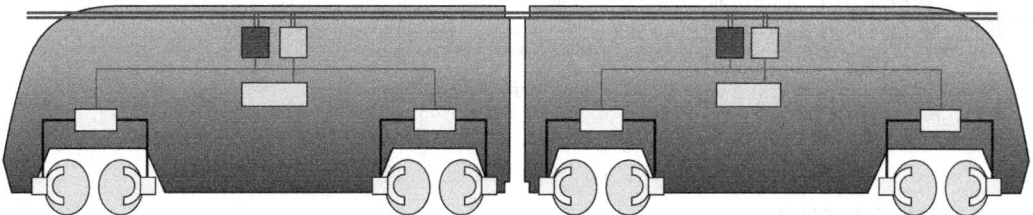

图 4.3-6　车控式制动系统

2）架控式制动系统

所谓架控式制动系统，即一个制动阀控制1台转向架，这样不仅加快空气制动的施加，并且当1个阀出现机械故障时，只有一个转向架上的空气制动会失效，减小了突发故障对车辆运营产生的影响。架控制动阀相当于将车控制动系统中的制动电子控制单元、气制动控制单元及防滑阀三种部件进行了集成，集成度更高（图4.3-7）。

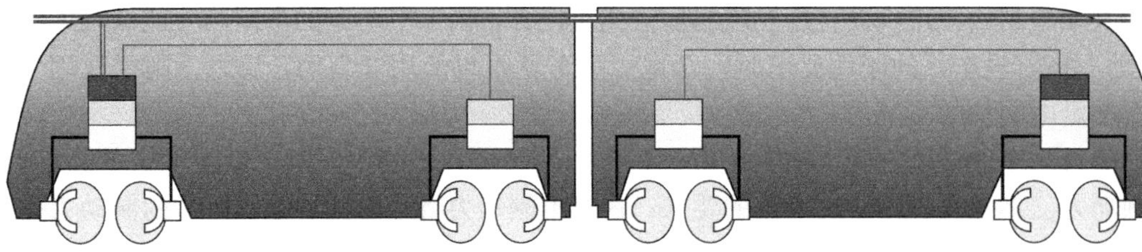

图 4.3-7　架控式制动系统

（6）地铁车辆气路的组成

车辆制动系统的气路部分（如图 4.3-8～图 4.3-10），由供气设备、制动控制单元、基础制动装置、微机控制单元和防滑装置、空气悬挂设备、车门控制装置、以及气动喇叭、刮雨器、受电弓气动控制设备、车钩操作气动控制设备等组成。

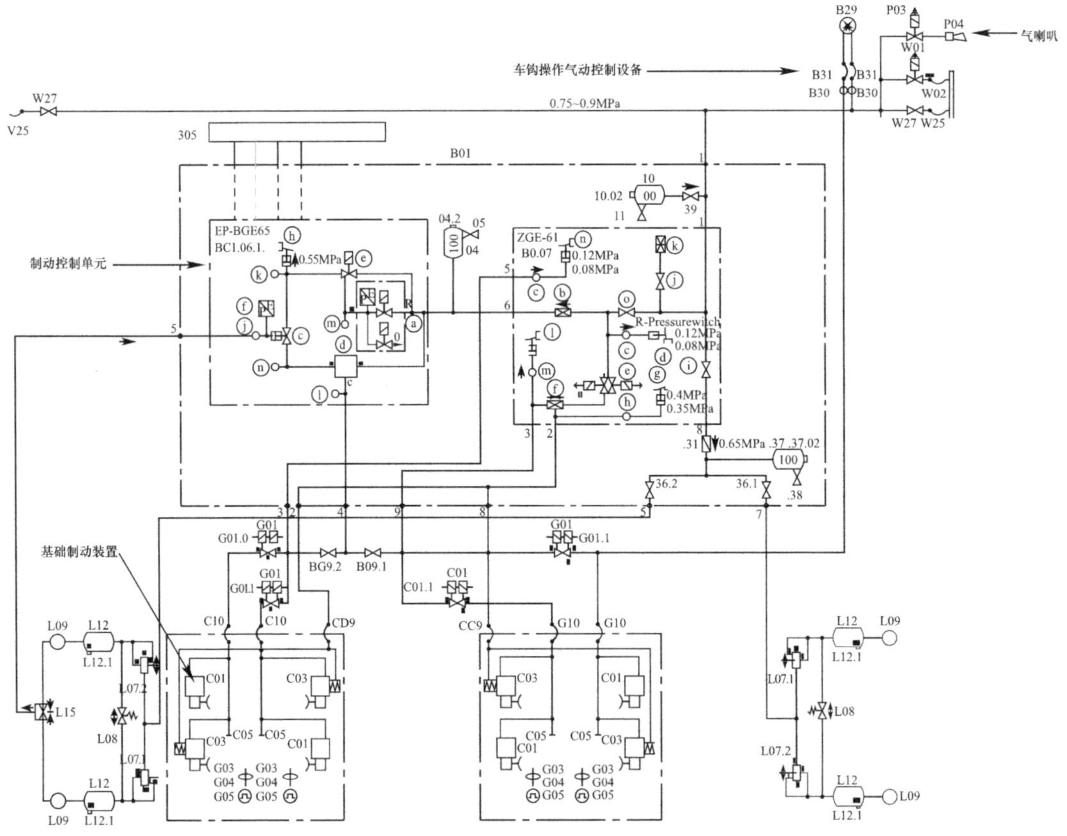

图 4.3-8　列车气路图（A 车）

2. 制动系统部件组成

制动系统主要由空压机、空气干燥器、气制动控制单元、制动电子控制单元、单元制动机、管路及储气缸等部件组成。

3. 部件维修

（1）空压机

1）工作原理

上海地铁列车大多以 A、B、C 三辆车为一个单元，所以其供气也是以单元来设计的，每一单元设置一套空气压缩机组，其中包括驱动电动机、压缩机、干燥器、压力控制开关等。

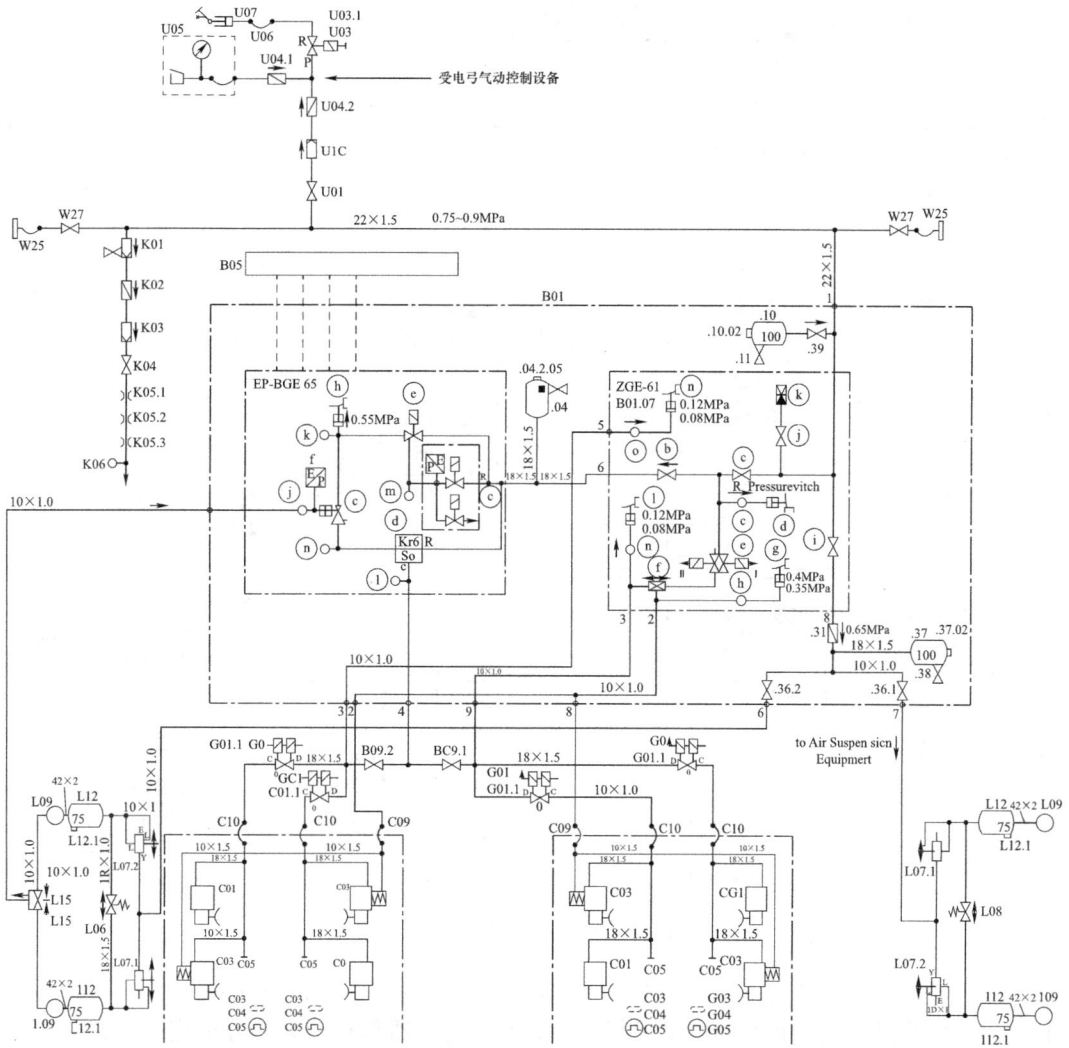

图 4.3-9　列车气路图（B 车）

车辆的制动系统及其他一些子系统所使用的压缩空气都是由压缩机组生产的。电动机通过联轴器直接驱动空压机。空压机生产的压缩空气必须经过空气干燥器后才能使其成为洁净的干燥的压缩空气供各用气系统使用。

目前上海地铁多采用 VV120 型空压机（图 4.3-11），因该压缩机结构紧凑和无架悬挂，特别适用于车下安装。VV120 型空压机是两级压缩机，低压级有两个风缸，高压级有一个风缸，每个风缸有一个进气阀和排气阀。低压缸吸入空气并由滤气器清洁，经过压缩后进入中间冷却器进行冷却，再进入高压缸进一步压缩，在进入气路系统前，高压缸排出的高温、高压气体仍需要进入冷却器进行二次冷却。

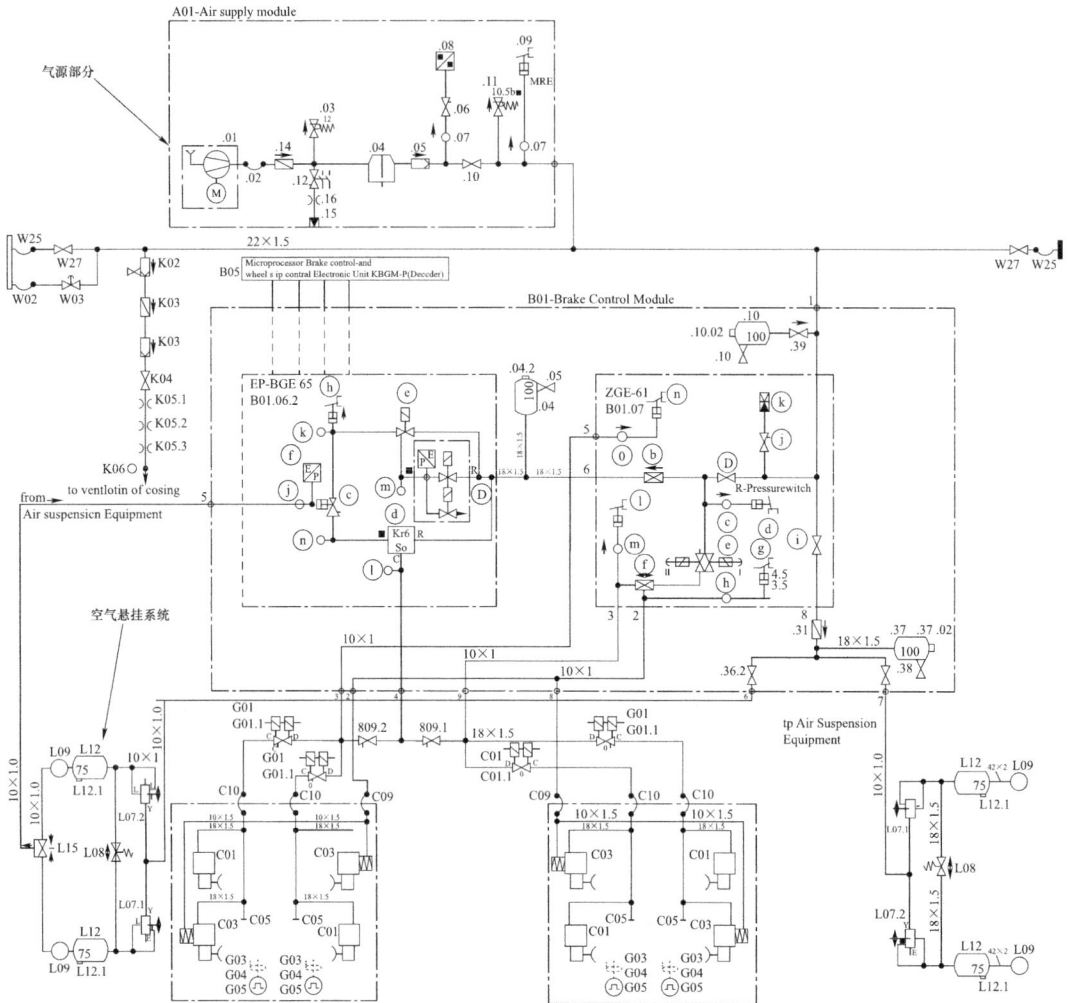

图 4.3-10　列车气路图（C 车）

由于采用了黏性耦合器，它可以根据周围温度和压缩机输出端温度不断给出冷却控制，保证压缩机在最适宜的温度下运行。所装配的滤气器具有较高的分离度，可以给压缩机比较好的保护，同时在维修中仅需要更换滤芯，与油浴式过滤器相比更简单、快捷，维修人员可以很方便地通过指示器判断是否要更换滤芯。气缸的润滑是采用飞溅润滑的方式，通过装在曲轴上的刮油片，将缸体底部的润滑油送入活塞、支撑点等处进行润滑。

2）维修

以 VV120 空气压缩单元机为例，简单介绍压缩机维修的要求：

压缩机分解后，用碱性清洁剂清洗所有金属部件，如橡胶件，需要用温热的肥皂水清洗，以减少对橡胶件的腐蚀，再用清水冲洗，最后用压缩空气吹干。

清洗完成后，首先要对压缩机的零部件进行目测检查，检查是否存在裂纹、变形或锈蚀等损伤。

对于下列重要的部件，还必须进行详细的检查和测量，并根据需要，给予修复或更换：

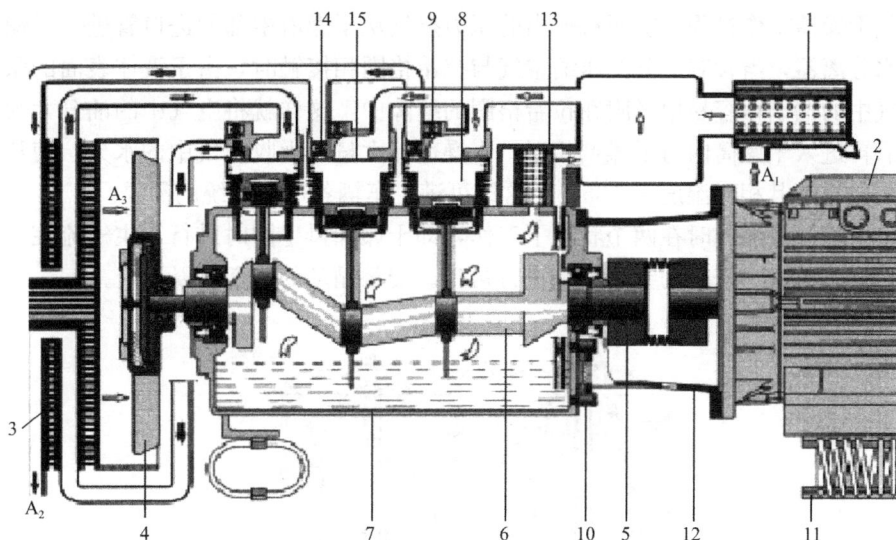

图 4.3-11　电动空压机 VV120 结构示意

1—滤气器；2—电动机；3—冷却器；4—风扇＋黏性偶合器；5—真空管接头；6—曲轴；7—曲柄轴箱；
8—风缸；9—安全阀；10—油量计管；11—弹簧；12—对接凸缘；13—集油池；
14—输送阀；15—进气阀；A_1—进气孔；A_2—放气孔；A_3—冷却空气

① 曲轴：

A. 检查曲轴有无裂纹；

B. 检查曲轴的螺纹是否有损坏；

C. 检查连杆支撑点有无磨耗。某些轻微拉伤可经抛光修复；

D. 如果支撑点磨耗严重或是退色严重；或是实际尺寸已超出极限，则要更换整个曲轴。

② 活塞和活塞销

A. 检查活塞表面，如出现较大的拉伤，则要更换整个活塞；

B. 检查活塞销有无拉伤和擦伤。其表面应该平滑无拉伤，否则应更换活塞销；

C. 如果活塞或活塞销的实际尺寸超出了其报废尺寸的极限，则应更换该活塞或活塞销。

注意：如果要更换活塞，应整套更换连杆活塞总成，包括活塞环、活塞销和保持圈。

在空压机大修时，以下部件必须更换：

轴承、针套、连杆轴承的导向环、活塞环、吸气/排气阀、锁紧环、弹簧垫圈、轴密封环、密封圈、○形环和轴承环等。

（2）空气干燥器

1）工作原理

空压机输出的高压力的压缩空气中含有较高的水分和油分，必须经过空气干燥器将其中的水分和油分排去才能达到车辆上各用气系统对压缩空气的要求。

空气干燥器一般都是塔式的，有单塔式和双塔式两种。目前上海地铁双塔式干燥器使用的比较多。

双塔式空气干燥器如图 4.3-12 所示。它是由油水分离器、干燥筒、排水阀、止回阀和消声器等组成的。在油水分离器中存有许多拉希格圈（这是一种用铜片或铝片做成的有缝的小圆筒），干燥器则是一个网形的大圆筒其中盛满颗粒状的干燥剂。

空气干燥器工作过程：空压机输出的压力空气从干燥塔中部的进口管进入干燥塔首先到达油水分离器，当含有油分的压缩空气与拉希格圈相接触时，由于液体表面的张力的原因使空气中的油滴很容易地吸附在拉希格圈的缝隙中，这样就将空气中的油分大大地排去了，然后再进入干燥筒内与干燥剂相遇，干燥剂能大量地吸收空气中的水分，使从干燥筒上方输出的空气其相对湿度 $\varphi < 35\%$，这即可满足车辆各用气系统的需要。

双塔干燥过滤器同时在两个状态下工作，即干燥和再生同时进行，主气流在一个塔中干燥的时候，另一个塔内的干燥剂则进行再生。交替循环的周期可以设定。

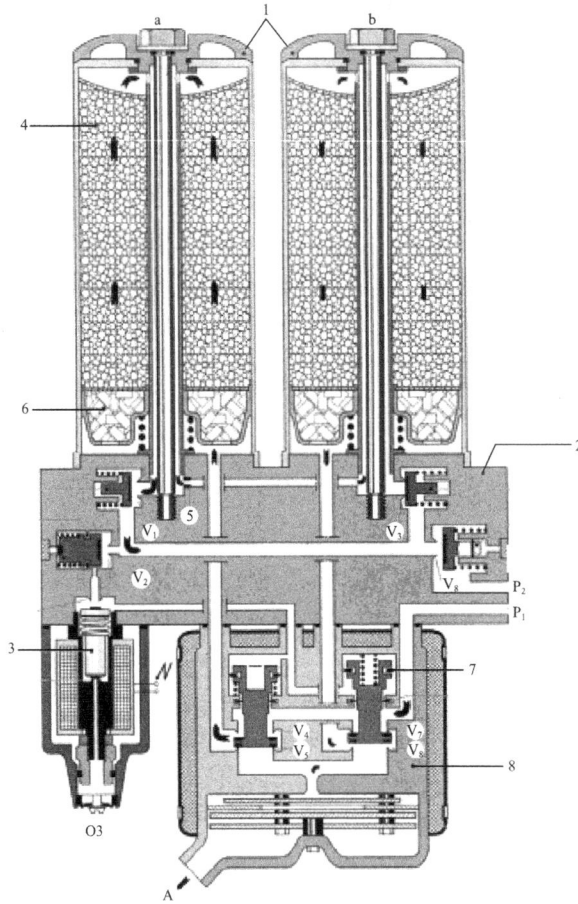

图 4.3-12　双塔空气干燥器
1—风缸；2—支架；3—磁铁；4—干燥器；5—再生塞门；6—油分离器；
7—预控制活塞；8—双向阀；
A—排气口；P_1—压缩机进气口；P_2—主风缸出气口；$V_1 \sim V_8$—阀座

2）维修

空气干燥器无需特殊保养，一般只做常规检查。如果发生故障需要修理时，必须要在配备有专用设备的车间内由专业工人作业。

首先要对于分解后的干燥过滤器零部件进行清洁，并检查是否有裂纹、变形或锈蚀等损伤。由于空气干燥器里没有移动部件，因此，一般不会有磨损的问题。

如果在排水阀的出口处有白色沉淀物或是干燥剂过饱和，必须检查干燥剂，如有必要则要更换。一般来说，干燥剂每4～5年需要更换一次。

用于甩油的拉希格圈，可以用碱性清洁剂清洗，再用清水洗涤，最后用压缩空气吹干。

（3）气制动控制单元

1）工作原理

制动控制单元是气制动的核心，它接受制动电子控制单元的指令，然后再指示制动执行部件动作。其组成部分主要有：模拟转换阀、紧急阀、称重阀、均衡阀等组成。这些部件都安装在一块铝合金的气路板上，犹如电子分立元件安装在印刷线路板上一样，实现了集成化。这样可避免用管道连接造成容易泄漏和所占空间大等问题。而且在气路板上还装置了一些测试接口，要测量各个控制压力和闸缸压力，只要在这块气路板上就可测得，这将方便了检修保养工作。同样，整个气路板的安装、调试和检修都很方便。

制动控制单元的工作原理如图4.3-13所示，当压力空气从制动储风缸进入制动控制单元B6后，分成三路，一路进入紧急阀e，另一路进入模拟阀转换阀a，还有一路进入均衡阀d。

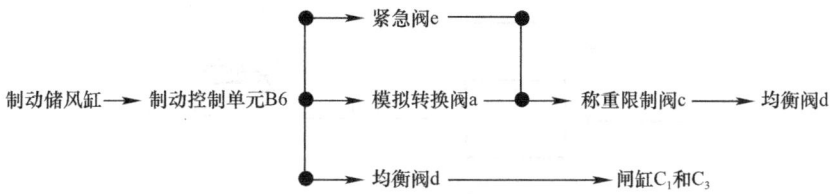

图4.3-13　制动控制单元工作原理图

如图4.3-14，模拟转换阀由三部分组成：比例阀（将电信号转换成气压信号的电磁阀）、排气电磁阀、气电转换器（将气压信号转换成电信号）。

当比例阀收到制动电子控制单元的指令后，按其要求将阀芯打开，使制动储风缸的压力空气通过比例阀转变成预控制压力C_{v1}并送向紧急阀e，与此同时，也送至气电转换器和排气阀，而气电转换器将压力信号转换成相对应的电信号，马上反馈回制动电子控制单元，让制动电子控制单元将此信号与制动指令进行比较分析。当馈送信号大于或小于制动指令时，则分别继续增大或关小比例阀的开口，直至预控制压力C_{v1}达到制动指令的要求为止，并通过管路板进入紧急阀。紧急阀是一个二位三通电磁阀，它的三个通道分别与模拟阀输出口、制动储风缸和称重限制阀相连接。

在施行常用制动时，紧急得电励磁，使模拟阀与称重限制阀相通，切断与制动风缸的通路。在紧急制动时，紧急电磁阀失电，使制动储风缸与称重限制阀直接相通，这时预控制压力C_{v1}越过模拟阀而直接进入称重限制阀。当预控制压力经过紧急阀时，由于阀孔的阻力使预控制力略有下降，这个从紧急阀输出的预控制力被称为C_{v2}。C_{v2}将通过管路板进入称重限制阀。

称重限制阀的工作原理是利用空气簧的压力（车辆负载压力）来限制预控制压力，也就是根据车辆的载荷来限制最大的预控制压力。

从以上的叙述中可以看出，在实施常用制动时，由于模拟阀中设有气电转换器对预控制压力监控，因此其控制压力不会超出在相应载荷下的最大制动力，故就无所谓称重限制

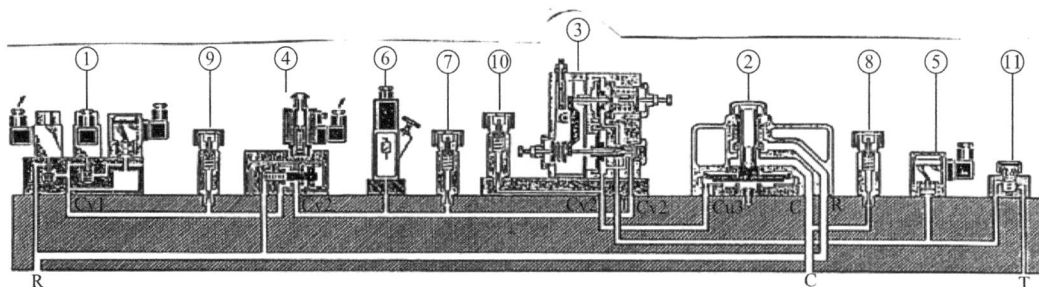

(a)

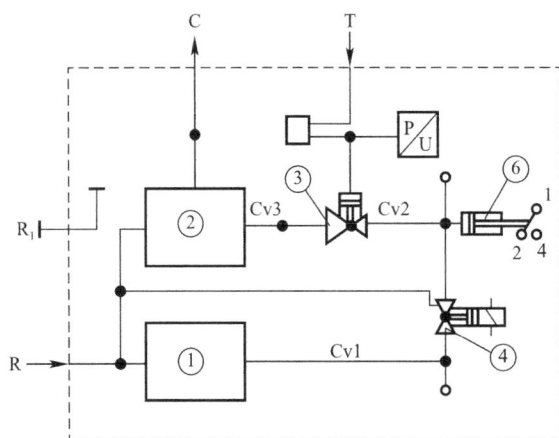

(b)

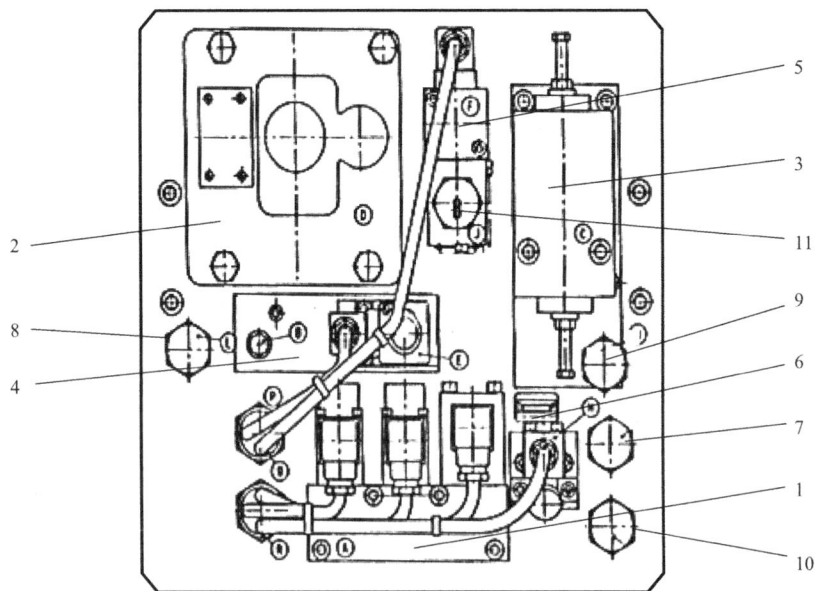

(c)

图 4.3-14 气制动控制单元

(a) 制动控制单元气路图；(b) 制动控制单元工作原理图；(c) 制动控制单元外形图

1—模拟电磁阀；2—中继阀；3—限压阀；4—紧急电磁阀；5—压力传感器；6—压力开关；7～11—压力测试口

阀的限制作用，只有在监控失效时，或在实施紧急制动时，制动储风缸通过紧急阀直接到达称重限制阀，才显示出它的限制作用。此时模拟阀经过紧急阀通向称重限制阀的通路则被切断，这时从称重限制阀输出的控制压力是该时车辆载荷的最大的控制压力。所以称重限制阀只有在紧急制动时，对防止制动力过大才起限止作用的。

同样，预控制压力 C_{V2} 流经称重限制阀时也受到阀的通道的阻力，压力有所下降，这时将称重限制阀输出的控制压力称为 C_{V3}，并通过管路板进入均衡阀。

预控制压力 C_{V3} 从均衡阀进入均衡阀，推动带有膜板的活塞上升，首先关闭了通向闸缸的排气阀，然后进一步打开进气阀，使制动储风缸的压力空气进入均衡阀并通过进气阀充入闸缸，闸缸中的活塞被推出，通过杠杆机构使闸瓦紧贴车轮产生制动作用。从上述过程中可看出，均衡阀能迅速将大流量的压力空气对闸缸充、排气。且大流量的压力空气的压力变化是随预控制压力 C_{V3} 的变化而变化。而且相互间的压力比为 1:1，即闸缸压力与 C_{V3} 的压力是相等的。所以均衡阀相当于电子技术中的一个电流放大器。

同样制动缓解指令也是由制动电子控制单元发出的。模拟转换阀接到缓解指令后，将其排气阀打开，使气制动控制单元中各阀中的预控制压力 C_{V1}、C_{V2}、C_{V3} 的压力空气都通过模拟阀中的排气阀排出。此时预控制压力为零，从而致使均衡阀膜板上方受制动缸压力空气作用的膜板下沉，使均衡阀的进气阀关闭，排气阀开启，各闸缸中的压力空气则从开启的排气阀排入大气，从而列车得到缓解。

2）维修

以 EP—BGE—29D 型制动控制单元为例。

在大修作业时，对气制动控制单元的主要工作有以下几方面：

① 对气制动控制单元中的各个部件，如称重阀、模拟转换器、紧急电磁阀、中继阀、压力传感器、预控压力开关和各个测试接头进行分解，更换阀芯、密封件、卡簧和紧固件。

② 在各个单独元件完成检查作业之后，应对整个气制动控制单元进行整体的功能测试。

（4）制动电子控制单元

1）工作原理

① 电子控制系统

上海地铁车辆整个制动系统的控制采用二级控制，简述为"电控制气，气再控制气"。即为电子控制单元控制气路控制单元，控制气再控制执行气的方式。以下将电子控制单元各个输入信号简单地介绍一下：

A. 制动指令：此指令是微机根据变速制动要求，即司机施行制动的百分比（全常用制动为 100％）所下达的指令。它可以是各种形式的，例如模拟电流、七级数字信号等，上海地铁车辆所使用的是最常用的脉宽调制信号。

B. 制动信号：这是制动指令的一个辅助信号，它是对运行的列车指示要制动了并使制动管进行预充气约为 0.05MPa。

C. 负载信号：这个信号来自于空气弹簧。由空气弹簧的压力空气的压力通过气-电转换器转换成电信号。此信号以客室车门关闭时储存的信号为基准。

D. 电制动关闭信号：此信号为信息信号，它的出现就意味着空气制动要立即替补即将消失的电制动。

E. 紧急制动信号：这是一个安全保护信号，它可以跳过电子制动控制系统，直接驱动气制动控制单元中的紧急阀动作，从而实施紧急制动。

F. 停站制动：这个信号能防止车辆在停车前的冲动，能使车辆平稳地停止。它的功能分三个阶段实施。

第一阶段：当列车车速低于 10km/h 时，停站制动开始接受摩擦制动力，而电制动逐步消失。且在停站制动出现后，电制动的减小延迟 0.3s。动车和拖车的摩擦制动力为制动指令的 70%。

第二阶段：当车速低于 4km/h 时，一个小于制动指令的停站制动的制动等级开始实施，即瞬时地将闸缸降低。这个停站制动的制动级取决于制动指令。这个制动等级与时间有关，由停车检测根据最初的状态来决定的。

第三阶段：由停车检测和保持制动信号共同产生一个固定的停站制动级，这个固定的制动等级经过负载的修正并与制动指令无关。停站制动的制动等级只能随停站制动信号的消除而消除。

② 防滑系统

防滑系统用于车轮与钢轨粘着不良时，对制动力进行控制。它的作用如下：

A. 防止车轮即将抱死。

B. 避免滑动。

C. 最佳地利用粘着，以获得最短的制动距离。

防滑系统控制车轮的线速度。当粘着不良时，车轮的速度必定会不同于车辆速度某一个量。防滑系统就是应用这个量对防滑排气阀 G1 进行控制，从而达到控制车辆的滑行和减速度。具体的控制原理如下：

防滑系统检测车辆的每一根车轴的速度后形成一个参考速度来代替车辆的真实速度。利用速度传感器测得的车轮速度和减速度与某个规定的标准值进行比较，并与排放阀的实际指令形成一个筛选矩阵。

滑动标准值 V_1……V_n 与某一个相关的参考速度有关，车轮轮径变动的范围内提供一个滑动区域带，而选择的减速度是确定的，当车轮在粘着不良的区域内防滑系统要能有效地减小制动力，在这种情况下筛选矩阵可产生一个相对于排放阀的某一个实际指令（即使电磁阀励磁排气的指令），这样就使相应轴的制动力减小，而其轴速度上升。当轴速度经过一段时间上升到矩阵的另一个开启元素（包含另一个实际指令）时，电磁阀失电，则制动力将会增加。

当选择的矩阵元素刚好在参考速度以下的波谷时，则是滑动最小。

2）维修

对于制动电子控制单元的维修，在架修中主要以清洁为主，大修时需要对电子电路板上的疲劳元器件进行更换。

（5）单元制动机

1）工作原理

由于地铁车辆的车体底架下方与转向架之间没有很大的空间来安装类似于地面铁路车辆的基础制动装置，特别是动车，其空间更小。因此，上海地铁车辆采用单元制动机。单元制动机和基础制动装置各有其特点，基础制动装置由于采用杠杆联运机械，所以其同步性良好，制动力均匀。而单元制动机是单个供气动作，轻便灵活，占空间体积小，灵敏度高，使用了电气控制后，也可具有良好的同步性（图 4.3-15、图 4.3-16）。

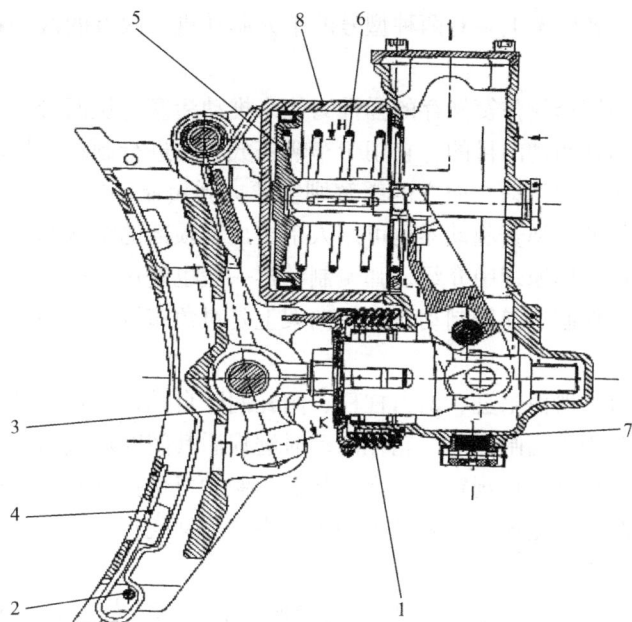

图 4.3-15　PC7Y 单元制动机

1—皮腔；2—开口销；3—调整螺母；4—闸瓦销；5—常用制动缸；
6—制动恢位弹簧；7—呼吸器；8—常用制动缸体

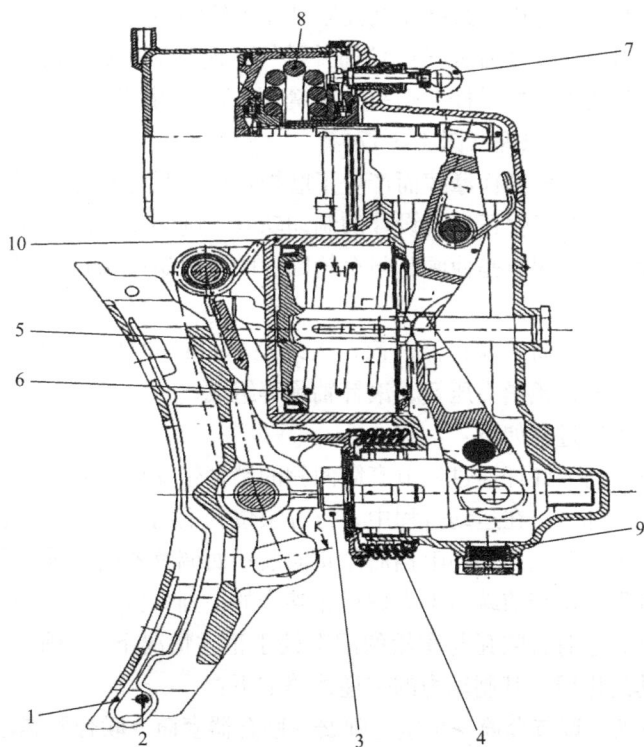

图 4.3-16　PC7YF 单元制动机

1—皮腔；2—开口销；3—调整螺母；4—闸瓦销；5—常用制动缸；6—制动恢位弹簧；
7—停放制动缓解拉环；8—停放制动弹簧；9—呼吸器；10—常用制动缸体

一般来说，每个转向架上装有两种型号的单元制动机，两者的区别在于是否带停车制动装置。

弹簧制动器是利用释放弹簧储存的弹性力能来推动活塞，从而带动二级杠杆，使闸瓦贴紧车轮踏面，以达到制动的目的。它用于车辆停放时，进行制动所用的。特别是当车辆停放在坡道上，可防止它溜动。而它的缓解则需要向弹簧制动缸充气，使活塞压缩弹簧，从而使制动缓解。另外，弹簧制动器也可用人工拔出其顶部的缓解销来实施机械缓解，其原理将在单元制动机工作原理中介绍。弹簧制动器一般也是用电磁阀来控制其气缸充、排气，并且在驾驶室内控制。弹簧制动器在转向架上是对角布置的，另两对角侧为普通单元制动机。

普通单元制动机一般由闸缸、增力杠杆、闸瓦间隙自动调整器、外壳等组成。其中闸瓦间隙自动调整器是用于当闸瓦与车轮在制动时磨损后其间隙增大时，能自动调整这个间隙使闸瓦与车轮踏面始终保持规定的距离，从而使制动机保持良好的制动性能。

单元制动机的缓解时是通过气制动控制单元中的均衡阀将闸缸中的压力空气排到大气中去来实施缓解的。

单元制动机是制动系统的执行部件，它由闸缸、活塞、杠杆、活塞弹簧、间隙调整器、吊杆、扭簧、闸瓦托、闸瓦、壳体等组成。

当压缩空气从气管 C 进入闸缸推动活塞向缸底行进，同时活塞弹簧也受到压缩，活塞的导向管带动杠杆围绕安装在壳体上的销轴转动，而杠杆的另一端则带动间隙调整器向车轮方向推动闸瓦托及闸瓦行进，最终使闸瓦紧贴在车轮踏面上。

缓解时，闸缸内压缩空气通过气管 C 向外排气，这时闸瓦及闸瓦托上所受到的推力被撤除，由于活塞弹簧及闸瓦托吊杆上端头的扭簧的反弹作用使闸瓦与活塞复位。

① 间隙调整器的工作原理（图 4.3-17）

车辆制动时闸瓦与车轮踏面摩擦而产生了磨损，使闸瓦与车轮的间隙增大，从而削弱了单元制动机的功效。为了保证达到设计的制动功效，则必须使闸瓦与车轮的间隙保持一定的距离。间隙调整器作用就是使闸瓦与车轮踏面的距离始终保持一定的值，也就是当闸瓦磨损时，能自动得到补偿。

间隙调整器由调节套筒、联合器套筒、大螺距非自锁螺杆、推力螺母、联合器螺母、行程限位套、调节压簧、预紧力压簧、滚针轴承等组成。

间隙调整器的工作过程如下：

当骑跨在调节套筒上杠杆通过调节套筒两侧的销轴带动调节套筒一起向车轮方向运动（此方向设定为前进方向）。在运动过程中，行程限位套上两侧两镶嵌在调节套筒两侧壁长槽中的销轴首先受到外壳止挡环的阻挡而停止向前；而调整器的其他部件未受阻挡则还继续向前，这时，行程限位套前端与推力螺母相啮合的一副伞齿离合器脱开，而调节套继续推动推力螺母前进。这时若闸瓦与车轮的间隙处于正常情况下，则闸瓦与车轮踏面密贴，达到产生摩擦制动的作用。其制动力的传递线路如下：

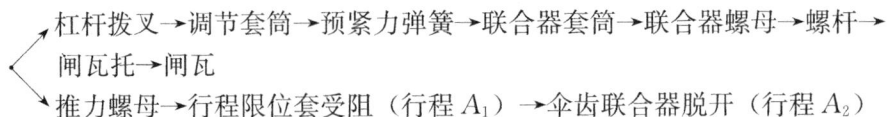

杠杆拨叉→调节套筒→预紧力弹簧→联合器套筒→联合器螺母→螺杆→

　　闸瓦托→闸瓦

　　推力螺母→行程限位套受阻（行程 A_1）→伞齿联合器脱开（行程 A_2）

当闸缸压力继续增大达到其要求压力时：

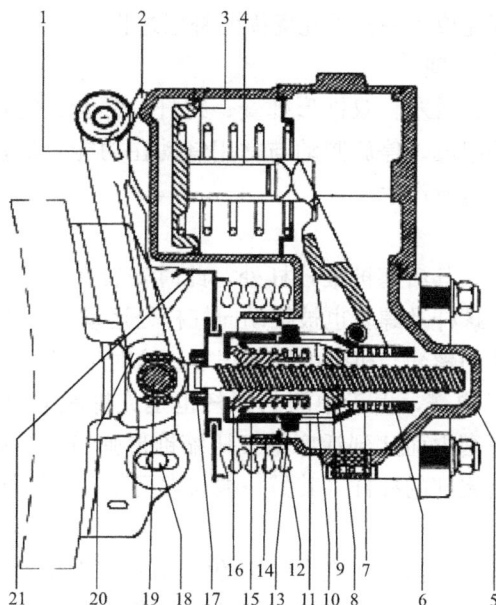

图 4.3-17　间隙调整器工作原理图

1—吊杆；2—扭杆；3—活塞；4—活塞杆；5—机壳；6—调节套筒；7—联合器套筒；
8—非自锁螺杆；9—联合器螺母；10—滚针轴承；11—滚针轴承；12—保护皮腔；
13—行程限位套；14—止挡环；15—调节弹簧；16—推力螺母；17—复位螺母；
18—锥形联合器；19—销轴；20—螺杆头；21—皮腔保持板

推力螺母的前端面与调节套分离（行程 K）→推力螺母与调节套的锥形联合器合上（即杠杆直接通过调节套和推力螺母将力传至螺杆）→闸瓦与踏面之间的压力达到要求。

所以活塞的总行程为：$(A+K)×i$　　其中 $A=A_1+A_2$

若闸瓦已磨损了，则还存有缝隙，调节套筒还将继续向前，直至闸瓦与车轮踏面密贴；这时要注意到联合器套筒前端则将与限位套筒后端相碰，使联合器套筒受阻（行程 E），不能再前进；而调整螺母则还将随螺杆向前，而它与联合器套的锥形离合器分开，但受到联合器套前端带有滚针轴承的止挡环阻挡而不能前进（注意联合器螺母在内套筒中的相对位移距离是很小的，约为 1mm 左右）；当螺杆继续向前时，势必使联合器螺母发生转动，这是因为螺杆与螺母是非自锁关系，这样联合器螺母在螺杆上的位置相对地向后移了，与推力螺母之间的距离也拉大了。

以上是当闸瓦与车轮之间间隙增大（增大量为 $E+V$），闸瓦压向车轮时，间隙调整器各部件运动的过程。

当制动缓解时，闸缸活塞复位弹簧与吊杆扭簧的作用，活塞复位使杠杆又带着间隙调整器的调节套向后运动，这时调节套筒与推力螺母的锥形离合器分离（其位置在伞形离合器的外侧），推力螺母在调节压簧的作用下发生转动，使推力螺母在螺杆上的位置后移，使其与联合器螺母又保持原定的距离，而这两个螺母在螺杆上的相对位置都向后移动了，移动的距离即为闸瓦磨损的厚度。当调节套继续后退时，推力螺母的伞齿离合器又合上，使推力螺母不能再转动。而联合器套在预紧力弹簧的作用下使联合器套与联合器螺母的锥形离合器也合上，联合器螺母不能再转动。这样就使螺杆相对整个间隙调整器伸出一段闸瓦磨损所产生的距离，即完成了一次闸瓦磨损的补偿过程。

② 停放制动器的工作原理

停放制动器是由气缸、活塞、双锥形弹簧、螺杆、螺套、定位销、弹簧盘、导向杆、杠杆、平面轴承和机壳等组成。停放制动与常用制动在功能上最显著的区别是充气缓解，排气制动，其制动力为弹簧所产生。

A. 制动过程

当压缩空气进入闸缸，其活塞被推杠杆处，此时安装在活塞内的双锥形弹簧受压缩，而安装在活塞中心线上的螺杆及螺套也被推动向杠杆处运动，但很快螺杆被导向杆底部的机壳抵住不能再运动，因为螺套与机壳的距离很小，这时活塞在闸缸中还有很大一段活动距离，还可向前压缩锥形弹簧，由于中间的螺杆也是大螺距非自锁螺杆，只要外界有推力，螺杆就能自动旋入螺套内而达到活塞继续压缩锥形弹簧。当锥形弹簧被压缩到位后，活塞停止运动。此时螺套尾部的杠杆（其另一端与常用制动的杠杆相连）处于使常用制动杠杆在制动缓解位。

当停放制动闸缸排气时，活塞在锥形弹簧的弹力的作用下向缸底运动，镶嵌在活塞底部的弹簧盘则将携带着螺杆一起运动，而螺杆又携带着螺套及杠杆一起动作，最后使闸瓦在弹簧力的作用下紧贴在车轮踏面上。在此过程中为什么这个非自锁螺杆又会不转动而带动螺套运动呢？这是因为弹簧盘与螺杆头部之间存有一副锥形离合器，当弹簧盘被活塞带动向缸底运动时，锥形离合器就合上了，这样就使弹簧盘与螺杆之间不能有相对的转动；再说弹簧盘与锥形弹簧是紧配合，所以只要锥形弹簧不转动，螺杆就不会转动；这时我们再看一下锥形弹簧，锥形弹簧的另一端的弹簧盘套在闸缸盖的导向管上是动配合，且两个弹簧盘的外侧都装有平面推力轴承，因此整个锥形弹簧组件是可灵活转动的。但在缸盖侧的弹簧盘带有一圈矩形齿，而这时安装在外壳上的定位销正好是插在矩形齿中使得弹簧盘不能转动，这样整个弹簧组件也就不能转动。所以当闸缸排气时活塞能带动整个活塞部件向缸底运动，从而带动杠杆运动，以致实现弹簧制动。

B. 人工缓解

在进行检修作业时，总风缸内无气，车辆是被弹簧制动锁住的，若需要移动车辆时，则必须将停放制动释放才能动车，这时可将插在弹簧盘矩形齿内的定位销用人工方式将其拔出，即可使弹簧制动缓解。其原因是根据以上所述的锥形弹簧组件之所以不能转动是因为弹簧盘被定位销锁定，现在定位销已拔去，弹簧组件即可自由转动，这时闸瓦在常用制动的活塞复位弹簧及吊杆的扭簧作用下，使两杠杆都有一回至缓解位的力，而停放制动的活塞螺杆又无自锁力，螺套反将推动螺杆旋转，螺套在杠杆力的作用下向后运动使制动得到缓解。

弹簧制动人工缓解后的复位，则只需向弹簧制动缸充一次气即可使其复位。

2）维修

以下以制动单元 PC7Y/PC7YF 为例，由于单元制动机直接关系到列车运行的安全，因此，对制动机的维修要求比较高。

① 清洗作业

A. 对于制动机的金属部件可以用化学清洗剂，清洗剂在不同的温度下都能保持较好的清洗和除油性能。最好能在 70~80℃清洗，在这个范围内清洗效果比较好，清洗完成后应立即用压缩空气吹干。

B. 橡胶件和塑料件要全部更换，不用清洗。

C. 保持外表面干燥的前提下用钢丝刷除去外表面上的锈迹和附着物。

② 检查与修理

在清洗完所有部件后，首先进行目测检查。更换损坏的零件，如裂纹、严重腐蚀或螺纹变形。其中，必须更换的部件有：

六角螺母、簧环、软管夹、皮腔、○形圈、垫片、环、弹簧垫片、止动螺栓、轴衬、干燥轴衬、外包装、密封环、滑块、挡圈、轴衬、过滤器、Belleville、弹簧、弹簧垫圈。

除目检外，一些重要的部件还必须进行特别检查：

A. 箱体　检查箱体的受损程度，如有必要参考图纸。尺寸要求和表面粗糙度要求要符合图纸规定；检查轴承销孔的磨损情况，不得大于 0.2mm。磨去细微擦痕。粗糙度要求要符合标准。孔径内表面不能有深的裂纹，否则要更换。

B. 心轴　把推力螺母旋进心轴，测量轴向间隙，如果超过 0.8mm，则要更换心轴。可以在心轴上装上杆头，一边啮合，一边测量行程。如果行程小于 0.6mm，则进行更换。

C. 推力螺母　把推力螺母旋进一根新的心轴，测量轴向间隙，如果超过 0.8mm，则要更换螺母。

D. 压簧　压缩至 16mm 时，压力要达到 200N，否则更换压簧。

E. 调整螺母　检查调整螺母的密封表面。磨去细小擦痕。

F. 活塞　测量活塞内孔直径。不能超过规定的最大尺寸。密封表面要符合粗糙度要求，否则要更换。把心轴放在活塞的空心处。心轴必须能朝一侧倾斜 5°，并留有间隙使其不会碰到活塞。如果两者接触，活塞上的空心处将变形，活塞要更换。检查活塞的环型槽，密封表面要符合粗糙度要求。深槽推力球轴承检查深槽推力球轴承的动作，必须平稳、自如。心轴把一根新的管子旋进心轴，测量间隙，如果超过 0.3mm，要更换心轴。

G. 风缸　检查轴上的轴承点，要符合规定的最大直径和粗糙度要求，否则要更换。风缸检查活塞接触面。要符合规定的最大尺寸和粗糙度要求。

在装配前，对有特殊要求的一些零部件需要进行润滑，采用的润滑剂及润滑方法一定要严格遵守制造商的相关规定，以 PC7YF 举例，重要的润滑操作有：

（A）装配前，所有内部零件和表面，包括箱体，密封圈，○形圈上涂一层 Fuchs Renolit HLT 2 润滑脂或等效润滑物。

（B）箱体和风缸的活塞接触面要用手或油脂枪润滑。用刷子润滑时，确保刷毛没有粘在接触面上。

（C）销子和螺钉铰接处的滑面，安装在调整螺母上的零件，摇杆头上的心轴需要用 Staburags NBU 30 PTM 润滑脂或等效油脂润滑。

（D）使用 OMNI_VISC 1002 密封箱体间的凸缘压装面。

（6）管路和储气缸

管路和储气缸是气源及制动系统的重要组成部分，担负着输送气压和储存空气的作用。除非损坏，一般不需要对管路和储气缸进行维修。只有在列车的大修程中才需要对进行管路和储气缸的维修，主要是清洗，并根据实际情况进行磷化。以下简单介绍上海地铁1号线直流地铁列车的气路管道的清洗、磷化过程（表4.3-1）：

序号	作业步骤	技术规范
1	拆解，并对各零部件编号	
2	用对应的软管连接各种管路接口，并堵塞相关的进出口，形成串联循环管路系统	(1) 堵头采用聚酯材料加工； (2) 连接次序为由大直径管道至小管径管道
3	对各循环系统分别注入压缩空气进行冲扫，打通管程。 (1) 防止清洗液体的泄漏和漏洗； (2) 吹扫管路内的杂质	(1) 压缩空气须经双重过滤； (2) 空气压力以满足清洗工艺需要为标准（0.8～1.0MPa）

注意事项：
(1) 在连接管道的前期，对所有已拆解连接部位的接口和螺纹部用溶剂性清洗剂进行清洗。
(2) 对所有循环清洗的管道外部用水基中性清洗剂进行彻底清洗

序号	作业步骤	技术规范
4	循环系统注入清水循环	(1) 再次检查是否有泄漏。 (2) 测定系统容水量
5	循环系统中加入清洗剂和清洗添加剂	(1) 根据系统容水量按比例加入药剂。 (2) 测定 pH＝3～4
6	清水循环漂洗	测定 pH＝6～7
7	磷化液循环	观察磷化成膜程度
8	封闭剂循环	循环时间控制
9	磷化膜效果检测： (1) 硫酸铜滴定试验； (2) 挂片、挂管封样并检验	
10	氮气吹扫，并进行露点检测	

注意事项：在循环清洗开始的同时，
(1) 将标准挂片悬挂在循环槽中进行同步浸泡清洗、磷化、封闭；
(2) 将 20～30cm 长，且与管道相同材质的短管串联在循环系统中，同步处理；
(3) 管路处理完毕后，将 (1)、(2) 所涉挂片和挂管进行检测

4. 检测与试验

(1) 空压机的测试

在空压机装配完成后，应检验空压机的功能是否正常。因此需要有专用试验台对空气压缩机单元的相关功能进行测试，在试验中，主要测量、控制下列参数：

1) 吸气口温度（即环境温度）；

2) 第一级压缩（低压压缩）后温度（未经冷却）；

3) 第一级压缩（低压压缩）后温度（经冷却）；

4) 第二级压缩（高压压缩）后温度（未经冷却）；

5) 第二级压缩（高压压缩）后温度（经冷却）；

6) 空载情况下的输出压力；

7) 满负载情况下的输出压力；

8) 电动机转速。

(2) 空气干燥器的测试

干燥过滤器组装完成后，应对它的功能进行测试，测试在专用试验设备上进行。

试验主要检查干燥器是否泄漏、换向功能是否正常、消声器的工作效果等。

按照设计要求，经过干燥的压缩空气，其相对湿度应小于35％，作为干燥过滤器最重要的功能，这是必须要测试的项目，可以使用压力露点计或相对湿度计来检查其是否达到要求。

（3）气制动控制单元的测试

气制动控制单元试验台采用单片机控制，用单片机模拟制动电子控制单元的电气控制信号，模拟各种制动共况，控制气制动单元执行相应的动作，并用高精度压力传感器测量预控制压力 C_{V1}，C_{V2}，C_{V3} 和闸缸压力 C，以检测各项功能是否正常。

根据制动控制单元的结构，主要检测内容分为两部分：

1）综合测试：

① 全常用制动测试。主要在紧急电磁阀得电的情况下，检测制动缸的压力是否与制动电子控制单元给出的控制压力一致，并给出特性曲线。

② 紧急制动测试。主要检测在紧急制动的情况下，制动气缸的压力与载荷压力的关系是否一致。并给出特性曲线。

2）分项测试：

① 模拟阀检测。测试模拟阀的输出压力 C_{V1} 与给定的控制电压是否一致，并给出模拟阀的转换特性曲线。

② 压力开关检测。当预控制压力 C_{V2} 变化时，压力开关的回环特性是否与设定值相同。

③ 限压阀检测。主要为当载荷压力 T 为 0.285MPa 时，测试预控制压力 C_{V3} 与 C_{V2} 的对应曲线，以及当载荷压力 T 变化时预控压力 C_{V3} 的特性曲线。

④ 中继阀检测。主要检测制动缸压力 C 与预控制压力 C_{V3} 是否一致，并给出中继阀的特性曲线。

⑤ 紧急电磁阀测试。检测紧急电磁阀是否正常工作。

⑥ 压力传感器检测。检测压力传感器的输出是否与所压力成正比，并给出压力传感器的特性曲线。

（4）制动电子控制单元的测试

在测试系统中有下述输入、输出量。

1）数字输入：

选择车辆类型（动车/拖车）；

列车编组情况（6节编组/8节编组）；

停车制动；

保持制动；

紧急制动；

常用制动；

C_V 压力开关；

电制动失效；

KBGM-P 的数字输入量即是测试单元的数字输出量。

2）数字输出：

EV1（防滑阀1）；

EV2（防滑阀2）；

EV3（防滑阀 3）；

EV4（防滑阀 4）；

故障组别 1；

故障组别 2；

故障组别 3；

摩擦制动—开；

速度极限；

km：信号（1 个脉冲/km）；

KBGM-P 的数字输出量即是测试单元的数字输入量；

在测试软件的页面上可以观察到上面的数字输出量的结果。

3）模拟输入：

C_V 压力（制动压力）；

制动需求；

负载压力；

KBGM-P 的模拟输入量即是测试单元的模拟输出量。

4）模拟输出：

负载信号；

速度信号；

KBGM-P 的模拟输出量即是测试单元的模拟输入量。

5）频率输入：

轴速 1（V_1）；

轴速 2（V_2）；

轴速 3（V_3）；

轴速 4（V_4）。

KBGM-P 的频率输入即是测试单元的频率输出，每个速度信号都可以独立修正。举例说明操作过程：

① 启动手动测试界面。

② 选择 "trailer car"/不选择 "Parking Brake"/选择 "Holding Brake"=T。

③ 当速度信号为 0km/h，ECU 把 Cv 压力调到 0.2MPa 左右。

④ "Holding Brake"=F，C_V 压力减到 0。

⑤ 把红色 "V_1" 滑块慢慢向上拖动，直到列车速度变为 20km/h。

检查速度信号的 Analog Output 的值是否相应变大。

⑥ 选择 Digital Input 的 "Brake"=T 并且用鼠标点击 "Brake Demand" 的上升按钮，检查 C_V 压力的值是否随着 Brake demand 值增加。

⑦ 给车轮 2 一个单独速度信号，检查 ECU 是否规律性的给相应减速轴的防滑阀发送数字信号。

⑧ 设置操作模式 $V1=V1\cdots V4$ 为 ON。

用鼠标拖动 V_1 滑块直到速度信号为零。

设置 Brake Demand 值为 0。

并 Digital Input 的"Braking"＝F。

⑨ 检查 C_V 压力减到 0。

⑩ 退出手动测试界面。

（5）单元制动机的测试。

单元制动机组装完成后，需要进行试验，主要的测试项目有：

1）压力试验；

2）泄漏试验；

3）调节性能试验；

4）制动力试验；

5）紧急缓解试验。

（6）制动系统总体测试

列车的供气和气制动系统组装完成后，为了保证系统的功能正常和列车的运行安全，必须对整套系统进行测试，测试分为静态调试和动态调试两部分：

静态主要内容有：

1）列车拼车之后，对整车的制气路系统进行漏泄试验。

2）检查空压机的充气时间是否正常，系统压力是否符合标准要求。

3）在 AWO 状态下，检查 T-压力是否正常。

4）在 AWO 状态下，检查常用制动时的制动缸压力是否正常。

5）在 AWO 状态下，检查紧急制动时的制动缸压力是否正常。

动态主要内容有：检查在不同速度、不同制动指令条件下制动距离是否正常。

4.4 车　钩

1. 概述

车钩缓冲装置是车辆最基本、最重要的部件之一，其主要作用为传递牵引力、缓冲吸振、车间连接。车钩状态包括待挂、连接和解钩三种状态。车钩既可以实现车与车之间机械、电气和气路的连接，完成机车与车辆或车辆与车辆之间的连挂，又可以使得车与车之间彼此保持一定的距离，在日常运营或检修作业的过程中，车钩还负责传递和缓和运行或调车时所产生的纵向力和冲击力。

如果上述作用是由同一装置来承担的，那么该装置可分为为牵引连挂装置和缓冲装置两部分。牵引连挂装置用来保证动车和车辆彼此连接，并且传递和缓冲拉伸（牵引）力的作用。缓冲装置用来传递和缓冲压缩力的作用，减小车辆相互冲击时所产生的作用力，并且使车辆彼此之间保持一定的距离。

按照牵引连挂装置的连接方法，可以将地铁车辆车钩缓冲装置划分为：非自动车钩、自动车钩。其中自动车钩又包含非刚性车钩、刚性车钩、半刚性自动车钩三个基本类型。我国铁路和城市轨道车辆均采用自动车钩。

（1）刚性车钩和非刚性车钩

一般来说，车钩缓冲装置俗称车钩。按照两车钩连接后在垂向能否彼此相对移动，车钩可分为刚性车钩和非刚性车钩，如图 4.4-1。

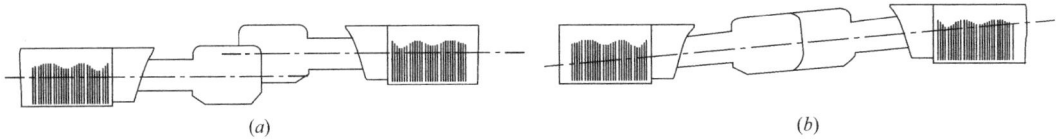

图 4.4-1　刚性车钩和非刚性车钩

(a) 非刚性车钩；(b) 刚性车钩

非刚性车钩允许两个相连接的车钩钩体在垂直方向上有相对位移，当两个车钩在连挂前的纵向中心线存在高度差时，发生连挂的车钩将各自保持在各自的水平位置，并呈阶梯状。由于钩体的尾端相当于销接，保证了车钩在水平面内可以产生角位移。

刚性车钩不允许两连挂车钩在垂向存在相对位移，如果两车钩连挂之前的纵向中心线高度已有偏差，那么在连挂后，两车钩的中心线将处在同一条直线上，并呈倾斜状态。车钩钩体的尾端具有完全的铰接，保证连挂车钩之间可以具有相对的水平角位移和垂向角位移，保证车钩具有这些角位移的必要性是由于线路的水平面及纵剖面是变化的，以及由于车体在悬挂系统上的振动和作用于车体上的载荷所决定的。

刚性车钩与非刚性车钩相比有如下优点：

1) 刚性车钩简化了空气管路、电气线路等自动连挂的条件，这对于实现列车编组完全自动化具有重大意义，并且也改善了工人的劳动条件。

2) 刚性车钩减小了两个车钩连接表面之间的间隙，从而降低了车辆之间的纵向冲击力，有效提高了列车运行的平稳性指标。

3) 刚性车钩改善了车钩内连挂机构的工作条件。

4) 刚性车钩减小了车钩连接表面的磨耗。

5) 刚性车钩降低了两连挂车钩在列车运行中相互冲击而产生的噪声，这对于城市轨道车辆和客车尤为重要。

6) 在意外撞车事故中，刚性车钩降低了发生一个车辆爬到另一个车辆上的危险几率。

由于上述优点，刚性车钩主要应用于地铁车辆、城市轻轨车辆以及高速列车。非刚性车钩较普遍地应用于一般的铁路客车和货车。

(2) 密接式车钩

为了改善地铁车辆或城市轻轨车辆的运行品质，满足其在连挂时实现电路、气路和机械机构的自动连挂，成功开发了密接式车钩。密接式车钩是通过车辆之间以一定的相对速度相向运行并相互碰撞，使钩头的连接器动作，实现两车辆的机械、电气线路和空气管路的自动连接的一种刚性车钩。密接式车钩在两连挂车钩高度有偏差，以及在有坡度线路和曲线上都能安全地连挂；两车钩连挂后，钩头接触面之间不允许水平和垂向的相对移动，且钩头接触面的纵向间隙应限制在很小的范围之内。

(3) 全自动车钩、半自动车钩和半永久车钩

地铁车辆或城市轻轨车辆的车钩缓冲装置按其结构可分为三种不同的类型，即全自动车钩、半自动车钩和半永久车钩（也称半永久拉杆），其均属于密接式车钩。

全自动车钩可以实现机械、气路和电路的完全自动连挂和解钩，或人工解钩。

半自动车钩的机械和气路的连接机构与作用原理基本上与全自动车钩相同，可以实现自动连挂和解钩，或人工解钩，但是电路必须靠人工连挂和解钩，以方便检修作业。

半永久车钩的机械、气路和电路的连接和解钩都需要人工操作，但一般只有在架修以上的作业时才进行分解。

2. 车钩缓冲装置组成

地铁车辆的车钩缓冲装置分为三种不同的类型，即全自动车钩、半自动车钩和半永久车钩，其基本结构由车钩机械钩头、电气连接装置、钩身缓冲装置和钩尾冲击座等部分组成。车钩缓冲装置的基本布局为：机械连接部分居中，电气连接箱分设在左右两侧，中心轴下方设气路连接。下面分别介绍车钩缓冲装置的结构部件组成。

车钩钩头：

常用的全自动车钩和半自动车钩的车钩机械钩头有 35 型和 330 型两种形式。35 型钩头连挂范围较大，结构比较复杂，钩舌解钩和连挂呈现两种不同的状态，可以通过钩舌的转动中心进行连挂状态的识别，下部的导向杆导致电钩只能布置在钩头两侧或上部。330 型钩头结构简单、成本较低，但是钩舌连挂和解钩只有一种状态，须通过探测开关探测钩舌位置进行车钩状态的识别。机械钩头内集成有总风管连接器和解钩风管连接器，可以在车辆机械连挂的同时实现气路连接。

半永久车钩钩头通过卡环和螺栓连接，具有刚性强、无松脱、安全性高等特点。

电气连接装置：

全自动车钩一般用于车端，将低压、信号、通信线缆等与电钩的触头连接后，通过电钩实现车辆的电气连接，电钩后部布置有机械操纵机构和解钩气缸，构成电钩连接的执行机构。半自动车钩和半永久车钩一般用于车间，通过人工操作实现电气连接。车间的电气连接除包含低压、信号、通信线缆外，还要传递中高压线。由于跨接电缆具有连接方便可靠、成本低的优点，大部分均采用此方式。为监测连挂状态等关键信息，半自动车钩和半永久车钩可根据需要设置车钩连接器触点。

钩身：

钩身连接钩头和钩尾座，一般由刚性牵引杆和吸能缓冲器组成。钩身常用的缓冲器有弹性胶泥缓冲器、气液缓冲器和压溃管。

弹性胶泥缓冲器利用弹性胶泥本身的材料阻尼和缓冲器中节流装置提供的结构阻尼配合进行吸能。弹性胶泥缓冲器为可恢复吸能缓冲器，吸能容量较大，能力吸收率较高，具有较好的舒适性，性能稳定，检修周期长，价格适中。气液缓冲器利用气体的可压缩性和液体的阻尼配合进行吸能。气液缓冲器为可恢复吸能缓冲器，性能稳定、检修周期长，但是对密封性要求较高，价格较高，不适用于列车冲击速度要求较高的情况。压溃管由膨胀管、加压管和加压锥等零件组成，当纵向压缩载荷大于设定值时，加压管和加压锥进入膨胀管内部，利用其变形吸收能量。压溃管为不可恢复能量吸收装置，结构简单免维护，但是压溃管触发后需要重新更换。由于压溃管仅吸收压缩方向的能量，且触发力较高，一般与钩尾座中的弹性缓冲器配合使用。

钩尾座：

钩尾座一般由安装座、高度调整装置、对中装置、过载保护装置和内部缓冲装置等组成。车钩通过安装座与车体连接，在高度方向由固定于钩尾座的橡胶堆支撑，松开橡胶堆两侧的螺母即可旋转螺栓调整车钩高度，根据相对于车钩安装面的位置不同，可分为前置式安装和后置式安装。对中装置有气动对中和机械对中，自动对中角度一般为±15°，超过此角度后车钩将停在偏心位置，须手动推回中间位置。

钩尾座内部缓冲装置通常为 EFG3 橡胶缓冲器或球铰轴承，利用橡胶内的摩擦和弹性变形来缓冲和吸收能量，在牵引和压缩两个方向均具有能量吸收功能，结构简单，价格较低。EFG3 橡胶缓冲器为可恢复吸能缓冲器，经常与压溃管配合使用，但是由于橡胶的老化特性，吸能效果和舒适性随着时间的推移而降低。也可以将弹性胶泥缓冲器集成于钩尾座中。

过载保护装置能够在列车受到强烈冲击、车钩产生的作用力超过设定值时发生动作，使车钩脱离车体后向后回退，防爬器相互作用继续发挥吸能保护作用。过载保护装置一般用于列车端部车钩，通过在车钩钩尾座内部设置剪切销或在钩尾座与车体的连接螺栓后设置过载保护套实现。

现以全自动车钩为例，根据缓冲装置形式的差异分别介绍现阶段比较常见且应用广泛的车钩类型。

（1）双作用环弹簧缓冲器车钩

双作用环弹簧缓冲器全自动车钩的结构如图 4.4-2 所示，车钩钩头由机械钩头、电气连接箱和气路连接器三部分组成。机械钩头居中，电气连接箱分设在左、右两侧，钩头中心线下方设有气路连接器，机械钩头内装有解钩气缸。所采用的缓冲装置为双作用环弹簧缓冲器。双作用环弹簧缓冲器由弹簧盒、弹簧前后座板、外环簧、内环簧、端盖和牵引杆组成。

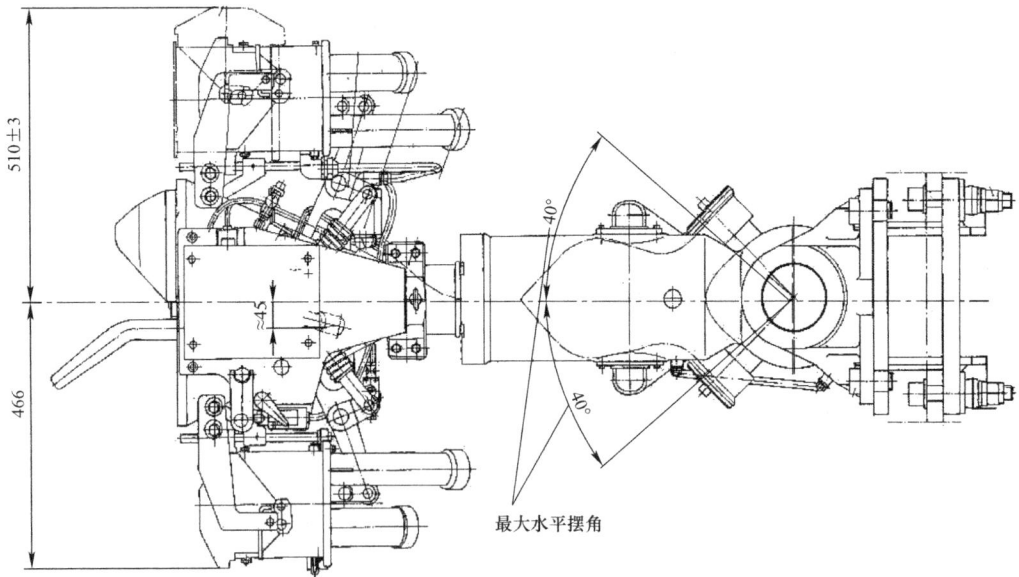

图 4.4-2 双作用环弹簧缓冲器全自动车钩结构总图

双作用环弹簧缓冲器的原理是：当车钩受压缩冲击时，牵引杆推动弹簧前座板向后挤压内、外环簧。由于内环簧和外环簧相互间的接触面为 V 形锥面，从而使内环簧受压缩，外环簧受拉伸，使冲击能量转化为弹簧的势能，同时内、外环簧锥面的相互摩擦还产生一定的热量，从而也使一部分冲击能量转化为热能。总之缓冲器将冲击能量转化弹簧的势能和热能，来达到吸收冲击能量的目的。当牵引杆受拉伸冲击时，牵引杆的后端的预紧螺母压迫弹簧后座板，同样后座板也挤压内、外环簧，同样也使内、外环簧产生与牵引杆受冲击时同样的变化过程。

（2）配置压溃管与橡胶缓冲器的车钩

配置压溃管与橡胶缓冲器的全自动车钩结构如图 4.4-3 所示，车钩钩头由机械钩头、电气连接箱和气路连接器三部分组成。机构钩头部分居中，电气连接箱分设在左、右两侧，钩头中心线下方设有气路连接器。钩头结构与上海地铁直流电动列车的车钩钩头基本相同，且与其可以实现机械、电气和气路的完全自动连挂和解钩。车钩的缓冲装置由压溃管和橡胶缓冲器（EFG3）组成。

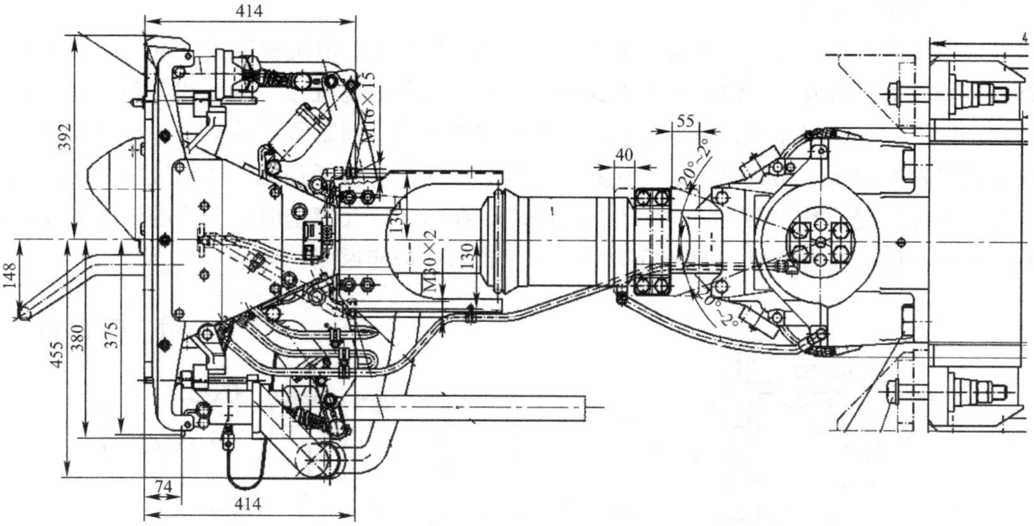

图 4.4-3　配置压溃管与橡胶缓冲器的全自动车钩结构总图

压溃管与橡胶缓冲器的原理是：在列车正常的牵引和制动时，通过橡胶缓冲器的橡胶变形来吸收冲击能量。在列车相撞时，通过压溃管的永久变形来吸收冲击能量。压溃管和橡胶堆形成最佳的组合来吸收冲击能量。压溃管属于免维修部件，当压溃管的变形部位超过规定的标准时必须进行更换。

（3）液压缓冲器车钩

液压缓冲器全自动车钩结构如图 4.4-4 所示，车钩钩头由机械钩头、电气连接箱和气

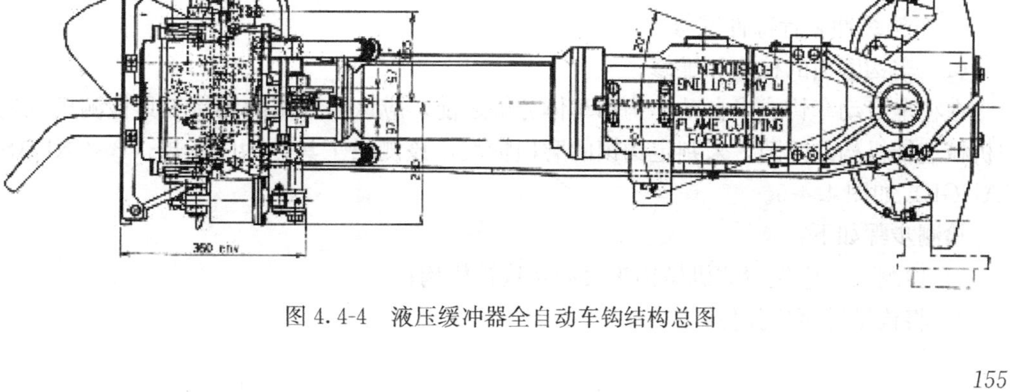

图 4.4-4　液压缓冲器全自动车钩结构总图

路连接器三部分组成。车钩钩头的机械钩头居中，电气连接箱设在上侧，钩头中心线下方设有气路连接器。车钩钩头结构与上海地铁直流电动列车的车钩钩头相同，电气连接箱的结构和布置不同。车钩的缓冲装置采用液压缓冲器。液压缓冲器主要由活塞、弹簧、缸体、空腔等组成，采用液压油为缓冲介质。

液压缓冲器的原理是：车钩在发生撞击时，缓冲器内部的活塞杆作用于活塞，使压力油通过活塞和缸体内壁的间隙流动，从而吸收能量，其相对速度越快吸收能量越大。液压缓冲器在承受冲击时，阻抗力的大小决定于活塞的活动速度、溢流孔的截面尺寸及缓冲介质的黏度等。

（4）气液缓冲器车钩

气液缓冲器全自动车钩结构如图 4.4-5 所示，车钩钩头由机械钩头、电气连接箱和气路连接器三部分组成。车钩钩头可以其他电客列车列车实现机械、电气和气路的完全自动连挂和解钩，车钩缓冲装置采用气液缓冲器组成的结构。列车承受冲击时，重复缓冲器将撞击能量转换为压缩和摩擦能量。气液缓冲器中缓冲介质包括预载气体和液压介质。该预应力可以确保缓冲器在第一时间作出预定响应，在出现巨大撞击时，介质的溢流和压缩能减少并部分储存撞击能量，撞击后钩身由于存储的弹簧能返回其初始位置。

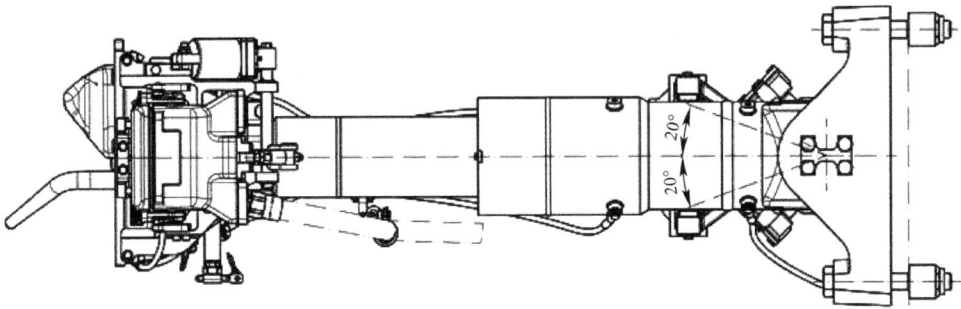

图 4.4-5　气液缓冲器全自动车钩结构总图

气液缓冲器由缸体、柱塞、节流调节芯棒、气液隔离活塞等部件组成。气液缓冲器的工作介质为压缩空气（如氮气）和液压油，具有吸收冲击能量高，产生的反作用力小，定位效率高，使用寿命长等优点。

气液缓冲器的工作原理是：当冲击物碰撞到柱塞时，柱塞向缸体内运动，压缩一端液室，将冲击能转化为液压能。一端液室中的油液在压力作用下经节流孔流向另一端液室，通过油液流经节流孔时所产生的压力损失使液压能得以损耗达到吸收冲击能量的目的。气液缓冲器气室空气的作用类似弹簧，使缓冲器在完成一次冲击能吸收后恢复到初始状态。

3. 车钩缓冲装置部件维修

（1）车钩磨损的检测和维修

在将全自动车钩或半自动车钩和车体分解之前，应该用专用的测量工具检测机械钩头内机械连挂机构的间隙，来判定钩锁的磨损情况，该测量工具称为间隙规（BACKLASH-GAUGE）如图 4.4-6。

检测步骤如下：

1）检测之前应先清洁机械钩头表面及钩锁机构；

2）将钩锁转至连挂位；

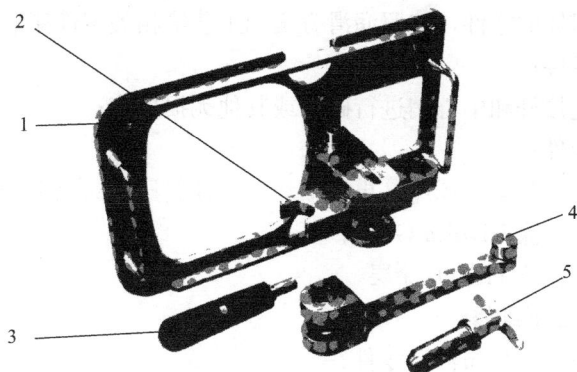

图 4.4-6 间隙规 (BACKLASH-GAUGE)
1—规体；2—测试钩板；3—手柄；4—连杆；5—连杆销

3）从间隙规的钩舍板中取下连接杆销；

4）使间隙规定位，即使规体表面与机械钩头表面贴合；

5）使车钩连接杆钩住间隙规的钩舍板；

6）使间隙规的连接杆钩住车钩的钩舍板；

7）通过转动棘轮手柄调节间隙规钩舍板的位置，以便可以插入连接杆销；

8）顺时针转动棘轮手柄，使间隙规处于张紧状态，调节扭矩限于100N·m；

9）间隙规上的游标尺可读至0.1mm，钩锁机构的磨损极限不得被超过1.4mm；

10）如果超过磨损极限，必须拆下钩头并分解，以检查钩锁零件的损坏和磨损情况，有必要将其更换。

（2）车钩钩头维修

车钩钩头由机械钩头、电气连接箱和气路连接器等部分组成。

1）机械钩头

全自动车钩机械钩头由壳体、心轴、钩舌板、钩舌板连杆、钩舌弹簧、钩舌板定位杆（或称棘爪）及弹簧、撞块及弹簧和解钩气缸组成。

壳体的前部一半为四锥体的钩头，另一半为钩头坑（或称凹坑），车钩连挂时相邻两个车钩的四锥体的钩头和钩坑相互插入。

固定在心轴上的钩舌板在钩舌板弹簧的作用下可绕心轴转动并带动钩舌板连杆动作，钩舌板是按功能需要设计成的不规则几何形状，设有供连挂时定位和供解钩气缸活塞杆作用的凸舌，以及与钩舌板连杆连接的定位槽、钩嘴等，是车钩实现动作的关键零件。

钩舌板连杆在连杆弹簧拉力的作用下使车钩可靠地连接起来。

钩舌板定位杆上的两个凸齿，使钩舌板处于待挂或解钩状态。

撞块可在车钩连挂时解开钩舌板定位杆与钩壳的锁定位，从而使两钩实现连挂。

半自动车钩的机械钩头与全自动车钩基本相同，半永久车钩的机械钩头采用半环箍型联轴器连接，一般仅在加修和大修时才分解进行检修。

对机械钩头进行如下维修：

① 清洁和检查下述钩锁机构零件的磨损情况：连接杆、连接杆销子、钩舌板、中心销、撞块、棘爪、导向杆、张紧弹簧；

② 更换磨损或损坏的零件，按照润滑方案和工艺给相关零件涂油。

③ 更换部分弹簧件；

④ 对钩舌板、连接杆和中心销进行磁纷或其他无损探伤；

⑤ 重新油漆各零件；

⑥ 用压缩空气清洁弹簧支撑座，更换损坏件，并给压簧涂点 Rivolta GWF；

⑦ 在螺栓螺纹表面涂 Rivolta GWF；

⑧ 在机械车钩表面涂 HS300 涂层。

对解钩气缸进行如下维修：

① 用无油压缩空气和抹布清洁零件；

② 用刚性金属丝清洁气缸盖板上的排气孔；

③ 检查活塞〇形密封圈和气缸盖板上的防尘圈有无裂痕，如有将其更换；

④ 检查活塞杆的磨损情况，磨损严重将更换；

⑤ 检查活塞复位弹簧是否断裂，如有将其更换；

⑥ 用 Rivolta SKD3400 润滑气缸活塞杆和气缸内侧壁；

⑦ 用 Rivolta GWF 涂于螺栓端部。

2) 电气连接箱

全自动车钩的电气连接箱设于机械钩头的两侧，其中一侧连接低压电缆，另一侧连接信号和通信电缆。全自动车钩的电气连接箱通过机械操纵机构实现自动连挂和解钩，当机械钩头连挂时钩头内心轴转动带动顶端的凸轮一起转动，从而推动一个二位五通阀，使压缩空气作用于电气连接箱的气缸，气缸活塞杆通过杠杆机构和弹簧使电气箱迅速连挂。

半自动车钩电气连接箱的连挂和解钩是人工实现，通过手动转动齿轮，使得齿轮和齿条机构动作，从而带动杠杆和弹簧使电气连接箱连挂和解钩。因此，半自动车钩的电气连接箱运动不随机械车钩同时动作。

电气连接箱只在损坏的情况下才有必要分解维修，一般地，对电气连接箱进行如下维修：

① 用干布和无油压缩空气清洁触头和绝缘块；

② 更换个别已损坏触头，更换可动触头和固定触头的方法相同；

③ 检查接线柱，用兆欧表测量接线柱的绝缘性能；

④ 更换密封橡胶框；

⑤ 修复电气连接盒的塑料绝缘涂层。

对电气连接箱的操纵机构进行如下维修：

① 更换密封件；

② 清洁和检查零部件磨耗情况，更换磨耗件，用无油压缩空气清洁软管和风管；

③ 如有必要重新油漆；

④ 用 Rivolta GWF 润滑滑动接触表面和衬套；

⑤ 用 Rivolta GWF 润滑螺栓端部；

⑥ 用 Loctite572 密封插接式软管的螺纹件，活结螺母不必密封；

⑦ 用 Rivolta SKD3400 润滑气缸内侧表面和活塞杆；

3) 气路连接器

气路连接器设在机械钩头法兰下侧的中间，分设两个风管弹簧阀，如图 4.4-7，当一方弹簧阀的阀芯管压迫另一方的阀芯时则双方阀被打开，使总风管和解钩风管接通。而一旦对方风管撤离，也就是两钩头的法兰面分离时，则阀芯又在弹簧力的作用下将阀关闭。这样设计的风管连接装置可使风管的接通和断开随车钩的连挂和解钩自动进行。

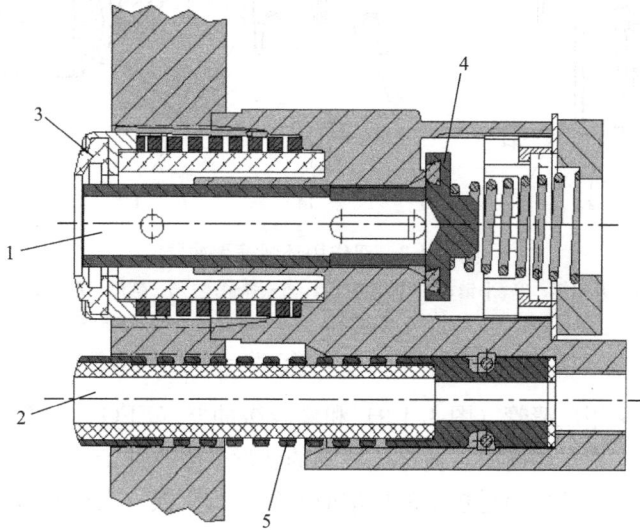

图 4.4-7　风管弹簧阀

1—主风管接头；2—解钩风管接头；3—密封条；4—阀芯；5—压簧

对气路连接器进行如下维修：

① 清洁和检查零件是否有损坏，更换损坏件；

② 更换主风管和解钩风管弹簧阀对接口的橡胶密封件；

③ 更换主风管和解钩风管的橡胶管；

④ 用白色酒精清洁橡胶件，不得用润滑油脂处理；

⑤ 用 Rivolta GWF 保护螺栓端部；

⑥ 用 Loctite572 密封气管上的螺纹件，活结螺母不必密封；

⑦ 车钩装车前用肥皂液检查气管接头是否漏泄，测试气压为 1MPa。

　4）缓冲装置

缓冲装置分为可再生缓冲器和不可再生缓冲器两种类型，可再生缓冲器有双作用环弹簧缓冲器、橡胶缓冲器（EFG3）、液压缓冲器和气液缓冲器等，压溃管是不可再生缓冲器。

现阶段部分电动列车车钩使用的缓冲器为双作用环弹簧缓冲器。它由弹簧盒（筒）、弹簧前后座板、外环簧、内环簧、端盖和牵引杆等组成，如图 4.4-8。该缓冲器的容量为18.7kJ，行程为 55mm，能量吸收率为 66%。当车钩受压缩冲击时，牵引杆推动弹簧前座板向后挤压内、外环簧。由于内环簧和外环簧相互间的接触面为 V 形锥面，从而使内环簧受压缩，外环簧受拉伸，使冲击能量转化为弹簧的势能，同时内、外环簧锥面的相互摩擦还产生一定的热量，从而也使一部分冲击能量转化为热能。总之，缓冲器将冲击动能转化弹簧的势能和热能，来达到吸收冲击能量的目的。当牵引杆受拉伸冲击时，牵引杆后端的预紧螺母压迫弹簧后座板，同样后座板也挤压内、外环簧，同样也使内、外环簧产生与牵引杆受冲击时同样的变化过程。所以该缓冲器无论是受压缩冲击还是受拉伸冲击时，都能吸收冲击能量。

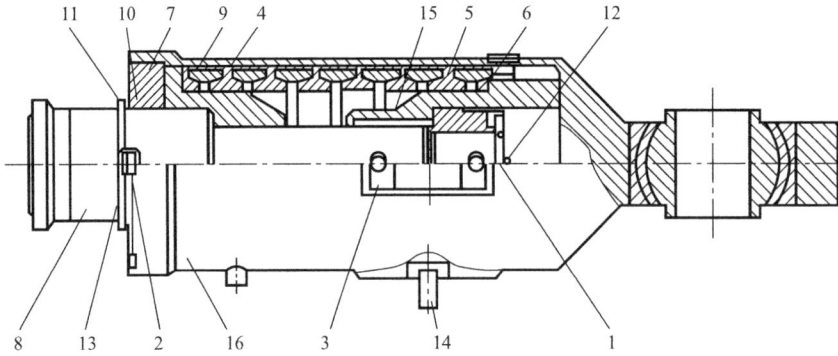

图 4.4-8 双作用环弹簧缓冲器

1—开口销；2—平销；3—磨耗板；4、5—弹簧座；6—螺母；7—端盖；

8—牵引杆；9—内外摩擦弹簧；10—密封圈；11—○形圈；

12、13—六角头螺栓；14—柱销；15—平键；16—弹簧盒

针对电动列车采用压溃管（图 4.4-9）和橡胶缓冲器（EFG3）（图 4.4-10）配置组成的车钩缓冲装置。在列车相撞时，通过压溃管的变形来吸收冲击能量，压溃管属于免维修部件，当压溃管的变形部位超过规定的标准时必须进行更换。在列车进行正常的牵引和制动时，通过橡胶缓冲器（EFG3）的橡胶变形来吸收冲击能量。它能吸收最大的压缩冲击能量为 14.1kN，吸收最大拉伸冲击能量为 7.075kN。

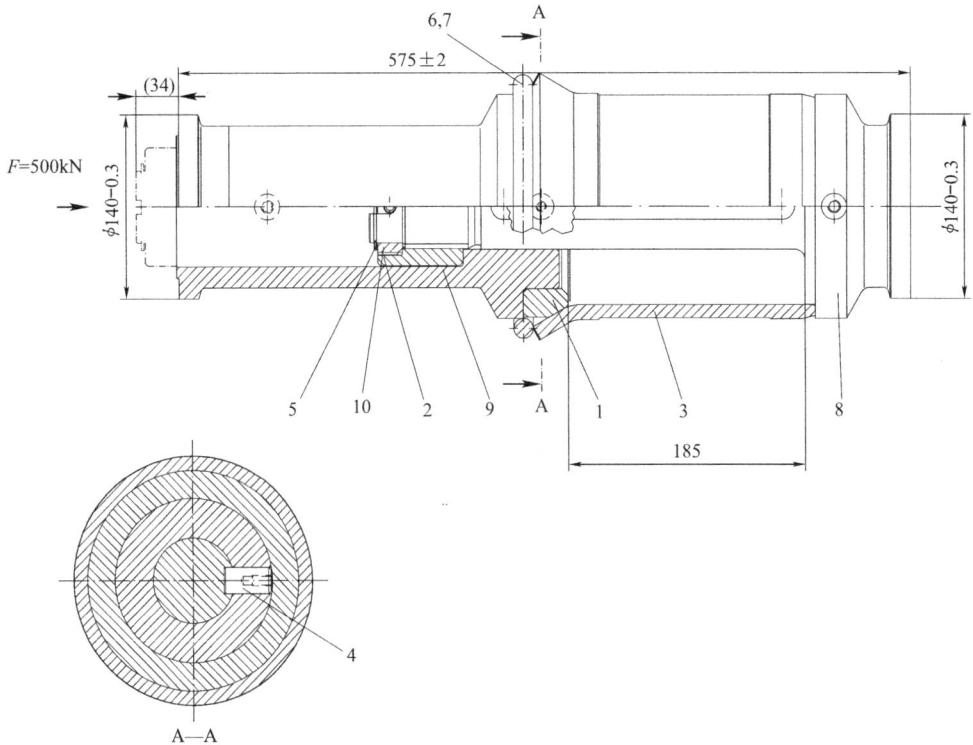

图 4.4-9 压溃管

1—作用环；2—圆形螺母；3—压溃管；4—挡销；5—止退环；6—○形圈；

7—胶水；8—牵引杆；9—中间作用轴环；10—安全装置

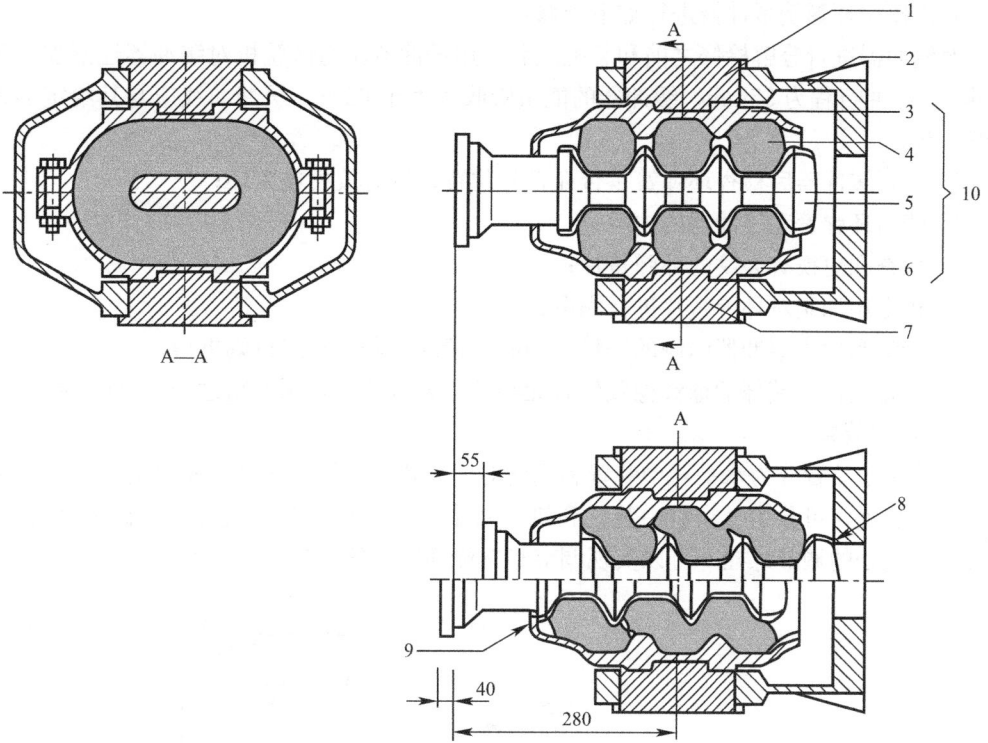

图 4.4-10　橡胶缓冲器（EFG3）

1、7—销轴；2—轴承座；3—上盖；4—橡胶环；5—牵引杆；6—下盖；8、9—挡圈；10—缓冲机构

对于采用液压缓冲器缓冲装置（图 4.4-11）的电动列车车钩，液压缓冲器作为一种可恢复的能量吸收装置，在车钩发生撞击时，缓冲器内部的活塞杆作用于活塞，使压力油通过活塞和缸体内壁的间隙流动，从而吸收能量，其相对速度越快吸收能量越大。

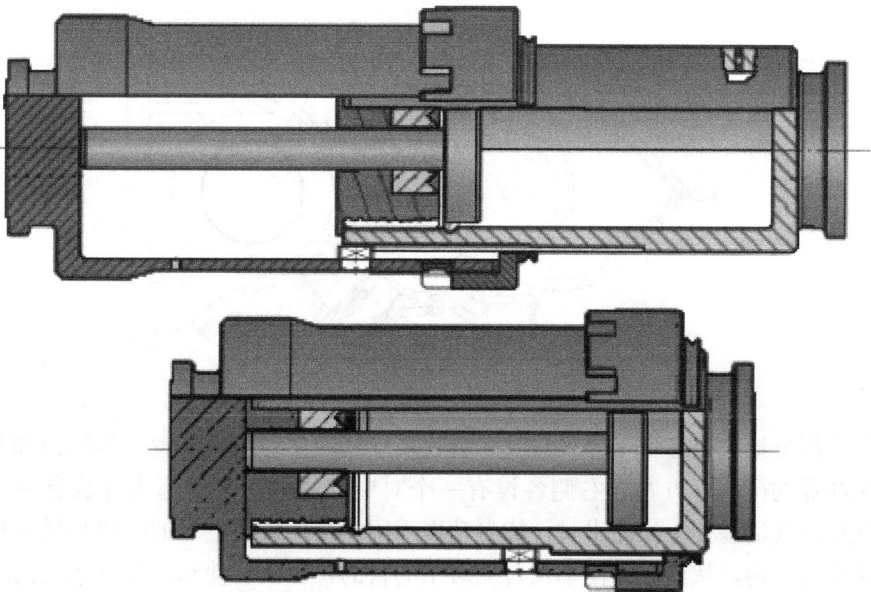

图 4.4-11　液压缓冲器

对双作用环弹簧缓冲器进行如下维修：

对缓冲器进行分解检修之前和装配之后，用缓冲器压力试验机对缓冲器逐渐加 载至550kN，缓冲行程为55mm，缓冲器的能量吸收率大于66％，缓冲曲线应与其给定的弹性曲线一致。

① 打开缓冲器后检查环弹簧是否在正常位置，然后放松预紧环；

② 清洁环弹簧和缓冲器的内腔；

③ 检查和更换有裂纹的环弹簧片；

④ 用专用油脂对环弹簧片进行润滑；

⑤ 清洁和检查缓冲器两侧的磨耗板的磨损情况，若磨损严重则更换；

⑥ 检查缓冲器端部的球铰橡胶件有无裂纹，若有裂纹，深度超过5mm就要更换。

5）对中装置

车钩对中装置分为水平对中装置和垂向对中装置，如图4.4-12。水平对中装置一般简称为对中装置，可分为气动对中装置和机械对中装置。垂向对中装置一般称为垂向支撑，通过调整该处的调节螺栓，可以实现调节车钩端面中心线到轨道上表面的距离。

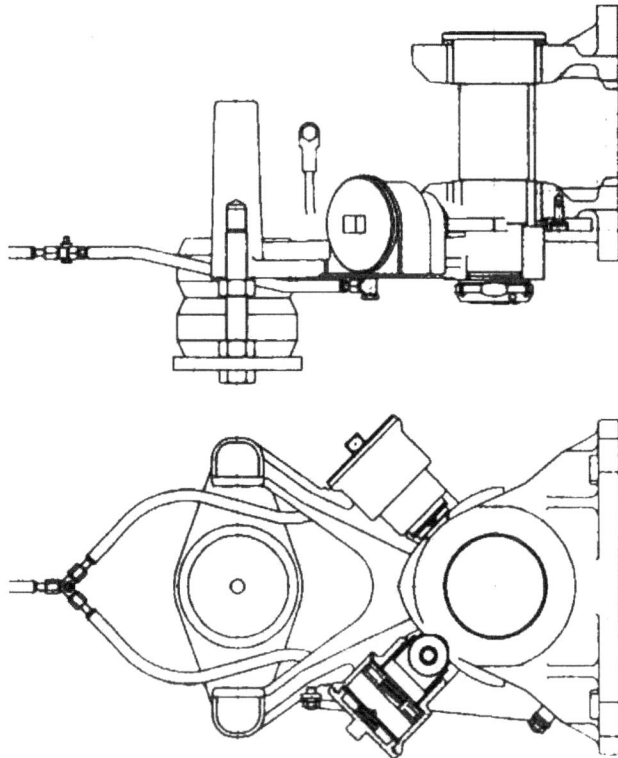

图4.4-12　对中装置

现阶段部分地铁电客列车的车钩对中装置采用气动自动对中装置。其结构和对中原理是：在缓冲器的尾部下方左、右侧各设有一个对中气缸，它的活塞头部装有一个水平滚轮，当气缸冲气活塞杆向外伸出时，能自动嵌入固定在球铰座下方的一块呈桃子形凸轮板左、右两个缺口内，从而达到使车钩自动对中的目的，也就是使车钩缓冲装置的中心线与车体中心线在同一个垂直平面内，以便使两个钩头对准对方的车钩的钩坑。

对中气缸的充气和排气是通过机械钩头心轴顶部的凸轮来驱动二位五通阀的阀芯，从而使对中气缸进行充气或排气。当车钩处于待挂状态，对中气缸充气使车钩自动对中；当车钩处于连挂状态时，对中气缸处于排气状态，对中气缸排气，车钩则可自由转动，则有利于列车过弯道。当车辆在弯道上进行连挂时，只需将车钩下方对中气缸的进气阀门关闭，对中装置的对中气缸立即排气，使车钩处于自由状态。在进行连挂时，利用钩头法兰前的导向杆（俗称象鼻子）进行操作对位，从而顺利地进行连挂。

另外一种比较常见的地铁电客列车车钩对中装置采用机械对中方式，其原理是根据机械弹簧的挠度较大，可以使得车钩在水平方向摆动一定角度，实现车钩在直线段和曲线段的正常连挂。

对于垂向支承，地铁现有电动列车基本相同，都是通过调整橡胶支撑垫的预紧力来调整车钩在垂向距轨道上表面的距离（一般是 720mm）。

对中装置进行如下维修：

① 用无油压缩空气和抹布清洁各零件；

② 用刚性金属丝或旋具清洁气缸排气孔；

③ 检查凸轮板和衬套是否损坏和磨损，如有损坏则更换；

④ 检查活塞杆端部的滚轮是否损坏，如有损坏则更换；

⑤ 用 Rivolta GWF 润滑所有的滑动件和壳体内侧；

⑥ 用 Rivolta GWF 保护螺纹和螺栓端部；

⑦ 用 Loctite572 保护插接式软管上的螺纹件；

垂向支承装置进行如下维修：

① 清洁和检查橡胶弹簧是否有裂纹和损坏，如果裂纹深度超过 3mm 或长度超过 10mm，须更换橡胶弹簧；

② 清洁和更换衬套。

6）钩尾冲击座

缓冲器的尾部是通过一个球铰与车体底架相连，该球铰部分简称钩尾冲击座。这样的结构可使整个车钩缓冲装置在水平面内摆动 ±40°，而在垂直面内摆动 ±5°，满足车辆在水平曲线和竖曲线上运行的要求。

通过钩尾冲击座将车钩缓冲装置安装在车体的底架牵引梁上，而钩尾冲击座与牵引梁之间安装过载保护螺栓，过载保护螺栓是采用鼓形结构，当冲击载荷大于 800kN 时鼓形结构被破坏，车钩与车体分离并沿着导轨向后移动，从而避免超过许用载荷的冲击力加载到车体底架上。

国内城市轨道交通绝大部分电动列车车钩钩尾冲击座的原理和功能基本相同，只是结构和尺寸略有差异。

对钩尾冲击座进行如下维修：

① 当车钩受到 850kN 以上的冲击载荷或严重的碰撞事故后，必须检查过载保护螺栓和衬套是否损坏，若有损坏须更换；

② 清洁和检查底架的尼龙导轨轨板是否损坏，若有损坏须更换，并对其进行润滑，但是不允许对过载保护螺栓和衬套的接触表面进行润滑；

③ 清洁和检查球铰结构的橡胶件是否损坏，若有损坏须更换；

④ 自锁螺母重复使用不得超过 5 次。

7）其他附件的结构和维修

连接环。

连接环由上、下两个半连接环组成，通过四个螺栓连接。通过连接环把车钩钩头和缓冲器连接在一起，实现力和运动的传递。

对连接环进行如下维修：

① 清洁连接环的内外表面；

② 用磁纷或其他无损检测方式进行探伤；

③ 用 Safecoat DW36X 涂连接环内侧底部，不得涂连接环和车钩钩头法兰环的工作表面；

④ 用 Rivolta GWF 保护螺纹和螺栓端部；

⑤ 安装时连接环的排水孔必须朝下。

（3）监测和控制元件

车钩实现连挂和解钩动作的控制和监测元件为 S1、S3、S4 行程开关和二位五通换向阀。当机械钩头连挂和解钩时钩头中心销的凸轮板转动，S1 行程开关监测到该动作并给出反馈电信号。当电气连接箱连挂和解钩时，S3 行程开关监测到电气连接箱操纵机构的动作并反馈电信号。S4 行程开关与车钩的止动板有连锁作用，当止动板动作时即使车钩高压电路切断，特别在解钩时起保险作用。

车钩的气路控制元件为二位五通换向阀，通过该阀实现电气连接箱和对中装置的自动动作。

对监测和控制元件进行如下维修：

1）检查 S1、S3 和 S4 行程开关的动作是否良好，否则进行更换；

2）在安装开关时，确保其行程触头的正确角度和位置，并检查其功能。

3）清洁和检查二位五通阀。

4. 车钩相关试验

（1）车钩连挂和解钩试验

将全部组装好的全自动或半自动车钩安装在试验台上，进行车钩自动连挂和解钩试验。连挂时要听其声音是否清脆，以判别机械钩头安装的质量。通过操纵手动解钩装置，检查手动解钩的性能是否正常；

（2）气密性试验

在车钩处于连挂状态下，用肥皂水喷在所有阀和管路接头处以检查气路是否有泄漏。

4.5 车 体

1. 概述

车体是城市轨道交通车辆的重要部件之一，它安装在转向架上，其主要功能是车体内部运载旅客，车体底架下部及车顶上部要安装大量的机电设备，承受和传递各种动静载荷及各种振动。满足列车时速 80～100km/h 的要求。

国内轨道车辆车体结构分类：

（1）按照结构形式可分为：焊接类、铆接类两类。

（2）按照采用的材料，可分为三大类：碳钢、不锈钢、铝合金。在这三种材料的车体中，司机室前端为满足列车造型，则使用FRP玻璃钢整体糊制后再与车体连接。

在20世纪80年代使用耐腐蚀性能较好的耐候钢、碳素钢在国内地铁车辆得到广泛应用。随着大型铝合金型材的出现，及铝合金焊接、铆接技术和不锈钢焊接生产工艺的成熟，大型铝合金型材及不锈钢车体结构被大量应用，尽管其价格相对较高，但由于其重量轻、耐腐蚀、使用寿命长等优点，使得铝合金和不锈钢的车体得到飞速发展。上海、广州20世纪90年代引进的列车，其车辆的车体均采用了铝合金型材焊接和铆接技术。目前，国内轨道交通列车车辆均采用大型铝合金挤压型材焊接和不锈钢焊接整体承载的车体结构。

2. 车体系统组成

车体系统主要由车体结构、车体内装、贯通道等主要部件组成。

（1）车体结构

1）车体结构的材料的特点

实现车体的轻量化设计，一直是车辆设计者研究的课题，因为车体的轻量化不仅可节约制造材料，而且在相同客流的条件下可以降低牵引动力的消耗，同时也可以减小车辆走行部和线路的磨耗，延长轮对的使用寿命，从而带来巨大的经济效益。

一般车体承载结构的重量约占车辆自重的20%～25%，因此研究车体承载结构的轻量化具有很大的现实意义。

以前，轨道交通车辆的车体一般采用由普通碳素钢型材构成骨架、外侧包薄钢板，构成一个闭口的整体承载的筒形薄壳结构，自重达10～13t。普通碳素钢车体在使用中腐蚀十分严重，增加了维修的工作量和成本。为了提高车体的耐腐蚀性，延长车体的使用寿命，曾采用含铜或含镍铬等合金元素的耐腐蚀的低合金钢（或称耐候钢），可使车体结构自重减轻1～1.5t（约10%～15%）。后来，采用半不锈钢（包板为不锈钢，骨架为普通碳素钢）或全不锈钢车体，免除了车体内壁涂覆防腐蚀涂料和表面油漆，在保证强度，刚度的前提下，板厚也可减薄。不锈钢车体自重比普通碳素钢可减轻1～2t（约10%～20%）。

现在，为了进一步实现车体轻量化，德、法、日等国在近代的高速列车、地铁车辆和轻轨车上采用铝合金车体，这是由于铝合金的密度仅为钢的1/3。铝合金弹性模量也只是钢的1/3，为了保证铝合金车体具有足够的强调和刚度，必须满足城市轨道车辆的设计规范的要求。

铝材具有良好的加工性能，铝材可以轧成板材，可以挤压成断面形状复杂的型材。其连接方式可以焊接、铆接和螺栓连接。为此，轻量化车体结构的主要承载构件，均采用大型中空截面的挤压铝型材，例如，车体的底架、侧墙、车顶均由大型中空挤压铝型材焊接或铆接而成。采用铝合金型材的车体结构与钢制车体结构相比，制造工艺大大简化，焊接工作量和焊缝数量大大减少，还便于实现自动焊接，提高了车体制造的效率和焊接质量。重量可减轻3～5t（约30%～40%），车体结构的刚度和强度均能满足设计要求。

由于车体结构的不同部位强度和刚度的要求不同，所以应根据需要，选取不同的铝合金系列型材。对于车底架主要受力部件，可选用强度高的A7N01铝合金和7000系（Al-Zn-Mg合金）铝合金，大型中空截面的挤压铝型材可选用5000系（Al-Mg合金）和6000

系（Al-Mg—Si 合金）铝合金，对于侧墙板和车顶板可选用内腐蚀性能较好的 Al-Mg-Mn 合金板材。

2）车体的制造工艺

车体的制造工艺一般采用焊接、铆接或焊铆结合。起初车体的制造工艺主要以焊接为主，但是铝合金材料的可焊性较差，对焊接工艺和焊接工人的技术要求很高，同时焊接以后产生的变形很难控制。随着车体的模块化设计和制造，焊接工艺在铝合金车体制造上受到了制约。随着 Huck 铆钉的开发成功和有限元技术在车体设计上的广泛应用，铆接部位能满足强度要求，铆接工艺在车体制造上成为可能并被广泛应用。但在铆接车体列车的运营中，在有些铆接部位特别是车顶上部出现渗水，导致要定期对该处进行打胶确保车体顶部的密封性，大大增加了车体的维护成本和工作量。所以铝合金车体结构采用焊接为主较多。对车下牵引区域，为避免铝合金焊接后的疲劳强度降低，采用铆接。所以现在车体结构也会采用焊接和铆接两种工艺交替使用，但大部件之间组装以铆接为主。

随着国外新技术"铝合金搅拌摩擦焊"设备的引进，搅拌摩擦焊的焊接技术在车体侧墙组焊中广泛采用，不但提高了车体侧墙的疲劳强度，还大大减少了焊缝打磨的工作量。

3）车体结构的种类

以 6 节车辆编组的列车为例，其车辆分为 T_c、Mp、M 三种车辆。T_c 车是带司机室的拖车，Mp 车是带有受电弓的动车，M 车是不带有受电弓的动车，Mp 车和 M 车的车体结构基本相同。

4）铝结构车体结构的构成（图 4.5-1）

地铁车辆的车体结构是由底架、侧墙、车顶和端墙等部件焊接或铆接而成的封闭筒形结构。其截面图 4.5-2、车顶图 4.5-3、总图 4.5-4 如下。

图 4.5-1　铝结构 T_c 车车体结构图

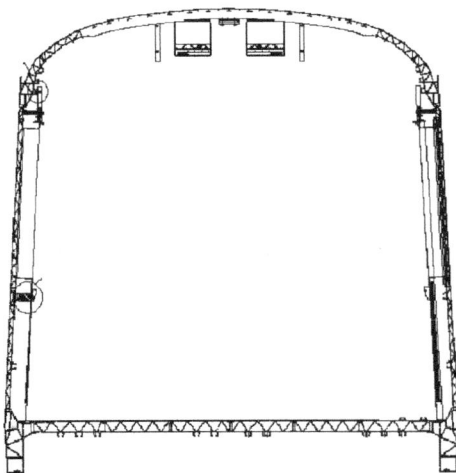

图 4.5-2　铝合金型材车体结构断面图

图 4.5-3　车顶型材组成

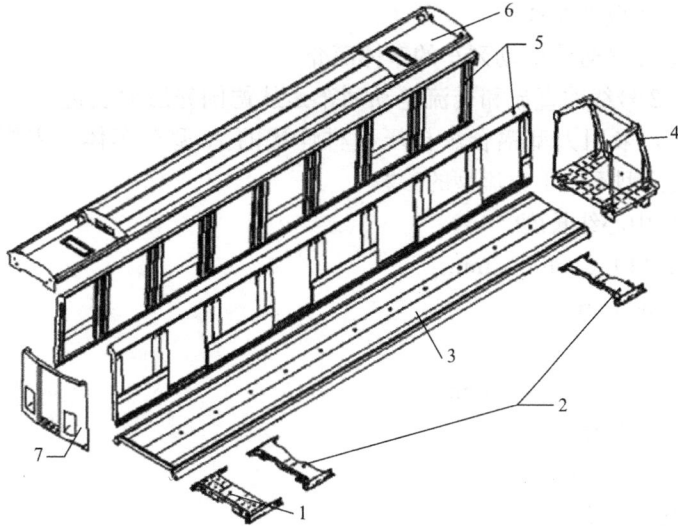

图 4.5-4　车体结构总图

1—车钩座（安装在底架上）；2—枕梁（安装在底架上）；3—底架；
4—司机室构架；5—侧墙（左、右）；6—车顶；7—端墙

其中车体底架由地板、侧梁、枕梁、小横梁和牵引梁组成。枕梁用于连接走行部，牵引梁设在底架的两端，用来安装车钩缓冲装置。

车体的左、右侧墙各有五扇车门和四个车窗，侧墙被分隔成六块分部件（全车共 12 块），在组装时分别与底架、车顶拼接，各块分部件亦为整体的挤压铝型材或焊接部件。

车顶两侧圆弧部分，采用形状复杂的中空挤压铝型材，中部大圆弧部分为带有纵向加强筋的挤压型材，车顶组成是由不同截面、等长的挤压型材纵向焊接而成。

车体两端的端墙均为板梁结构，该结构在满足强度及设备安装要求的基础上，尽量减轻车体的重量。结构的框架由两个立板组件和一个横梁组件焊接而成，在车体总组成时与车顶及侧墙采用焊接，形成一个整体。

5）车体的承载方式

车体的承载方式一般有底架承载和整体承载两种方式，地铁车辆的车体是由底架、侧墙、车顶和端墙等部件组成桶形结构共同承载，即采用整体承载方式。

6）车体的外形特点

地铁车辆车体断面形状为类似鼓形，选取这样的外形是为了提高车辆在圆隧道内获得最大的空间截面积（或称之为充塞比），从而使地铁工程的整体取得最好的经济效益，同时也提高了车辆在圆隧道内的"活塞"效应，加强隧道的自然通风能力。

7）车体的防撞设计

① T_c 车底架的前端设有撞击能量耗散区，其上开有数排椭圆孔，当车辆受到迎面意外撞击时，它能产生较大的塑性变形，从而吸收纵向冲击能量，起到保护司机、乘客和车体的作用。

② T_c 车司机室底架前端安装防爬器，防爬器不仅可以起到车辆之间防爬的作用，且可以设计为具有吸收能量的双重功能，通过对防爬器内部剪切部件的破坏实现能量的吸收，起到保护司机、乘客和车体的作用。

（2）上海地铁车辆的车体

1）上海地铁1、2号线电动列车的车体简介

上海地铁1、2号线的直流和交流电动列车是从德国先后原装进口，其车体结构基本相同，如图4.5-5，采用大型铝合金挤压型材焊接的A型车车体，主要技术参数如下：（括号内参数为交流型不同于直流型的参数）

两端车钩连接中心线长度

有司机室：24140（24400）mm。

无司机室：22800mm。

车体长：

有司机室：23540（23690）mm。

无司机室：22100mm。

车体最大外宽：3000mm。

车体内部宽度：≥2720mm。

车顶中心线距轨面高（新轮，不包括静压排风扇）：3800mm。

客室地板面距轨面高度：1130mm。

贯通道最小宽度：900（1500）mm。

车钩水平中心线距轨面高：720mm。

两转向架中心距（定距）：15700mm。

转向架轴距：2500mm。

轮对轴重：16t。

有效载重：24.6t。

座位数：48。

超载时乘客总数（按9人/m²）：410人。

2）上海地铁3号交流线电动列车

上海地铁3号线交流电动列车是由法国设计，南京浦镇车辆厂制造，其车体结构如图4.5-6，采用大型铝合金挤压型材铆接的A型车车体，其基本技术参数如下：

图4.5-5 上海地铁直流和交流型电动列车

图4.5-6 上海地铁3号线交流电动列车

两端车钩连接中心线长度：

T_c车：24400mm。

M、M$_p$：22800mm。

车体长：

T$_c$车：23680mm。

M、M$_p$车：21880mm。

车体最大外宽：3000mm。

车体内部宽度：2790mm。

车顶中心线距轨面高（新轮、不包括静压排风扇）：3800mm。

客室地板面距轨面高度：1130mm。

贯通道最小宽度：1500mm。

车钩水平中心线距轨面高：720mm。

两转向架中心距（定距）：15700mm。

转向架轴距：2500mm。

轮对轴重：16t。

座位数：56位。

超载时乘客总数（按9人/m^2）：410人。

3）上海地铁8号线三期电动列车

上海地铁8号线三期交流电动列车是由中国中车长春轨道客车股份有限公司设计，SACTO上海阿尔斯通交通运输合作有限公司制造，其车体结构如图4.5-7，采用大型铝合金挤压型材焊接的C型车车体结构，其基本技术参数如下：

图4.5-7 上海地铁八号线
交流电动列车

主要结构尺寸。

车辆长度（车钩连接面之间的长度）：

T$_c$车：19.5m。

M$_P$、M车：19.44m。

车辆宽度：2600mm。

车辆高度：

轨顶面至车顶之间的高度（新轮，不包括受电弓）：≤3800mm。

客室内部高度（从地板面至内部车顶中心线）：≥2100mm。

客室内乘客站立区高度：≥1900mm。

从轨顶面至地板面高度（新轮、空载、空气簧充气）：1138mm。

贯通道最小宽度：1300mm。

车钩水平中心线距轨面高：824mm。

两转向架中心距（定距）：12600mm。

转向架轴距：2200mm。

轮对轴重：14t。

座位数（T$_c$-M）：≥33人/T$_c$。

　　　　　　　　　≥41人/MPM

超载时乘客总数（按9人/m^2）：305。

3. 车体结构维修

(1) 车体结构

最早的铝合金车体结构中的侧墙和端墙是使用焊接性较核好的 5000 系和 6000 系铝合金，采用板-梁结构焊接而成。底架的牵引梁、车钩安装座、枕梁等受力大的部件使用的是强度高的 7000 系铝合金材料。

随着大型中空铝型材技术的出现，目前铝合金车体结构均是采用挤压性能和焊接性能良好的 6000 系铝合金，6000 系能够挤压出各种断面形状复杂的大型空心挤压型材，最大宽度为 600mm，最大长度 25000mm，最小壁厚 2mm。大大减少了结构间的焊缝数量。大大地提高了车体结构的刚性，减少了车体结构的零部件数量，减少了焊接位置。对车体结构中的底架、侧墙、车顶、端墙等大部件可采用自动焊接、螺栓连接或铆接。实现了模块化。提高了产品质量和工作效率。车体底架、侧墙、车顶、端墙等均为中孔型材组焊而成。

(2) 车体结构材料

铝合金按其添加的合金元素不同，可分为 1000～7000 系列的几种材料。目前地铁车辆车体结构的材料主要采用的是挤压性能、焊接性能较好和耐腐蚀的 5000、6000 系列，以及强度较高的 7000 系列。各种系列铝及铝合金的主要成分及特点见表 4.5-1。

铝及铝合金的主要成分及特点　　　　　　　　　　　　表 4.5-1

种类	主要成分	特点
1000 系	Al99% 以上	含铝 99% 以上，加工性、焊接性、耐腐蚀性好。强度低
2000 系	Al Cu（1.5%～6.0%）	由于含铜，耐腐蚀性差。焊接性差，连接多采用螺栓连接或铆接
3000 系	Al Mn（1.0%～1.5%）	焊接性、耐腐蚀性好。强度较高
4000 系	Al Si（4.5%～13.5%）	含 Si 超过 70%，可作为填充金属和纤焊材料
5000 系	Al Mg（0.2%～5.6%）	适合作中等强度的材料，强度高、焊接性、耐腐蚀性好。应用广泛
6000 系	Al Mg（0.45%～1.5%） Si（0.2%～1.2%）	强度和耐腐蚀性都很好。如采用焊接，焊缝处强度较低。多用于地铁车辆
7000 系	Al Zn（0.5%～6.1%） Mg（0.1%～2.9%） Cu（0.1%～2.0%）	铝合金中强度最高。 7075 铝合金可用于制造飞机。 不含铜的 7N01、7003 等 Al-Zn-Mg 系铝合金具有较高的强度。焊接后，在自然状态下，强度可恢复到近似母材强度。焊接性能好

(3) 铝合金车体结构的破坏形式及修复

铝合金车体结构的破坏形式主要有 3 种：焊缝裂纹、板材裂纹和损坏。

1) 焊缝裂纹的修复

由于焊缝的焊接质量或疲劳强度导致的焊缝裂纹，如果局部结构没有损坏，只是焊缝处出现裂纹，可对焊缝进行去除后施焊。新的焊缝形式应与原焊缝形式一致。确保一次施焊成功。

2) 板材裂纹或板厚分层裂纹的修复

① 板材裂纹如果裂纹长度小，不对焊缝进行切割，应在裂纹头部打止裂孔，避免裂纹延伸。

② 板材厚度方向出现分层裂纹，则对裂纹进行打磨去除裂纹，确定裂纹深度，如过深，则要进行切割换板进行修复。由于铝合金材料有焊接焊接后疲劳强度降低，不能多次施焊的特点，所以必须对修复焊缝要小心打磨；一定要对修复方案进行论证之后才能进行。确保一次修复成功。确保修复后的强度满足设计要求。

3) 铝合金车体因其他系统故障导致的车体损坏

（建议由供货商或对铝合金焊接有经验的厂商进行处理）。

(4) 车体内装设施维修

车体内装包括客室地板、客室顶板、客室侧墙板、客室端墙、客室座椅、客室车窗、司机室车窗、客室各种扶手、吊环、立柱及司机室布置等。

1) 客室地板（图 4.5-8）

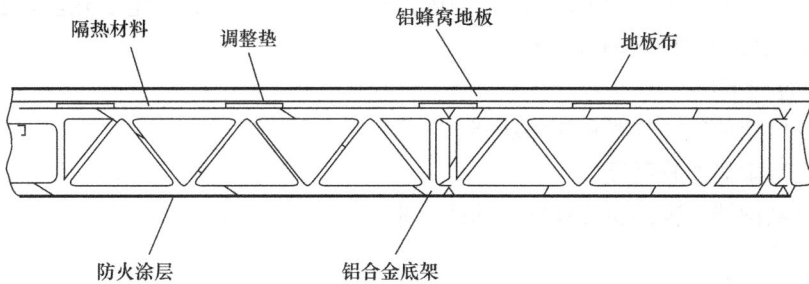

图 4.5-8　客室地板组成

客室地板的底层是铝合金中空型材焊接而成，在地板铝型材上表面粘接 2.5mm 厚的 PVC 塑料或橡胶地板，（直流电动列车的 PVC 塑料地板下是防火处理过的木板），均具有耐磨、阻燃和防滑的性能。

地板维修内容：

检查地板的覆盖层与地板粘接牢固，无鼓泡、破损和明显划痕。全车允许鼓泡、破损处直径小于 150mm 一处；直径小于 80mm 两处，否则按原整块揭掉后重新粘接。

2) 顶板

顶板俗称天花板，客室顶板由三部分组成，中间为平板，平板两侧为多孔的空调通风口，最外侧为客室照明灯的灯箱和门控驱动机构的弧形盖板。

维修内容如下：

① 清洁空调通风口和灯罩的格栅。

② 更换照明灯。

③ 检查客室顶板，安装良好，无破损、无严重变形。

④ 检查弧形盖板及其锁的安装和功能，安装牢固、开闭作用良好，盖板锁安装牢固、作用良好。

3) 客室侧墙、端墙

客室内壁的侧墙、端墙，最早的车体是用阻燃的密胺树脂胶合板；现在的均是采用铝合金型材或板材。由于在组装焊接的侧墙、端墙的铝合金型材的内侧涂抹隔声阻尼浆并敷贴保温材料，所以侧墙、端墙都具有良好的隔声和隔热效果。

维修内容如下：

检查客室各端墙、侧墙、顶板、装饰条的外观，对破损或严重变形的进行更换；对油漆表面剥落的要进行补漆。

4）客室车窗

客室每侧一般均匀布置四扇车窗，装有中空玻璃，具有良好的隔热、隔声性能。玻璃用环型氯丁橡胶条嵌入装配或用密封胶固定在侧墙内。

维修内容如下：

① 更换橡胶框；

② 检查玻璃，无裂纹和严重划伤，玻璃夹层中无进气和进水现象；

③ 检查窗户安装良好。

5）司机室车窗

主驾驶台的车窗安装有约 12mm 厚的风挡玻璃，在玻璃内预设电加热丝，在冬季可进行加热除霜，在玻璃外侧装有刮雨器。

维修内容如下：

① 检查风挡玻璃的状态和初霜功能。

② 更换刮雨器橡胶刮板。

③ 检查刮雨器，确保安装良好、功能正常。

6）司机室座椅

司机室座椅是按人机工程学原理专门为司机设计的专用座椅，可根据司机的重量、身高等进行上下和前后调节。

维修内容如下：

① 检查司机室座椅，机械机构各零件完好无损，各螺栓防松标记无错位，连接处紧固无松动；调节座椅和靠背的升降和旋转机构，动作应灵活自如，座椅、靠背软垫外表面无破损。

② 清洁并润滑司机室座椅活动部位。

7）客室座椅

为了适应城市轨道交通车辆短途、大运量的特点，客室座椅采用靠侧墙纵向布置的方式，在每节车厢两侧车门之间设置有一条长条座椅。根据上海气候特点和车厢内的空调条件，座椅的壳面采用玻璃钢材料。

维修内容如下：

① 检查座椅安装牢固，座椅壳与座椅框架间的隔垫安装良好、无破损，橡胶止挡安装良好、无破损，座椅外观及油漆良好、清洁无尘垢。

② 检查座椅下盖板及其锁的安装状态，开闭功能良好。

8）立柱、扶手

为了方便站立乘客，在客室内设有立柱及纵向扶手。在每节车厢的纵向中心线处，均匀设置了 13 根立柱。在座椅的端墙板处也设有立柱以方便站立在车门区的乘客，同时在这些立柱上还装有纵向扶手。立柱与纵向扶手都是铝合金圆管型材，外表面进行阳极氧化处理。立柱的直径为 40mm，扶手的直径为 35mm。

维修内容如下：

① 检查立柱和扶手，安装牢固无松动。

② 检查立柱和扶手的表面，若划痕严重，进行表面翻新。

（5）贯通道维修

为了能自动调节车厢内的客流密度及空气质量，大部分列车车辆采用贯通式连接，即在两辆车的连接处设有贯通道（由折蓬、护墙板、过渡板和车顶板）将列车车辆的客室内部贯通为一体。

1）折蓬

折蓬是用一种带有纤维底基的特殊橡胶制成和铝合金框架铆接而成，结构类似手风琴，可伸缩，实现了两车体的柔性连接。如图 4.5-9。

图 4.5-9 折蓬组成

维修内容如下：对开线的或出现损坏的棚布要进行修补。

2）踏板（过渡板）

踏板表面为弧形，由轧花不锈钢板制成。在固定金属框架和对接金属框架上各固定有一组踏板，分别属于两个不同车体的踏板之间背靠背地、平整地对接，能在列车启动和制动时自由伸缩，也能在列车通过曲线时自由旋转搭接。

维修内容如下：对磨损严重的渡板及磨耗条、要进行更换。保证渡板翻转灵活。

3）侧护板和顶板

护墙板和顶板即为贯通道的侧墙和顶板。它的作用是使贯通道更有安全感和更美观，使人产生身处客室的感觉，因此侧护板和顶板选用的颜色与客室内装饰的颜色是一致的。护墙板和顶板都是随着车辆的运动，自由移动。

维修内容如下：对磨损严重的侧护板及其磨耗条要进行更换。

（6）其他设施

在客室的座椅下面，安装有空气簧附加气室（贮气缸），受电弓升弓脚踏泵（仅 B 车配备）及灭火器等。

维修内容如下：

1）检查升弓脚踏泵，功能良好。

2）检查灭火器安放到位、安装牢固、并在有效期内。

3）检查风笛安装和功能，风笛各部件完好无损、安装牢固、鸣叫响亮。

（7）车体油漆

1）油漆前处理

① 打磨和清除原漆层局部的龟裂、老化和破损处；

② 用原子灰将车体或底架下箱体外表的局部表面凹凸不平处涂刮找平并用砂纸打磨平整；

③ 对露出金属表面处需将金属表面的锈垢清除干净，并涂金属底漆。

2）遮蔽

用纸和不干胶等将车体外非油漆部位进行遮蔽。

3）油漆

① 用打磨机打磨车体外侧油漆部位原有面漆和中涂漆。

② 用高压风吹扫车体外表面各打磨区域表面。

③ 用湿抹布清洁油漆粉尘并自然晾干。

④ 喷涂中涂层。

⑤ 打磨中涂层，用湿抹布清洁油漆粉尘，自然晾干。

⑥ 测定中涂层厚度和光泽度。

⑦ 喷涂面漆，依照不同部位的油漆色标选择面漆进行喷涂。

⑧ 测定面漆厚度和光泽度。

⑨ 按上述工艺打磨和清洁喷涂色带和各种标记部位的局部面漆，喷涂色带和各种标记。

4）整理

喷漆结束后，揭除遮蔽纸和胶带等，将车体外表整理干净。

5）测试和试验

对油漆质量进行如下抽检试验：

① 中涂层面漆附着力试验：用 3M 胶带纸粘贴油漆表面，用 2mm 划格仪检测，检测结果应≤1 级标准，或参照道格拉斯工艺标准执行。

② 湿热、烟雾试验：240h，检测方法按《漆膜耐水性测定法》GB/T 1733 标准。

③ 人工老化试验：2500h，检测方法按《色漆和青漆 涂层老化的评级方法》GB/T 1766 标准。

④ 油漆阻燃性试验：在 1000℃环境温度下，喷涂的油漆不燃烧起火，只起壳、剥离。

（8）架车

在车辆检修作业中，应注意选用合适的架车点组合架车，以防车体翘曲变形，如图 4.5-10。

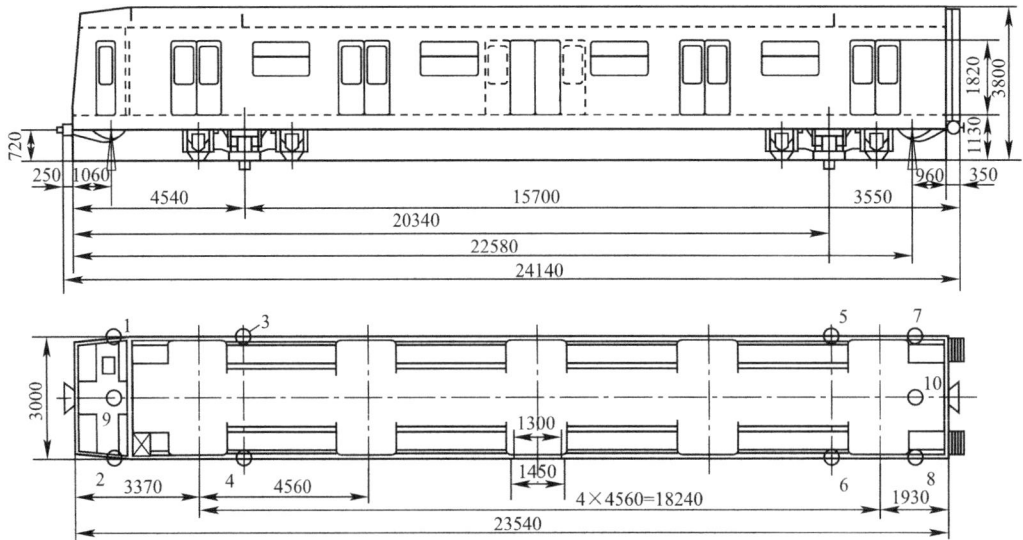

图 4.5-10 架车点位置图

1～8—边梁架车点；9～10—牵引梁架车点

根据车辆的检修工艺，常用架车点组合如下：

1）带转向架整车架起的架车点号为：3、4、5、6。

2）无转向架整车架起的架车点号为：

1、2、7、8；或1、2、5、6；或3、4、7、8；或3、4、5、6。

在列车脱轨后的复轨作业中，可用三点架车，其架车号为：

1、2、10；或3、4、10；或7、8、9；或5、6、9。

4.6 车 门

1. 概述

上海地铁列车车门设置在车厢内，在车厢左右侧均匀分布，供乘客上下车使用。客室车门需具备以下几个特点：

1）要有足够的有效宽度；

2）车门要均匀分布，以方便乘客上、下车；

3）要有足够数量的车门，以使乘客上、下车时间满足运行密度的要求；一般地铁列车每节车辆两侧各设置了5扇客室车门；

4）车门附近要有足够的空间，方便乘客上、下车时周转；

5）要确保乘客的安全；

6）要具有较高的可靠性。

客室车门根据其安装在车辆上位置结构的不同，总体可以分为塞拉门、内藏门、外挂门。

（1）塞拉门（图4.6-1）

塞拉门是车门在开启状态时，车门贴靠在侧墙的外侧，车门在关闭状态时车门外表面与车体外墙成一平面。这不仅使车辆外观美观，而且也有利于在高速行驶时减小空气阻力，车门不会因空气涡流产生噪声，也便于自动洗车装置对车体的清洗。塞拉门的开/关动作是车门借助车门上方安装的悬挂机构和导轨导向作用，由电动机驱动机械传动机构使车门沿着导轨滑移。

（2）内藏门（图4.6-2）

内藏门在车门开、关时，车门在车辆侧墙的外墙板与内饰板之间的夹层内移动。传动系统设于车厢内侧车门的顶部，装有导轮的车门可在导

图 4.6-1 塞拉门

轮上移动，传动机构的机械部件与车门门页相连接，从而实现车门的往复开关门操作。

（3）外挂门（图4.6-3）

外挂门和内藏门的主要区别在于车门和悬挂机构适中位于侧墙的外侧，车门传动机构的工作原理与内藏门完全相同。

表4.6-1为三种类型车门对比。

图 4.6-2　内藏门　　　　　　　　图 4.6-3　外挂门

三种类型车门对比表　　　　　　　　　　　表 4.6-1

标准	塞拉门	内藏门	外挂门
乘客舒适度			
隔声	很好	差	很差
隔热	好	差	差
隔空气动压差	很好	差	差
乘客候车区无障碍	差	一般	一般
气流噪声的影响	很低	高	高
开门速度（开/关门时间）	好	很好	很好
抖动的可能性	低	高	高
客室死角	一般	差	一般
乘客可用车厢空间	很好	很差	差
门系统特征			
门系统和门框的首次费用	高	很高	一般
门系统的 LCC（全生命周期成本）	高	一般	一般
门系统的有效性	一般	很高	高
运动曲线	复杂	简单	简单
门系统和门框的重量	高	很高	一般
车体内侧的有效宽度	一般	很差	差
可维修性	一般	很差	差
车辆的弯曲刚度	高	一般	一般
车辆的扭曲刚度	低	高	高
设计	流线型	凹进车体	凸出车体

客室车门根据其驱动方式的不同，还可以分为气动门、电动门。

气动门采用以压缩空气为动力的风动门，具有结构简单、故障率低、容易控制、安全可靠等优点。

电动门采用直流电动机为传动动力的电动式车门形式，具有控制精确、功能多样、故障率低、安全可靠等优点。

客室车门的主要技术参数如下：

净开宽度：不小于 1400mm；

净开高度：不小于 1860mm；

供电电压：DC110V（允差根据 EN50155 标准）；

开门时间：3 ± 0.5s；

关门时间：3 ± 0.5s；

开、关门时间（延时）调整范围：$2.5\sim4.0$s；

隔热性能：$K\leqslant4.5W/(m^2\cdot K)$；

环境温度：$-25\sim+40℃$；

障碍探测最小障碍物：$\leqslant30mm\times60mm$（宽×高）；

车门关紧力：$150\sim300$N；

车门隔声量：计权隔声量 $R_w\geqslant23$dB（A）。

车辆的车门在运转（门在打开或关闭过程中），在距车辆地版面高 1.2m，距车门或门框 0.3m 的任何位置，所测得的 $L_{pAeq,T}$（$T=3.5$s）不超过 70dB（A），$L_{pAF_{max}}$ 不超过 75dB（A）

2. 车门系统部件组成

每扇客室车门均有一些主要部件组成，如：车门控制器、车门门页、车门承载机构、车门驱动部件、车门锁闭机构、车门紧急解锁装置、限位开关、辅助支撑。这些部件组件成一扇客室车门，方便乘客上下车。

（1）车门门控器（图 4.6-4）

车门控制器简称门控器，亦称车门电子控制单元（Electronic Door Control Unit，ED-CU）是电动式客室车门的核心，主要功能如下。

1）驱动车门进行开关门操作；

2）车门状态监测；

3）和列车控制系统进行通信，接收指令或传输信息；

4）安全防护；

5）车门指示灯状态显示等功能。

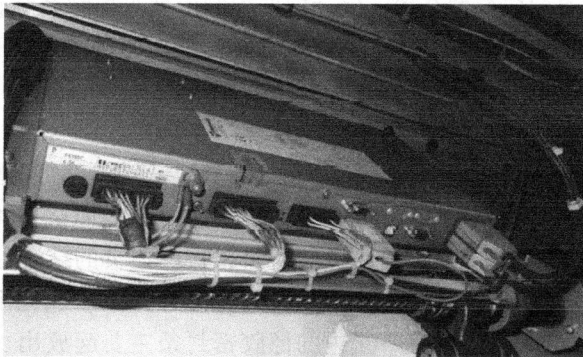

图 4.6-4 车门门控器

车门门控器分布在每节车每扇车门上，每节车拥有两个主门控器 MDCU（通常设定在 9 号门和 10 号门），其余门控器均为从门控器 LDCU（图 4.6-5）。

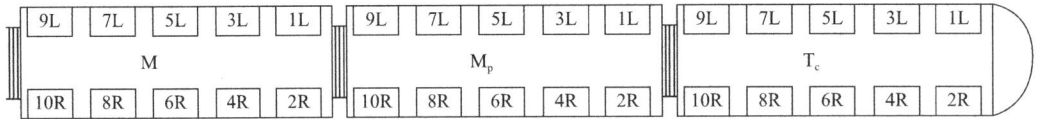

図 4.6-5 主门控器 MDCU 和从门控器 LDCU 在列车设置示意图

正常情况下，由预先设定的一个主门控器 MDCU 通过 MVB 网络或 FIP 网络和列车控制系统进行数据交换；主门控器 MDCU 之间通过 RS485 总线网络或 CAN 总线网络进行数据交换；主门控器 MDCU 和从门控器 LDCU 之间通过 RS485 总线网络或 CAN 总线网络进行数据交换（图 4.6-6）。

当预先设定的主门控器 MDCU 发生故障不能继续工作时，由另一个主门控器 MDCU 接管故障主门控器的任务。

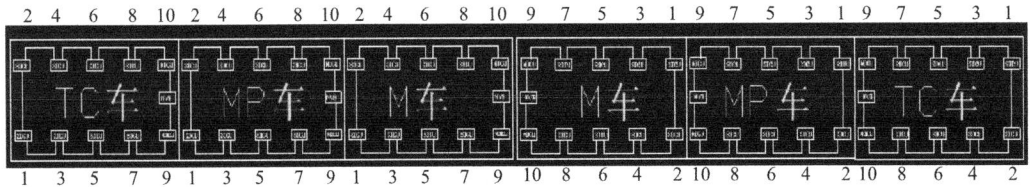

图 4.6-6　门控器电子接口方式示意图

门控器由 CPU、电源、执行单元（电动机驱动单元、安全继电器）、故障存储单元、通信接口单元及软件等组成。

安全继电器驱动在保障列车安全行车过程中起着至关重要的作用。安全继电器在列车无零速信号时即列车正常运行过程中，安全继电器不会得电，保证车门锁闭机构不能解锁，使车门处于锁死状态。当列车存在零速信号时，通常是列车进站停车后，但司机没有发出开门信号情况下，车门电动机的安全电磁阀无电，车门锁闭装置锁死，此时不能执行开门操作，即确保列车在停车时无司机操作车门不被打开，从而保证乘客安全。当车辆进站停车后，安全继电器得电，开门信号到达后，车门才能被打开。

气动门没有设置车门门控器装置，气动门的控制由列车控制系统直接进行参与，由列车控制系统信号输入输出模块 KLIP 接收气动门的限位开关状态，从而控制气动门的开关门等操作。

（2）车门门页

客室车门门页如图 4.6-7 和图 4.6-8 所示，车门上部装有由钢化玻璃及氯丁橡胶密封条组成的玻璃窗，门页的中心可承受 90kg 的横向载荷，而挠度不允许大于 6.2mm，门页的两侧立边装有氯丁橡胶密封条，橡胶密封条在两门页的结合处呈凸凹状，保证车门关闭时有良好的密封效果，并可在车门关闭的瞬时起保护乘客免于被夹伤的作用，因此它又被称为护指橡胶条。在门另一立边的橡胶密封条主要起放出、防风作用。门页框架为铝合金型材焊接而成；内、外门板为 1mm 厚的铝合金板；内部为铝箔构成的蜂窝结构，以提高车门的抗弯刚度和减轻重量；面板与蜂窝结构采用加温、加压粘接成一体。

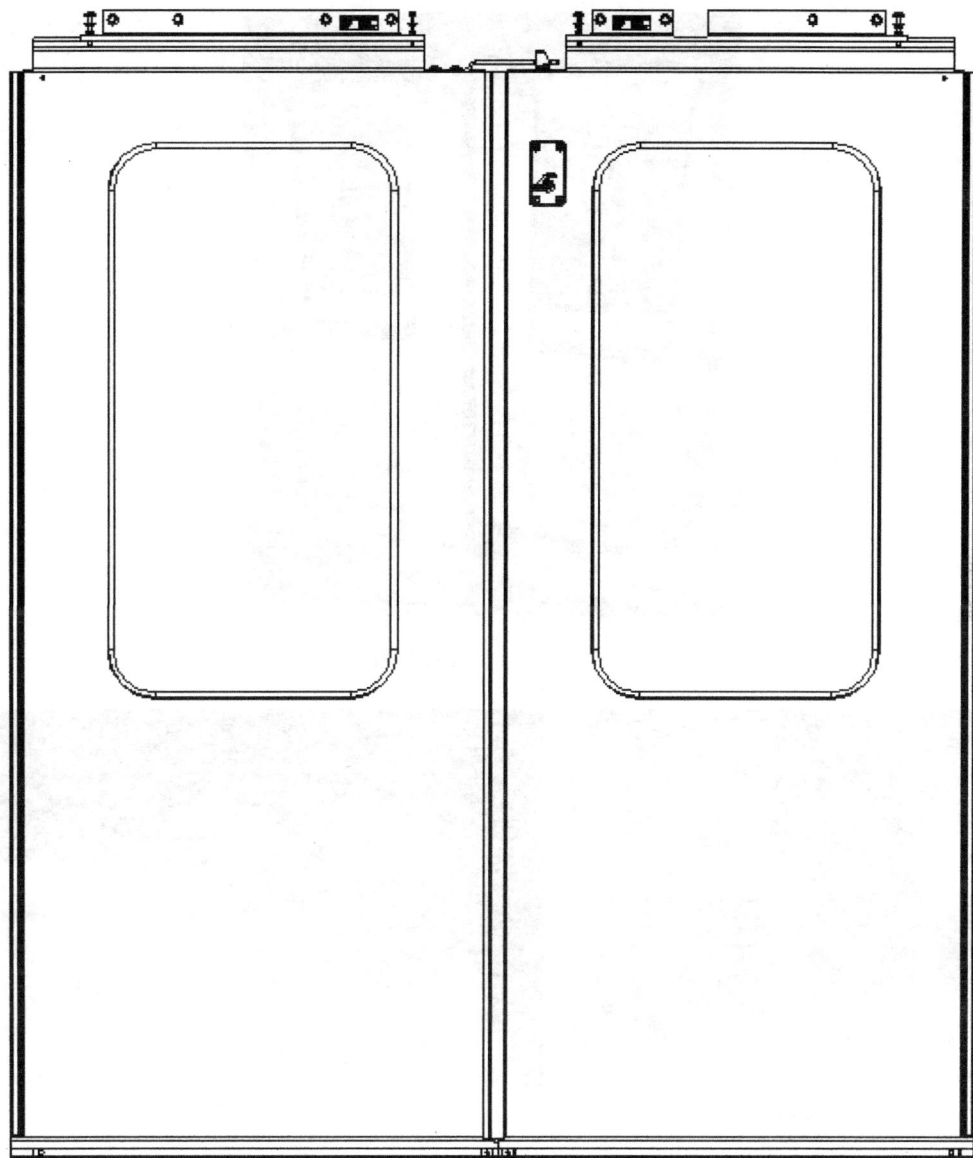

图 4.6-7　车门门页示意图

（3）车门承载机构

上导轨通过安装在门扇承载轮组件和防跳轮组件承受门板的重量，并起开门和关门过程中导向的作用；上导轨采用圆弧面设计，能自动适应安装过程中出现的倾斜，承载轮组件和防跳轮组件的滚轮轴采用偏心结构，方便调节门板的位置和消除小车在上部导轨中运动的间隙（图 4.6-9）。

塞拉门的支撑机构不是由承载轮和防跳轮组成，这是由于塞拉门门页的运动轨迹不是固定直线，而是有曲线运动。塞拉门的支撑机构是由一个承重杆、带直线轴承的机械机构组成，承重杆通过一个底板固定在车体结构上，承重杆承受门的全部重量，并保证门页在门开启和关闭时与车身始终处于平行位置。

图 4.6-8　车门门页实物图

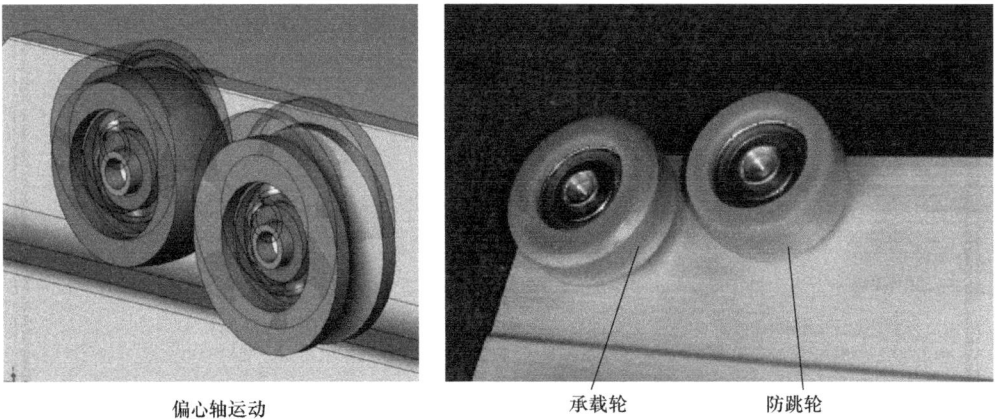

偏心轴运动　　　　　　　　　　　承载轮　　　防跳轮

图 4.6-9　承载轮、防跳轮示意图

导向架通过承载杆上的直线轴承在杆上滑行，导向架还将来自机械装置的驱动力传递到门页，同样也将门页上的受力传递到机械装置，另外导向架还确保携门架与承重杆保持平行。携门架通过两只关节轴承与导向架连接，并紧紧地固定在门页上，携门架通过这种方式将门页的全部重量和驱动力传递到承重支持杆。

（4）车门驱动机构

电动车门传动机构主要由丝杆、左右螺母组件、驱动叉、驱动电动机、传动部件等组成。

1）丝杆和左右螺母组件

丝杆为左旋和右旋对称结构，即一半右旋，一半左旋；丝杆的一端与驱动电动机相连，通过驱动元件的驱动，开关门时丝杆随着电动机的正反向同步转动。螺母组件安装在丝杆上，组件内部的滚珠可以沿着丝杆的螺旋槽滚动。丝杆转动时，带动螺母组件朝开关门方向移动。

丝杆经过螺旋槽加工，精度要求高，精密加工后，再进行高频淬火或渗碳淬火，最后经过表面特殊研磨等工序制造而成。螺母组件与丝杆一样，也需要经过热处理和滚动沟槽的研磨精加工。丝杆和螺母组件经过上述加工工艺，既具有轴方向间隙小、耐久性的特点，又具有平滑的运动性能。通过定期在丝杆上涂抹润滑油脂的润滑处理，可得到低摩擦和高防尘效果，提高丝杆和螺母组件的寿命（图 4.6-10～图 4.6-12）。

图 4.6-10　承重杆实物图

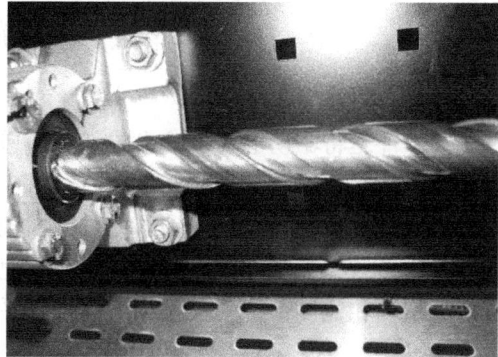

图 4.6-11　丝杆

2）驱动叉（图 4.6-13）

驱动叉起着连接传动机构和导向装置并传递力的作用。驱动叉一端通过双头螺柱与球面支撑螺母相连，另一端与导向装置相连，从而带动导向装置运动。

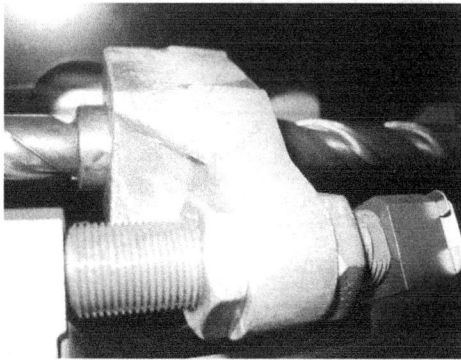

图 4.6-12　螺母副

图 4.6-13　驱动叉示意图

3）驱动电动机（图 4.6-14）

驱动电动机是车门开、关门动作的执行元件。门控电子单元（EDCU）接收到开关门指令后，向驱动电动机提供输入电压，电动机根据电压的极性进行正转或反转，从而使丝杆传动装置转动，并带动两扇门叶向开关门方向运动。

驱动电动机一般采用直流电动机。驱动电动机一般分为有刷直流电动机和无刷直流电动机，其区别主要在于内部磁场的控制方式不同。直流电动机具有最高限速、限流保护、欠压保护等诸多功能。同时，具有效率高、低噪声、稳定性好、可实现无级控制以及正反转的特点。

图 4.6-14　驱动电动机示意图

4) 传动部件

传动部件是将驱动电动机输出的转矩传递到丝杆上的作用，现有的传动部件形式有几种：行星齿轮减速箱、皮带传动。

行星齿轮减速箱装配在驱动电动机输出轴上，通过三个小齿轮和驱动电动输出轴进行相连，最终形成二级变速调节，行星齿轮减速箱的优点是可以根据不同驱动电机的输出扭矩进行选型，相比皮带传动，输出力更大且平稳（图 4.6-15）。

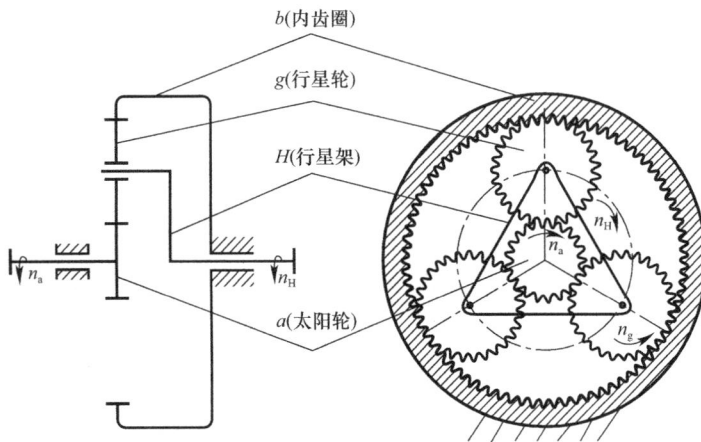

图 4.6-15　行星齿轮减速箱

皮带传动是使用皮带和驱动电动机输出轴进行相连，将驱动电动机的输出扭矩传递到丝杆上的传动方式，皮带传动的缺点是传递力较小，传递效果取决于皮带的性能（图 4.6-16）。

气动门的传动机构主要是机械传动系统。它的作用是将驱动气缸活塞杆的运动传递至两扇车门，使车门动作，由左门驱动架、右门钢丝绳架、驱动气缸、绳轮、钢丝绳和上下导轨等组成。

（5）车门锁闭机构

车门锁闭机构是保证车门机构锁死，确保乘客安全的最终执行机构，车门锁闭机构也根据每个车门厂家的不同而有所不同。

1）CS（槽锁）锁闭机构，螺旋传动外侧平行安装一个导向槽。该导向槽分平移段与锁闭段，丝杆上与门相连的螺母连接一个滚轮，该滚轮在导向槽平移段中移动时，导向槽限制其绕丝杆转动。在导向槽锁闭段，其滚轮绕丝杆转动被部分容许。因此，当滚轮进入或者退出导向槽的锁闭段时可以对门进行锁闭与解锁，简称其为CS（槽锁）锁闭机构（图4.6-17）。

图 4.6-16 皮带传动

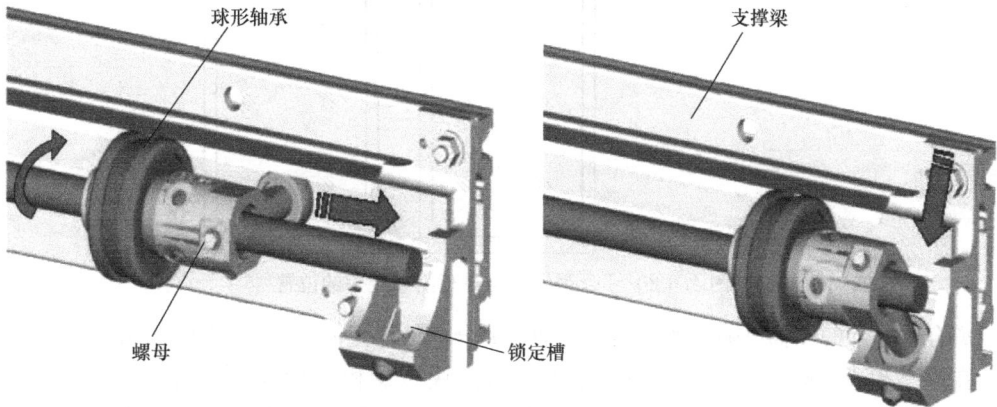

图 4.6-17 CS锁闭机构示意图

2）JB（机摆）锁闭机构，电动机上固定的一个臂，利用电动机摆动在关门位置于门页一侧将该臂伸出或者收回，实现限制其协门架移动从而实现门的锁闭与解锁。简称其为JB（机摆）锁闭机构。当开门时电动机反转，将卡销转出锁闭段来实现解锁，若要紧急解锁则需转动丝杠或电动机来让卡销退出锁闭段（图4.6-18）。

3）DL（单向离合器）锁闭机构，门驱动机构工作时由电机驱动主轴，同时，主轴另一端需要一个机构同步驱动制动器制动或释放才能实现门的启闭。利用限制丝杆的逆向转动来防止门的打开，利用离合器进行解锁。简称其为DL（单向离合器）锁闭机构（图4.6-19、图4.6-20）。

离合器以法兰形式安装在丝杆的一端。在门关闭时它的机械结构能防止门打开。开门时它由电磁控制松开。在紧急状态下，可以手动松开。

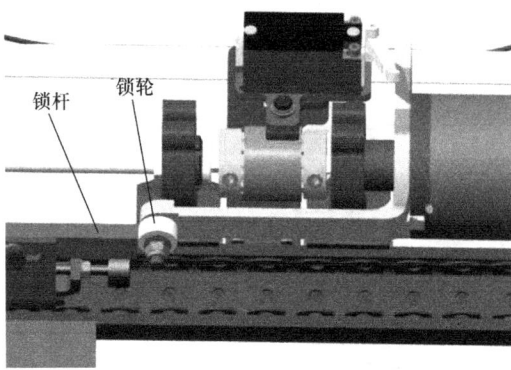

图 4.6-18　JB 锁闭机构

图 4.6-19　DL 锁闭机构

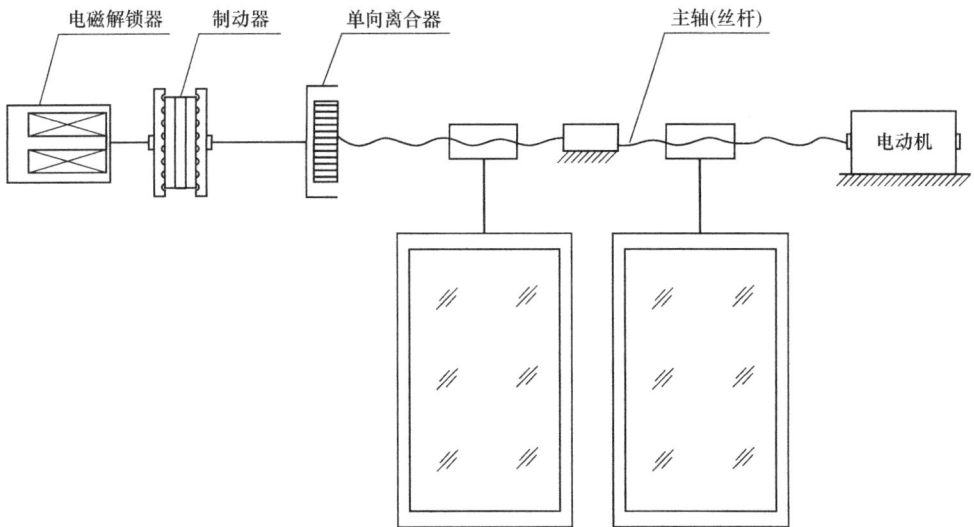

图 4.6-20　DL 锁闭机构在车门系统中的位置

离合器内部的转轴可随着丝杆同步转动，离合器外部壳体通过螺栓固定在安装支架上。

在轴端和壳体端部各安装了一块齿盘。当两块齿盘相互啮合时，离合器的转轴被固定，从而起到丝杆制动的作用。离合器内部还安装了一组电磁线圈。当线圈得电时，产生的磁力将两块齿盘分离，从而将丝杆解锁。因此，开门时，离合器线圈得电，缓解门机构。门锁闭时，离合器线圈失电，门机构被制动。

在离合器壳体的齿盘上还安装有一个解锁手柄。紧急情况下，可手动松开车门。

图 4.6-21 为电磁离合器实物图。

4）如图 4.6-22，35C 锁闭机构利用超越离合器的原理实现锁闭，35C 制动器其由外环 1、凸轮 2、滚柱（楔紧元件）3、预紧销 4、预紧弹簧 5 和拨盘 6 组成。其中凸轮 2 本身是从动轴的一部分，拨盘 6 本身是主动轴的一部分。预紧销 4 在预紧弹簧 5 的作用下使滚柱 3 经常保持在楔紧部位。主动轴在两个转动方向上都是自由的，从动轴只 ω 方向上是自由的，因此，只要将传动丝杆连接在从动轴上，并且设定关门时丝杆是 ω 方向旋转，那么就能实现关门锁定。另一方面，再将电机连接在主动轴上，就很容易实现电动开/关门，图 4.6-23 是 35C 锁闭机构在东门系统中的位置。

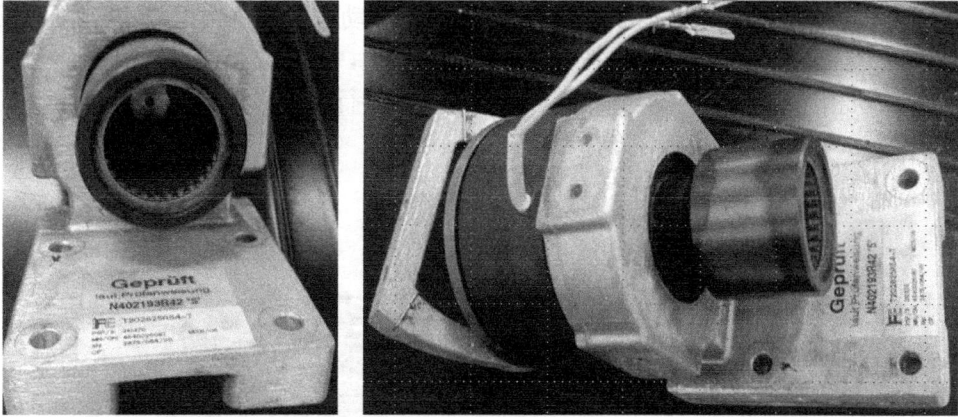

图 4.6-21 电磁离合器实物图

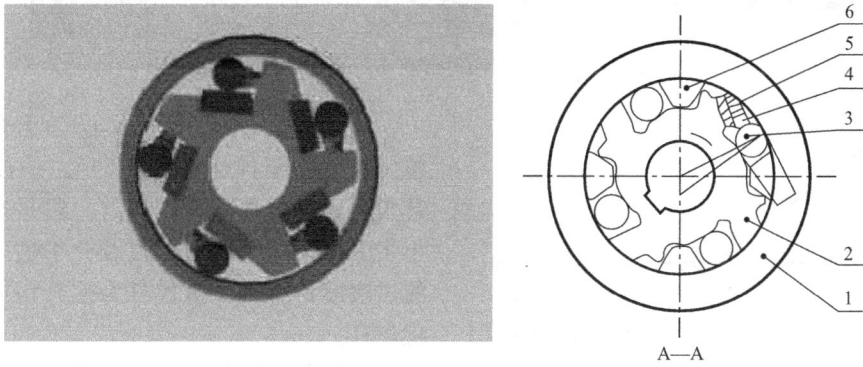

图 4.6-22 35C 锁闭机构示意图

1—外环；2—凸轮；3—滚柱楔紧单元；4—预紧销；5—预紧弹簧；6—拨盘

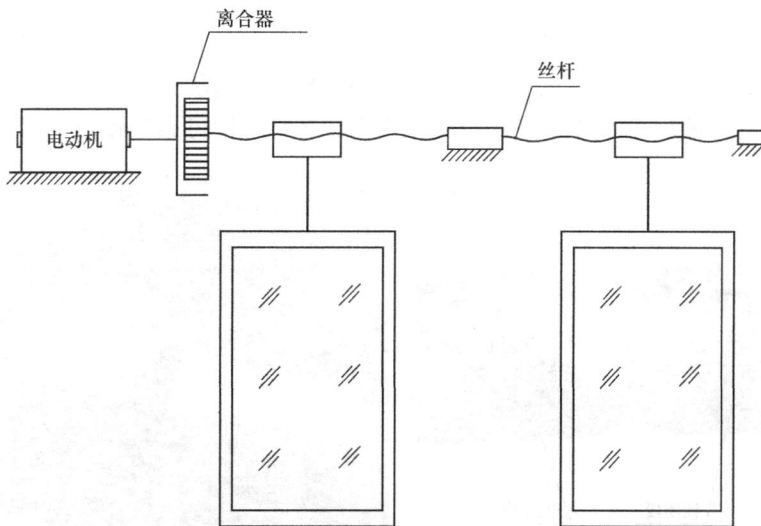

图 4.6-23 35C 锁闭机构在车门系统中的位置

5）反平行四边形原理锁闭机构，由加装在车门电动机上的机构组件和两个连杆形成反平行四边形锁闭机构，当两个连杆处于同一条直线上，则构成了反平行四边形机构中的死点，车门机构完成锁闭动作，如车门电机动作，反平行四边形机构拥有了垂向力，反平行四边形机构的死点将被突破，车门机构完成解锁动作（图4.6-24、图4.6-25）。

图4.6-24　反平行四边形在车门系统中的示意图

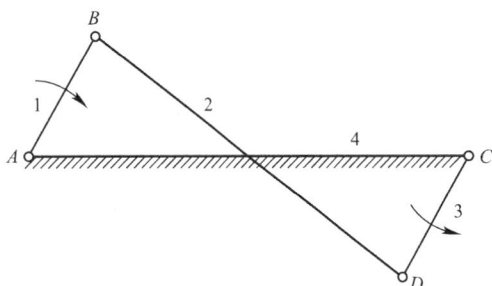

图4.6-25　反平行四边形机构示意图

6）LS锁闭机构（一代），变升角螺杆的螺旋槽分为三段（图4.6-26）。一段是螺旋升角大于摩擦角的工作段，一段是螺旋升角小于摩擦角的锁闭段，以及介于这两者之间的过渡段；所以称该丝杆为变升角或者变导程丝杆。

变升角螺杆与电动机连接，自适应螺母与门相联接。电动机使变升角螺杆可正、反双向转动；所述的自适应螺母由轴套、销轴等零件联接而成，自适应螺母与变升角螺杆装配成螺旋运动副，自适应螺母中的销轴深入到变升角螺杆的螺旋槽内并与螺旋槽是线接触，使销轴与任意螺旋升角的螺旋槽形成相匹配的螺旋副来实现动力和运动的传递；在变升角螺杆的锁闭段，依靠螺旋副螺旋升角小于摩擦角而产生自锁的原理使变升角螺杆锁住自适应螺母，即可靠地锁住了门；当电动机使

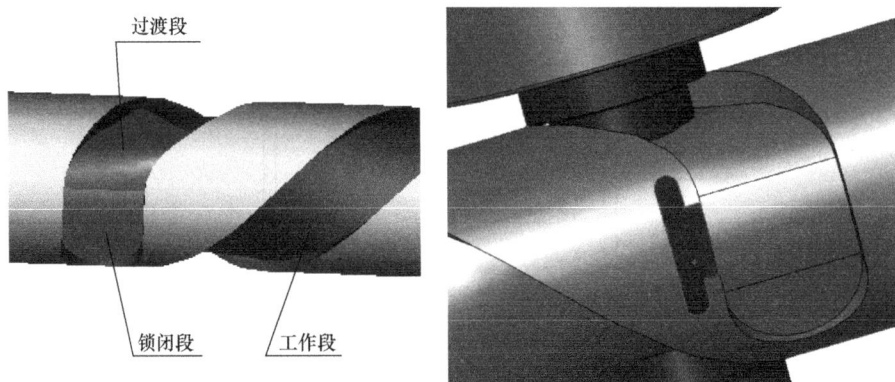

图4.6-26　LS锁闭机构（一代）中丝杆示意图

变升角螺杆正、反双向转动时，使自适应螺母和门产生与变升角螺杆轴线相平行方向同步移动，通过使自适应螺母进入与退出变升角螺杆的锁闭段来实现门机的锁闭与无源自解锁（图4.6-27）。

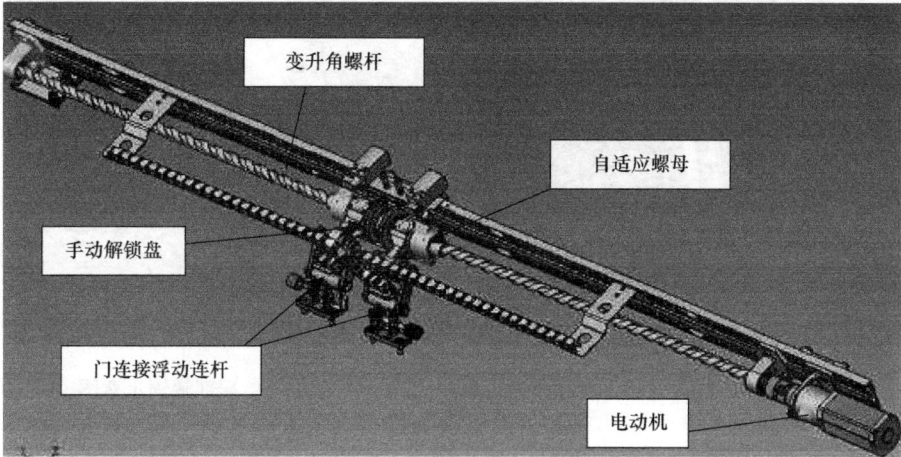

图4.6-27　LS锁闭机构整体示意图

7）LS锁闭机构（二代），锁闭机构原理和LS锁闭机构（一代）基本一致，但锁到位开关触发方式由径向触发改为轴向触发，该扇开关触发条件，降低开关调试要求，大大改进了开关可维护性。另外解锁部件由原先的中间解锁改为端部解锁组件，解决了中间解锁噪声大，占用空间大，可维护性低等缺点（图4.6-28～图4.6-31）。

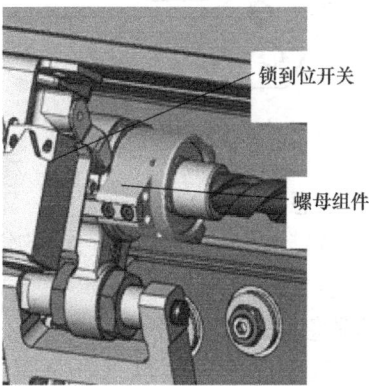

图4.6-28　锁到位开关径向触发

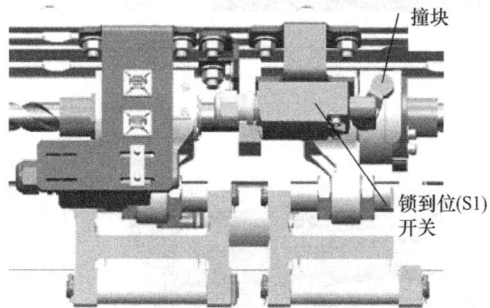

图4.6-29　锁到位开关轴向触发

8）气动门机械闭锁机构如图4.6-32～图4.6-34，安装在车门系统中心位置的上方，由车门锁钩组件、门上锁销和解锁气缸等组成。车门锁钩组件由锁钩座、锁钩板、扇形板、复原弹簧等组成。机械闭锁机构的作用是在车门一旦关闭后即刻将车门锁闭；车门打开时须先解锁。

解锁气缸是执行门钩解锁动作的元件。

锁钩板呈反S形，将车门上的圆销锁住后车门无法开启。

扇形板在锁钩板打开时可将SI行程开关触发。

复原弹簧的作用是使锁钩板复位。

图 4.6-30　中间解锁示意图

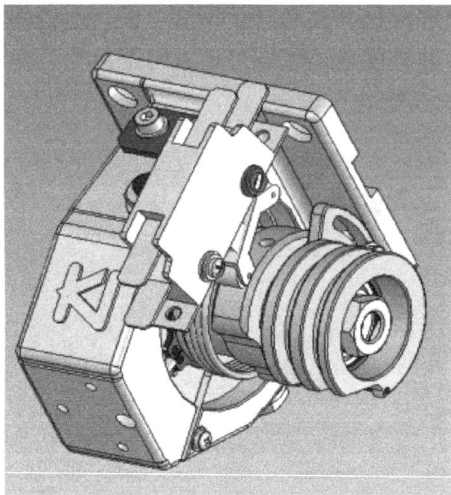

图 4.6-31　端部解锁示意图

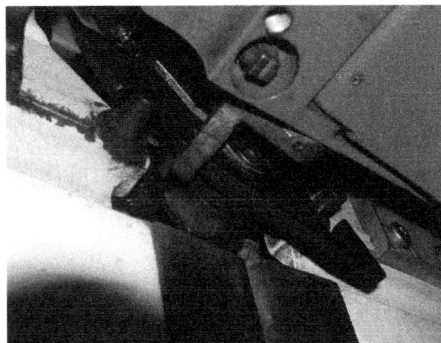

图 4.6-32　气动门机械锁闭机构示意图

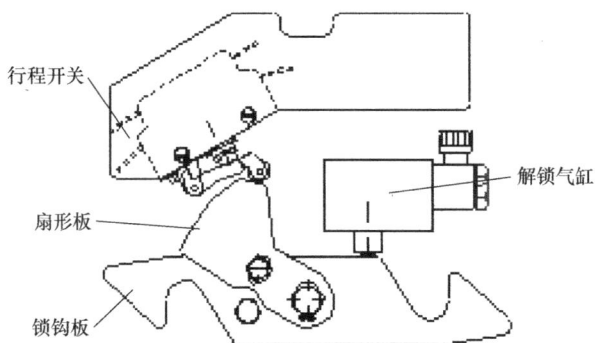

行程开关

解锁气缸

扇形板

锁钩板

图 4.6-33　气动门锁闭机构原理图

图 4.6-34　气动门驱动气缸示意图

（6）车门紧急解锁装置

车门紧急解锁装置分为外部紧急解锁装置和内部紧急解锁装置。

1）外部紧急解锁装置（图 4.6-35）

每辆车指定车门的外侧设乘务员钥匙开关（外部紧急解锁装置），乘务员钥匙开关通过钢丝绳组成与机构上的紧急解锁装置相连接。当车门关闭并闭锁时，被授权人员用专用钥匙旋转乘务员钥匙开关（外部紧急解锁装置）实现紧急解锁。操作所需的最大转矩不超过 10N・m。

乘务员钥匙开关有清楚的标记，紧急情况下被授权人员通过专用钥匙旋转乘务员钥匙开关，通过钢丝绳带动紧急解锁装置旋转，从而带动电磁铁克服复位气缸阻力，使锁钩旋转，将锁闭撞轴释放出来实现解锁，同时触发相应的行程开关，提供出客室门系统被紧急解锁信号。

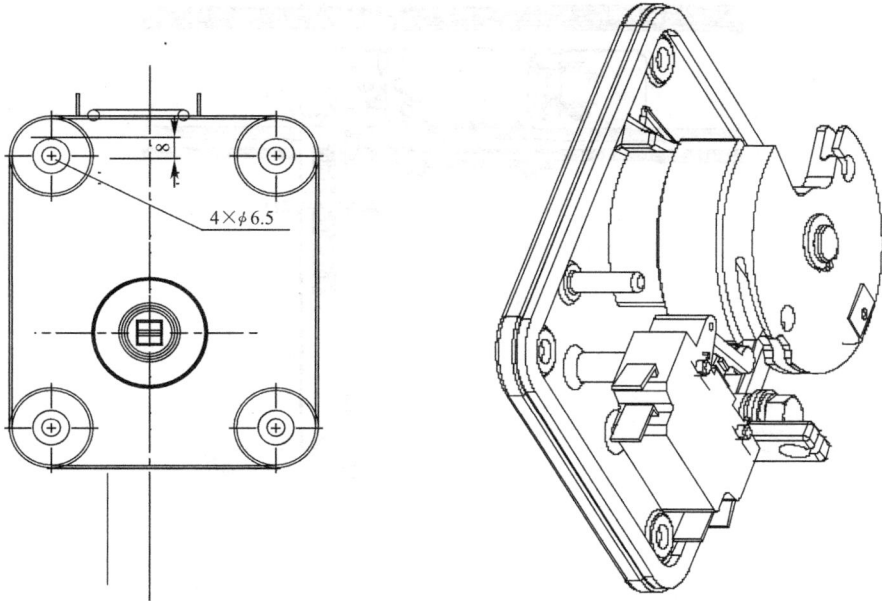

图 4.6-35　外部紧急解锁装置示意图

2）内部紧急解锁装置（图 4.6-36）

每扇车门都设置一个内部紧急解锁装置，由紧急手柄、紧急解锁装置、紧急解锁限位开关组成，用来在紧急状态下手动开启客室车门。在车厢内每扇客室车门旁的侧墙上有一个紧急手柄，在紧急状态下使用能打开门页。

紧急解锁手柄和紧急解锁装置之间通常由钢丝绳来进行连接，钢丝绳一端连接紧急手柄，另一端连接触发块。扳动紧急手柄后，钢丝绳被收紧，紧急解锁装置就通过钢丝绳被触发。

紧急装置行程开关是电器元件，其作用是触发客室车门的紧急开门功能，当手柄被扳动后，行程开关被触发，它向门控电子单元（EDCU）发出"紧急解锁车门"的操作信号；EDCU 接收到紧急开门信号后，允许紧急解锁装置被触发。紧急解锁限位开关示意图，如图 4.6-37 所示。

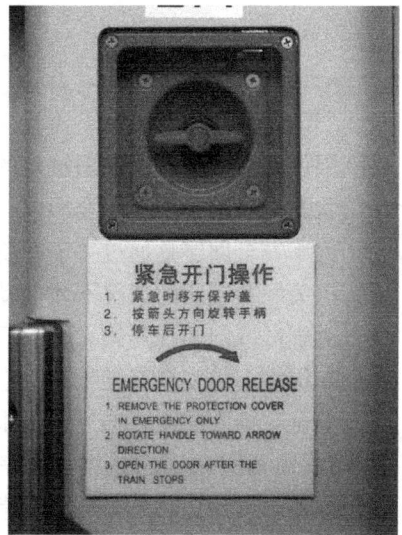

图 4.6-36　紧急解锁装置

通过钢丝绳，车门锁闭机构被释放，当列车静止时，车门可以手动打开；如果列车的速度超过 3km/h 时，驱动电动机将始终施加关门力矩，使车门一直处于关闭状态，直到列车静止。将手柄复位后，车门回复到正常状态。

（7）车门限位开关

客室车门一般设置 4 个限位开关，分别是关到位限位开关、锁到位限位开关、紧急解锁限位开关、机械切除限位开关。限位开关通过机械装置撞击限位开关上的摆臂而激活开关，得到信号，限位开关的位置可以被调节。

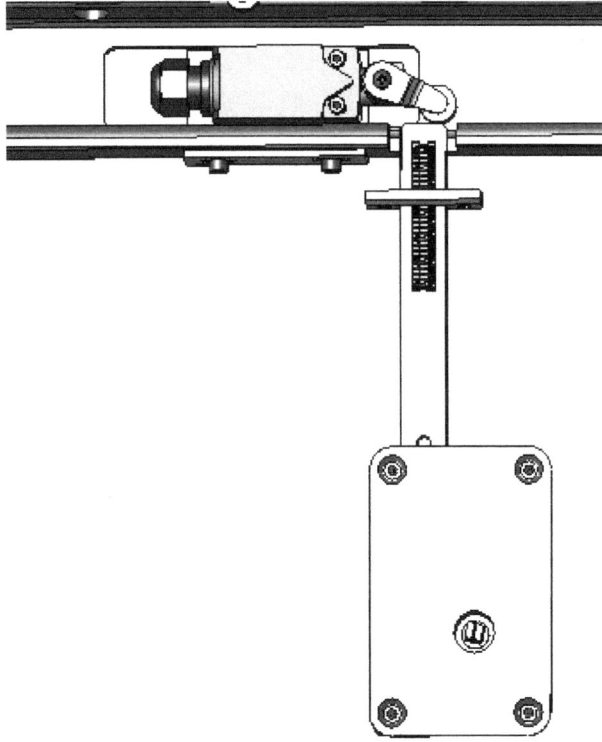

图 4.6-37　紧急解锁限位开关

限位开关一般选用二副触点的开关，一副常开触点和一副常闭触点，一个触点用于将车门状态信号给予列车安全回路，另一个触点给予车门控制器。

列车安全回路是通过每扇车门的限位开关构成的一个车门安全连锁回路，列车只有在所有门关好并锁闭的情况下才能动车。当客室某个门被隔离的情况下，连锁回路通过门切除开关绕过该门实现连锁。车门门控器会对安全互锁回路的输入端和输出端进行监控，并在列车网络上将安全互锁回路状态告知列车控制系统。

安全互锁回路主要通过以下限位开关来构成：

1）锁到位开关 S1。将车门完全锁闭后，开关应可靠压下。锁到位开关的常闭触点通知门控器门锁到位状态，开关的常开触点串联构成了安全互锁回路，提供给司机室车门安全互锁信号。

2）隔离开关 S2。当用门锁定/切除装置隔离车门时，开关应可靠压下。隔离开关的常闭触点通知门控器车门切除状态，开关的常开触点并联在该门的安全互锁回路中。

3）紧急解锁开关 S3。当操纵紧急解锁装置解锁后，开关应可靠压下。紧急解锁开关的常开触点通知门控器车门紧急解锁状态，开关的常闭触点串联在该门的安全互锁回路中。

4）门关到位开关 S4。将门完全关闭后，开关应可靠压下。门到位开关的常闭触点通知门控器门关到位状态，开关的常开触点串联构成了安全互锁回路，提供给司机室车门安全互锁信号。

（8）辅助支撑

辅助支撑安装在车体门框两侧，将有助门的开关运行和防止门页变形，极大地提高门系统的可靠性（图 4.6-38）。

3. 车门部件维修

（1）更换车门门控器

1）关闭门控器电源；

2）打开拱形罩板；

3）拆开连接线和通信插头；

4）松开 4 个紧固螺钉内六角圆柱头螺钉 M5×10；

5）取下门控器；

6）使用 4 个紧固螺钉内六角圆柱头螺钉 M5×10
和鱼鳞纹垫圈，将门控器安装在门控器底板上；

7）连接连接线和通信插头

图 4.6-39 为车门门控器底板示意图。

（2）更换车门电动机

1）拆下丝杆支撑座处用于紧固电动机连接套的螺
钉，并将电动机连同电动机连接套取出；

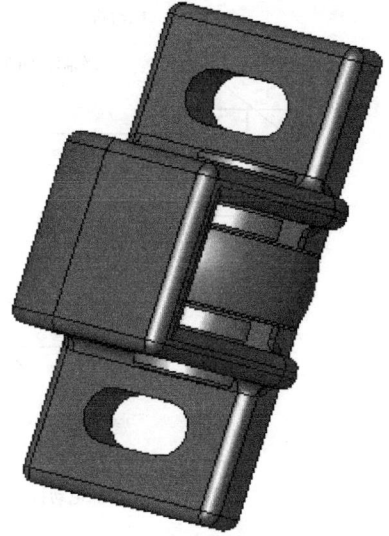

图 4.6-38 辅助支撑示意图

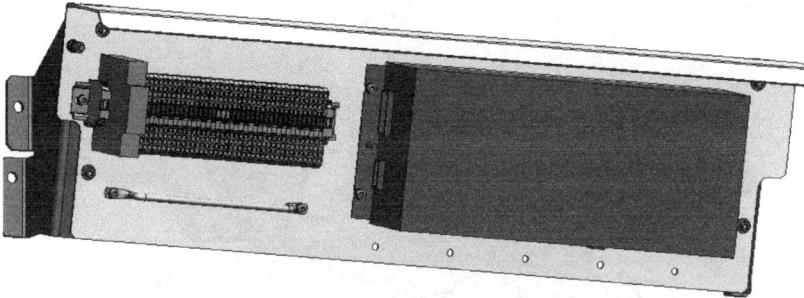

图 4.6-39 车门门控器底板示意图

2）取出联轴器外圈；

3）从电动机连接套缺口处扭松电动机轴端联轴器内圈上的紧固螺钉，并将联轴器内
圈从电动机轴上取出；

4）松下并拆下电动机紧固螺钉，卸下电动机；

5）将电动机固定在连接套上；

6）将联轴器内圈装入电动机轴；

7）将联轴器外圈放在连接套内联轴器内圈上；

8）将整个电动机组件装在丝杠支撑座上；

9）调节电动机端联轴器内圈，使其距电动机表面约 2mm，并且外圈能够轴向窜动，
扭紧紧固螺钉。

图 4.6-40 为车门电动机示意图。

（3）更换锁到位限位开关组件（图 4.6-41）

1）使门处于开门状态，关闭电源；

2）断开锁到位开关组件的导线；

3）松开固定锁到位开关组件的内六角圆柱头螺钉 M4×35 及蝶形垫圈；

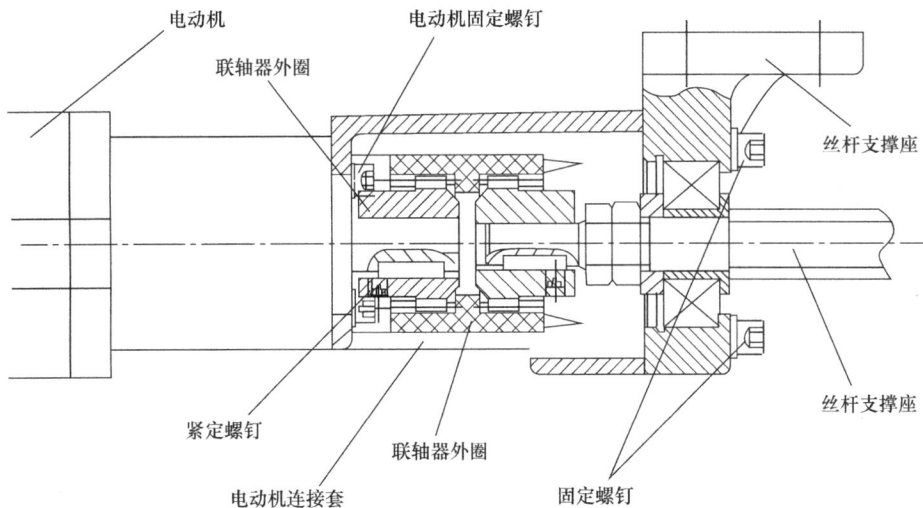

图 4.6-40　车门电动机示意图

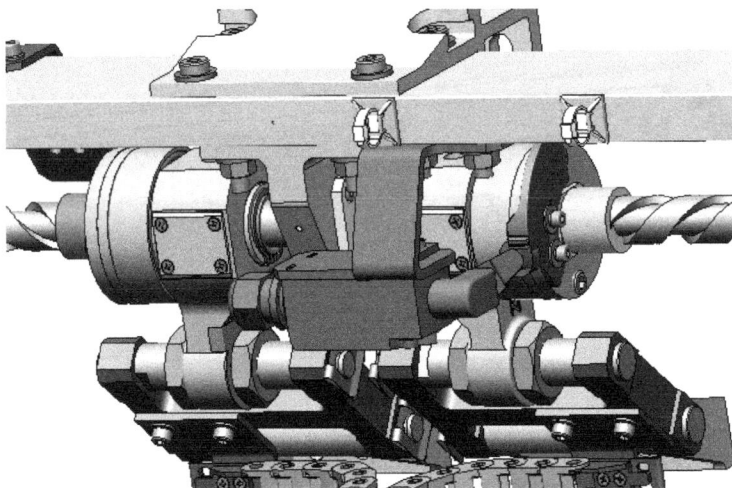

图 4.6-41　锁到位开关示意图

4）取下锁到位开关；

5）安全新的锁到位开关；

6）重新连接导线；

7）根据调整工艺调节锁到位开关组件，调节完成后，用乐泰 243 锁固螺纹固定处。

（4）更换驱动部件（螺母副组件）

1）将门扇移动到半开位置，关闭电源；

2）打开机构顶盖，拆除内侧墙过桥板；

3）先在上导轨上划线，标出电动机支架组件上方颈螺栓在导轨上的安装位置；

4）拆下连接左、右螺母组件与传动架的挡卡，抽出连接轴，分开左、右螺母组件与传动架之间的连接；

5）松开丝杆电动机支架组件上的安装螺母；

6）松开电动机组件的紧固螺钉，取下电动机组件，松开联轴器的紧固螺钉；松开连接丝杆的圆螺母、圆螺母止动垫圈；

7）拆下丝杆右端的端部解锁装置；

8）将丝杆向右移动200mm，拆下左螺母组件；

9）旋转丝杆；

10）拆下右螺母组件；

11）将新的左右螺母组件安装到丝杆上，安装时应分清左右螺母；

12）将丝杆左端装上平键后装入联轴器中；

13）同时将左右螺母组件向中间支撑旋入；

14）在锁闭段时，左右螺母组件方向应一致，并保证左右螺母组件相对中间支撑处对称；

15）紧固电动机支架组件的螺母，并紧丝杆左端的圆螺母，将止动垫片折弯；

16）使用"乐泰"243锁固电动机支架组件和端部解锁组件的螺母；

17）将左右螺母组件与传动架联接；

18）根据调整工艺调节门系统运动。

图4.6-42为螺母副示意图。

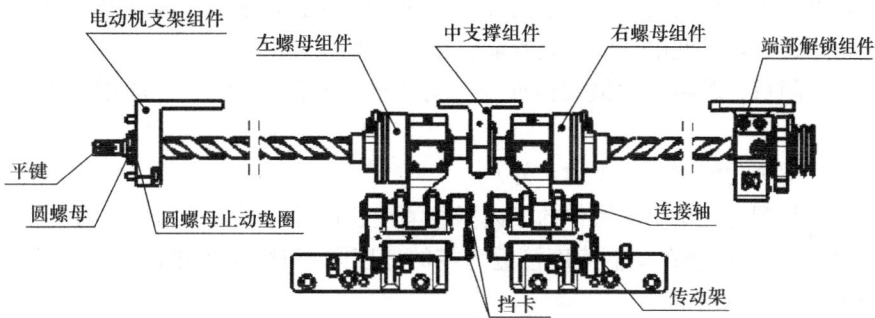

图4.6-42　螺母副示意图

4. 车门试验

（1）开关门时间鉴定

使用计时器测量客室车门开、关门动作时间。

开、关门时间：3.0±0.5s。

（2）测定车门关紧力

使用门压力测试仪测量关门压紧力。每套客室车门在上、中、下三个点分别进行测量。

测量的车门关紧力要求如下：

第一次关门过程中，关门有效力为150N，在遇到障碍物后的第二次关门时的关门有效力为180N；在遇到障碍物后的第三次关门时的关门有效力为200N，第四次关门时的关门有效力为200N，第五次关门时的关门有效力为200N，关门力允许有10N的正偏差，峰值不超过300N。

注：以上测量在车辆正常高压下完成。

（3）"零速"保护功能试验

1）列车激活时，列车硬联线输出零速信号，门可正常开闭；

2）列车激活时，零速信号丢失（此处需要人为依次模拟单个门的零速信号丢失，如拔出门控器上的线，人为模拟门零速信号丢失），未关闭的门自动关闭，已关闭的门扇不动作，此时再操作开门按钮门扇不动作。

3）列车激活时，零速信号丢失（此次需要人为依次模拟单个门的零速信号丢失，如拔出门控器上的线，人为模拟门零速信号丢失），操作紧急解锁装置后进行手动开门，并施加300N的开门力，车门应不能被打开。

（4）障碍物检测及重关门功能试验

每个车门具有自动障碍物检测功能。如果车门关闭过程中受到障碍物阻挡，EDCU应采用预先设定的最大的关门力持续0.5s关门，若若车门仍无法关闭，车门重新打开门至350mm，0.3s后再重新启动关门动作（相关参数可由用户通过用户软件进行更改），而其他已关车门不需重开。

如果车门处的障碍物移除，车门将自然关闭并闭锁。如果在5次尝试关门后，车门仍未锁上，那么车门将保持打开/停留/趋向关闭的状态直至故障解除，此状态可由使用单位自行通过修改控制软件进行调整。软件预设为保持打开状态。

当车门由于障碍物而完全打开，清除障碍物后，按关门按钮仅对打开的门施加有效的关门信号就可以再次使其关闭，而不需要将整列车的门全部打开后执行关门命令。所有车门必须关闭并锁紧，以便电气联动装置能够正常工作。

当车门锁闭后，若障碍物最大截面尺寸为10mm×50mm时，应能用不大于150N的力抽出。

（5）手动解锁功能试验（车内、外）

每对车门都配有一个手动操作的车内紧急解锁装置可将所有锁门机构打开（不包括已隔离状态的门），但必须在车辆速度接近为零的速度限值时，解锁的车门才可以打开，且解锁力矩不大于10N·m。

一旦操作了这个装置，手动开门需要的最大作用力为每扇门扇75N。

紧急解锁装置设有适当的措施和警示信息，以防止乘客随意打开车门。

若要恢复该车门，不需要专门的钥匙即可恢复。

不存在人为外力（车门横向方向上）的情况下，不会造成列车关门安全信号失效。

紧急解锁装置被触发时司机室显示器（DDU）还具备文字、声响报警功能，且列车控制系统需做相应的记录。同时，车门紧急解锁装置触发与车载视频监视系统联动，给司机了解情况提供视觉条件。

1）列车速度为"零速"时的手动解锁功能试验。

使列车"零速"信号有效，对关闭的车门操作内部或外部紧急解锁装置将会引起对应的车门：

通过钢丝绳将对应的车门进行解锁，可通过手动进行开门。

通过门控单元向HMI发送"车门已解锁"信号并显示紧急解锁。

"安全互锁回路"断开，司机室显示器显示并报警，视频联动。指示灯警示。

测量内、外紧急解锁装置的操作力矩要求小于10N·m。

测量手动开、关门时作用到门扇上的力要求小于150N。

2）列车速度为"零速"时的解锁装置复位功能。

3) 当门控带电时, 内部紧急解锁装置复位将导致打开的车门自动关闭 (注: 如果一次不能自动复位, 需要手动把门推开一定距离后才会自动关闭)。

（6）机械切除功能试验

每个车门都配有一个手动操作的隔离装置, 可在车内外进行操作。车门关闭且锁定后, 隔离装置动作, 将导致:

1) 使车门处于持久关闭的状态, 乘客开门按钮红色指示灯持续明亮;

2) 绕过 "车门关好互锁回路"、"车门锁好互锁回路";

3) 通过门控单元发出 "车门已切除" 信号并在司机室面板上显示;

4) 关闭该车门的所有控制功能, 脱离控制系统。

（7）电源开关

为便于维修工作, 还可通过关闭位于门控单元上的电源隔离开关来切断相应车门的电源, 将该车门电隔离。该车门被电隔离后, 门控单元不得电, 其所有门控制功能均关闭。

（8）电气隔离功能检测

在每套客室侧门的门驱机构上安装有电气隔离开关, 用于在车门出现故障, 且无法手动将车门关闭并锁闭时, 操作电气隔离装置将对应的车门切除。

将客室侧门打开, 然后打开门驱位置的侧顶板后操作电气隔离开关, 此时车门将趋于关闭, 并使用门压力测试仪阻止门关闭, 抽掉门压力测试仪车门将关锁到位, 并测量夹紧力应为 50 ± 20N。

操作电气切除开关还会引起:

1) 该门被切除, 其他门不受到影响, 安全回路在此点导通。

2) 列车控制单元将记录此电气隔离使用及复位的事件记录, 并使视频联动。

3) 该门扇的所有车内外门指示灯常亮, 蜂鸣器不鸣响。

4) 司机室面板显示电气隔离状态。

（9）车门状态指示及提示音试验

每套车门的状态通过安装在门扇上的乘客开门按钮指示灯来指示, 如下表。蜂鸣器警示音为 "滴、滴、滴" 声, 每秒响一次, 共提供 6 次预警示和警示, 占空比为 50% (即鸣响 0.5s, 休止 0.5s); 蜂鸣器声音在车外距车体 0.5m、距地板面高度 1.6m 处测得的警示音分贝值应为 80~90dB (A) (表 4.6-2)。

指示灯、蜂鸣器状态列表　　　　　　　　　　　　　　　　表 4.6-2

序号	门状态	黄灯（客室内）	红灯（客室内/外）	蜂鸣器
1	门关好			
2	开门过程	亮	闪	
3	门开到位	亮		
4	关门延时	亮	闪	响
5	关门过程	亮	闪	响
6	关门障碍物探测过程	亮	闪	响
7	门切除		亮	
8	门紧急解锁	亮	亮	响
9	电隔离	亮	亮	

（10）开关门噪声测量

整合在整车噪声试验中进行，测量的具体位置：

车辆的车门在运转（门在打开或关闭过程中），在距车辆地板面高1.2m、距车门或门框0.3m的任何位置，所测得的LpAeq，T(T＝3.5s)不超过70dB（A），LpAFmax不超过75dB（A）。

本条为抽检项目，每节车测1～2处位置。

（11）车门无故障连续开关试验

模拟列车正常工作状态（空调开启），进行客室侧门系统无故障操作试验：

在AW0载荷状态下，列车左/右侧车门各连续进行1000次无故障的操作（800次正常开关门，200次重关门）；

在AW3载荷状态下，列车左/右侧车门各连续进行1000次无故障的操作（800次正常开关门，200次重关门）；

在AW0（由AW3回到AW0）载荷状态下，列车左/右侧车门各连续进行1000次无故障的操作（800次正常开关门，200次重关门）。

第5章 地铁车辆的电气部件维修

5.1 受流设备

1. 概述

受流设备是列车将外部电源引入车辆电源系统的重要设备。根据线路供电方式的不同，列车受流设备分为集电靴及受电弓两种形式。集电靴装置应用于第三轨方式供电的线路。

受电弓装置主要应用于以接触网方式供电的线路。由于接触网方式可以实现长距离供电，受线路变化的影响较小，并且能适应列车高速行驶的需要，所以，较多的地铁线路采用接触网与受电弓受流方式。受电弓从结构上可分为单臂型、双臂型和 T 形三种形式，在驱动上可分为气动型及电动型，气动型又可以分为气囊弓和气缸弓两种。

三轨受流器又名集电靴，安装在列车转向架上，为列车从刚性供电轨（第三轨）进行动态取流，满足列车电力需求的一套动态受流设备。根据车辆受流器从第三轨的取流方式不同，三轨受流方式可分为上部受流、下部受流和侧部受流。目前，国内外普遍采用 DC750V 和 DC1500V 两种电压等级的第三轨供电系统。

车间电源是列车辅助的受流设备，主要应用于列车在检修库内整车调试或部分设备需有电检查时使用。

2. 系统部件组成

受流设备根据受流方式分为受电弓和三轨受流器，除此之外还有车间电源及避雷器。

3. 受电弓结构及检修

（1）受电弓结构

如图 5.1-1、图 5.1-2 所示，受电弓由以下几部分组成：

1）底部框架。底部框架一般由矩形空心钢管焊接而成，用于支撑整个框架，并通过轴承与下部撑杆相连。底部框架上还安装有运输挂钩、升降弓执行机构、下导杆、绝缘子、高压接线排、落弓位置指示器、橡胶缓冲垫等。

2）下部框架。下臂由焊接铝结构组成，是封闭的框架设计，用来支撑下臂轴承和凸轮。主要作用是用来传递升弓力抬升受电弓上部框架。

3）上部框架。上臂由焊接铝结构组成，是封闭的框架设计。它包含了侧油管、盲板、铰链件和连接板。由于是对角式的支撑，上臂有很高的侧向稳定性。

4）集电头。集电头是受电弓与接触网接触部分。主要由滑板、转轴、弓角、弹簧盒组成。由轻金属制成的弓角可以防止在接触网分叉处接触导线进入滑板底下，避免刮弓事故的发生。滑板由电石磨碳制成的接触部件及由轻金属制成的支撑物组成。弹簧盒中装有螺旋压缩弹簧，可为集电头在垂直方向提供一定的自由度。

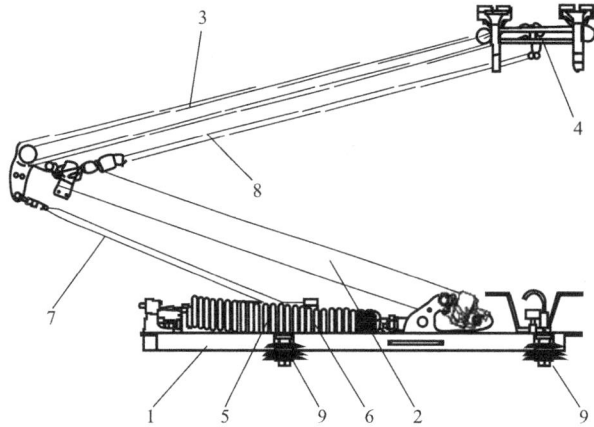

图 5.1-1　单臂受电弓结构（一）

1—底部框架；2—下部框架；3—上部框架；4—集电头；5—主张力弹簧；
6—气动/电动降弓机构；7—下导杆；8—平行导杆；9—底座绝缘子

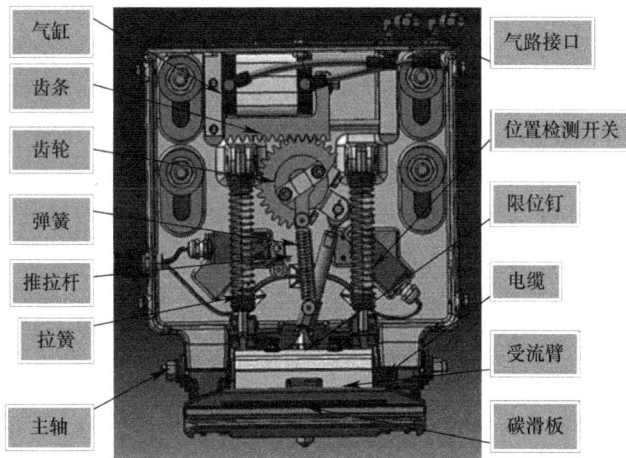

图 5.1-2　单臂受电弓结构（二）

5）主张力弹簧。主张力弹簧安装在下部撑杆上，按轴向布置。通过调节螺栓可改变弹簧连杆的有效长度。这样，在整个工作范围受电弓可有一个恒定的接触力，通过调节升弓弹簧端部的调整螺栓可以实现弓网接触压力的调整。

6）降弓机构

① 气动降弓机构。受电弓降弓是依靠气动降弓机构，气动降弓装置固定在底架和下支架的杠杆之间。受电弓下降通过压缩弹簧实现，此压簧集成在气压缸里，通过下支架上的触发臂上的活塞和活塞杆起作用。如果气缸受到压缩空气的压力，则压簧会被活塞压缩，此时受电弓可升弓。升弓和降弓时间通过两个节流阀进行调节，通过控制进排气速度来控制升降弓动作时间。为了调整受电弓的降弓位置，可以调整下支架的触发接头上的螺丝。如果没有压缩空气可以利用，受电弓可以使用气动脚踏升弓。

② 电动降弓机构。受电弓的降弓装置包括直线电机驱动降弓装置和手动软轴降弓装置。直线电机驱动降弓装置通过绝缘子和低架组装相连接，另一端和下臂杆连接，直线电

机采用蓄电池供电方式，无需供风风源，当升弓继电器得电时电机正转，克服升弓弹簧力矩，实现降弓，当降弓继电器得电时电机反转，转矩收回，拉动活动支板，解除对下臂杆约束，此时升弓弹簧起作用实现升弓。电机集成了升降弓限位模块，当受电弓完全升弓到位和降弓到位时，电机停转，保证升降弓功能正常。

手动软轴降弓装置。该装置一端通过软轴连接器连接在直线电机驱动降弓装置上，一端通过车顶，再通过软轴连接器连接在车内手摇杆上，实现手动升降弓。

7）下导杆。连接杆由一根用碳钢圆管制成的连接管和两个分别带有左旋及右旋螺纹的轴承座和两套绝缘轴承组成。通过转动连接管，可调节和微调受电弓的几何形状。

8）平行导杆。当受电弓进行升弓或降弓时，平行导杆可防止弓头失稳翻转。

9）底座绝缘子。绝缘子安装在底部框架上，一方面用于支撑底部框架，另一方面可将车体与受电弓隔离。所以绝缘子要求具有良好的电气绝缘性和机械性能，一般常采用瓷或玻璃纤维聚酯压制而成。

（2）受电弓工作原理

受电弓的动作原理如下：

气动弓的升弓和降弓：压缩空气经过缓冲阀进入驱动气缸后，气缸活塞克服气缸内复位弹簧压力向左移动，然后下部框架在升弓弹簧的作用下，做顺时针转动。同时，在下部导向杆的作用下，上部框架升起。压缩空气从驱动气缸经缓冲阀排除，气缸内复位弹簧压力释放将活塞推向右方，带动导向杆向右移动，强制下部框架作逆时针转动而迫使上部撑杆落下。

电动弓的升弓和降弓：受电弓靠电动落弓机构落弓，它是电力绝缘且安装于受电弓底架与下架间，这个机构由一个永久磁铁直流电动机驱动一个装有球形踏面及机械刷的激励器。由一个伸缩弹簧组成的阻尼单元来弥补机械振动。阻尼单元安装于下架上，保证受电弓上升及下降一致。在下架的侧面纺锤形的销经由转臂作用于调整螺母上。用这个调整螺母受电弓的落弓位置就被校正调定。电动落弓机构的终端线路是由可调的磁性开关处理的。

列车运行时，滑板沿架空线滑动。受电弓的受电性能在很大程度上决定于接触压力，若压力太小，则接触电阻增大且易跳动，导致接触不良产生电弧；但压力太大，则摩擦加大，增加滑板和导线磨损，因此，要求受电弓的机械结构能保证滑板在工作高度范围内具有相同的接触压力。受电弓各关节的摩擦力对接触压力也有影响，当受电弓降低时摩擦力使压力增加，当受电弓升高时摩擦力又使压力减小。因此，为使上升压力同下降压力之差尽可能小，必须采取措施减小摩擦力。在静止状态下，接触压力与受电弓之间的关系称为受电弓的静特性。车辆运行时，受电弓随着架空接触导线高度的变化而上下运动，此时接触压力和受电弓之间的关系称为动特性。因此，接触压力与受电弓的静特性有关，而且与受电弓上下运动的惯性力即受电弓的动特性也有关。此外，传动装置还应使升降弓过程中初始运动迅速，运动终了比较缓慢，即在降弓时可使受电弓很快断弧，升弓时可防止受电弓对接触网和受电弓底架有过大的机械冲击。

（3）受电弓的检修

由于受电弓安装在车顶，并且安装区域是开放式的，所以受电弓的工作环境相当恶劣。因此在日常检修作业中，受电弓是需要重点检查的部件之一。同时，每隔5年，应对受电弓进行大修。

将受电弓从车顶拆卸下之前，应该使用固定挂钩将上部支撑固定在底部框架上。落车后，需要一专用平台来检修受电弓。

在分解受电弓之前应松开张力弹簧，然后依次拆除电桥连线、集电头、上部撑杆、下部撑杆及驱动气缸。组装按相反的顺序进行。

1）部件清洁

受电弓分解完毕后，应清洗所有部件。在清洗时，须选用中性清洁剂，并且小心清洗，以避免框架变形造成部件损坏。

2）部件检修

① 受电弓框架

受电弓的上部框架及下部框架需要在专用平台进行测量，如果发现有变形或弯曲的受电弓支撑部分，应采用冷整形方式维修，如果无法整形，则应该更换新的框架。

② 轴承

轴承拆下后，应检查轴承是否有锈蚀或点蚀现象。如果有这些现象须更换轴承。对于大修作业来说，应更换所有的轴承。受电弓组装完成后，应对所有的轴承进行润滑。

③ 电桥连接线

电桥连接线一般用多股铜导线编织而成，在检修中应检查连接线是否有断股现象。对于断股的连接线应予以更换。对于电桥连接线的接线端子，需清洁并打磨接触表面。在安装电桥连接线时，在接线端及框架上的安装区域涂抹含铜油脂，以保证接触面的导电性能。在大修作业中，应更换所有的电桥连接线。

④ 滑板

滑板是受电弓上最易磨损的部件。滑板直接与接触网接触，为了最大限度的减小接触导线的磨损，滑板的材质较接触导线软。同时，列车在高速经过两个供电区段的分断器时，也较易对滑板造成损伤。所以在检修中主要检查滑板的磨损及损伤情况。当滑板磨损到最大磨损界限时，一般为底部离铝托架 3~5mm，或者滑板上有较大的缺口或裂纹时，必须更换滑板。

对于弓角来说，主要检查弓角的磨损。如磨损较大，则须更换弓角。

⑤ 降弓机构

气动降弓机构（驱动气缸）。

由于驱动气缸内装有预紧弹簧，所以需要有专用夹具进行拆装。气缸分解后，检查活塞部件的磨损情况，更换所有的橡胶密封件。气缸组装后，应通气检查气缸工作情况。对于缓冲阀检修一般在大修时进行，主要是检查部件的磨损情况及更换橡胶密封件。

电动降弓机构（驱动电机）。

验证降弓装置的伸缩性能。对电气降弓装置进行校准，调整受电弓的升降位置。调节电动落弓装置，以校正受电弓的收缩位置。通过控制单元，检查两个磁性开关功能，必须能够打开闭合。

⑥ 绝缘子

在检修中，主要检查绝缘子外观是否有裂纹及损伤。如绝缘子表面有碳粉等污垢堆积，无法清除时，可采用抛光方式处理。对于表面有裂纹、有损伤的绝缘子应予以更换。

在绝缘子检查完毕后还应测试绝缘子耐压及绝缘电阻。

3）油漆

受电弓组装完毕后，应进行油漆作业。在涂油漆时，应注意对电桥连接线安装点及铰链处进行遮盖保护，以免影响轴承的工作及连接线的导电效果。

4）受电弓调整

在受电弓组装完毕后，需要调整受电弓框架位置并检查集电头与接触网导线的接触压力。框架位置调整时先调节下部导向杆，在最低位置时，下部撑杆应为水平。中间的铰链部分不能高于滑板的上部边缘或低于底部框架下部边缘。如果中间铰链的位置太低，下部工作区的接触力的上升将受影响。在下部导向杆和接触力调整后，再调节平行导杆长度，使得滑板的上部边水平处于受电弓中间工作位置。框架位置调整完成后，可通过调节主张力弹簧长度调整接触压力。由于在整条线路上，接触网的高度是不同的，这要求受电弓在整个工作高度范围内的接触压力应基本一致。此外，根据不同季节的温度的改变，也需调整接触压力。

4. 三轨受流器结构及检修

（1）三轨受流器系统结构

受流器主要由绝缘板、受流臂、拉簧、推拉杆、弹性部件、气动部件、碳滑板等部分组成。受流器动力单元全部采用高强度绝缘材质，动力单元被滑靴臂绝缘，所以整个受流器具有良好的安全性、绝缘性。

1）气动部件。气动部件由升降靴进气口，管路，气缸及齿条组成，主要作用为通过控制车辆电磁阀，对气缸进行充风并横向移动，从而带动齿条动作控制升降靴。气缸动作压力大于 0.75MPa，响应时间小于 2s（指气缸运动到 CCD 回退机构控制受流臂脱靴时间）。

2）回退机构。回退机构包括齿轮，推拉杆及弹簧。当降靴时，气缸带动齿条动作时，齿条带动齿轮动作，齿轮带动推拉杆超过垂直角度时，推拉杆锁定下限位，受流器处于降靴状态。升靴时，气缸回退，齿条带动齿轮回退，齿轮带动推拉杆脱离下限位，并由弹簧带动推拉杆回到初始状态。

3）位置检测开关。受流器具有升降靴状态指示，在内部设置两个位置检测开关，用于检测受流器处于升靴还是降靴状态。当升降靴时，检测开关反馈信号给司机室，显示受流器升降靴状态。

4）受流臂部件。受流臂部件包括主轴、限位钉、受流臂、导电铜条等，主轴控制受流臂上下动作，并可通过调节主轴，调整受流臂上下限位及静压力。受流臂带有导电铜条，将滑靴从三轨取流后将电流导入接线点，同时受流臂上有弱连接结构，避免滑靴碰撞障碍物时及时断裂以免车辆其他部分受到损坏。

5）碳滑板。碳滑板采用碳铜合金制成，适合钢铝复合轨，具有高导电性，耐磨性。

6）绝缘板安装在转向架上，带有调整齿，与受流器主体安装后，可调节受流器高度。

（2）三轨受流器工作原理

当降靴时，气缸带动齿条动作时，齿条带动齿轮动作，齿轮带动推拉杆超过垂直角度时，推拉杆锁定下限位，受流器处于降靴状态。

当升靴时，气缸回退，齿条带动齿轮回退，齿轮带动推拉杆脱离下限位，并由弹簧带动推拉杆回到初始状态。

（3）三轨受流器的检修

由于受流器是安装在转向架上的，并且安装区域是开放式的，所以集电靴的工作环境相当恶劣。因此在日常检修作业中，集电靴是需要重点检查的部件之一。同时，每隔5年，应对集电靴进行大修。

1）部件清洁

集电靴分解完毕后，应清洗所有部件。在清洗时，须选用中性清洁剂，并且小心清洗，以避免机构变形造成部件损坏。

2）评价各个零部件功能

目视评价分析受流器各个主要部件是否损坏。在调试受流器之前，必须更换所有损坏的零件。

3）更换磨损零件

为了更高效地检修第三轨受流器，必须拆卸受流器到可更换磨损零件的程度。

4）受流器组装、安装及设置

为了保障受流器大修后能够最大程度的恢复到出厂时的机械性能和电气性能，需要对受流器锁闭机构、底部限位挡块、位置开关、顶部限位挡块、接触压力等进行设置和调试。

5. 车间电源

（1）车间电源的构成

车间电源系统由电源插座盖、电源插座、熔断器、接触器及隔离二极管组成，见图 5.1-3。

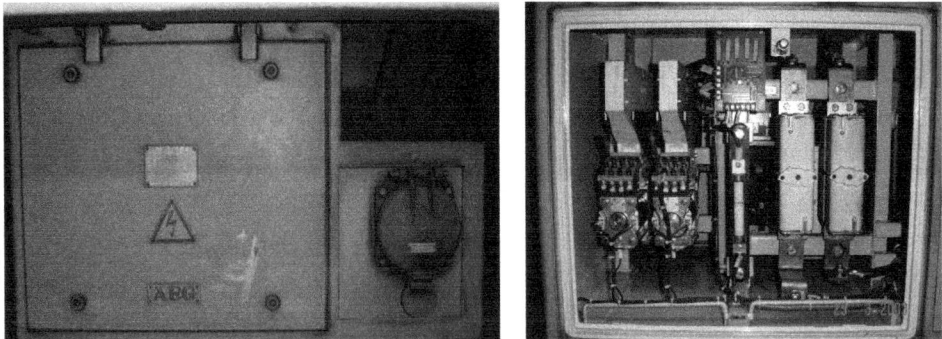

图 5.1-3　车间电源

电源插座盖上一般按列车控制原理安装有短接插头，当插座盖合上后，控制电源通过短接插头控制主受流电路中的接触器工作，实现车间电源与主受流设备供电电路控制上的连锁功能。电源插座的布局形式与外接电源插头相匹配，用于与外接电源插头相连接。熔断器安装在车间电源插座与列车供电电路中间，如辅助电路有短路现象超过熔断器的容量限制时，熔断器断开，并且该断开是不可逆的。隔离二极管通常采用大功率二极管，由于流过二极管的电流较大，二极管一般安装有散热片，以增强散热效果。

（2）车间电源工作原理

外部电源通过电缆插头与列车车间电源插座相连，供电给列车电源系统。考虑到安全原因，车间电源与列车主受流设备之间是相互连锁的，不能同时向列车供电。车间电源只向列车辅助系统供电，一般通过隔离二极管或接触器与列车主电路隔离。

（3）车间电源的检修

车间电源系统一般安装在密闭的箱体内，所以维修周期间隔可以长一些。

1）车间电源插座及插座盖检修

对于插座及插座盖，主要检查接插件是否有损坏、过热或腐蚀现象，特别要注意端部连接处。

2）隔离二极管

将隔离二极管拆卸后，检查二极管电气特性。同时清洁二极管的散热片。在安装散热片时，接触面上应涂上一层薄薄的凡士林。

3）电缆

对于车间电源系统中使用的电缆，在检修中主要检查电缆与接线端连接是否良好，清洁并打磨接线端接触部分。同时还应检查电缆外部的绝缘层是否有开裂或破损现象。

5.2 牵 引 系 统

1. 概述

城市轨道交通牵引系统，是将"电力传动车辆"产生牵引力和制动力的各种电器、电机、电子设备连成一个电系统，实现电动车辆的功率传输。它是电动列车最重要的组成部分之一。牵引系统应满足车辆启动、调速和制动三种基本工作状态的要求。调速是三种运行工况的共同基础，因为车辆牵引时需要根据不同的运行条件来调节车辆的速度，为了充分发挥车辆的功率，就要求车辆能在不同的线路和荷载条件下改变牵引力，因此车辆牵引系统必须保证牵引电动机的转矩和转速都可进行调节，且有宽广的调节范围。按照牵引系统所使用的牵引电机的类型，牵引系统分为直流牵引系统及交流牵引系统。因直流电机的调速控制相对简单，早期列车多采用直流牵引电机作为牵引设备。20世纪80年代开始，随着计算机控制系统及交流调速技术的发展，交流牵引系统逐渐取代直流牵引系统，采用三相交流异步电动机作为牵引电机，牵引控制采用交流调频调压控制技术，"VVVF"交流牵引技术被广泛应用。

2. 系统部件组成,

牵引系统主要由高速断路器、线路接触器、预充电接触器、预充电电阻、线路电抗器、线路电容器、三相逆变器、牵引电机、制动电阻等部件组成。

3. 部件维修

（1）高速断路器

如图5.2-1所示，用来接通和分断电动列车的高压电路，是电动列车的主要保护装置。当主电路发生短路、过载等故障时快速切断主电源。为了防止事故的扩大，要求高速断路器动作迅速、可靠、并具有足够的断流容量。由于电动列车车下安装空间有限，所以要求高速断路器必须结构紧凑。

图 5.2-1　高速断路器

1）高速断路器结构

一个高速断路器装置基本由以下几部件组成：基架、短路快速跳闸装置、过载跳闸装置、合闸装置、灭弧栅、辅助触点。

① 高速断路器基架

高速断路器基架用于安装过载跳闸装置、合闸装置以及灭弧罩等部件，要求有较高的机械强度和抗振性能。

② 过载跳闸装置

每个电路上都有一过载跳闸装置用于过载保护，其跳闸值可通过刻度盘来调整。跳闸值应按允许通过短路峰值电流来设定，以防止高速断路器发生误跳。

③ 过载跳闸装置

高速短路跳闸装置带有固定脱扣整定机构，其跳闸值是固定的。

④ 合闸装置

合闸装置用于高速断路器正常吸合及分断，由螺管线圈及机械锁位装置组成。

⑤ 灭弧栅

灭弧栅可将触头分断产生的电弧吸入电磁系统内进行分割、冷却。

⑥ 辅助开关

辅助开关安装在高速断路器基架外侧，通过机械杠杆与高速断路器转动装置相连。由于辅助开关的状态直接反映了高速断路器的状态，所以列车控制系统可以通过采集辅助开关触点上应答信号来监控高速断路器的工作状态。

2）高速断路器工作原理

按下高速断路器"合"按钮后或列车控制单元发出高速断路器"合"指令，通过列车控制线路动作，使螺管线圈得电工作并带动机械锁位装置动作置高速断路器于"合"位置，这时高速断路器通过机械连锁装置保持"合"状态而无需电源维持。分断时，欠压脱扣装置动作，使高速断路器分断。

当高速断路器合上以后，电流从进线端流向静触头，并通过动触头、动触头臂、弹性连接板后，从出线端流出。由于电流流过导线时会产生磁场，该磁场的强弱与电流大小有关，过载跳闸装置通过检测磁场来监控电流。一旦电流值超过过载跳闸装置的整定值时，该装置动作，通过拉杆、释放锁件、转换机构机械装置的动作，将动触头与静触头分断。

在短路故障情况下，过载跳闸系统动作太慢。短路快速跳闸装置动作，通过撞击螺钉直接撞击定触头臂迫使动、静触头分断。其快速分断由转换杆和滚轴之间的专用压紧装置完成。

在吸合、分断两种方式转换中，触点间将形成电弧，电弧由一种磁吹系统被强制吹到灭弧栅中的灭弧触点中。电弧的走向一般先到灭弧触头末端，然后至上部灭弧栅。电弧在灭弧栅之间被分裂，强烈冷却。在短路条件下，触点开、断与机构的跳闸时间无关，灭弧栅快速灭弧，反过来使电弧电压急速上升，它对短路电流有很好的限流作用。

3) 高速断路器的检修

高速断路器需要定期检查，检查周期参照维修手册的要求进行，并可根据接通或断开操作工作量调整。

高速断路器的检修内容可分为以下几部分：

① 检查合闸装置。测量螺管线圈的阻值，对于阻值与标称值不相符时应更换线圈。检查线圈与铁芯之间是否有碰擦痕迹，检查铁芯是否动作自如。对机械连锁机构进行润滑，正常情况下润滑能延长高速断路器寿命，润滑脂应采用专用油脂，不准混有其他油脂。

② 动静触点检查。检查动静触点的"熔化"程度，如"熔化"程度厉害，应更换触点。触点应成对更换，更换完毕后还应检查触点动静触点接触面接触情况。

③ 接线端检查。清洁、打磨主接线端及电缆的接触面，使两接触面的接触保持密贴，防止接触电阻增大而损坏电缆及主接线端。

④ 灭弧罩检查。将灭弧罩拆除，检查灭弧栅片的情况。对于烧灼厉害的灭弧栅片应更换。在灭弧栅片组装过程中，应注意栅片的安装角度。

⑤ 辅助开关检查。检查辅助开关时应测量开关触点的接触阻值，同时还需检查机械部件的工作情况。

此外，在高速断路器使用到一定期限时，应更换机构内所有的弹簧部件。

4) 高速断路器的实验

① 高速断路器闭合情况检查

A. 连接一个直流 110V 的外部电源，并将断路器设置为闭合。

B. 闭合电流消失（脉冲最大 1s），并变成维持电流。

C. 将外部直流 110V 电源切断。

D. 检查移动触头和叉杆是否快速返回到静止位置。

E. 拆除外部电源。

② 高速断路器整定值调整

高速断路器检修完成后，应进行过载跳闸装置整定值的调整。通过外接电源模拟过载电流，检查高速断路器是否能在电流达到整定值时断开。对于短路跳闸装置整定值的检查，由于普通电源设备无法模拟短路电流，所以一般在检修中不做短路电流检查，如果确实需要检查这个项目，可通过高速断路器制造厂商的专用设备来检查。

（2）牵引电机

牵引电动机有许多类型，诸如直流牵引电动机，脉流牵引电动机，单相整流子牵引电动机，交流异步牵引电动机和交流同步牵引电动机。地铁城市轨道交通车辆应用最广泛的牵引电机是直流牵引电动机和交流异步牵引电动机。

多年以来,直流串励牵引电动机一直作为各种铁道车辆的主要牵引动力。因为它具有起动性能好,调速范围宽,过载能力强,功率利用充分,运行较可靠,且控制简单等优点。但由于直流电动机必须通过换向器才能工作,除结构较复杂外,它的检修工作量较大,因此直流牵引电动机的发展受到了很大限制。

20世纪80年代开始,电力电子技术和计算机技术迅猛发展,特别是采用了大功率自关断电力电子器件(GTO)和微机模块化控制后,使交流电机调频调压(VVVF)控制得以实现。这就为具有结构简单、牢固、单位功率的体积小、重量轻及制造成本、低且少维修等一系列优点的三相异步牵引电动机,在轨道交通车辆上的发展拓展了广阔的运用前景。

牵引电动机的基本结构和普通电动机是相似的,但由于其工作条件特殊,因此它具有以下一些特点:

① 牵引电动机是悬挂在地铁车辆转向架构架或车轴上,借助于传动装置驱动车辆前进,因此牵引电动机在结构上必须考虑传动和悬挂两方面的问题。

② 牵引电动机的安装尺寸受到很大的限制,径向尺寸受到轮径直径限制,轴向尺寸受到轨距的限制,故要求其结构必须紧凑。为此,牵引电动机都采用较高等级的绝缘材料和性能较好的导磁材料。

③ 车辆运行时,钢轨对车辆的一切动力影响都会传给牵引电动机,使牵引电动机承受很大的冲击和振动。动力作用除造成电动机工作情况恶化外,易使电动机的零部件损坏。因此,要求牵引电动机的零部件必须具备较高的机械强度。

④ 牵引电动机的使用环境恶劣,它挂在车体下面,很容易受潮、受污,还经常受到温度、湿度的影响。因此牵引电动机的绝缘材料和绝缘结构应具有较好的防尘、防潮能力并要求牵引电动机有良好的通风条件。

目前轨道交通系统所使用的交流牵引电动机多数为鼠笼式电动机,鼠笼式异步电动机的主要部件如下:

1) 异步电动机的定子:

异步电动机的定子由定子铁芯、定子绕组和机座三部分构成。

① 定子铁芯的作用是作为电机中磁路的一部分和放置定子绕组。为了减少旋转磁场在铁芯中引起的损耗,铁芯一般用导磁性良好的电工硅钢片叠成。

② 在定子铁芯内圆冲出许多形状相同的槽,用于嵌放定子绕组,定子绕组是电动机的电路部分,主要作用是产生感应电势,通过电流以实现机电能量转换。

③ 机座的作用主要是固定和支撑定子铁芯,要求有足够的机械强度和刚度。

2) 电动机的转子:

异步电动机的转子由转子铁芯,转子绕组和转轴等组成。

① 转子铁芯也是作为电动机中磁路的一部分,一般也由硅钢片叠成。铁芯安装在转轴上。转子铁芯上开有槽,以供放置或浇注转子绕组之用。

② 转子绕组的作用是产生感应电势、流过电流和产生电磁转矩,其结构常为鼠笼式。

③ 异步电动机的转子绕组无需外电源供电,可以自行闭合而构成短路绕组,工艺简单。每个转子槽中插入一根导条,在伸出铁芯两端的槽口处,用两个端环分别把所有导条连接起来。如果去掉铁芯,整个绕组外形就像一个"鼠笼",所以称为鼠笼式转子。

3）异步电动机的气隙：

和其他电动机一样，异步电动机的定子和转子之间必须有一气隙。异步电动机的特点在于它的气隙很小。

气隙大小对异步电动机性能有很大的影响。一方面，为了降低电动机的空载电流和提高电动机的功率因数，气隙应尽可能地小；而另一方面，为了装配方便和运行可靠，以及削弱磁场脉振所引起的附加损耗等，气隙稍大是有利的。

4）交流电机的检修

鼠笼式异步电动机的特点基本可以达到免维护的要求，所以仅在架、大修时做解体清洁检查。检查内容包括检查电动机转子、定子的工作情况，有无烧灼、碰擦痕迹；测量三相绕组阻值是否一致；检查轴承安装室；根据轴承使用寿命更换轴承。

5）电动机试验

交流电动机组装完后，应进行以下测试：

① 绕组电阻测试，检测绕组状态是否正常。

② 绕组对地绝缘电阻测试，检测绕组是否对地击穿。

③ 热态复测绕组对地绝缘，检测绝缘是否因发热而损伤。

④ 测试并记录电动机的特性曲线，检查电动机运行情况。

⑤ 振动测试，确认电动机的装配情况。

⑥ 超速试验，检查电动机装配等是否完好。

⑦ 交流耐压测试，检查电动机各绕组及刷架等是否对地击穿或爬电。

⑧ 如有负载试验台，还应进行堵转试验。

（3）辅助电机

辅助电动机也是车辆上的重要设备。从气路系统中的空压机电机，到主要电气设备中的通风电动机以及空调系统中的各类电动机，归类起来起到驱动冷却和通风的重要作用，是车辆正常运营不可缺少的。

1）空压机电动机

空压机电动机是较特殊的辅助电动机。

空气压缩机是以恒定转速运转的，因此，要设计和选择这类直接带动压缩机的电动机，必须了解压缩机的各种工作情况。

由于空压机是列车上的重要供气设备，所以空压机电动机无论是直流的还是交流的，其检修内容与列车牵引电动机相同，以保证列车供气正常。

2）冷却风机

对于列车上的冷却通风电动机，基本采用交流驱动方式，所以检修方式与交流电动机一致，只是在测试项目上，仅需对电动机进行通电检查。这类电动机所使用的轴承多为双面密封，仅在电动机架、大修时予以更换。

（4）主接触器

地铁车辆直流电磁接触器是一种用来频繁地接通和切断主电路的自动切换电器，它的特点是能进行远距离自动控制，操作频率较高，通断电流较大。

主接触器（图5.2-2）按通断电路电流种类可分为直流接触器和交流接触器两种，按主触头数目可分为单级接触器（只有一对主触头）和多级接触器（有两对以上主触头），

图 5.2-2　主接触器

按传动方式可分为电空接触器，电磁接触器等。用于列车牵引系统的主接触器多为直流单级电磁接触器。

1）主接触器构成

电磁接触器一般由电磁机构、传动装置、主触头、灭弧装置、辅助开关及支架和固定装置等组成。电磁机构由铁芯、带驱动杆的螺旋线圈、盖板组成。

2）主接触器工作原理

在电磁线圈未通电时，衔铁在反力弹簧作用下保持在释放位置，通电后，电磁力带驱动杆克服反力弹簧运动主触头用来通断电路。当动触头在驱动杆的带动下与静触头刚接触时，接触点为触头上部。随着驱动杆继续运动，触头上压力不断增加，一直到电磁力与反力弹簧力平衡为止。运动过程中动触头在静触头上边滚动边滑动，使接触点移到触头下部，触头断开的过程则相反。这就使触头分断时所产生的电弧不致损坏正常接触点，而触头的滑动将其表面的氧化物擦掉，减小接触电阻。反力主要由弹簧力产生，通常是圆柱螺旋弹簧。圆柱螺旋弹簧分为拉伸弹簧和压缩弹簧两种。驱动杆在带动动触头的同时，还通过连杆带动凸轮装置，使辅助开关工作，供控制电路或牵引工作系统应答信号检测使用。接触器触点分断时产生电弧通过灭弧罩上的引弧装置被引入灭弧罩在灭弧栅之间被分裂，冷却。直流接触器设计为模块结构，外壳材料阻燃、无毒、无环境污染。

3）主接触器检修

① 主触点检修。主触点接触面的工作情况应经常检查。对于有少许烧灼或有结瘤的接触面，可进行打磨。对于有较大面积的烧损时，应更换主触点。主触点的更换应成对进行。在更换主触点作业时，首先应对主触点进行配对，在安装时，可使用专用夹具来保证主触点的安装精度，以保证静、动触点接触面接触良好。

② 电磁机构检修。检查铁芯与线圈表面是否有擦痕；测量线圈阻值；清洁、打磨线圈接线端；检查复位弹簧工作情况，在大修时应更换复位弹簧。

③ 传动机构检修。接触器内的传动机构由于绝缘的需要，通常有塑料等绝缘材料制成。在一段时间后，这些材料的性能会发生改变，有时因为受力的原因会出现裂纹、破损的现象。对于损坏的部件应予以更换。同时，还需检查轴孔的工作情况，由于轴和外壳使用的材质不同，通常外壳上的轴孔较易磨损。

④ 辅助开关检修。测量辅助开关触点的接触电阻；检查凸轮机构的工作情况，对于磨损严重的凸轮应更换，清洁、打磨接线端。在大修时，应更换所有的辅助开关。

⑤ 接触器检修完毕后，应用交流电源检查接触器耐压值，测量主触点与外壳的绝缘电阻，然后检查接触器吸合、分断时间。由于列车控制系统是通过辅助开关来检查主接触器工作情况，所以在测量接触器吸合、分断时间时，应以辅助开关的闭合和分断时间为准。

（5）变流设备

按地铁列车变流设备的电源性质及牵引电机种类的不同，可分为：直流－直流变流设备、交流－直流变流设备、交流－交流变流设备、直流－交流变流设备。地铁线路供电基本采用直流电源模式，因此，地铁列车的变流设备通常采用直流－直流、直流－交流两种形式。直－直流变流设备是最早应用于列车电传动的一种传动装置，具有调速方便、结构简单等特点。但由于直－直流变流技术中存在电源电压与牵引电动机电压间相互制约的问题，所以在提升机车功率方面受到了限制。由于交流牵引电动机较直流牵引电动机具有结构简单、运行可靠、体积小、重量轻等优点，人们一直想将交流电动机作为列车牵引电动机。随着变流技术及电子技术的飞速发展，利用电子自动控制技术及半导体元件变流技术，已经较易实现将直流电源变为三相交流电并能较精确地控制交流电的频率及幅值，为列车实现直流供电，交流电动机驱动的形式提供了良好的条件。逆变器是车辆将直流电转变为三相交流电的关键设备。直-交传动主回路控制简图如图 5.2-3。

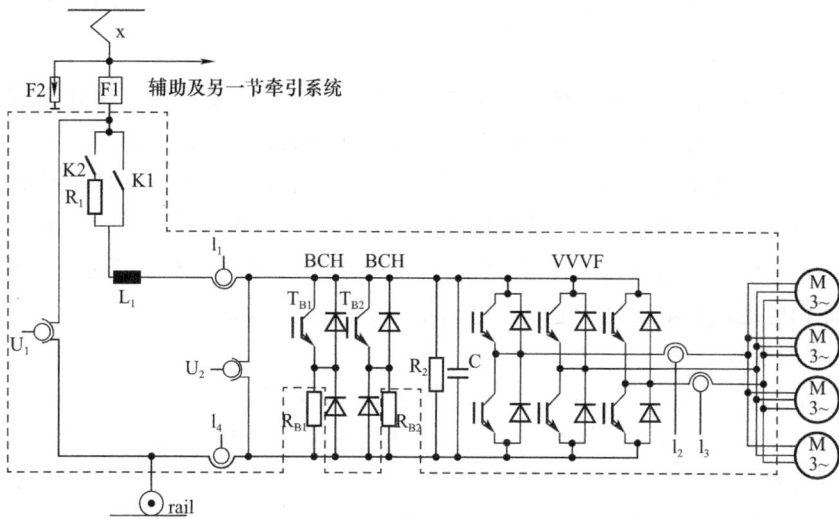

图 5.2-3　直-交传动主回路控制简图

主要部件：BCH：制动斩波器；　　　M：感应电机；　　　　　l_1：线路电流传感器；

C：直流环节电容器；　VVVF：三相逆变器；　l_2：电机电流传感器；

F1：高速断路器；　　　F2：避雷器；　　　　　l_3：电机电流传感器；

R_1：预充电电阻；　　　R_2：放电电阻；　　　　$l_{2,3}$：指 l_2 和 l_3，电动机电流传感器；

L1：线路电抗器；　　　R_{B1}、R_{B2}：制动电阻；　l_4：回流电流传感器；

X：受电弓；　　　　　I1：电流传感器；　　　　U_1：线路电压传感器；

K1：线路接触器；　　　K2：预充电接触器；　　　U_2：电容电压传感器；

T_{B1}：制动 IGBT（绝缘栅双极型晶体管）

1）逆变器的构成

对于单相逆变电路，一般可分为半桥逆变电路和全桥逆变电路两种形式。由于全桥电路中使用的元件比半桥电路增加了一倍，造成换流次数增加，损耗也增加，因此在大功率逆变器中大多采用半桥逆变电路。而三相半桥逆变电路则由三个单相半桥逆变电路组成。目前，三相逆变器采用模块化设计，逆变模块如图 5.2-4 所示，逆变器中 IGBT 元件安装如图 5.2-5 所示。

| 图 5.2-4　逆变模块示意图 | 图 5.2-5　IGBT 安装示意图 |

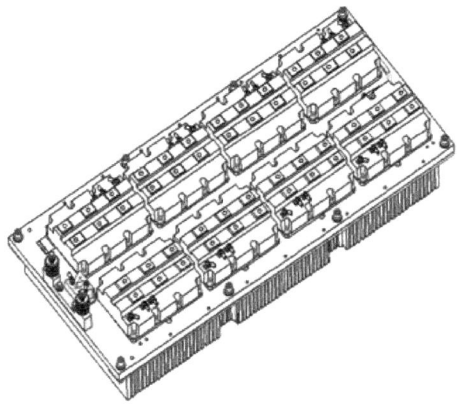

2）逆变器的原理

不在一根桥臂上的可控半导体元件，按一定次序被导通或关闭。在列车起动加速阶段，通常要求牵引电动机的转矩能恒定输出，即处于恒转矩牵引方式，这时电动机处于低速低频下工作。在列车处于运行状态时，则牵引电动机在各种运行速度下应保持功率不变，即处于恒功率牵引状态。但无论是哪种状态，只调节供电频率的方法来调节牵引电动机的转速，是不能满足起动和运行时牵引特性的要求。因此，对于牵引逆变器能在调节频率的同时能相应地调节电动机端电压，以满足牵引性能上的要求。

3）逆变器检修

逆变设备通常安装在一个独立的设备箱内，通常安装有半导体元件、控制板、散热片、电缆等电气部件，这些部件基本实现了模块化安装。对于变流设备的检修应重点对以下几方面进行检查：

① 清洁通风区域及散热片。大功率半导体元件在工作时会发热，为了保护元件，通常这些元件安装在散热片上，而散热片通过通风冷却。如果散热片上灰尘堆积过多，或者通风风道内有异物，都会影响元件散热性能。因此应经常对通风区域及散热片进行清洁。去除散热片上的灰尘和碎屑。

② 检查半导体元件的安装。为了使元件与散热片接触良好，在安装过程中，通常对用于固定半导体元件的螺栓或螺母的紧固有扭力要求。在检修中，应使用扭力扳手对螺栓或螺母的安装扭力进行复测，防止列车在运行时，因为振动，而使半导体元件与散热片接触不良或脱落。

③ 清洁控制板。控制板通常为印刷线路板，在检修中应小心清洁。在清洁过程中，检修人员应采取防静电措施，防止线路板上元件因受静电影响而损坏。同时，如控制板上有接线端，应对接线端进行清洁，必要时进行打磨，以保证与电缆、控制线接触良好。

④ 检查电缆。检查电缆外层是否有老化、破损情况，清洁、打磨线缆连接端。

（6）牵引控制单元

1）牵引控制单元功能

牵引控制单元处理由自动驾驶设备或司机发出的指令，通过参考值设置、牵引（制动）控制电路的数据和应答信号，并根据相应程序对牵引电路进行控制。同时控制单元还具有控制检测及故障存贮功能。现在的牵引控制单元是一个微型计算机实时测控系统。微机在测控系统中担负着实时数据检测和实时控制双重任务。一方面要实时采集现场设备的运行工况和过程参数的大小变化；另一方面要对采集数据进行实时处理，以保证被控对象能安全、可靠、合理地运行。一般牵引控制单元采用模块化设计，可分为电源模块、输入/输出转换模块、中央处理器模块。通常列车辅助系统提供的电源不能直接供集成电路芯片及传感器使用，所以牵引控制单元的电源模块不仅为自身部件提供工作电源，同时也为一些控制系统内的传感器提供低压电源。输入、输出转换模块是微机系统与外界信号之间的重要接口。外界信号可能是模拟信号也可能是数字信号，只有通过输入模块转换后才能供系统使用。而系统输入的指令只有通过输出模块才能驱动继电器、接触器或模拟控制电路使用。

2）牵引控制单元的检修

牵引控制单元通常安装在密闭的箱体内，该箱体具有良好的抗潮、抗电磁干扰、抗振、抗尘特性。因此，在日常维护中一般不对牵引控制单元进行检修。如果在检修中发现牵引控制单元所在的箱体有水迹或积灰较多时，应将控制系统分解，检查并清洁印刷电路板。在检查及清洁印刷电路板时，需对检修人员采取防静电措施。

牵引控制单元的调试一般是在转车后的静态调试中进行，可通过相应的通信软件，利用用户程序进行。通过观察部件工作情况或测量输出波形来判断系统的工作是否正常。

（7）制动电阻

1）制动电阻组成

制动电阻，用于地铁车辆的电阻制动，承担电动机电流中不能再生的那部分制动电流，该电阻应有充分的容量来承受持续制下100%的制动负载，直到电动机电压升到极限。制动电阻冷却方式通常为强迫风冷。

目前制动电阻采用模块化设计，通常由框架、带状电阻、绝缘子等部件组成。一个制动电阻单元可能由几个制动电阻模块组成。

带状电阻条通过制动电流时，以发热的方式将能量传递出去。根据这一原理，制动电阻除要求有良好的热容量，耐振动外，还要求能防腐蚀，在高温下不生成氧化层。带状电阻通过绝缘子安装在框架内。

2）制动电阻的检修

由于制动电阻采用强迫风冷方式进行冷却，所以在检修时，应定期清洁制动电阻及制动电阻箱。检查带状电阻是否有变形（图5.2-6）并测量阻值，如果冷态下带状电阻就有

正确　　　　　　　错误　　　　　　　错误

图 5.2-6　带状电阻变形参考

变形，一旦通过制动电流，其变形会更加严重，极易造成电阻之间的短路。由于带状电阻的阻值很小，通常可通过电桥方式进行测量。更换有裂纹或者破损的绝缘子。对于接线端，应采用清洁、打磨的方法处理，保证与电缆接线端有良好的接触面。

5.3 控制系统

1. 概述

现代列车控制方法：现代列车控制是由挂在列车通信网络上的多微机系统来实现的，包括司机室内的微机系统、电动车组及中间车辆上的微机系统。该系统是城市轨道车辆的中枢神经系统。

列车微机控制系统经历了一个由简单到复杂、由单片到多机、由功能控制到信息控制的发展过程，目前总体发展方向为高精度、智能化、高可靠性和网络化。具体包括：

（1）各种新型控制方法和手段的不断应用；

（2）进一步朝着分布式控制系统的方向发展；

（3）逐步融入公共网络平台，及连入互联网。

目前比较常见的控制系统有德国西门子（Siemens）公司提供的 SIBAS 系统、庞巴迪（Bombardier）公司的 MITRAC 系统、阿尔斯通（ALSTOM）公司开发的 AGATE 系统、日本新干线各型列车上装备的 TIS（Train control Information management System）信息系统等。

尽管各国开发了不同的列车控制系统，但基本上所有的列车控制系统均采用模块化的功能配置，这是因为建立具有明确接口的功能模块，有利于增强电子控制系统的适应性和灵活性，使得能够快捷地、经济地满足客户的不同需要。

2. 系统部件组成

控制系统主要由列车控制系统、车辆总线、输入输出模块、人机交互界面等组成。

（1）列车控制系统

不同厂家生产的列车控制系统基本都具备牵引控制、制动控制、辅助逆变控制、车门控制、故障检测、诊断存储等功能模块。

1）SIBAS 系统

SIBAS 系统是德国西门子（Siemens）公司提供的列车控制系统，能够实现列车的牵引系统控制、信息传输、运行监控和诊断等全部控制任务。SIBAS 控制系统目前主要使用的为 SIBAS-32 系统。

SIBAS-32 系统

20 世纪 90 年代，Siemens 公司在 SIBAS-16 的基础上进一步推出了采用 32 位芯片（Intel486）的 SIBAS-32 系统．并保持与 SIBAS-16 系统的接口兼容。

为了减少传统机车车辆布线，SIBAS-32 系统设有智能外围设备连接终端，即 SIBAS KLIP 站。采用 SIBAS KLIP 站可以迅速综合信息和控制指令，并且通过一根串行总线传输给中央控制装置。KLIP 站可以很自由地分布在各类车辆上。

SIBAS-32 系统特点：

① 采用高集成度的芯片，如 ASIC、LCA 等，用于控制装置。

② 采用网络技术，引入了 TCN 标准的列车通信网络。

③ 提供了更加完整方便的软件开发环境，全图形设计，开发了 SIBAS G 语言作为设计工具。

④ 提供了完善的故障诊断和显示功能。

同时，SIBAS-32 系统为上海地铁西门子车型的主要使用系统。

2）MITRAC 系统

MITRAC 系统是庞巴迪（Bombardier）公司的系列化产品，其中包括 MITRAC TC（IGBT 牵引逆变器）、MITRAC CC（列车控制系统）、MITRAC AU（辅助逆变器）和 MITRAC DR（牵引驱动器）。

MITRAC 列车控制通信系统的核心是 TCN 标准，允许不同用户之间的互操作。交换信息使用的传输介质为屏蔽双绞线或者光纤，列车上所有 MITRAC CC 器件都连在同一个网络上，从而可以交换程序和诊断数据，很容易增加新的设备。

MITRAC CC 系统特点：

① 符合各国际标准，具有开放接口；

② 结构紧凑．电源直接由列车蓄电池提供。可以实现分布式安装，而且不需要额外的加热和制冷，器件配线最少，重量显著降低；

③ 用线少，通过冗余增强系统可用性，传感器的短距离连接和 I/O 设备接口减少了冲突。可测量性和模块化使得系统配置灵活，并可兼容和连接以前不同的列车控制系；

④ 具有自诊断功能；

⑤ 支持远程无线数据恢复系统；

⑥ 远程平台提供。

3）AGATE 系统

AGATE 系统是阿尔斯通（ALSTOM）公司开发的列车控制系统。AGATE 系统主要由 AGATE link（列车监控），AGATE Aux（辅助控制），AGATE Traction（牵引控制）和 AGATE e-Media（乘客信息系统）4 个部分组成。

① AGATE Traction

AGATE 牵引控制系统主要是实现实时的机车牵引控制和产生制动命令。

其主要特点包括：

A. 模块化设计实现安全快速的操作；

B. 主要功能的子装配系统标准化；

C. 采用 WorldFIP 总线网络，实现和主要数据网络（TCN、CAN、FIP、LON）的通信网关；

D. 具有自测试功能；

E. 使用 EASYPLUG 技术；

F. 包含了最新技术 FPGA 器件和 PCI 总线接口。

② AGATE Aux

AGATE 辅助控制系统主要是实现对列车上静态逆变器和电池充电的控制，其主要特点是结构紧凑、模块化、低成本、低噪声和快速保护等。

③ AGATE e-Media

AGATE e-Media 乘客信息系统主要是在列车运行中，提供实时的多媒体信息和休闲娱乐，为乘客提供便利性和舒适性，同时还可以作为一种高效广告媒体，能带来新收益。

AGATE e-Media 主要功能有：

A. 用发音系统自动报站，并在屏幕上以有色信息显示，具有动力学线路地图，也可显示广告和新闻。

B. 当系统突然中断或者意外情况发生的时候，优先直接向乘客广播实时信息。

④ AGATE Link

AGATE Link 是管理和监视列车上在线的电子模块。是整列车辆维护的有效工具。通过监视列车各子系统的运行状况来提供迅速准确的列车故障诊断，从而减少检查时间和成本，缩短停工维护时间。

AGATE Link 的突出特点是：

A. 改善了列车生命周期成本（LCC）；

B. AGATE Link 可根据应用需要对基本部件来进行组合，如远程输出模块、司控台、GPS 定位模块、无线电数据传输模块和在线通信网络，系统易于扩展。

4）TIS 信息系统

TIS（Train control Information management System）信息系统是日本新干线各型列车上装备的信息控制与传输系统。TIS 系统由列车通信网络、各车厢通信网和功能单元控制机组成。

在各车厢内设有一终端站，它是列车通信网络上的节点，也是本车厢信息传输的主站，各车厢内功能单元的信息均通过这个终端站（节点）向列车通信网络发送或从列车通信网接收信息。

TIS 系统功能：

① 司机操作向导；

② 乘务员操作功能；

③ 维修支持功能；

④ 旅客服务功能；

⑤ 控制命令传送。

（2）车辆总线

目前主流网络总线的形式有：完全 MVB 总线、MVB＋WTB、以太网等。

1）MVB。

多功能车辆总线（MVB）Multifunction Vehicle Bus（MVB）：用于连接可编程的站及简单传感器/执行器的车辆总线。MVB 原是为需要互操作性和互换性的设备互连而设计的串行数据通信总线，但不排除用于其他场合。

MVB 是将位于同一车辆或不同车辆中的标准设备连到列车通信网络上的车辆总线。它提供了两种连接：一是可编程设备之间的互联，二是将这些设备与他们的传感器和执行器互连。

MVB 可寻址最多 4095 个设备，其中 256 个是能参与消息通信的站。

MVB 传送三种类型的数据：

① 过程数据：源寻址数据的周期性广播，最小周期为 1ms；

② 消息数据：目的寻址的按需单播或广播；

③ 监视数据：为以下三个目的的数据交换：

A. 事件解析；

B. 主权转移；

C. 设备状态传送。

表 5.3-1 为 MVB 特性摘要。

MVB 特性摘要 表 5.3-1

拓扑		总线（电）、星形（光）
介质（可选）	电气短距离	双绞线，基于 RS-485
	电气中距离	屏蔽双绞线，变压器耦合
	光纤	$200\mu m/240\mu m$ 光纤及星型耦合器
物理冗余		
信号表示	曼彻斯特 II	9 位帧起始分界符
信号速率		1.5Mbit/s
地址空间		12 位设备地址（0~255 留给有消息数据能力的设备） 12 位过程数据（每个 16~256 位）逻辑地址
物理寻址		单播或广播
帧长度（有用的数据）		16 位、32 位、64 位、128 位、256 位
完整性		每 64 位的 CRC-8＋曼彻斯特编码，主帧和从帧采用不同的帧起始分界 符以防同步错位，接收时间窗口监视
介质分配		由集中式主设备分配
通信		周期性：（主要对过程数据） 偶发性：（主要对消息数据） 监视性：（对监视数据）
主权转移		通过令牌传递进行主权转移；多个总线管理器可依次成为主设备
主权冗余（可选）		冗余的总线管理器作为备份
链路层服务	链路过程数据接口	源寻址数据的广播
	链路消息数据接口	报文
	链路监视接口	链路层管理

列车控制系统各个单元通过车辆的本地网络耦合连接在一起，并相互交换信息和数据，该网络即称之为总线。总线包括列车级和车辆级两种类型。

完全 MVB 总线的概念为：一辆列车的列车级和车辆级总线，均采用 MVB 的总线形式。

图 5.3-1 中，MVB 中枢线为列车级的网络总线。每节列车上的 REP 中继器后连接着本节车各个系统的控制器，构成一个车辆级网络总线。同时，REP 连接在 MCV 中枢线上，在列车及网络总线和车辆级网络总线中起到一个桥梁的作用。

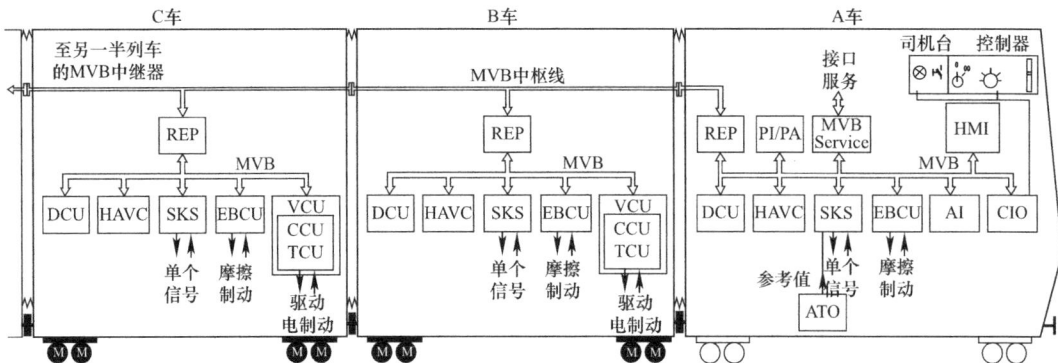

图 5.3-1 MVB 网络总线拓扑图

CIO（Compact IO）：紧凑型输入输出。

SKS（SIBAS KLIP Station）：SIBAS KLIP 站。

MVB（Multifunctional Vehicles Bus）：多功能车辆总线。

REP—MVB 中继器：为解决在线路上传输的信号功率逐渐衰减造成信号失真而导致接收错误，在各微机控制单元和 MVB 总线之间设置中继器，完成信号调整和放大功能，以此延长信号传输的长度。

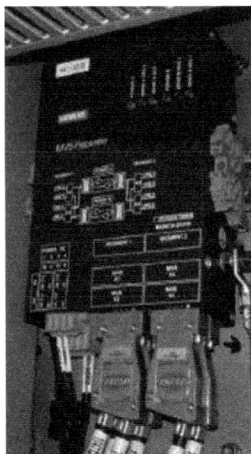

图 5.3-2 REP—MVB
中继器

图 5.3-2 介绍的 REP—MVB 中继器为 MVB 各总线段必需经由的耦合器的一种。MVB 各总线段必需经由下述类型之一的耦合器相互连接：

① 连接不同介质的中继器；

② 将光纤汇入总线的星形耦合器。

如果有互换性要求时，设备对电缆连接应按以下规则：

① 每个设备应使用两个 9 针 SUB-D9 的连接器接入，使用 IEC 60807 标准的公制螺纹。两个连接器分别称为 Connector_1 和 Connector_2；

② 连接器应含有与电缆屏蔽层连接的可导电的屏蔽外壳，此屏蔽外壳在紧固时与插座有电气接触；

③ 应能使电缆连接器相互连接、紧固，以保证电缆和其屏蔽层的连续性；

④ 连接器（孔式或针式）的引脚功能应符合表 5.3-2；

连接器的针脚排列 表 5.3-2

1	A. Data_P，Line_A 正线	6	A. Term_P，端接器 Line_A 正线
2	A. Data_N，Line_A 负线	7	B. Bus_GND，端接器 Line_A 负线
3	TxE 预留口，见 3.2.3.3（可选）	8	A. Bus_5V，端接器 Line_B 正线
4	B. Data_P，Line_B 正线	9	B. Bus_5V，端接器 Line_B 负线
5	B. Data_N，Line_B 负线		

⑤ EMD 连接器插座应标明 "MVB-M1"（对于连接器 1）和 "MVB-M2"（对于连接器 2）以表示其为 EMD 介质；

⑥ 一个电缆节应在其一端安装一个针式连接器，而另一端安装有一个孔式连接器；

⑦ 连接器应具有如图 5.3-3 的极性和布置；

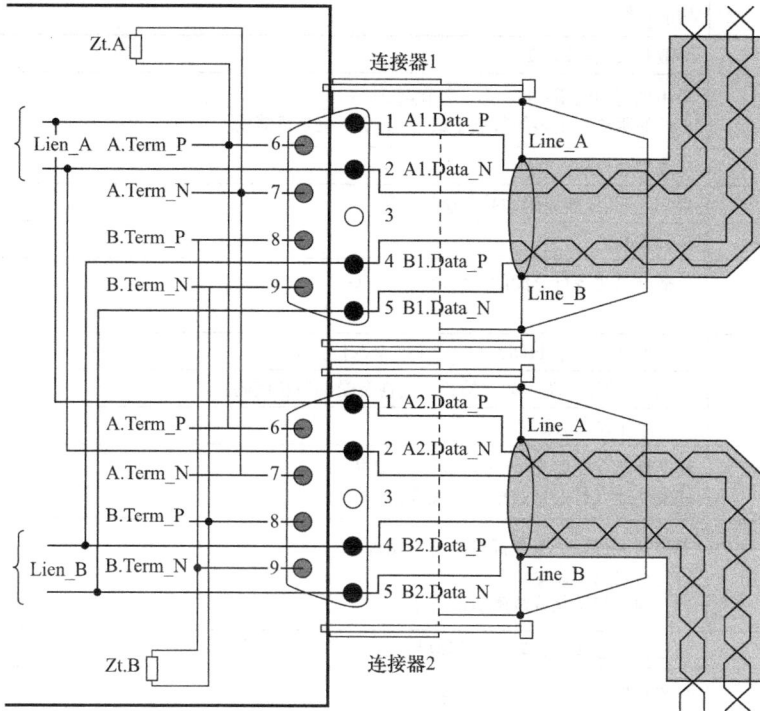

图 5.3-3 连线器布置

⑧ Connector_1 应在设备端使用针式，在电缆端使用孔式；

⑨ Connector_2 应在设备端使用孔式，在电缆端使用针式。

2）WTB

绞线式列车总线（WTB）：适用于机车车辆经常连挂和摘挂（如 UIC 国际列车）的列车总线。WTB 原是为开式列车中车辆互连而设计的串行数据通信总线，但不排除用于其他场合。

绞线式列车总线（WTB）的初衷是为互连车辆设计的串行数据通信总线，不排斥用于其他场合。这些互连车辆在每天作业中需要连挂和摘挂，如国际 UIC 列车。如图 5.3-4、图 5.3-5、表 5.3-3。

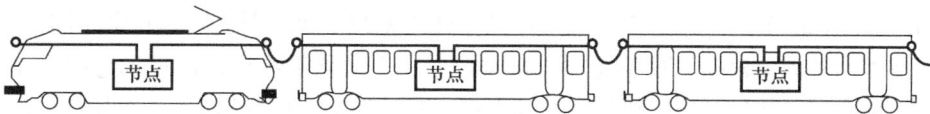

图 5.3-4 绞线式列车总线

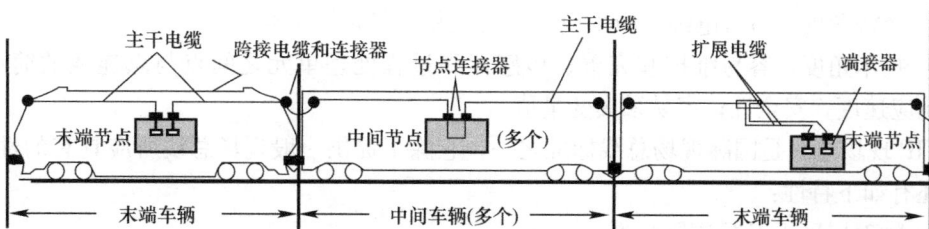

图 5.3-5 WTB 拓扑结构

拓扑	构成总线的电缆节链
介质	屏蔽双绞线，120Ω
长度	采用规定的电缆，860m，32节点。 更长的距离、更多的节点（最多62个）也是可能的
物理冗余	双线物理介质
信号表示	带 16~32 位前导码的曼彻斯特编码
信号数据速率	1.0Mbit/s
寻址	单播（由初运行分配的6位位置地址）； 广播
帧长度	有效数据：每个 HDLC 帧 4~132 个八位位组
完整性	每帧16位帧校验序列，帧长度监视及曼彻斯特编码
介质分配	由一个主设备分配
通信	周期性地（周期为25ms）（对过程数据）； 偶发性地（对消息数据和监视数据）
主权	通过初运行每个节点都可成为主设备： （1）通过应用命令； （2）通过初始化或故障后的竞争
主设备冗余	初运行后总线主权转移到其他节点
链路层服务	过程数据：源寻址的变量广播； 消息数据：数据报文； 监视数据：总线监视
链路层管理	链路管理接口
可选项	清洁连接器的线路加电清除电路

3）MVB＋WTB

MVB＋WTB 概念为：将两辆或多辆由 MVB 总线的列车通过 WTB 网络进行连接，从而实现两辆或多辆列车的连挂重编集中控制的工作。

其优点为：通过 WTB 连接，可不限定具体车辆的情况下，实现列车与列车质检的快速连接和集中控制。

4）FIP

FIP（Factory Instrument Protocol），是 ALSTOM（阿尔斯通）等几家法国公司在原有通信技术的基础上根据用户的要求所指定，专为自动化系统设计的现场总线网络协议，它提供系统底层（如传感器；执行器）和上层（如，PLC，控制器等）之间的连接。FIP，组织从开始定义三层结构协议是，就考虑了以下两个方面：

① 经济角度：节省电缆；减少设计、安装和完善时的成本。

② 技术角度：容易维护和完善；传感器和过程处理单元之间点与点连线的简单化；保证响应速度；安全性；容易采集变量值。

FIP 现场总线是国际现场总线标准之一，它除了提供一般现场总线所应具有的性质之外，还有如下特性：

① 物理层采用 IEC 国际标准；

② 提供双线冗余，以保证网络安全；

③ 可以互不干扰的同时传输临界时间变量和系统配置和诊断的报文服务。

这使用户在传输如报警数据、周期报表以及状态信息时可以不用升级系统，就可以同时精确的传输临界时间变量。

FIP 使用信息生产者和消费者的概念，每个生产者或消费者变量有一个＋，地址。每个用户站可以有例如 16 个生产者/消费者变量。任何时候，生产者只能由一个，而消费者可以是一个或多个。FIP 按一定的时序，为每个信息生产者分配一个固定的时段，通过总线仲裁呼叫每个生产者，如果该生产者已经上网，应在固定的时间内应答。生产者提供必要的信息，同时提供一个状态字，说明这一信息是最新的，还是过去传送过的。消费者收到信息后，可根据状态字判断是否接受该信息，FIP 的特性摘要见表 5.3-4。

FIP 的特性摘要   表 5.3-4

速度	1Mbit/s
最大节点数（带有中继器/不带有中继器）	256/6.4
最远传输距离（带有中继器/不带有中继器）	≫10km/2km
调度方式	总线仲裁器
传输介质	工业级屏蔽双绞线
字节长度	1～128 字节
主要优势	分散数据库　高度精确性
主要应用	实时控制　过程控制　机械制造

FIP 现场总线支持三种类型的数据传输：周期变量，事件变量和报文。表 5.3-5 所示是三种数据的特点和适用范围。

三种数据的特点和适用范围   表 5.3-5

	场合	特点
周期变量	临界时间的闭环控制	总在传递，针对控制信号
事件变量	显示、报警	有要求或者状态改变时传递
报文	诊断、维护	非临界时间，针对住处服务

5）以太网

列车以太网是分布式的网络架构，交换机作为网络中的节点，为以太网终端设备提供接入服务，同时承担着基于以太网的列车通信各种数据流（控制数据、媒体数据和诊断维护数据）的转发任务。以太网交换机可实现各种红以太网管理协议，为上层应用层序提供一个高效的应用平台。

列车以太网通信是点对点的模式，传输带宽为 100Mbps，支持全双工数据通信，网络拓扑结构采用环网或链路汇聚。

以太网传输线缆 Cat5 类以上的传输线，且带有铝箔和编织网的双屏蔽结构，两端的连接器外壳接 PGND，可以有效地屏蔽 EMC 干扰，传输距离不超过 100M。

① 基本参数

列车以太网通信通过以太网线缆将车辆上所有以太网通信设备连接起来，以太网线缆的连接器采用 M12 连接器，其物理介质采用屏蔽双绞线。以太网的基本参数如下：

介质：屏蔽双绞线，双屏蔽结构；

传输距离：100m；

最小传输周期：10ms；

最大数据帧长度：1500B，过程数据应用负载1432B；

最大传输延迟：10ms；

最大抖动：10ms。

② 数据传输

列车上的以太网控制数据传输，采用列车实时数据协议（Train Real-time Data Protocol，TRDP）。如图5.3-6所示，该协议用于传输过程数据和消息数据，位于TCP/UDP上层，采用专用的TCP/UDP端口。

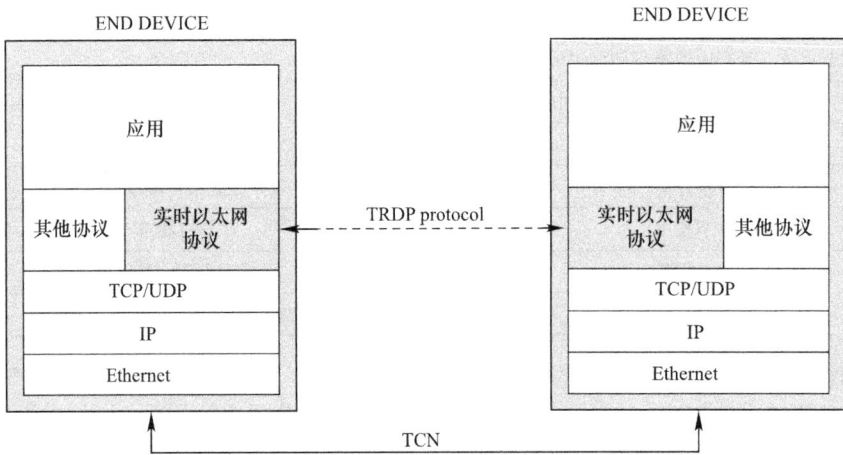

图5.3-6　实时以太网通信协议模型

面向控制的应用数据通过过程数据封装后成为过程数据协议数据单元（PD-PDU），在发送和接收端之间采用无连接和无确认的方式进行传输。过程数据采用周期性传输，可以单点对单点进行单播通信（图5.3-7），或者单点对多点进行多播通信（图5.3-8）。

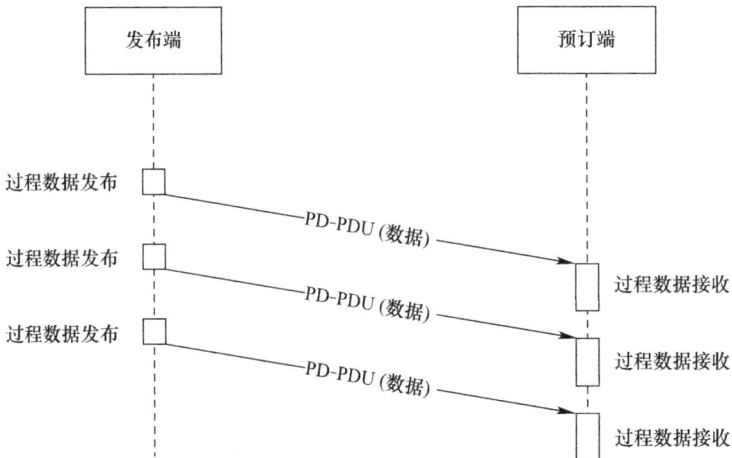

图5.3-7　单点对单点

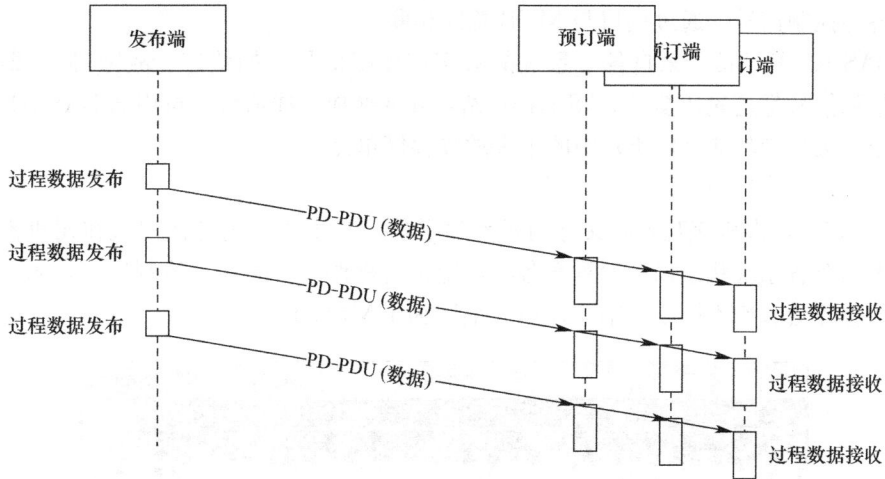

图 5.3-8 单点对多点

③ 以太网控车风险防护

以太网控车风险点主要是较大宽带媒体数据（PIS 数据）和广播风暴的影响。媒体数据（如 PIS 数据）可能由于占用较大宽带导致以太网控制数据延时或者拥塞，或者由于设备本身原因或者设备故障导致网络形成广播风暴对控制网络产生影响。

采取的防范措施包括：划分 Vlan、广播风暴抑制功能、端口限速功能和服务质量 QoS 支持等。通过以上措施可有效对以太网异常进行有效防护。

④ 端口限速

以太网交换机支持基于端口的速率限制功能，即可单独设置每个端口的出口与入口带宽，从而抑制终端设备可能由于网络数据过多造成 CPU 负荷过高。

⑤ 广播风暴抑制

广播风暴抑制的对象可以是目的 MAC 地址为全 0xFF 的纯粹二层广播报文，也可以是因为查寻地址失败而被当做广播报文被泛洪处理的二层单播或者组播报文。广播风暴抑制功能可以限制特定类型的数据包通过单个或多个以太网交换机端口的最大速率，从而对网络形成保护。

⑥ QoS 服务质量

QoS（Quality of Service）服务质量，是用于解决网络延迟和阻塞等问题的一种技术。在网络过载或拥塞时，QoS 可保证重要业务量不受延迟或丢弃，同时保证网络的高效运行。

以太网交换机支持两种模式的 QoS 功能：基于 802.1p 优先级的 QoS 与基于 DSCP 优先级的 QoS。高实时性数据划分较高的优先级，实时性要求较低的数据划分相对低优先级，通过对不同的服务划分优先级，保证在网络拥塞时高优先级数据能优先传输，从而在网络拥塞的情况下依然保证控制数据的实时性。

（3）输入输出模块

在西门子网络系统中，输入输出模块被称为 SKS。

SKS- SIBAS KLIP Station。

SIBAS-KLIP 站源自于德语"智能外围接口终端"，用来建立分布式控制系统，可输入输出各种控制信号，通过接口与 MVB 总线相联。

SIBAS-KLIP 站接受来自各子系统的数字或模拟信号（如状态、故障等），即每一个状态、故障信号都是先送至 SIBAS-KLIP 站，并变换成总线信号，再由 SIBAS-KLIP 站将信号送至中央控制功能（CCF）中的中央故障存储单元。

（4）人机交互界面

如图 5.3-9，人机交互界面又称司机室显示器。其主要作用是让司机在司机室内能方便地查看列车各系统状态以及对列车各项功能进行操作。不同列车控制厂商，对于人机交互界面的称呼会有所不同，目前主流英文缩写为 HMI 或 DDU。

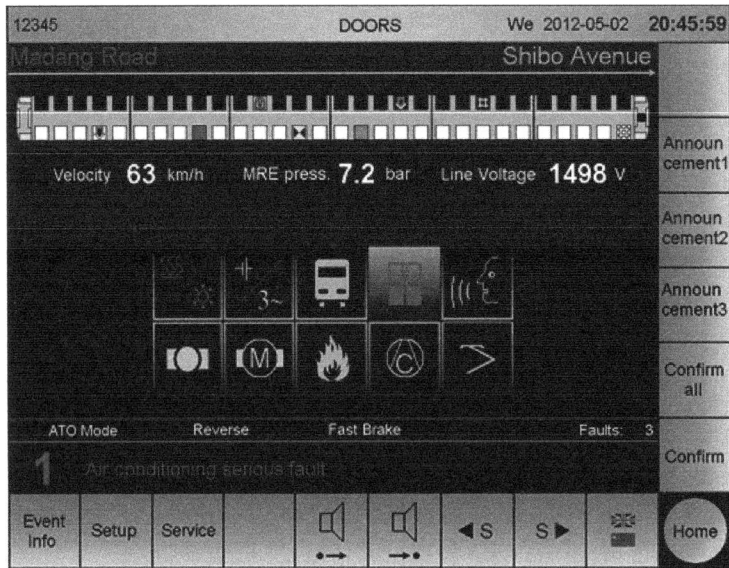

图 5.3-9　人机交互界面

3. 部件检测与实验

由于列车控制的各部件均设计为可稳定长期使用的，列车控制系统的检修，主要以检查物理连接线缆、定期清除灰层和更换控制板记忆电池的方式为主。

在列车控制系统发生故障时，有以下方式可进行故障排查。

（1）列车信息及诊断系统

对于控制系统的检测，目前主要依靠的是列车信息及诊断系统。

以西门子公司列车控制系统为例，其信息及诊断系统包括以下三部分：

中央控制功能（CCF）中的中央故障存储单元、SIBAS-KLIP 站及故障显示器，共同构成了完整的信息及诊断系统。其主要的功能包括：

1）接收来自外围设备的信号；

2）储存故障信息和发生时间；

3）评估和分析故障信号。

通常列车诊断的故障通常分为以下三级：

故障 1 级：当前故障不影响列车的正常运行，列车可在计划维修时处理该故障；

故障 2 级：当前故障影响列车的正常功能，列车可在运营结束后回库维修；

故障 3 级：当前故障严重影响列车的正常运营，在大多数情况下，若故障不消失，列车需要回库进行维修。

而子部件故障通常也分为三级：

轻微故障：不影响部件系统功能；

中等故障：限制部件系统功能；

严重故障：严重影响系统的故障，系统将自动关闭

检修人员通过对列车信息及诊断系统中各项记录的查看，便能准确地判断列车目前的故障情况、故障位置、故障发生和消除时间等信息，从而进行后续的故障处置。

（2）列车网络总线测试。

列车的主要功能及通信都是以网络方式进行的，网络总线是一个极为严格的通信方式，总线中的物理层连接，一旦出现异常（如屏蔽线失效、网络连接板卡损坏），都会对列车的运行造成极大的影响。

网络总线的测试，即为对网络状态的检测。

其检测方法有以下两种：

1）信号丢包率检测。

使用专用设备（如西门子的 bustest 设备）通过网络维护端口（图 5.3-1 中的 MVB service 接口），向列车网络发出符合其网络协议的各种信号，同时采集各个系统的反馈情况。通过将发出信息的数据量和反馈信息的数据量进行对比，确认网络信号的丢包率，从而判断具体网络中哪个部分存在问题。

2）信号线缆对地情况检测。

很多列车的网络故障，都是由于网络总线的个别线缆物理层发生对地情况（如线缆与屏蔽层误接触）造成。检测网络线缆是否对地，需使用专用设备连接在网络中，进行检测。

3）屏蔽层失效检测。

若屏蔽层接地不良，会导致网络总线的数据传输收到信号干扰的情况。使用万用表电阻挡可直接测量出屏蔽层是否接地可靠。

5.4 辅 助 系 统

1. 概述

电客列车辅助系统主要有以下几点作用：除牵引系统以外的所有用电系统供电、列车无网压情况下的应急供电、列车内外的照明、乘客客室信息的传递等。

整个辅助系统的工作状态正常与否，直接影响整列车的功能。特别是当数辆车发生辅助电路故障时将导致整个运行线路的中断，因此，学习和掌握电动列车辅助电路对保障高效、可靠、安全的运行体系是极其必要的。

2. 系统部件组成

辅助系统主要由辅助逆变器、蓄电池、照明、PIS 系统等组成。

（1）辅助逆变器

辅助逆变器主要为除牵引系统以外的所有用电系统供电，其供电的主要负载有：列车

空调、客室照明、设备通风冷却、电器电子装置、蓄电池充电等（图 5.4-1）。

列车主要通过辅助逆变器来输出三相交流电供辅助电机工作，同时再经过整流输出直流电供列车蓄电池及应急电池充电使用。对于采用交流供电的照明系统，逆变器还负责向照明系统供电。

列车辅助逆变器的工作原理与主电路变流用逆变器是一致的，只是辅助系统的供电的频率及幅值是固定的，其控制相对较主逆变器来的简单。

辅助逆变器的控制单元与牵引系统控制单元一样，采用模块化设计，分电源、输入/输出模块及中央处理器模块几部分（图 5.4-2）。

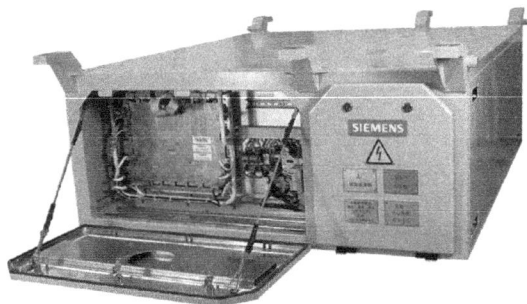

图 5.4-1　西门子辅助逆变器

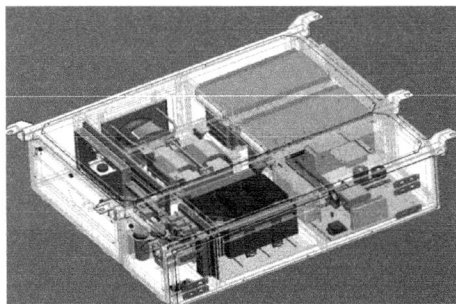

图 5.4-2　辅助逆变器内部结构

目前轨道交通行业，主要的辅助逆变器的供电形式有：扩展供电、交叉供电、并网供电、并网供电为主交叉供电辅助 4 种模式。

1）扩展供电

如图 5.4-3，扩展供电方式一般在每半列车设置一个辅助变流器，每个辅助变流器为相近的半列车提供交流电源，一旦一个辅助逆变器故障，另一个辅助逆变器将为整列车提供交流电源，同时减载。减载的主要方式为减去一半的空调负载，虽然对列车行驶不会造成影响，但是会下降乘客舒适度。

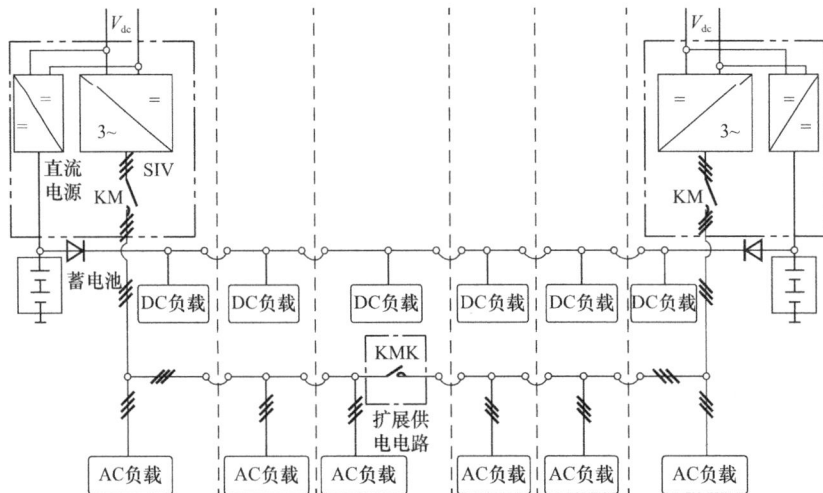

图 5.4-3　扩展供电原理图

扩展供电属于早期车辆采用的供电方式，技术相对成熟。由于扩展供电技术相对简单，是国外牵引供应商进入国内市场首推的技术，随着技术的革新，扩展供电方式已很少被国外的供应商所采用。

2）交叉供电

如图5.4-4，交叉供电方式一般为每半列列车设置一个辅助变流器，每个辅助变流器为整列车的一半负载供电，一旦一个辅助逆变器故障，此辅助逆变器所带的负载将全部丧失电源，仅另一个辅助逆变器所带的负载能够正常运行。

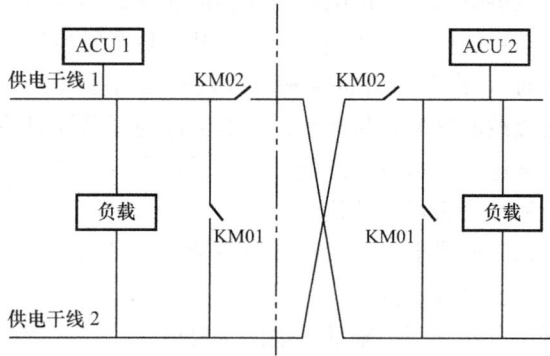

图5.4-4　交叉供电原理图

交叉供电和扩展供电一样，为早期辅助供电方式。交叉供电方式基本与扩展供电一样，区别就是扩展供电中每个辅助逆变器给半列车的所有负载供电，而交叉供电方式是每个辅助逆变器给整列车一半的负载供电。

3）并网供电

如图5.4-5，并网供电则是将列车上多个辅助变流器同时挂在交流母线上，所有交流用电设备从交流母线上取电。

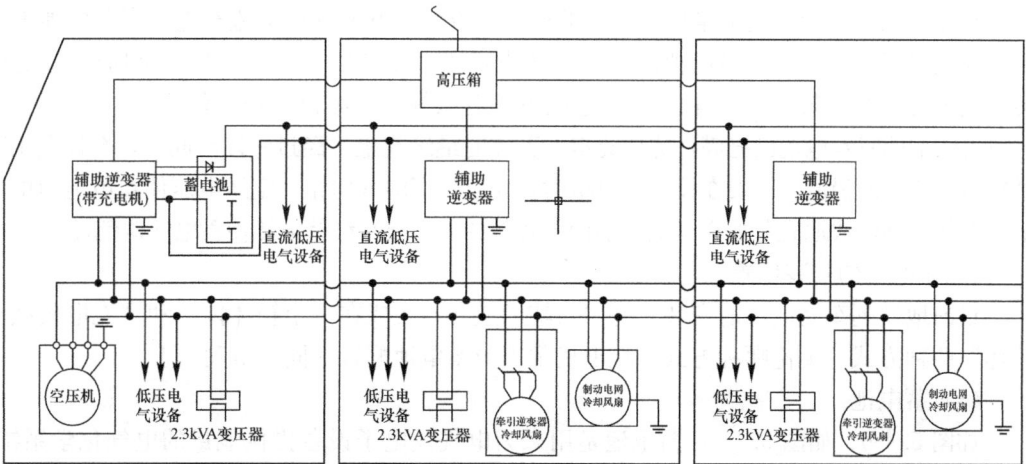

图5.4-5　并网供电原理图

并网供电有一条贯穿全列的中压母线，即列车上所有的辅助逆变器并联在中压母线上同时向全列车的中压负载供电。辅助逆变器内部有输出接触器，几台辅助逆变器顺序启动，第一台为随机启动，第二台开始，需要通过辅助逆变器输出端的传感器检测母线上三相电的幅值和频率，一旦一致将开始闭合输出接触器，该辅助逆变器接入到母线上。正常情况下，所有辅助逆变器处于并联供电模式；一旦一个辅助逆变器故障，该辅助逆变器输出接触器将断开，辅助逆变器停止输出。因此一个辅助逆变器故障，不会对列车性能和乘客舒适性造成任何影响。

并网供电为城轨车辆的新兴技术，目前其优势明显，为以西门子、阿尔斯通为代表的国外牵引供应商首推城轨车辆辅助供电解决方案。

并网供电虽然比扩展供电和交叉供电在应对辅助逆变器本身故障时，有很大优势，但在应对负载故障时，有一定的弊端。如当某节车厢某个负载发生异常（如对地绝缘不良但未达到保护开关跳开值时），由于所有负载和母线均在交流母线上，辅助逆变器会无法精确地确认具体发生问题负载的区域，从而导致所有辅助逆变器同时检测到负载故障。

此问题对列车的正常运行会造成一定的影响，司机会看到列车所有辅助逆变器同时发生故障，无法准确判断列车是否可继续运营。

为解决以上问题，以并网供电为主、交叉供电辅助的供电模式诞生。

4）并网供电为主、交叉供电辅助

此供电模式将并网供电作为列车辅助供电的主要模式，与并网供电不同之处是在半列列车中间，增加中压母线接触器用于供电模式由并网供电转换为交叉供电。

当发生一个辅助逆变器故障时，列车采用并网供电的模式，隔离单个辅助逆变器，保证运营和舒适度。当发生负载异常时，通过中压母线接触器的动作，将供电模式转换成交叉供电，在降低一定舒适性的情况下确保列车安全可靠运行至检修基地。

（2）蓄电池充电机DCDC

1）充电机的工作原理

充电机以所设置均充充电电流的一定值（根据具体充电机特性和蓄电池特性进行制定）作为均充-浮充转换的判别阈值，大于阈值处于均充状态，小于阈值处于浮充状态。

具体充电过程为：充电早期以所选的充电电流对蓄电池进行恒流充电；当蓄电池电压到达充电机所设定的均充稳压值时，自动转为定压减流充电；当电流减小至均充/浮充的转换阈值时则自动转为浮充电。如蓄电池组端电压等于充电机的稳压值，充电电流为零；一般可认定此时蓄电池已充满，完成充电。若此时继续充电，经过一段时间后，会逐渐出现维持浮充状态的涓流。一般在设计充电机时，先以较高的（均充）定压电压使蓄电池组的每节电池都能够较快地充分地充满电，继而以较低的（浮充）维持电压使蓄电池避免过充电。

2）充电机的安装位置

目前地铁列车充电机的安装，有"与辅助逆变器集成在一个箱体内"和"充电机独立箱体"两种方式。无论哪种方式，充电机都需与蓄电池配置在同一节列车上。

（3）蓄电池

如图5.4-6、如图5.4-7，蓄电池是用来为电气及电子设备提供能量的电气化学系统。电能通过电池内的化学反应直接产生。有效电能的数量取决于内在电化学反应的势能和效率，以及电池中活性物质的数量。

列车蓄电池主要供列车启动使用，同时在辅助逆变器不工作的时候，为列车提供紧急照明、紧急通风、控制系统、通信提供电源。所以是列车上的重要电气部件。

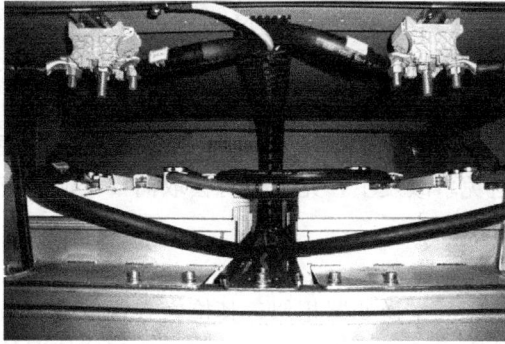

图 5.4-6 蓄电池（一）

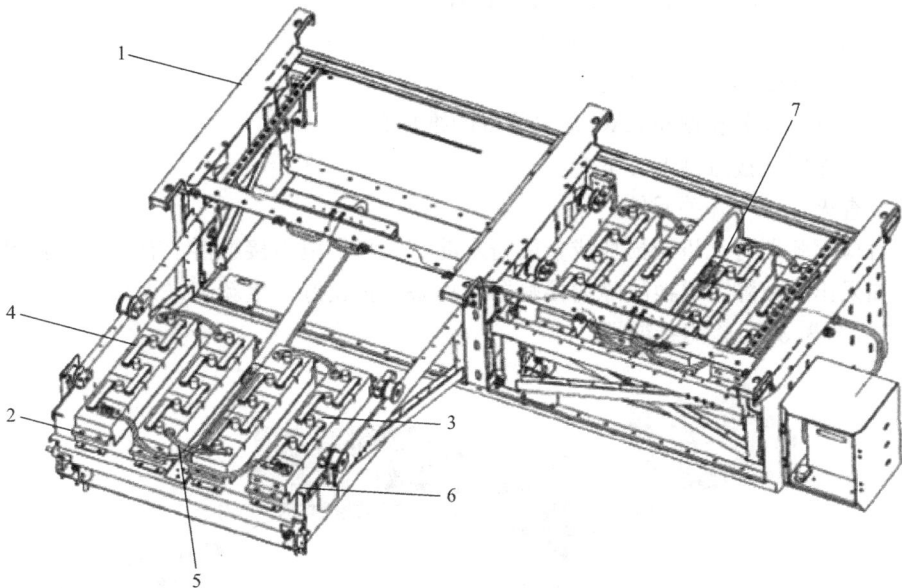

图 5.4-7 蓄电池（二）

1—蓄电池盒＋167；2—蓄电池托架；3—电池；4—电池连接条；
5—电缆连接器；6—托架框；7—温度传感器

目前，列车通常使用碱性镉镍电池，镉镍电池具有环保、寿命长，充放电循环周期高达数千次、冲击和振动、自放电小、低温性能好、耐过充能力强等优点，因此，在列车上通常使用镉镍电池作为启动电源。

镍镉模块电池是一种电化学系统，模块电极上含有活性物质，该物质具有氧化态的变化而没有任何物理状态的改变。这些活性物质不溶于碱性电解液中。在氧化态发生变化时，它们保持固态而且不溶。所以，不存在任何化学机理可以使活性物质损失。

在模块充放电操作中，氢氧离子通过电解液从正极板转移到负极板。碱性溶液 KOH（电解液）仅作为传送介质。它不参加电化学反应。由于其被动而非主动的作用，镍镉模块中的电解液不会被实际模块中的电荷状态所影响。

蓄电池可分为有极板盒式电池、开口烧结式、圆柱密封电池及全密封电池几种形式。有极板电池是各种类型镉镍电池中最成熟的一种电池，其特点为牢固、可靠、寿命长、可在很宽的温度范围内使用，有良好的荷电保持能力，可以在任何条件下长期存储而无损坏，成本比其他镉镍电池低很多，适合放电率不高的场所。从有极板电池的特点来看，有极板电池基本能满足列车使用需要。

同时，为监控蓄电池使用时的工作温度，在蓄电池箱还会另装温度传感器。当检测到蓄电池温度过高时，为避免事故发生，充电机将会取消蓄电池的充电和放电的操作。

3. 部件维修

（1）辅助逆变器的检修

由于辅助逆变器的结构与主逆变器相似，其检修方式也相一致。在检修中需检查、清洁通风区域及散热片；检查半导体元件的安装；视工作环境情况检查、清洁控制板。在清洁过程中，应采取防静电措施。同时，如控制板上有接线端，应对接线端进行清洁，必要时进行打磨，以保证与电缆、控制线接触良好。

1）检查辅助逆变器的电力接触器

① 将辅助逆变器隔离并接地。

② 打开输入开关装置和 3AC 开关装置的维护翻盖。

③ 将灭弧罩从接触器上拧下。

④ 检查灭弧罩和开关元件。

⑤ 目检灭弧罩有无机械损坏或金属粉末淀积。目检电力接触器上有无发生材料移动。

⑥ 如果出现故障，更换故障的接触器。如果防护良好，重新装好灭弧罩。

图 5.4-8 为 3AC 输出接能器。

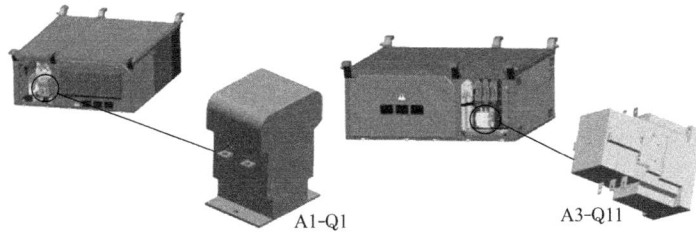

A1-Q1   A3-Q11

图 5.4-8　3AC 输出接触器

2）清洁进风口

① 将辅助逆变器隔离并接地。

② 如果发现轻微污垢，使用压缩空气清洁进风格栅。

A. 首先从外部清洁格栅。

B. 然后打开进风格栅的翻盖。

C. 将污物从进风区内部吸出。

③ 如果进风格栅严重积垢

A. 首先从外部进行清洁。将进风格栅外部的 M6 六角凹头螺钉拧下，从进风翻盖上卸下格栅。使用压缩空气或高压清洁机清洁格栅。

B. 清洁进风格栅后，重新安装格栅。为 12 个 M6 紧固螺钉涂上润滑油（例如使用 Loctite 8150）并拧紧。

图 5.4-9 为逆变器箱进风格栅。

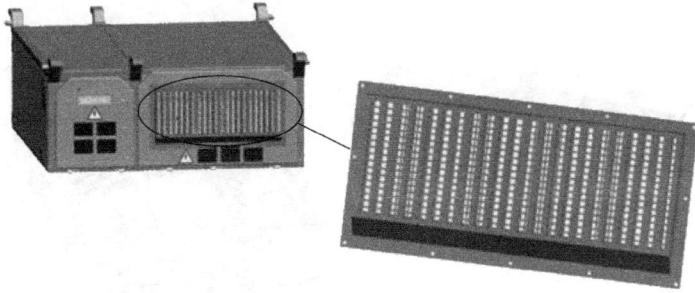

图 5.4-9　逆变器箱进风格栅

3）检查辅助逆变器的变压器/扼流圈（图 5.4-10）

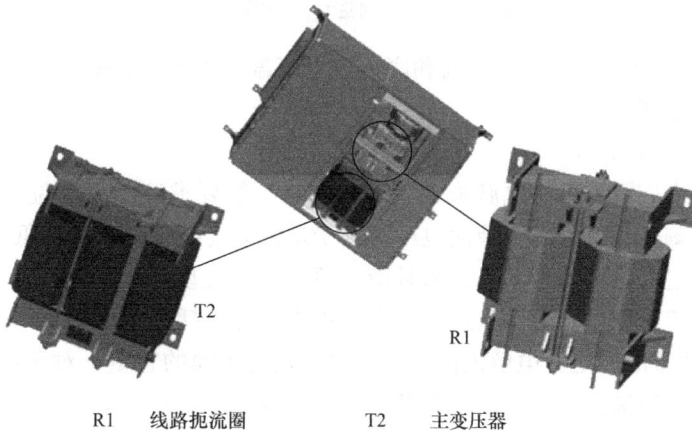

T2

R1

R1　线路扼流圈　　　　T2　主变压器

图 5.4-10　线路扼流圈和主变压器

① 将辅助逆变器隔离并接地。

② 打开底盖。

③ 检查线路扼流圈和主变压器是否损坏。在必要时必须更换故障部件。

④ 检查所有的螺钉连接是否紧固，如果没有，将连接拧紧。

⑤ 如果部件弄脏，对其进行清洁。

⑥ 去除接地并合上底盖。为 12 个紧固螺钉涂上润滑油（例如使用 Loctite 8150）并拧紧。

4）清洁辅助逆变器的风道和散热片

① 将辅助逆变器隔离并接地。

② 首先从外部清洁进风格栅。拧开进风格栅的螺钉并将其从逆变器箱取下。取下逆变器箱的底盖。

③ 将进风格栅拆下后用压缩空气或高压水带清洁。

④ 用工业用真空吸尘器清洁逆变器箱内进风口附近区域。

⑤ 使用工业用真空吸尘器清洁风道、风扇箱和电磁元件箱。图 5.4-11 显示了辅助逆变器内的风道。

⑥ 检查模块的散热片有无积垢。如果积垢，取下模块。清洁模块的散热片。将模块重新安装到逆变器箱前先清洁逆变器箱的安装区域，然后将模块正确安装到逆变器箱内。

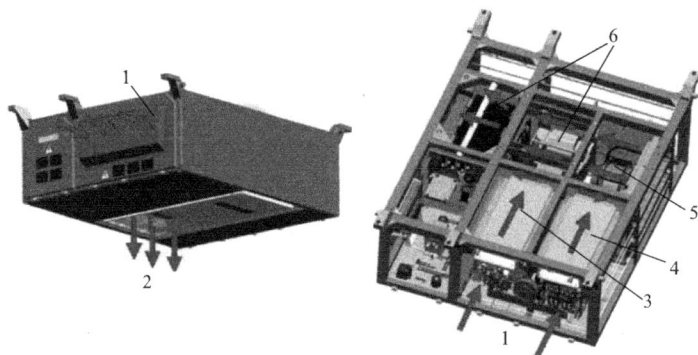

图 5.4-11　主气流

1—进风格栅；2—进风口；3—蓄电池充电器（可选）；4—PWMI 模块；5—排风口；6—电磁元件箱

⑦ 去除接地。重新安装进风格栅和底盖。为底盖的 M6 紧固螺钉上润滑油（例如使用 Loctite 8150）并拧紧

（2）蓄电池的检修

在日常维护中应重点检查电解液的液面高度，一般要求液面高度位于最高刻度线处，但不能高于最高刻度线，同时，液面也不能低于最低刻度线。对于液面低于最高刻度线较多的时候，可通过加注蒸馏水的方法来补液。蒸馏水的纯度必须符合 1989 IEC 993 规定。蓄电池在使用一定周期后，应落车进行检查，检查内容包括：

1）电解液比重的测定。电解液的比重直接影响蓄电池的容量，对于比重低于规定的，应将蓄电池中的电解液全部排空后，重新配置电解液加注，在重新加注以前，需彻底清洗蓄电池内侧壳体及极板。在更换电解液时应采取必要的防护措施，以免对人体造成伤害。

2）对接线排进行清洁、打磨处理，保证蓄电池之间连接良好。

3）蓄电池必须由有资格的电工进行维护工作，使用符合电规程和电防护措施绝缘工具。

4）电解液补液。由于电解液在使用过程中会产生损耗，因此需要进行电解液补液的作业。操作过程中需要严格按照厂商规定的要求，使用专用补液设备和规定的电解液进行操作（图 5.4-12）。

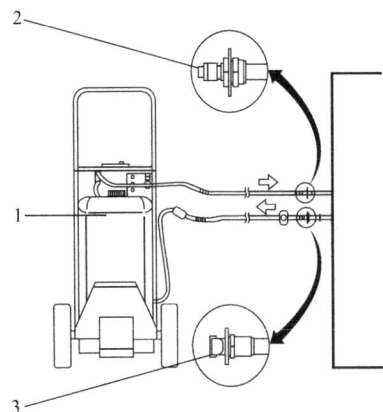

图 5.4-12　电解液补液

1—自动加水车；2—水管接头（入口）；

3—水管快接头（出口）

4. 检测与实验

（1）蓄电池容量测试。

蓄电池容量的测试应严格按照蓄电池供应厂家的要求进行。容量测试完成后，应按测试结果对蓄电池进行分组。容量相差较大的蓄电池不应混装在一起使用。容量后充放电时，应剔除容量低的电池，充、放电应电流采用 0.2C 率（C 为电池容量）设定，充电电压按 $1.55n$（n 指串联电池的个数）来设定。

以 SAFT 公司 MRX160 型号的蓄电池举例容量测试的方法：

1）为了将它们放回到原来的位置，先作好它们的位置记录，然后将电池单体的绝缘盖打开。

2）将电池与外部电池充/放电设备连接。

3）以 0.2C₅A（32A）电流放电直至降到每个单元 1 伏特（80V）。在放电时，每 30min 记录单个单元电压直到达到 1.15V，然后每 15min 或 15min 以内进行记录。记录每个单元达到 1V 所需的时间。

4）断开电池与外部电池的充/放电设备。

5）放置电池 8h 或直到其温度降到 30℃ 以下．

6）连接电池与外部电池的充电/放电设备。

7）以 0.2C₅A±2%（32A±0.6A）的电流给电池充电 8h（每个电池电压可以达到 1.89V）。

8）断开电池与外部电池充/放电设备的连接。

9）如果要确定蓄电池的容量，第二次循环必须按如下操作：以 0.2C₅A（32A）的电流放电直至降到每个单元 1 伏特（80V）。在放电时，每 30min 记录单个单元电压直到达到 1.15V，然后每 15min 或 15min 内进行记录。记录每个单元达到 1V 所需的时间。

验收标准：电池容量应高于或等于 80% 的额定容量，如 128Ah（160Ah×80%）。

以 0.2C₅A±2% 的电流充电 8h（电池电压可以达到 1.89V 每单元），并在加水前等待 2h。

10）在向车辆上安装电池前，通过增加蒸馏水或去离子水调整电解液的数量。

11）在所有连接件的顶端安上电池单体的绝缘盖。

12）重新将电缆连接到正端子与负端子。

（2）充电器电压、电流控制

1）安装一块钳式电流表，如图 5.4-13 所示。

2）将一块电压表连接到电池端子上测量电池电压。

3）总的电池电压是依据充电电流稳定于一个非常低的值时充电器所提供的电压而定。电池电压或者充电器的电压应在充电结束时且电流低于 0.3A 时进行记录。如果温度在 -10℃ 和 +40℃ 之间，充电器电压应为：$[1.47（V）-0.003×（T-20）（℃）]$（每个单元）。例如：充电器电压 = $29.4-0.06×（T-20）（℃）$；MRX160×20 电池（对 MRX160×80 电池则值乘以 4）T（℃）= 环境温度

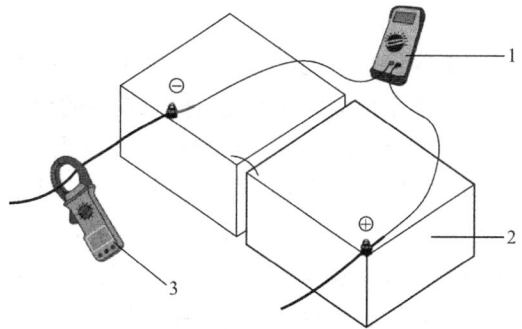

图 5.4-13　充电器电压控制
1—万用表；2—电池；3—电流表

4）移开钳式电流表及万用表。

（3）单个蓄电池单元的电压检测

1）将蓄电池正端子和负端子线缆松开，然后将电池单体的绝缘盖打开；

2）在其端子上用万能表检测每一个电池模块的开路电压；

3）开路电压低于或等于 0.5V 或是短路的模块必须予以更换；

4）在所有连接处顶端安装电池单体绝缘盖；

5）重新将电缆连接到正端子与负端子。

（4）辅助逆变器整体性能检测

列车辅助逆变器输出三相交流电供辅助电机和照明系统工作，同时经过整流输出直流电供列车蓄电池及应急电池充电使用。在单个辅逆的测试时，需要使用辅助逆变器试验台，模拟各种负载，对辅助逆变器的功能进行测试。

具体试验内容有：

1）输出性能试验

① 空载性能试验；

② 轻载性能试验；

③ 稳压性能试验。

2）保护性能试验

① 欠压试验；

② 过压试验；

③ 过流试验；

④ 自诊断功能检查。

5.5 乘客信息系统

乘客信息系统一个集成了乘客广播，LED 动态地图显示，LCD 媒体播放和 CCTV 视频监控的平台。提供一套直接向乘客广播和信息显示以及面向操作的人员的乘客信息、视频监控系统和通信设备。

1. 乘客信息系统

乘客信息系统包括三个子系统：广播系统、视频播放系统和视频监控系统。

广播系统提供 6 大类司机可控制的设备与乘客必要的语言信息。这 6 个所需的通信模式为驾驶员之间对讲、驾驶员对客室人工广播、司机与乘客紧急内部通信、OCC 对乘客广播、数字自动广播、关门报警声。广播系统还提供系统信息显示功能，在司机室前窗玻璃处和客室侧窗处设置目的地显示屏，显示车辆运行目的地，在客室两端贯通道处或车厢中设置 LED 显示屏、在客室侧窗上方的侧顶板处设置 LCD 动态地图，显示线路及站名相关信息，信息显示与广播报站同步。

视频播放系统，每节客室内设置 LCD 显示屏，LCD 多媒体播放系统与机顶盒连接，实现客室 LCD 显示屏的实时转播，当系统没有接收到机顶盒信号时，LCD 播放控制器本地存储视频的录播。

视频监控系统一般包含视频监控控制主机、多媒体服务器、多功能连接器、司机室触摸屏、摄像机。由摄像机采集的客室及司机室视频图像经处理后通过 TCP/IP 网络传输到视频监控储存单元。司机室触摸屏可调用监控视频或实时监控画面在触摸屏上显示。

（1）乘客信息系统的组成

独立式：广播系统，视频播放系统和视频监控系统分别独立。

广播系统：包括两条列车广播线：1 条线用于公共广播系统，1 条专用线用于驾驶室之间和驾驶室与车辆之间的内部通信，交互通信列车线通过自动车钩提供重联的列车驾驶室之间的通信。声频线是屏蔽双绞线。每个驾驶室内有 1 个通信单元。它由公共广播模块组成

（数字声频处理板、数字声频存储板和声频接口板）储存单元用于记录所有的广播内容；两个供司机用的驾驶室喇叭；1个前置放大话筒（用于广播和内部通信）；1个公共广播控制台（用于选择服务）。在每辆车上有若干喇叭；放大器；环境话筒；驾驶室与车厢之间的通信设施。

视频播放系统：每列车一端视声频信号源（机顶盒）输出视声频信号至主编码器，通过数字信号传输至解码器，由解码器输出视声频信号至各车厢视频终端（LCD显示屏），解码器经数字传输串联后连接至备编码器，备编码器同步保持工作，接收另一端视声频信号源（机顶盒）的视声频信号。

图5.5-1为系统机构。

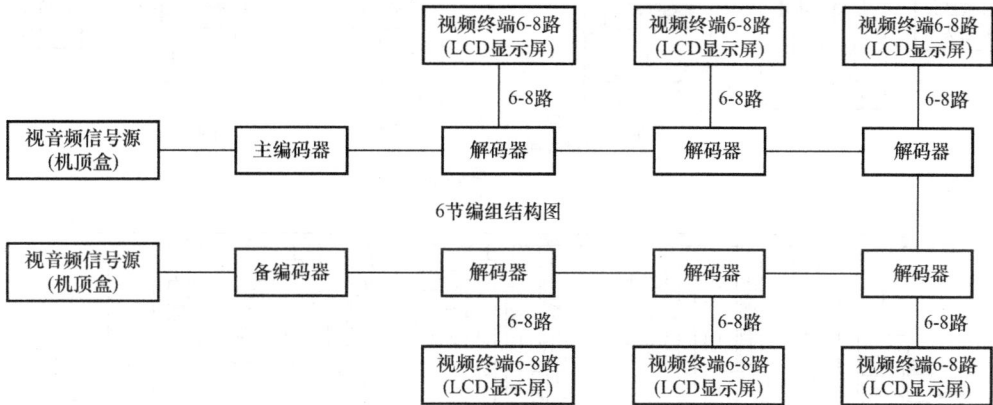

图5.5-1　系统机构

视频监控系统：视频监控系统是一个高速以太网，每节车厢的视频数据不仅独立存储，而且同时把实时图像送到高速以太网，则任意司机室的监控主机通过点选操作都可以查看任意车厢的监视画面。其中，系统高速以太网主要实现不同车厢之间的数据传输，传输使用有线方式进行，车厢之间有专用的高速以太网电缆直接互连。根据车辆具体结构及效果要求，车头各安装一台红外辅助照明摄像机，车厢内摄像机达到列车100%有效覆盖。每节车厢安装一台硬盘式录像机对图像进行连续存储，司机室可通过车载触摸式液晶屏对任意一节以及另外一个司机室情况进行实时图像查看，并能随时点击切换或完成系统其他任意功能。

图5.5-2为系统架构。

集成式：目前上海地铁乘客信息系统已在统型，推动地铁列车乘客信息系统的标准化，以实现不同厂家不同批次产品的互换。地铁A型列车统型以太网乘客信息系统基于列车级千兆网络运作，另设备用总线实现当列车以太网故障时满足基本的人工广播、乘客紧急对讲、司机间对讲功能。图5.5-3为统型以太网PIS系统框图。

以太网总线：以太网乘客信息系统的主要终端设备接入贯穿全列车的以太网中。乘客信息系统以列车以太网作为传输主要的控制指令、信息数据、多媒体数据的通道。如系统框架图（图5.5-3）。

备用声频总线：列车乘客信息系统包含备用声频列车总线，满足当列车以太网发生网络故障时系统仍具备广播与对讲功能。备用总线包括两组声频总线，一组仅用于广播、一组仅用于对讲总线，以及一组对讲指令CAN总线。接入备用总线的设备有PIS主机、司机广播控制盒和数字功放（图5.5-4）。

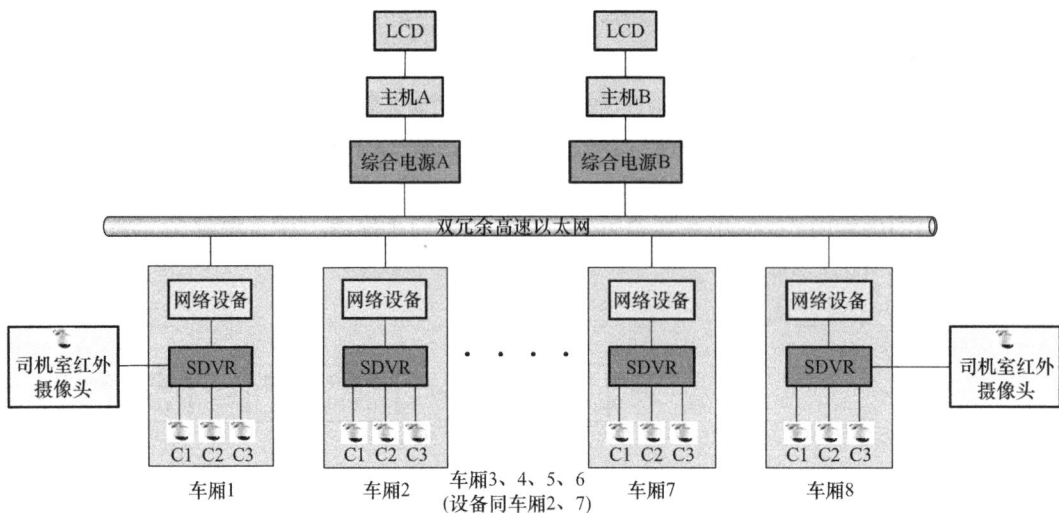

图 5.5-2 系统架构

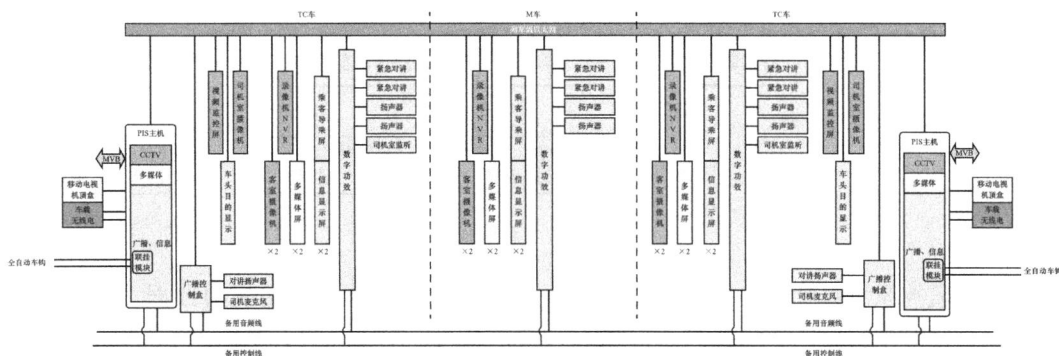

图 5.5-3 统型以太网 PIS 系统框图

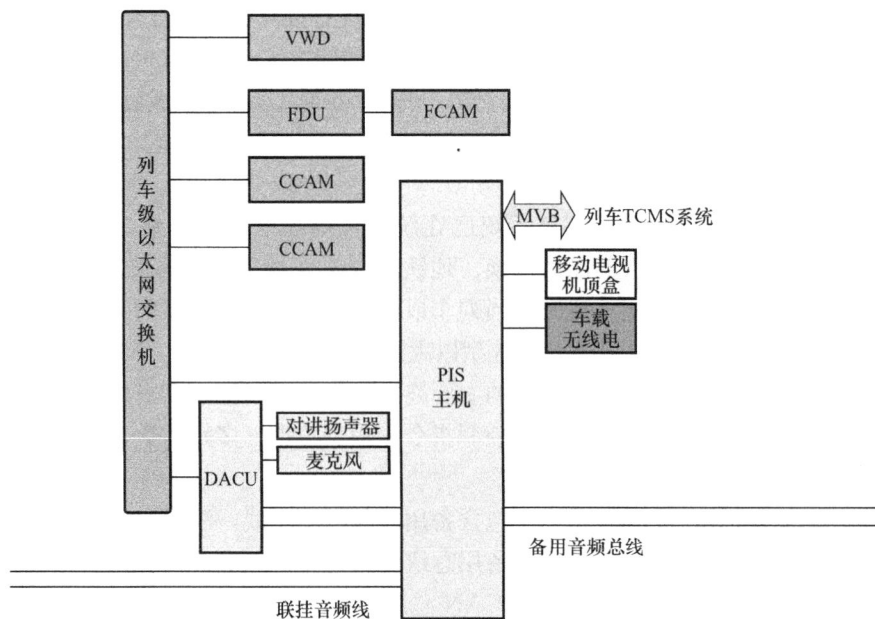

图 5.5-4 统型以太网 PIS 系统司机室设备图

PIS主机：PIS主机位于两端司机室负责整个PIS系统的功能控制、故障诊断及对外部系统的连接。PIS主机根据外部指令，控制乘客信息系统的各个终端实现声频播报、线路信息显示、文本信息显示。转换外部多媒体数据并使多媒体屏幕播放，并且主机具备预存多媒体文件功能，以支持本地多媒体文件播放。

司机广播控制盒：接受司机驾驶台的广播、对讲按钮的操作指令，将司机的操作指令通过以太网或备用总线传递给PIS主机。

监控触摸屏：监控触摸屏位于司机驾驶台，司机可通过监控屏浏览列车上的各个摄像机画面及状态，并能回放网络录像机中储存的视频。同时可提供操作页面控制PIS系统的功能（图5.5-5）。

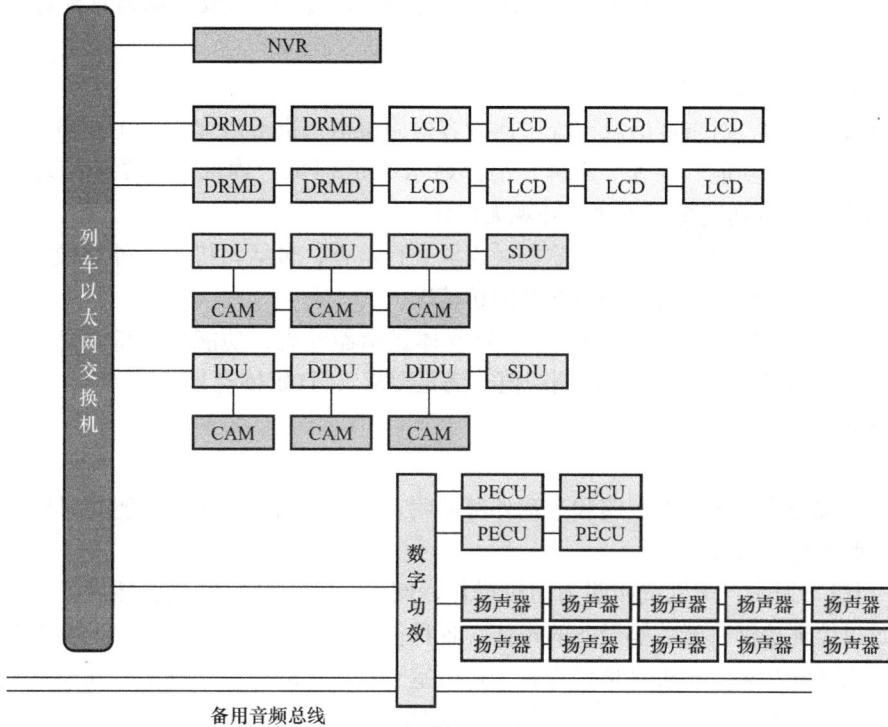

图5.5-5　统型以太网PIS系统客室设备图

数字功放：控制客室内的终端设备，接受PIS主机指令，驱动客室的扬声器播放相应的声频信息。并且同时也可以将紧急对讲的数字声频数据转化为模拟声频信号，实现备用总线模式下的对讲功能。数字功放的接口包括电源、声频接口、交换机接口板和供紧急对讲的24V输出。数字功放以定压24V方式输出驱动车厢的扬声器。

扬声器：广播系统的最终输出设备，分司机室扬声器与客室扬声器。

乘客紧急对讲（PECU）：乘客紧急对讲器设置在客室车厢侧壁，乘客可按键触发紧急报警，并当紧急对讲建立时通过紧急对讲上的麦克风和扬声器与驾驶员或OCC进行全双工对讲，并可附带可视对讲功能。同时紧急对讲具备激活按钮的常闭触电输出功能，供列车其他系统对紧急对讲被乘客激活的检测。

车载摄像机：车载摄像机用于列车环境的检查，摄像机支持多种清晰度的视频流输出。摄像机可插入 SD 储存卡，并具备对 SD 储存卡状态的监控。

网络录像机：每节客室内，支持储存多路摄像机拍摄的视频录像，并提供录像下载，硬盘诊断功能。

LED 类显示屏：司机室车头的前端显示屏（FDU），车厢外的外侧显示屏（SDU），在客室两端贯通道处或车厢中设置 LED 显示屏（IDU、DIDU）。LED 屏根据 PIS 主机发送的报站信息进行显示，前段显示器和外侧显示器显示列车终点站，内部显示器显示每一站的到站出站信息和紧急文本信息。显示屏具备以太网级联的连接方式。

LCD 类显示屏：包括每节车厢内的 4 个乘客导乘屏和 8 个多媒体 LCD 显示屏。乘客导乘屏根据 PIS 主机发送的报站信息进行显示。多媒体显示屏采用 21.5 寸显示器，可直播机顶盒输出的电视内容。没有接收到机顶盒信号时，LCD 播放控制器本地存储视频的录播。

（2）乘客信息系统的检修

在检修作业中，对乘客信息系统广播内容检修包括司机室对客室人工广播、司机室对讲功能、自动广播功能、乘客导乘屏、前部显示单元 FDU、内部显示单元 IDU、外部显示单元 SDU。检查功能是否正常，外观无损坏。

在视频监控检修中通过司机室监控触摸屏进行检查，包括司机室红外摄像机、客室摄像机、网络录像机状态、录像的储存及回访情况。

LCD 媒体播放系统检修中，检查 LCD 媒体显示器外观、功能、音量。使用分贝仪测音量，每节距离扬声器 1m 范围内测中值，满足要求 LCD 媒体音量。

2. 照明系统

（1）照明系统概述

照明系统分为车辆内部照明和车辆外部照明，内部照明包括客室照明和司机室照明。

（2）照明统的组成

1）司机室照明：司机室照明为司机操作、阅读、填表等提供足够照度，司机室环境照明将足以保证按键、开关等设备的辨认，各种信号发光二极管（LED）的亮度将保证准确地表示出各种状态。司机室顶灯安装于司机室天花板，阅读灯也安装于司机室顶棚。由司机室的开关控制。当顶棚灯打开，阅读灯关闭时，司机台上的照度至少为 5～10lx，地板中央为 3～5lx。

2）车辆外部照明：头灯位于司机室拖车的前端，与尾灯成对，每一侧有一个头灯，出于安全考虑头灯的功率不小于 100W，以便在紧急制动距离内提供足够的照明。目前新车的前照灯为组合式产品，由远光灯、近光灯和尾灯组成，安装在同一灯罩内。远光灯的强光在车辆运行前方 426m 处的照度不小于 2lx。

3）客室照明：分为紧急照明和常用照明，照明供电由贯穿整个列车的 110Vdc 母线提供。采用的原则是，在失去高压时切断普通照明，保证 110Vdc 母线（来自电池）向紧急照明设施供电。客室照明沿客室整个顶棚长度排列，一旦将外壳打开，即可在车厢内很容易替换灯管。目前已逐步使用 LED 节能型灯管替代原有的荧光灯管加镇流器的组合。LED 灯管需同时满足电动列车客室照明二种电源（110Vdc、220Vac）以下为客室照明用 LED 灯管的技术参数要求

电源；AC/DC，77～260V。

LED 灯管使用寿命：≥50000h。

LED 照明光效：≥100lm/W。

LED 灯管电流总谐波含量：≤10％。

LED 灯管功率因数：≥0.90。

LED 灯管显色指数：Ra≥75。

LED 灯管发光角度：≥120°

LED 灯管眩光：限制或防止直接眩光，提供舒适的照明环境。

LED 灯管色温：4000K 或 5000K 或 6500K，同一批次 LED 照明色温差小于±5％。

LED 灯管使用 5000h 照度衰减率≤5％，LED 灯管全寿命期照度衰减率≤30％。

LED 灯管新安装后，客室照度≥300lx 并且客室照度≤400lx。全寿命期内 LED 灯管客室照度不低于 250lx。

灯管内置电源并具有短路、浪涌电流、过电压、过热保护功能。

LED 灯管采用两端正、负电源供电方式，并且 LED 灯管正接、反接均可正常工作。

LED 灯管应具有较良好的散热性能，温升不大于 20℃（LED 灯管任何位置）。

4）智能光控系统：列车在露天线路段根据外界光照强度进行客室照明节能控制，地下线路则采取全开客室照明的控制方式，既保证了乘客的舒适度又达到节能减排的目的。

例，上海地铁 4 号线智能光控系统，司机室车头处安装光敏传感器，检测范围：0～10000lx，由 2 个光敏二极管互为冗余。

控制器主机根据光敏传感器检测到的照度值自动控制客室常用照明，可按时间分日间工作模式：以外界光照强度作为是否开启或关闭客室常用照明的判断依据；夜间工作模式：不以外界光照强度作为判断依据，默认打开客室常用照明，可以不受夜间城市灯光和会车列车头灯亮光的干扰。

工作模式：驶出隧道：当照度大于 500lx，持续 30s 以上，关闭常用照明；驶入隧道：当照度小于 100lx，持续 2s 以上，打开常用照明。

抗干扰：忽略 2s 以内的照度变化；极端天气时照度小于 350lx，持续 60s 以上，打开常用照明。

5.6 其他电气系统

1. 主控制器

（1）概述

司机通过操纵主控制器手柄，使列车按司机控制运行。司机控制器控制主电路，它实际上是一组转换开关，通过搬动两根不同的轴，控制凸轮与之组合开关相应的触点分合，然后通过控制电路控制列车的运行方向，实现列车牵引、制动和惰行工况的转换。

（2）主控制器的结构

主控制器主要有主控制手柄、方式/方向手柄、组合开关、凸轮、转动轴、电位器电阻等部件组成。为了保证列车的安全，通常在主控制手柄上安装有警惕按钮，司机按下该按钮后方能向列车发出牵引指令；在列车运行过程中，如果司机放开警惕按钮后不能及时再次按下，列车将实施紧急制动。通常主控制器还与司机钥匙开关相互连锁，保证在钥匙未打开前，主控制器处于锁定状态，而如果主控制器处于工作状态时，钥匙是不能被拔出的。主控制手柄与方式/方向手柄之间也相互连锁，在主控制手柄处于牵引或制动位置时，方式/方向手柄无法改变状态；方式/方向手柄不工作时，主控制手柄被锁定，无法放在牵引或制动位上。图 5.6-1 是列车用主控制器主视图。

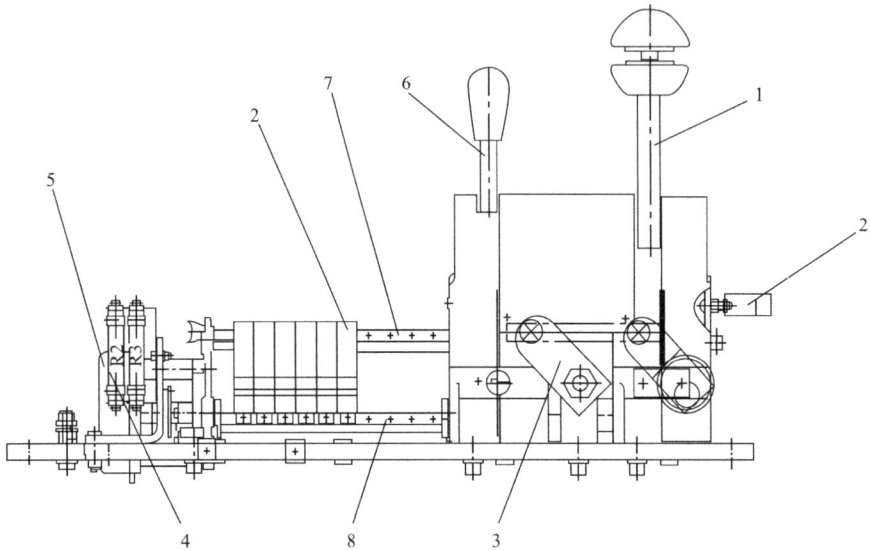

图 5.6-1　主控制器主视图。

1—主控制手柄；2—微动开关；3—连锁机构；4—电阻；5—电位器；6—方式＼方向手柄；

7—带凸轮装置的传动轴（方式＼方向手柄用）；8—带凸轮装置的传动轴（主控制手柄用）

（3）主控制器检修

在主控制器检修中应包括以下内容：

1）检查凸轮外表上是否有磨损痕迹，如有就更换。对转轴进行清洁、润滑。

2）检查转换开关，测量转换开关触点阻值。在大修中应更换所有的转换开关。

3）检查电位器工作情况。电位器电阻在整个工作范围内的变化应是平滑的，对于阻值有跳动的电位器应更换。在大修中应更换电位器。

主接触器组装完成后，应检查各部件的连锁功能。同时还应检查在不同工作模式下相对应的转换开关工作是否正常。

2. 熔断器

（1）概述

熔断器又称保险丝，它串联电路中，当该电路产生过载或短路故障时，熔断器先行熔断，切断故障电路，保护电路和电气设备。

熔断器按结构可分为：

1）开启式熔断器。

2）半封闭式熔断器。

3）封闭式熔断器。

在电容车辆上多采用的封闭式熔断器完全封闭在壳内，没有电弧火焰喷出，不会造成飞弧和危及人身安全及损坏电气设备，且可提高分断能力。

熔断器主要由熔体、熔管和插刀等组成。熔体式熔断器的主要部分，它受过载或短路电流的热作用而熔化，从而达到开断故障电路的目的。熔管用以控制电弧火焰和熔化金属粒子向两端喷出。叉刀用以和外电路接通。

对熔化材料的要求式熔点低、易于熔断、导电性能好、不易氧化、容易加工和价格低廉。熔体的材料有铜、银、锌、铅等。

（2）工作原理

熔断器熔断过程一般可分为四个阶段：

1）通过故障电流而发热达到熔化温度的阶段。这个阶段所需的时间与通过熔体的故障电流值有关，故障电流越大，这个时间就越短。

2）熔体熔化和蒸发阶段。熔体达到熔化温度后继续吸收热量而熔化和蒸发，这个阶段的时间也与通过熔体的故障电流值有关，故障电流越大时间越短。

3）间隙击穿和电弧产生阶段。熔体蒸发成金属蒸气后出现间隙，其中充满金属蒸气，金属蒸气很快被游离而出现电弧，这段时间极短。

4）电弧燃烧和熄弧阶段。这个阶段时间的长短和电流的大小及熔断器的熄弧能力有关，熄弧能力越强，则燃弧时间就越短。但电弧熄灭时不允许产生危害电气设备的过电压。

熔体熔断时间主要由1）和2）两个阶段的时间决定。熔体熔断时间与电流的关系称为熔断器的保护特性，又称为"安-秒特性"。熔断器的保护特性必须处于被保护电气设备的允许过载特性曲线之下，才能起到可靠保护的作用。图5.6-2中曲线1为被保护电气设备的允许过载特性曲线，曲线2处于曲线1下，表示在任意过载电流下，还没到电气设备过热，熔断器已先行熔断，切断故障电路，起到保护电气设备的作用。曲线3和曲线1又交点，假设在交点外电流值为I，在I的右侧，曲线3在曲线1之下，熔断器能可靠地起保护作用，但在I的左侧，曲线3处于曲线1之上，在此区域内过载时，电气设备已过热损坏，而熔断器还没有熔断，起不到保护电气设备的作用。因此，熔断器的保护特性必须处于被保护电气设备的允许过载特性之下，才能起到可靠的保护作用。

在有分支的电路中，通常串联总的熔断器和分支电路的熔断器，如图5.6-3（a）所示。为了保证熔断器动作的选择性，各分支电路中的熔断器保护特性应处在总的熔断器保护特性之下，如图5.6-3（b）所示。当电路在C点发生接地故障

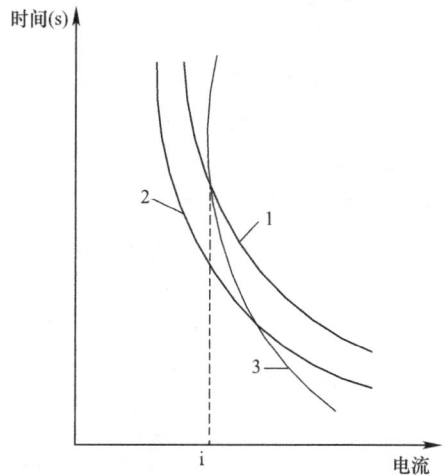

图 5.6-2　熔断器保护特性和
电气设备热特性的配合
1—电气设备的允许过载特性；
2、3—熔断器的保护特性

时，故障电流流过熔断器1和2，由图5.6-3（b）的保护特性可知，熔断器2先行熔断，切断故障电路，熔断器1不通过故障电流，保护了正常支路继续工作。因此，仅切除故障支路，是熔断器动作的选择性。

保护特性是熔断器的一个重要特性，另一个重要参数是分断能力。分断能力表示熔断器能断开的最大短路电流。

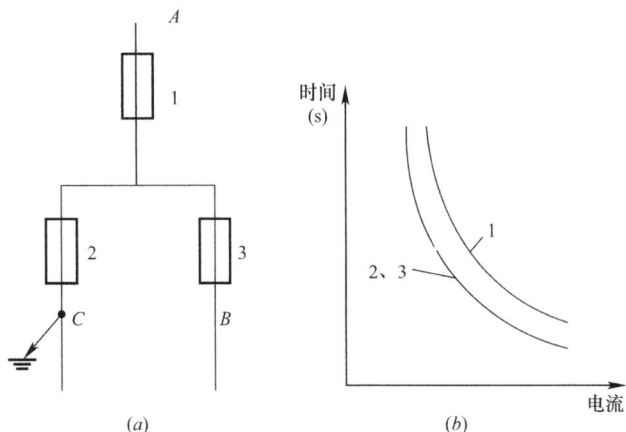

图 5.6-3　有分支电路的熔断器及其保护特性

(a) 分支电路的熔断器电路；(b) 熔断器的保护特性

1—总熔断器保护特性；2、3—分支熔断器保护特性

（3）熔断器检查

由于熔断器的工作是不可逆的，如果熔断器损坏后，是无法修复的。因此，在日常检修中主要用电阻表检查熔断器是否完好。清洗并抛光熔断器的引出铜排。

3．继电器

（1）概述

继电器同接触器的共同点，都是一种自动控制电器。不同的是，继电器一般不直接控制主电路，负载较小，故同接触器相比，继电器没有灭弧系统，结构简单，接触容量小，动作的准确性要求高。包括驱动车辆行驶的主牵引电动机和车辆上的各种辅助电动机。继电器的主要特征参数为额定电压、吸合电压、释放电压、吸合时间、释放时间、线圈消耗功率、触点接触电阻、绝缘电阻、触点负荷和寿命等。继电器由测量机构和执行机构两部分组成。测量机构接收输入量，并将其转变为继电器工作所必须的物理量，如电压、电流、压力等。执行机构用以改变原来所处状况，给被其控制的电器一定的输入量。图 5.6-4 所示为电磁式继电器的结构。

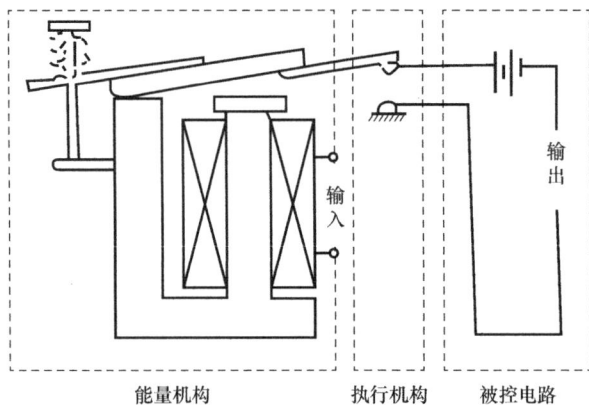

图 5.6-4　电磁式继电器的结构

（2）主要部件

继电器的触头通常接在控制电路中，因此，它通过电流较小（一般在 20A 以下）。其结构多采用板式和桥式的点接触银质触头，银质触头通常焊在弹簧片上（磷铜片），弹簧片既产生触头压力，又作为传导电流的触头支架。

触头是继电器的执行机构，必须工作可靠。对继电器触头的主要要求是：耐振动和冲击，不产生物误动作；触头接触电阻要小，以便接触可靠；耐机械磨损和电磨损，抗熔焊；使用寿命长等。

（3）工作原理

以图 5.6-4 所示的电磁式继电器为例，它的电磁机构就是测量机构，当输入量达到其动作参数时，就将转变为衔铁的吸合动作。它的触点是执行结构，当输入量达到动作参数时，它由原来的开断状态转变成闭合状态，并接通被其控制的电路，从而得到一个输出电压。

继电器的输入量与输出量的关系称为它的输出-输入特性。设输入量 X，输出量为 Y，当输入量 X 由零增加到动作参数 X 动作时，衔铁被吸合，使触头闭合，接通被控电路，在输出端有电压输出，即输出量 Y 由零跃变到最大值 Y_{max}，如图 5.6-5 所示，衔铁吸合后，如果将输入量 X 减小到 X 释放时，反作用力大于电磁吸力，衔铁释放，触头开断，被控电路也断开，输出量由最大值 Y_{max} 下降到零。当输入量 X 由 X 释放继续减小时，输出量 Y 维持为零值。通常 X 动作大于 X 释放。继电器输入量的释放参数与动作数之比称为返回系数 K，即 $K=(x_{释放}/x_{动作})$。

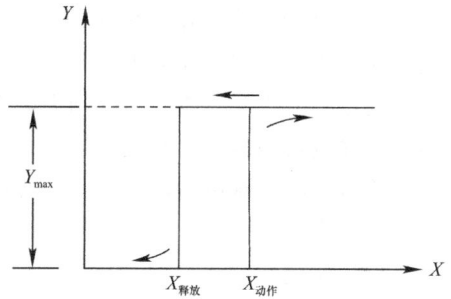
图 5.6-5　继电器的输入量与输出量的关系

（4）继电器检修

在检修作业中，对继电器检修内容包括：

1）检查线圈阻值，对于阻值过大的应予以更换。

2）检查触点阻值。触点接触是否良好，直接关系到继电器控制的电路能否正常工作。如果接触电阻过大，通常会造成列车控制故障，而且这类故障呈现无规律性。因此，对于接触电阻过大的继电器也应予以更换。

4. 避雷器

（1）概述

避雷器的作用，是避免列车主回路设备受到瞬态过电压的冲击，包括雷电过电压及线网操作过电压。根据《轨道交通 地面装置 直流开关设备 第 1 部分：总则》GB/T 25890.1—2010 轨道交通地面装置直流开关设备总则，主回路设备额定冲击电压为 12kV。避雷器在受到瞬态过电压的情况下，通过泄流，将避雷器两端的电压控制在 4.8kV 以内，以保证主回路设备冲击电压裕度。

（2）系统部件组成

应用于轨道交通的避雷器主要为有间隙、无间隙两种形式。

有间隙避雷器的电阻阀片一般为碳化硅材质，由于其电阻特性无法在正常电压范围内保持开路，故一般使用火花间隙、保证正常电压下的绝缘特性。

无间隙避雷器的电阻阀片一般为氧化锌材质，其电阻特性可保证正常电压范围内，其阻值接近绝缘；在过电压情况下，其阻值接近普通导线。

（3）部件维修

避雷器的电阻阀片不具备可修复性，当电阻阀片的性能超过相关标准后，应当对其报废。

（4）试验

避雷器试验主要针对无间隙避雷器，有间隙避雷器可通过绝缘测试仪测试花火间隙的绝缘特性。无间隙避雷器试验如下：

1）直流 1mA 参考电压

检查目的：

检测避雷器动作电压是否过低，过低说明阀片性能下降。过低后，会导致避雷器频繁动作，寿命将会缩短。

检查标准：参考电压不小于 2600V。

2）0.75 倍直流参考电压下漏电流

检查目的：

0.75 倍直流参考电压值≈2600×0.75＝1950V，该值接近最高非恒定电压值，是供电网络正常情况下的最高电压。

通过测试该漏电流，可以判别避雷器电阻阀片是否产生老化。当漏电流增大后，避雷器的寿命极具缩短，会发生热崩溃。

检查标准：避雷器在 0.75 倍直流参考电压下，通过避雷器的漏电流不应大于 $50\mu A$。

5. 空气开关

（1）概述

空气开关又称空气断路器。当下级电路发生电气设备短路、严重过载及欠电压等情况，电路中电流超过额定电流，空气开关会自动断开进行保护。

（2）工作原理

应用于轨道交通的空气开关一般采用热敏及电磁的脱扣方式。

热敏式原理为：当电路发生一般性过载时，过载电流虽不能使电磁脱扣器动作，但能使热元件产生一定热量，促使双金属片受热向上弯曲，推动杠杆使搭钩与锁扣脱开，将主触头分断，切断电源。

电磁式原理为：当线路发生短路或严重过载电流时，短路电流超过瞬时脱扣整定电流值，电磁脱扣器产生足够大的吸力，将衔铁吸合并撞击杠杆，使搭钩绕转轴座向上转动与锁扣脱开，锁扣在反力弹簧的作用下将三副主触头分断，切断电源。

6. 限位开关

（1）概述

限位开关又称行程开关，可安装于相对静止物体或运动物体上。当运动物体接近静止物体时，开关的连杆驱动开关的接点引起闭合的接点分断，或者断开的接点闭合。由开关接点的开合状态的改变控制电机和电路。限位开关主要由开关元件、接线端子、开关操动件、传动部分组成，根据开关触头接通和断开机械机理，开关元件有缓动开关和速度开关两类。

（2）工作原理

限位开关利用机械运动部件的碰撞使其触头动作来实现接通或分断控制电路电机，达到一定的控制目的。例：位于开门位置时，撞板离开滚轮，铰链臂在弹簧的作用下压住开关，开关闭合（图5.6-6）。

（3）限位开关的检查

在日常检修中应对限位开关检查调整，确保限位开关工作准确可靠。例如，车门中的限位开关，把门系统处于锁闭状态，用手拨动开关。如有响声，则说明开关已经释放。如果没有有响声，则说明开关还是常闭状态，此时要调整开关的位置。

7. 各类传感器

图5.6-6　限位开关

在列车各控制系统中，使用了大量的传感器为系统控制单元提供反馈信号。例如：牵引控制系统使用非接触式传感器测轴速，用于电子防滑和轮子自转控制；用电流传感器、电压传感器检测主电路电流、电压情况；制动电阻箱内使用温度传感器监控制动电阻温度；空调系统在客室中安装有温度传感器用于控制空调工作。图5.6-7为列车上使用的速度传感器。

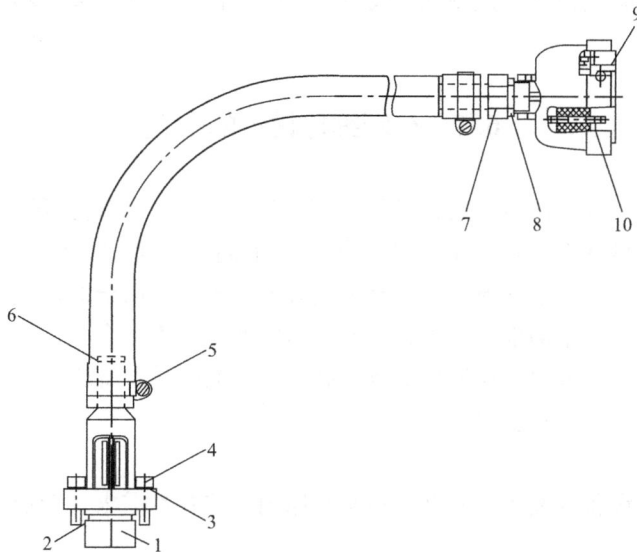

图5.6-7　速度传感器

1—脉冲发生器；2—O形环；3—自锁垫圈；4—螺栓；5—夹子；
6—耐压胶管；7—胶管座；8—密封环；9—插座；10—接触件

传感器通常无须进行检修，但在日常维护中应对传感器接线端进行检查，必要时清洁、打磨接线端以保证电缆与接线端接触良好。

在进行较大修程作业时，如5年或10年修，应对电流传感器、电压传感器、速度传感器进行检测，通过对波形或数据的比较，了解传感器的状态。对于波形畸变或数值偏移较大的应予以更换。

第6章 地铁车辆维修主要设备

电动列车的检修可采用自修为主，委外修为辅的检修原则。根据资源合理配置的原则，和随着地铁车辆维修工作深入开展，对地铁列车车辆检修设备的配置和应用的认识的提高。在新建一条线，新建一个段（场）时，合理地对车辆维修所需检修设备的配套，特别在对城市轨道交通网络化运营条件下的车辆维修资源共享（段、场设备的配置）的问题有了一个新的认识。在充分利用社会资源，减少投资规模、杜绝重复投资，满足各项修程的需要等问题上已达成了广泛的共识。

根据地铁车辆检修设备的配置原则，分为必备主要设备、维修配套设备和试验设备三类。必备主要设备有：起重运输设备、机械加工设备，探伤设备、焊接设备、动力设备和救援设备。维修配套设备有针对列车检修用的：拆装设备、起重提升设备、专用切削设备、清洗设备。试验设备有：检测试验设备、非标设备和专用工装。不同的修程，涉及使用的设备不同。

6.1 车辆维修设备的配置

随着我国引进一批高性能、高技术的电客车辆后，国产车辆也开始大量采用新技术，与之配套使用的车辆维修设备标准也相应提高，车辆维修基地（停车库、定修段、车辆段）的设备配置有了一个基本模式，摒弃了过去大而全、小而全的形式，向着城市轨道交通网络化运营条件下的车辆维修资源共享的方向发展。利用社会化、专业化服务资源进行互补，避免重复配置造成建设初期投资成本高，运营期间设备维修成本大（设备的闲置和损坏），维修能力浪费的情况出现。

1. 配置原则

地铁车辆维修设备的配置应遵循下列基本原则：按基本需求、专业（工艺）需求和特殊要求进行配置。

（1）按基本需求配置：以各段场的功能为依据，配备生产运营的基本设备；满足电客列车维修等级的需求，分停车场（定修段）、车辆段两种需求配置。

（2）按专业需求配置：根据各段的车型、部件专业维修的布点，配备相应的专用（共享）设备；

（3）按特殊要求配置：以运营安全为依据，配备专业性较强的特种设备；对特殊设备（如起复救援设备）应从多线合用，品种齐全、功能完善的角度考虑，对磨轨车等投资大的特殊专业设备应在多线运行的基础上配置。

设备配置的基本要求是：设备具有先进性、专业性，必须安全、可靠、高效。

2. 电客列车一般修理（定修以下）的设备基本配置

列车检修设备的配置数量、种类主要取决于列车的配属数量和检修能力，配属车辆数与运营线路的长度，行车间隔时间及执行的检修修程标准有关。目前，国内有地铁运行的城市，地铁列车的配置数、车型和检修标准不尽相同，但在列车维修时的修理范围、采用的维修标准、工艺流程和规模相差无几，唯一有较大区别的是检修周期设置。

综合国内已开通运行的地铁线路以及在建地铁的城市中，列车低修程的维修模式，设备配置大同小异。就目前执行的列车修程为日常维修临修，均以互换修为主，进行车辆各种零部件的定期检查和更换。一般修程（包括临修），必须完成对运行列车在运行时发生的车轮踏面擦伤、剥离、磨耗进行修正复原，完成列车车载设备、车下悬挂部件、牵引电动机、电气箱、单元制动机故障修复和更换，完成车顶设备（空调机组、受电弓）的修复，以及完成列车的日常清洗等工作。配套的设备分三种：专用设备，通用设备，特殊设备。

大型专用设备分为：不落轮镟床、地面（移动式）架车机、列车自动清洗机。小型专用设备有：列车蓄电池充放电设备、空调机组专用检测设备、空调机组抽真空充液设备、蓄电池运输车、蓄电池（柴油）叉车、列车车顶吊装设备（行车、悬臂吊）、场内调机车组（轨道车和内燃机车）、列车运行在线检测装置（测量轴温、踏面擦伤、受电弓等功能）、电气部件检修设备、专用仪器仪表、试验台。通用设备：指常用的车、钳、刨、铣、钻等金加工设备、动力设备等。

3. 列车维修（架大修）的设备专业配置

列车大修程检修等级分为：大修、架修、定修、部件修，检修周期的确定为列车运行公里数或使用年限二者选一，以先到为准。

目前，国内已做过地铁车辆大修工作的有北京、上海、广州、深圳、南京等城市。按大修规程：应对列车进行架车、解体；转向架构架探伤、整形；轮对的分解、检查；牵引电机分解、检查、更换零部件、性能测试；车门门页整形、气缸更换；车体重新油漆以及静调、动调；最终恢复列车的出厂标准（或大修标准）。而架修规程规定只对车体进行架车、基本解体。对走行部分及牵引电机等主要部件进行检查、测试和修理。定修是较架修低一级的修程，只进行局部解体，对大型部件进行检查、测试和修理，对轮对踏面进行不落轮镟削，恢复形状。因此根据架大修修程，检修设备的配套数量也因检修项目的增加而增加。维修设备的配置随检修台位量、检修规模、工艺流程而定。

根据检修工艺的流程，专用设备配置为。

（1）架车、车体分解工艺的设备和工装配置

地下固定式架车机（一组）、移车台（或移车吊）、公铁路二用车（场内牵引）、架抬车（工装设备）、液压升降台、空调机组、受电弓起吊设备（悬臂吊）。

（2）转向架拆装工艺流程的设备和工装配置

转向架升降台、转向架清洗机、转向架试验台、一系（人字）弹簧试验台、减振器试验台、构架测试台、构架翻转台。

（3）轮对装拆工艺流程的设备和工装配置

轮对压装机/退卸机、轴承感应加热器、轮对磁粉探伤机、车轴探伤仪、车轮车床、大型叉车、轴承清洗设备、套齿设备。

（4）牵引电机检修工艺流程的设备和工装配置

电机吹扫清洗设备、交流牵引电机试验台、整流子下刻及点焊机、动平衡机、空压机电机试验台。

（5）制动系统检修工艺流程的设备和工装配置

空压机试验台、阀类试验台、制动单元拆装设备、单元制动机试验台。

（6）电气部件检修工艺流程的设备和工装配置

电器部件综合试验台、功率电子试验台、主逆变器试验台、辅助逆变器试验台

（7）空调检修设备

空调机组试验台、空调冷媒充放设备、空调检修套装工具、空调焊接专用工具。

（8）蓄电池检修设备

蓄电池的充放电及监控设备、蓄电池拆装工装。

（9）其他部件检修设备和工装的配置：

车钩试验台、缓冲器试验台、受电弓试验台、门控装置试验台、门控压力测试仪、门护指橡胶安装机。

（10）静态、动态调试设备和工装的配置：

车体称重装置、静调1500V直流供电柜、八通道示波器、便携式电脑（故障显示诊断）。

（11）油漆工艺的设备的配置

喷漆设备、加热恒温设备、通风设备、油污过滤设备。

（12）其他加工设备的配置

折弯机、剪板机、冲剪机、弯管机、车床、磨床、刨床、铣床、镗床、压床、钻床、锻造设备。

（13）动力设备的配置

风、气、水、电动力设备。

综合上述13项设备和工装设备。除1～9项为车辆架大修工作必配的检查和测试设备外，第12项其他加工设备，在一般修理中，只需配备少量的金加工设备即可。像折弯机、剪板机、冲剪机、弯管机、磨床、刨床、镗床、锻造等设备以不配为佳，采用社会化委外加工方式即可，这样可较大地压缩投资规模，减少用地面积，降低维修成本。

4. 列车安全运营的设备特殊配置

运行列车由于列车部件的突然损坏、系统控制失常、运行线路信号故障、道岔隧道故障、线路突发情况及一些人为的操作指挥失误，均会造成运行列车出轨、相撞、追尾等恶性事故，造成人员伤亡和财产损坏，为了迅速及时抢救生命，尽快恢复现场，确保交通的畅通，将损失减小到最低。地铁列车运行由于空间相对狭小，发生事故无法用大型机械进行起复救援，只能使用特殊设计的起复救援设备进行救援。

线路开通运行时必须配备一些救援设备以应对紧急情况，近年来逐步引进的一些先进的具有不同功能和用途的救援设备，被证明适用于不同场合。此类设备具有小型、集成、轻便等特征。不同的事故，启用不同的救援设备。主要有：列车出轨起复设备、列车倾覆复位设备、横向平移设备、橡胶充气抬升设备、剪切设备、扩张设备、动力控制操作设备、切割设备、应急照明设备、转向架运载小车、通信设备、高压验电设备、接地设备及专用工具等等。配备的动力装置有：发电机组、汽油发动机、液压泵、空压机组。

救援套配设备有：动力牵引设备（调机车辆）、救援设备运输车辆，为提高救援速度，快速将救援设备送至事故现场，一般情况下，所有救援设备应集中存放与专业救援车辆内，一旦接到救援命令，立即将救援设备送至事故现场。

随着轨道交通网络化运营到来，地铁列车的起复救援系统将以网络运营的要求来进行布置，要从路面道路、站台的情况，从高架、地面、地下线路条件，从列车车型的发展，从事故发生的时间、位置等因素来综合考虑地铁列车的起复救援。主要内容有。

（1）救援点的布置：包括救援范围（跨度、覆盖半径）。

（2）救援人员的配置：一般有专业救援人员实施救援，但要补充一些现场配合搬运的辅助人员和其他人员。专业救援人员也应考虑定点设置。

（3）救援设备的配备：一般常规的救援设备存放在各救援点，特殊设备可以在救援时候进行统一调配，相互补充。救援设备的配置要做到种类和功能齐全。

（4）救援预案的制定：及时做好列车救援应急预案；定期、定时进行模拟演练，做好救援设备的保养。预案应包括：现场指挥协调、现场通信联络、现场封锁、列车起复方案、救援人员的岗位要求等，确保列车救援工作有条不紊。

6.2　车辆维修主要设备的应用和技术参数

1. 不落轮镟床

（1）概述

用于电动列车在整列编组不解体（包括各类内燃调机车、轨道车其他铁路车辆以及单个带轴箱轮对）的情况下对车轮轮缘和踏面的擦伤、剥离、磨耗进行修理加工和各种数据的测量，恢复车轮的形状。目前国内各城市地铁车辆检修基地大都配置了该设备。主要结构、功能、控制原理都类似，差别主要在不同的型号、厂商。

该镟床最大特点是安装在标准轨面下，为地下式。所需轮对切削修理的车辆不用进行任何拆卸，直接驶上该机床与地面固定轨相联的活动道轨，就能进行轮对的切削加工。

不落轮镟床加工控制主要有数控和液压仿型两种形式，目前绝大多数国内、外生产的为数控型。图 6.2-1（a）、（b）为列车车轮加工示意图，图 6.2-2 为控制系统图。

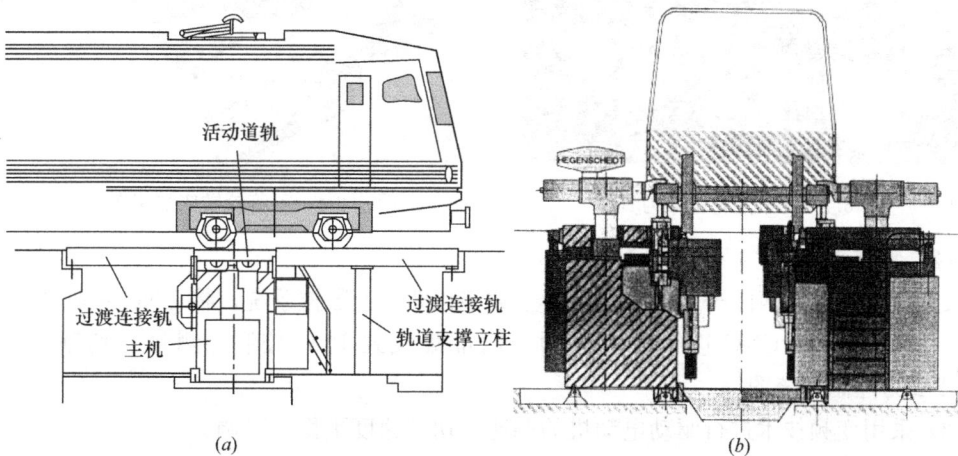

图 6.2-1　列车车轮加工示意图

随着技术的不断发展，加工轮对的机床除了不落轮镟床外，还有落轮镟床，图 6.2-3 为不落轮镟床刀具，图 6.2-4 为不落轮镟床加工车轮时的情景。

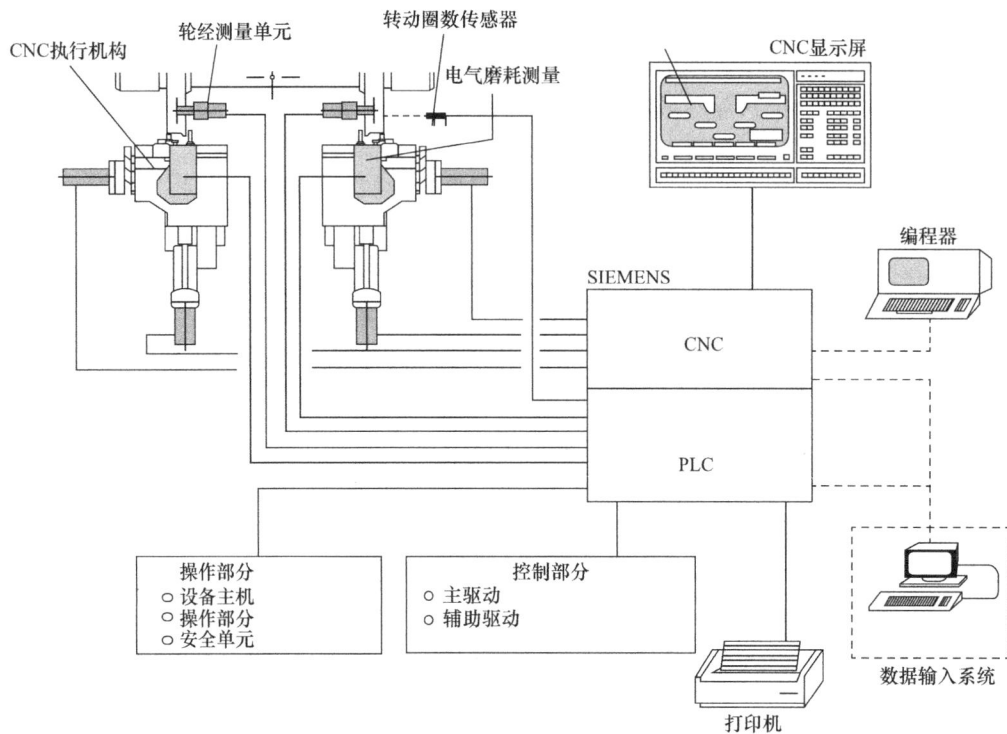

图 6.2-2　控制系统图

图 6.2-3　不落轮镟床刀具

图 6.2-4　不落轮镟床加工车轮

（2）特点

1）该机床采用西门子公司专门设计全数字化 840 型数控系统，将 CNC 和驱动控制集成在一起，可完成 CNC 连续轨迹控制及内部集成式 PLC 控制。测量和切削精度高。图 6.2-2 为控制系统图。

2）采用变频技术进行驱动电动机的调速，切削速度平稳、可调。

3）通过更换机床两侧加压爪的形式，可对不同类型的转向架轴箱进行定位加压，能使各种形式的转向架（列车）正确定位并对其车轮进行加工切削。

4）通过预置在计算机内的各种轮缘曲线加工程序（仿型机床用模板），实现标准轮缘和经济型轮缘的多种形式切削。

（3）功能

1）车轮轮缘的镟削加工；

2）护轨自动对中装置；

3）车轮轮缘形状的测量；

4）车轮直径的测量；

5）各种车轮轮缘形状曲线的编程；

6）切削加工量（切削厚度）的自动计算；

7）机床故障检测和查询；

8）各种数据打印和记录存储功能；

9）具有压下保持装置、提高轮轴负重；

10）机床切削时的自动断屑功能；

11）机床切削时的防滑功能，在切削打滑（或卡死）时能自动退刀和停机；

12）铁屑破碎自动密封输送至地面排屑功能（注：也有采用立柱悬臂吊加小车运送铁屑形式的）；

13）完善的防误操作系统；

14）故障的自动诊断和报警显示功能。

（4）技术参数

1）轨距：1435mm。

2）轮对内侧距：1356mm。

3）轮对轴长范围：1620～2500mm。

4）轮对直径加工范围（踏面直径）：$\phi 600 \sim \phi 1300$mm。

常用加工范围：$\phi 770 \sim \phi 840$mm。

5）轮箍宽度：120～145mm。

标准宽度：127mm/135＋1mm。

6）最大轴负重：160kN。

车辆轴负重为：85000～100000N。

7）电机转速：无级调速。

前期产品：4级变速。

8）主轴转速范围：21～62.5r/min。

9）进给量范围：0.5～2r/min。

10）刀架快速移动速度：2m/min。

11）机床生产率：8～10 轮对/班。

12）电气接地线：$\geqslant 75$mm^2。

（5）不落轮镟床附属设备

1）列车牵引设备：列车在触网断电下通过机床，需用外力来不断对列车进行牵引移动，以便逐个依次对轮对进行加工镟削。列车牵引设备一般有蓄电池牵引小车和卷扬机牵引装置两种形式。

2）供电触网连锁装置：镟轮库设计有带供电接触网和不设供电接触网两种形式，早期设计的镟轮库一般有供电接触网，以便让列车自行通过，因高压供电系统以轨道作回流，机床的活动联接轨与固定轨相连，可能会造成触网的高压电直接引入机床，对机床造成致命的破坏，因此，这类镟轮库应有触网与机床的连锁保护装置，见图 6.2-5。不设触网。

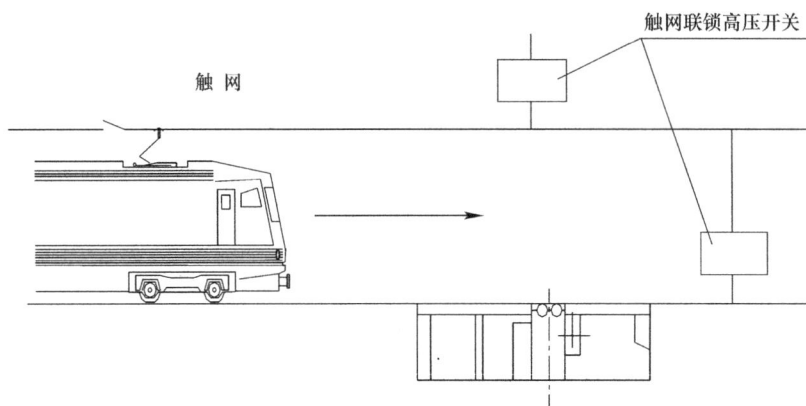

图 6.2-5 触网机床连锁装置示意图

（6）验收

一般机床在安装完成交付使用前须有二次验收。

1）初验

出厂前应对机床的制造工艺，主要技术参数和加工功能，液压油管、电气布线，外形美观等方面进行中途和出厂前的验收，必要时还应对重要部件进行监造，以确保其质量，为了便于机床的维修保养，应参加出厂前的调试和技术培训。

2）终验

安装过程时，应对机床进行全面的验收，主要内容是：

① 开箱验收：检验和检查产品的合格证、外购件的质量证明、出厂前的试验记录、有关标准等。

② 隐蔽工程的确认：对隐蔽工程的施工质量重点控制，并确认该项工作是否完成。

③ 机床安装质量验收：按设计和技术文件提供的安装尺寸、定位数据进行检测（包括设备的限界等）。

④ 设备整机试运行验收：按技术规格书（合同）进行试车，重点检查轮对被加工后的数值是否符合合同及说明书的技术参数，同时对机床功能进行验收。

3）技术资料的移交：即说明书（含电气、机械、液压系统），操作手册、维修手册，图纸（含电气、机械、液压系统），CNC 软件文本、PLC 软件文本等。

4）主要技术参数的验收

一般以实际镟削 8 对以上轮对后的加工数据为依据进行验收。

① 同一轴上的轮径差：（mm）（要求采用机床自身的测量系统检测，配合专用工具复测）

② 踏面轮廓度（形面误差）：（mm）；

③ 车轮内侧面端面跳动值：（mm）；

④ 轮缘厚度允许差：（mm）（采用样板和塞尺检测）；

⑤ 轮缘高度允许差：（mm）（采用样板和塞尺检测）；

⑥ 进刀量数量显示：显示精度检测；

⑦ 加工表面的粗糙度：（μm）。

5）备品备件移交。

对电气、机械、液压的备件（零部件）、专用工器具、易损易耗件进行验收和移交。

2. 列车自动清洗机

（1）概述

对运行后的列车车体进行的清洗。通过自动清洗机端部（图 6.2-6）和两侧不同形式的清洗毛刷组、将水和清洗剂喷射在车体上，用清洗毛刷对列车的前后端部、两侧车体侧面、车门、窗玻璃进行滚刷。清洗方式有清水洗和化学洗两种。整个清洗过程自动，设备配有水处理循环回用系统、软水系统、牵引系统（选配项目）等，图 6.2-7 显示的为自动洗车机侧刷清洗工作时情况，图 6.2-8 为自动清洗机示意图。

图 6.2-6　列车端部的清洗工作　　　　图 6.2-7　洗车机侧刷清洗车辆

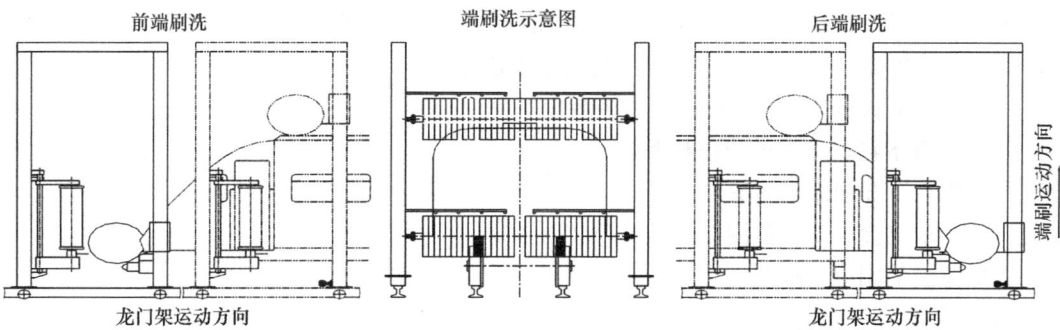

图 6.2-8　自动清洗机示意图

列车车体自动清洗机的清洗方式有：户外型（室外型、露天型），室内型。

按列车清洗时的牵引方式可分为两种：①侧刷固定型：列车以低于 3km/h 的速度自行（或被牵引），清洗机清洗毛刷组对列车的前后端部、两侧车体侧面、车门、窗玻璃进行清洗。②侧刷自走型：列车不动，清洗机清洗毛刷组沿着固定行走轨道移动，对列车的前后端部、两侧车体侧面、车门、窗玻璃进行清洗。

目前列车自动清洗机一般采用室内侧刷固定型。

（2）特点

1）清洗刷组：是一组总成，有预湿喷管，车头和车尾刷、侧面清洗刷、侧面漂洗刷及初洗管，总洗管和车窗冲洗管等组成。按程序进行车头，车尾、车体两侧、车窗、车体连间折蓬清洗。

按清洗部位的不同可分成：

① 端头（车头尾）清洗装置：该装置为独立的清洗单元。有喷液管（化学试剂）、清洗管、清洗旋转滚刷，滚刷上下角度调整装置，机架前后驱动装置等组成。能自动定位，并沿辅助轨前后移动，对列车（固定不动）车头、尾进行清洗，安装于清洗架上的清洗旋转滚刷能上下、变角的移动。清洗刷与水平的夹角在±90°之间可调。清洗刷清洗时与车体表面的接触压力与旋转速度和机床的运动速正成比，保持恒压，以达到最佳清洗效果。

② 车体侧面清洗装置：车体侧刷为固定，对车体的两侧面、车门、窗玻璃进行清洗。有些侧刷采用采用特殊设计和程序控制，同时也能对不同形式的列车车头、车尾进行清洗。

2）水洗/化洗自由选择：根据列车车体的清洁程度，选择设备是采用清水清洗还是化学清洗。在化学清洗时，根据车体、车窗的不同部位分别喷射不同的清洗剂（车体清洗剂、车窗清洗剂），以取得最佳清洗效果。

3）自动、人工两种清洗模式：自动清洗模式下，列车按程序进行自动清洗。人工清洗模式下，可任意操作设备中一个清洗装置对列车进行清洗。

4）水循环系统：由预湿喷管、清洗管、过洗管、窗洗管等部分组成完整的一个清水清洗系统。

5）水处理系统：由集水槽、回用水池、沉淀池、过滤网、循环水池和排污管（废水处理管）组成，污水进行处理后循环回用。

6）安全保护系统完整，功能齐全，安全可靠：

① 保温防冰排水装置，用于冬季气温低于零度以下，开启水管排放阀，自动排干管内剩水。并用压缩空气吹清管子内壁，防止清水结冰，胀裂水管。

② 自动故障检测，故障显示采用叠式方法处理。

③ 全方位状态检测和保护功能。主要有：

A. 所有水箱、水池的液位检测；

B. 化学清洗剂储量箱液位检测；

C. 列车位置红外线检测；

D. 清洗毛刷位置检测；

E. 压缩空气压力检测；

F. 各类状态声光警示；

G. 紧急按钮；

H. 与供电触网有连锁；

I. 各类水泵、电动机过载保护显示。

（3）技术参数

1）轨距：1435mm。

2）车厢宽度：3000mm。

3）清洗时列车运行速度（清水清洗）：3km/h。

4）清洗时列车运行速度（化学清洗剂清洗）：3km/h。

5）工作时间：全天候连续工作。

6）供水水源：城市地方水。

7）供电电压：AC　220V/380V。

8）供气（压缩空气）压力：$6×10^5$Pa。

9）供气（压缩空气）量：250m³/h。

10）每班清洗列车数（8h）：24列。

11）每列车总耗水量（新鲜水）：>400L/h。

12）每班压缩空气耗量：0.6m³。

13）洗涤剂种类：建议中性。

14）环境保护污水排放指标：符合城市排放标准。

15）装机功率：约60kW。

（4）验收

按常规对洗车机进行出厂前验收，安装调试前应注意洗车库的土建的隐蔽工程，特别是处理循环水的集水井、过滤池，沉淀池等水质指标是否在规定的规范内，电气的保护接线装置等以及设备安装质量等，最终按合同进行功能和技术参数的验收，主要内容有：

1）注意清洗程序是否均能达到设定的要求；

2）检查安全保护系统中各保护检测装置的灵敏度及可靠性；

3）废水处理系统能否正常工作，循环水处理水质达标；

4）废水排放的水质达标；

5）列车清洗效果的确认；

6）警示装置的安全可靠；

7）0℃以下放冻排水装置是否有效，包括压缩空气管子干燥功能；

8）水、液管无泄漏；

9）防溅挡板有效；

10）合同中规定功能的检查。

3. 地面式架车机

（1）概述

地面式架车机能同步提升 N 节不解钩的列车单元组，以便对列车车体下部的机械、电气部件进行维修、保养和更换，设备具有使用方便、操作灵活等特点。总操作控制台能控制整套机组的升降，也能设定架车机组提升的组合数量，4台架车机（1节车）为一组、可分别选定一组（1节车）、二组（2节车）和三组（3节车）同步提升。

地面式架车机可分为固定式和移动式两种。图6.2-9为地面式架车机示意图，图6.2-10显示的为地面移动式架车机（有轨）工作情况，图6.2-11为地面移动式架车机（无轨）。

移动式地面式架车又可分为有轨式和无轨式。有轨移动式架车机单台机座下有一套完整的液压装置和移动轮，由液压系统控制移动轮的伸缩，移动轮伸出后，整台机架在辅助轨上移动，随意定位。定位后，液压系统释压移动轮复位不承任何载荷，由机座承载。无轨移动式架车机则不需要辅助轨，靠架车机自身带有的万向轮移动定位。

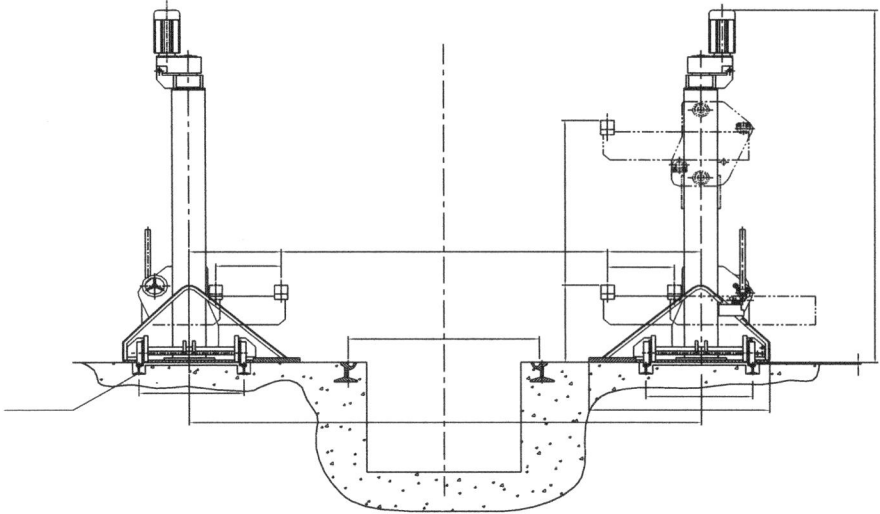

图 6.2-9 地面移动式架车机（有轨）示意图

图 6.2-10 地面移动式架车机（有轨）

图 6.2-11 地面移动式架车机（无轨）

（2）特点

1）架车机组任意组合。

2）同步提升误差小：架车机联动时，单台之间的误差差范围在±4mm 之间。

3）安全保护装置完整齐全。

①每台架车机均设有紧停按钮，联动时，按下任何一台架车机上的紧停按钮，均能让所有联动机组停止工作。

②安全螺母保护装置：每个架车机配有安全螺母，一旦升降螺母失效，安全螺母启用承载，保证提升臂不下垂。

③电气保护装置齐全：每个架车机有 6 组限位开关和螺母松动磨损检测开关。

④负载过流保护

⑤故障显示：通过操作控制的指示能显示故障的信息。

（3）主要技术参数

1）轨距：1435mm。

2）提升高度：700～2200mm。

3）有效提升高度：1500mm。

4）提升速度：400mm/min。

5）每套提升能力：132t。

6）每套同步误差：±4mm。

7）单机功率：3kW。

8）提升臂水平最大伸出值：1000mm。

4．地下式架车机组

（1）概述

地下式架车机组由两个独立的车体架车机和转向架架车机组成一套架车系统，能同步架起 N 节列车单元。设备复原时，架车机组最高平面与地面轨道同一水平。检修作业中，车体架车机和转向架架车机配合使用。不但能提升起列车，还能轻易地落下车辆中任意一个转向架或轮对，并从车下轨道中推出，使用极为方便。两套提升机构的提升高度可随意控制，且连锁。配合铲车、液压升降台等专用设备，能对车体下的所有部件进行拆卸维修，如转向架拆装、牵引电动机的拆装，齿轮箱的拆装，换轮中的保险杆的拆装，以及空压机总成、电阻箱、垂直减振器、车钩、ATC 机架等拆装。图 6.2-12、图 6.2-13 为地下式架车机架车时的情景。

图 6.2-12　地下架车机　　　　图 6.2-13　地下架车机

总操作控制台能设定架车机组提升的组合数量，图 6.2-14 为地下架车机组示意图。

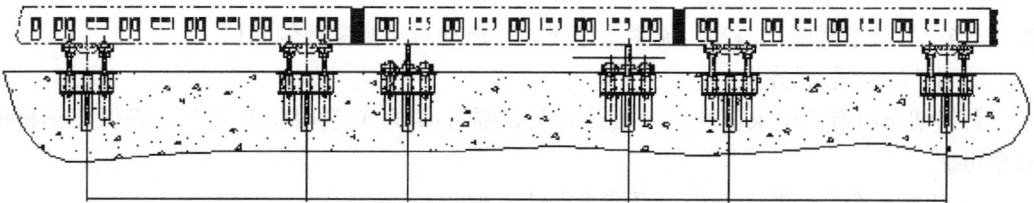

图 6.2-14　地下式架车机组三车位工作示意图

（2）应用

地下架车机能独立地对车体、转向架进行提升，两套提升机构高度随意控制。并且相互连锁保护。对列车车体下部的部件、另件的修理更换特别方便，配合铲车，液压升降台等专具设备，能对车体下的所有部件进行维修，如转向架拆装（包括转向架的中心销、牵引插杆、横向减振器、抗拆滚钮杆等拆装），牵引电动机的拆装（600kN 的中心螺母，连轴节等拆装），齿轮箱的拆装，换轮中的保险杆的拆装，以及空压机总成、电阻箱、垂直减振器、车钩、ATC 机架及单个轮对拆装，是列车检修工作中不可少得的重要设备。

（3）特点

1）两套提升装置能单独进行转向架和车体的升降，配合使用时功能极强，落转向架极为方便。图 6.2-15 为车体顶升机示意图。图 6.2-16 为转向架顶升机示意图。

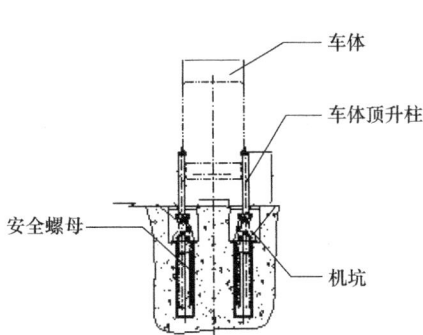

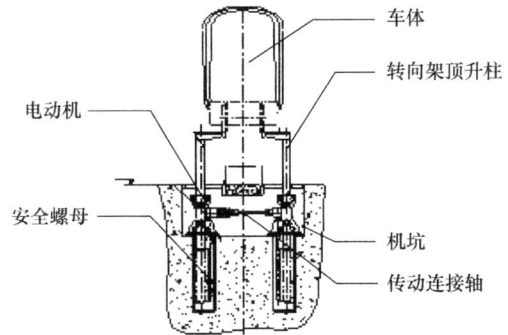

图 6.2-15　车体顶升机示意图　　　　图 6.2-16　转向架顶升机示意图

2）安装形式为地下式，设计巧妙、安全，复位时与地面同一标高，无障碍物，平时场地能作其他检修用途。

3）安全保护装置完整齐全。

① 托架防护盖板。

架车机托架和车体托架提升后，原托架位置上均有能承载 200kg 的防护钢板，自行升至地面，防止人和其他物品下坠，造成人员伤亡事故和机械故障。

② 托架下降中途安全距离自停功能。

在将举升后的车体下降时，当下降到安全警示位置，一般为转向架的托架平面距地面 400mm 时，该设备自动停止下降。让现场工作人员确认车体下无任何人和物品等情况后，再次启动设备下降。

③ 两侧安全操作功能。

操作台一侧为主操作，另一侧的视线死角有（车体挡住视线）付操作盒（安全监护操作）。当上升或下降时，两侧均能紧急停止，再启动时，则需两侧确认。

④ 电气保护装置齐全。

每组架车机有六组限位开关，负载开关，螺母磨损/断裂限位开关等，确保架车机的安全可靠。

⑤ 任何一个安全装置动作，系统主电流将被断开。

⑥ 车轮锁死防滑装置，一旦架车机离开地面，托架表面防滑装置启用（选配）。

⑦ 安全螺母；每个升降部件配有安全螺母，一旦升降螺母失效，安全螺母开始承载。

⑧ 变频启动：三车位以上地下架车机采用变频启动，防止大电流启动产生的压降。

4）该设备采用 PLC 控制，既可单一控制，又可统一控制。其中转向架升降机可单独工作，亦可同时工作。

5）同步误差小：同步误差在±6mm（上升速度 600mm/min）。

6）负载感应装置：该设备在无负载情况下提升时，以编程的模式操作，直到安装在所有托架的负载传感器作动后，需对这种模式再次确认后，才能按编组的方式继续运行，有效地保证了提升的安全可靠性。

7）该设备配置辅助机械停车及复位装置。机械升降并具有自锁功能。

8）故障显示功能：通过设备上的显示装置，能提供设备故障的信息。

（4）主要参数：

1）轨距：1435mm。

2）转向架托架垂直提升高度：0～1600mm。

3）车体托架垂直提升高度：0～2400mm。

4）提升速度：405mm/min。

5）每台转向架的提升能力：220kN。

6）每个托架的支撑力：110kN。

7）相邻架车机组的高度偏差：±6mm。

8）全套架车机内的高度偏差：±12mm。

9）每套车体（四台）托架的四个支撑点的高度偏差：±4mm。

① 每台架车机参数。

电动机功率：2×4kW。

② 每台车体参数：

提升速：600mm/min。

电动机功率：1.1kW。

5. 公铁路两用蓄电池牵引车

（1）概述

公铁路两用蓄电池牵引车是一种既能在轨道上牵引，又能在平地上运行的两用牵引车。采用高性能蓄电池供电，自动车钩，特别适用于检修车间、车辆段站场的牵引调车作业；配合车辆检修工艺作地铁车辆的移位作业；对镟修列车进行牵引和镟轮对位作业等。该车的公路铁路转换由液压系统控制进行，公路运行时如同汽车一样在道路上行驶并能在有限的空间进行换向和上道（轨道）。该车牵引吨位大于 300t，可拖动三节以上电动客车或转向架至车间任何地方，配合移车台的使用，牵引运行更加灵活。

前段采用列车自动车钩（国际铁路协会 UIC 标准）和牵引联接杆两种联挂装置，能灵活地与铁路车辆和其他车辆进行联接，方便可靠，是一种能满足地铁列车检修作业的理想牵引设备。

驾驶形式驾驶室驾驶和遥控驾驶两种，目前使用的基本为带驾驶室的蓄电池牵引车。根据需求还可实现远程无线遥控牵引（铁路）。图 6.2-17 为国产 RTT 系列公铁路两用车，图 6.2-18 为进口 ZEPHIR 公铁路两用车。列车镟轮牵引一般也使用该设备。

图 6.2-17　国产 RTT 系列	图 6.2-18　进口 ZEPHIR

（2）特点：

1）牵引力大：大于 300t 负载下（8 节电客列车）可连续牵引 2h 以上。

2）公铁路模式转换采用液压装置，方便可靠。

3）采用直流电动机驱动，无级调速，启动平稳。

4）两种速度牵引，定位、挂钩正确，工作效率高。

5）采用自动车钩，挂、脱钩方便。

6）采用电机和轮箍双制动系统，制动距离短，定位正确。（注：爬行驱动模式下，8 节编组列车牵引负载下的制动距离≤1m）。

7）报警警示系统完整，有故障显示，各类限位，闪光警示、喇叭、手动脚踏双重制动等数十多种安全装置。

8）自带自动充电装置和蓄电池容量显示装置。

9）可实现远程无线遥控（铁路牵引工况）。

10）具有良好的减振措施，有足够轴重以满足粘着力要求；

（3）性能参数

1）轨距：1435mm。

2）牵引吨位：大于 300t。

3）运行速度。

① 铁路（负载）：2km/h。

铁路（空载）：5km/h。

② 公路（空载）：0～20km/h。

4）车钩。

① 自动车钩高度。720mm。

自动车钩高度上偏值：5°。

自动车钩高度左右偏差值。±15°。

② 牵引联接杆长度：2500mm。

5）蓄电池容量：≥600Ah。

6）充电时间：在 80％的放电条件下≈7h。

7）运行距离：空载时≥6km。

　　　　　　　负载时≥3km。

8）转弯半径（公路）：2550mm。

6. 空调悬臂吊

（1）概述

空调悬臂吊是起吊、安装、拆卸、运输列车顶部空调总成和受电弓等部件的专用设备。吊车动臂在使用时能深入到供电触网下（与触网的垂直绝对距离≥200mm）直接吊起车顶部件，并送至地面。悬臂吊电源与接触网供电之间有连锁。见图6.2-19空调悬臂吊示意图。

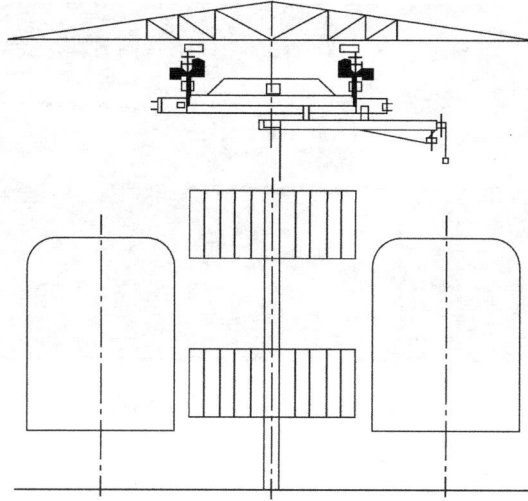

图6.2-19　空调悬臂吊示意图

（2）特点

1）悬臂起吊：动臂能在车顶和接触网间伸缩，进行车顶部件的拆装起吊作业。

2）连锁装置：悬臂吊电源与接触网供电隔离开关之间进行连锁，两者不得同时有电，确保悬臂吊使用时触网无电。

3）吊勾电机和动臂电机均为双速，启动平稳。

4）声光报警装置：悬臂吊工作时，有明显的声光报警装置，警示有关人员，确保人员和设备的安全。

5）安全滑触线：悬臂吊动力电源采用导线内藏式安全滑触线。

（3）技术参数

1）起吊重量：1000kg。

2）起吊高度：7m。

3）动臂伸缩距离：1200mm。

4）自重：425kg。

5）电动机功率：2500W。

6）制动方式：碟刹。

7）移动速度（双速）：5/20m/s。

8）起吊速度（双速）：8/20m/s。

9）控制电压：AC220V。

10）操作方式：地面式。

7. 室内移车台

（1）概述

该设备用来横向一次运送整节地铁列车至检修轨道（台位）。设备纵向端头各有一块带导轨的活动连接板，通过液压系统的控制与移车台两头的检修轨道（工作台位）相联，活动轨与固定轨呈水平，方便地将需移动的车辆牵引进/出移车台。两头分设互锁驾驶室，可双向操作，受电采用滑触线。图 6.2-20 室内移车台工作照，图 6.2-21 室内移车台示意图。

图 6.2-20　室内移车台（有轨式）

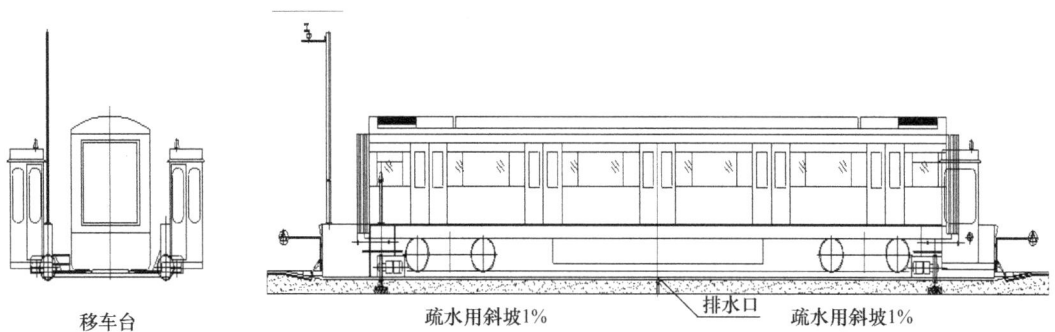

移车台　　　　　　疏水用斜坡1%　　　　排水口　　疏水用斜坡1%

图 6.2-21　室内移车台示意图

室内移车台一般采用有轨式，车架为大跨距的整体桥架，需配牵引车牵引。除有有轨式外，还有无轨式。无轨式驱动行走轮有多种形式，有采用橡胶轮胎行走的（图 6.2-22），也有采用压缩空气气垫行走的移车台（图 6.2-23），一般气垫式移车台只能用于运输未安装转向架的车体，常用于车辆制造厂。无轨式移车台（气垫式移车台、橡胶轮胎移车台）因不采用走行轨，因此，具有移动灵活（可将车辆移至车间的任何地方）、车辆换向方便等优点，但对轨困难，需要气源，另还需行车配合吊装车体。

（2）特点

1）同步传动。确保大跨距车体移动时不扭曲，平移移动采用四台无级变速电机同步传动。

图 6.2-22　无轨轮胎式移车台　　　　　图 6.2-23　气垫式室内移车台

2）两点支承式走轮，大跨距的整体桥架，考虑到热胀冷缩效应，桥架下两侧的车轮被设计成不同的形式，一侧为双法兰固定端。另一侧为无法兰自由端，保证桥架可在自由端伸缩。

3）二重制动、定位精确、无晃动。既通过四台直流电机自带制动器和液压系统控制的四只制动盘的作用，达到平稳制动的效果。

4）安全保护装置齐全，移动时，闪光报警。

5）双向驾驶室，操作方便灵活。

6）故障显示：显示故障代码，快速找到故障点。

（3）主要技术参数：

1）轨距：1435mm；

2）承载重量：50t；

3）可承载长度（满足列车长＋牵引小车长）：25500mm；

4）移动速度：0～60mm/min；

5）对轨精度：±2mm；

6）自身长度：28500mm；

7）调速形式　交流无级；

8）受电方式：滑触线式。

8. 轮对压装机

（1）概述

用于车轮和车轴在设定压力下装配成轮对（压轮）和将轮对分解成车轮和车轴（退轮）。压装时轮对内测距自动定位。配有各种直径的止挡快，可对不同直径的车轴进行加工，压力曲线自动记录。

压装形式有一次压（退）一个轮子和一次两端同时能压（退）轮子。

图 6.2-24 为轮对压装机工作时情景。

图 6.2-24　轮对压装机

（2）特点

1）具备轮对的（包括制动盘、大齿轮）拆、装两种功能；

2）轮对内测距压装距离自动定位配有一套独立的轮对内测距测量装置，通过对轮对内测距压装距离预置值，在压装过程中，该装置能控制压头的压装速度，当到达预置值之前大约10mm处，压装速度由19mm/s改为5mm/s。并在预置的内测距值处自动停止压装。

轮对压装后进行内测距自动检测。

3）显示压力/位移曲线合格范围标准曲线图，并与工作实际曲线相对应地自动显示在屏上，判定轮对压装是否合格。

4）具有自动和手动二种控制方式。

5）压装过程自动记录；能自动连续显示、记录压装过程中压力曲线，自动记录储存数据，打印曲线。

6）起重装置；该装置具有双速起吊功能。起吊和定位方便。

7）各式止挡块；配有各式止挡块，可方便地进行轮对的压装和拆卸。

8）自动输送机构，具有自动运送和定位压装前的轮对至压装位。压装后输送回吊装位。

9）具有故障自动诊断功能、故障报警、显示功能、过程监视功能。

10）设有安全保护、警示装置、接地装置等设备安全保护措施和对工件重要部位的保护措施。

（3）主要参数

1）标准压装基准值：1358mm；

2）压力：0～5000kN；

3）压头行程：600mm；

4）压头最大推进速度：19mm/s；

5）压头最大返回速度：65mm/s；

6）水平工件间距：800～3200mm；

7）工作托架：1.5mm；

8）压装长度精度：1358+1mm；

9）定位精度：≤0.2mm；

10）内侧距精度：≤0.5mm；

11）生产能力：每天（8h）10～12对。

9. 转向架升降台

（1）概述

用于提升转向架于不同的高度，便于对其进行维修和更换附件。图6.2-25转向架升降机，图6.2-26是检修人员在转向架升降机侧对转向架进行检修的情景。

该设备采用变速箱带动提升丝杆机构，安全可靠。通常该设备安装于转向架检修线上，复原时，提升托架与地面轨道同一水平，转向架可方便地推入提升托架定位并进行提升检修。

（2）特点

1）完全同步

两侧提升托架采用同一电动机双头机械连接方式，驱动时绝对同步。

图 6.2-25 转向架升降机　　　　　　　图 6.2-26 对架起的转向架进行检修

2）检修空间大

托架提升后，只有 4 根提升杆暴露，检修空间大，操作无障碍。

3）安全可靠

机械螺杆传动式提升机构，能自锁。托架提升后，原托架处有弹簧钢板填充，确保地面无间隙。避免造成人员踏空风险。

4）电气保护装置齐全

具有六只限位开关（工作限位、极限限位、螺母松动检测开关、螺母磨损检测开关等）形成位置保护，电动机过流保护和负载过流保护。

（3）主要技术参数

1）轨距：1435mm；

2）提升能力：10t；

3）提升高度：1600mm；

4）提升速度：700mm/min；

5）电机功率：24kW；

6）电压：AC 80V；

7）控制电压：DC220V。

10. 转向架试验台

（1）概述

用于地铁列车转向架的静态变形测试。

通过本设备特别的液压装置加载后、被测转向架的各种数据经传感器、放大器、A/D 转换输入计算机，算出转向架的静态自重，加载前后转向架的交叉度和平行度，完成对转向架的静态变形测试。以便对转向架质量检测和判别。对加载压力进行设定，可测出不同负载的变形。该设备有液压加载系统、传感器检测系统、计算机系统和引道轨等组成，该设备应配备恒温恒湿设施，图 6.2-27 为转向架试验台。

（2）功能

1）能称出动车转向架或拖车转向架的静态自重和轮重差。

2）能测量加载前转向架的几何尺寸（平行度和交叉度）。

3）能测量加载后转向架的几何尺寸（平行度和交叉度）。

4）压头加载后称出每对轴的轮重和轮重差。

5）测量结果自动记录、储存、打印、查看。

（3）特点

1）1人操作。

2）操作简便，计算机界面直观。

3）安全保护系统完善、可靠，防滑固定限位、液压驱动锁定、系统紧停、加载点动等安全防措施齐全。

4）测量精度高。

5）自动交替加载。

6）非机械式轴向定位。

图 6.2-27　转向架试验台

（4）技术参数

1）液压缸：2只；

2）液压系统最大加载力：≤200kN；

3）液压缸横向移动范围（距中心）：400～1000mm；

4）负载测量有效范围：200kN；

5）允许的轮子负载：100kN；

6）允许的轴负载：170kN；

7）被测转向架轴距范围：±50mm；

8）位移分辨率：0.01mm；

9）载荷分辨率：0.1kN；

10）环境湿度：+10～45℃；

11）空气湿度：60%～80%；

12）电源：AC380V/220V/6A。

11. 金属橡胶弹簧试验台

（1）概述

该试验台适合采用一系弹簧减振的金属橡胶弹簧（一系弹簧）的试验，能进行金属橡胶弹簧负载变形、刚度的测试，完成金属橡胶弹簧的选配工作，保证转向架一定的轴重分配。图 6.2-28 为一系簧（金属橡胶弹簧）试验台示意图。

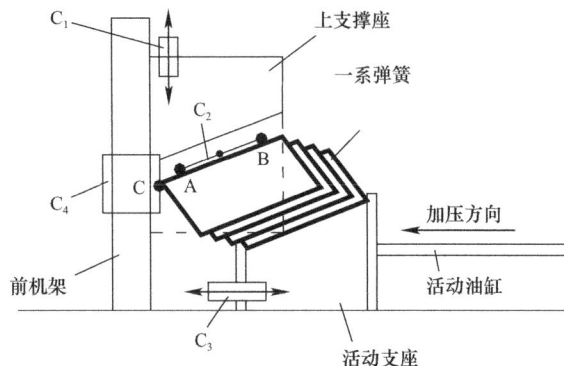

图 6.2-28　一系簧（金属橡胶弹簧）试验台示意图

设备由传感器、计算机、液压和机械三大部分组成，分别完成金属橡胶弹簧的加载前后几何形状的变化量检测，数据的传递、放大、计算及以液压系统工作。设备上还配有两台专用打印机，供打印不同的数据标签使用。

（2）功能

1）测试功能：对金属橡胶弹簧进行分类（动车和拖车）加载试验，测出它的刚度曲线和几何尺寸。

2）对配功能：通过比较存储在计算机中的被测金属橡胶弹簧的刚度特性，选出性能上最相近的一组（2只、4只或8只）金属橡胶弹簧进行配对，保证装车使用的特性。

3）查询功能：通过菜单能查阅出任何一只被测试过的金属橡胶弹簧的性能参数和曲线图。

4）打印功能：两台打印机能分别对被测金属橡胶弹簧的性能参数、曲线图、标签进行打印。

（3）技术参数

1）加载压力：30kN；

2）预加载压力：45kN；

3）打印项目：8项；

4）加载精度：5%；

5）位移精度：5%；

6）测试环境温度（被测一系弹簧保留1天的温度记录）：20℃；

7）操作环境温度：+10～+45℃；

8）操作环境湿度：60%～85%；

9）电源：AC380V；

10）功率：2000W。

12. 交流牵引电机试验台

（1）概述

对交流牵引电动机主要参数进行的测试。设备由各类传感器、计算机、输出打印机三大部分组成，分别完成振动、速度、电阻、电流的检测，数据的传递、放大、计算及以输出打印工作，能对普通电动机、新电动机、修复电动机进行综合测试。设备划分为两个工作区域：控制操作区，高压测试隔离区。

该设备可进行的试验项目有：电动机线圈供组的阻值测试。电动机绝缘性能测试、耐高压测试、振动测试。

另有故障远程诊断和排故，参数的修改和设置等功能，

图6.2-29 交流牵引电动机试验台控制示意图。

（2）功能

1）定子线圈的电阻测试；

2）绝缘测试；

3）高压测试；

4）振动测试；

5）测量结果的存储、打印、查看；

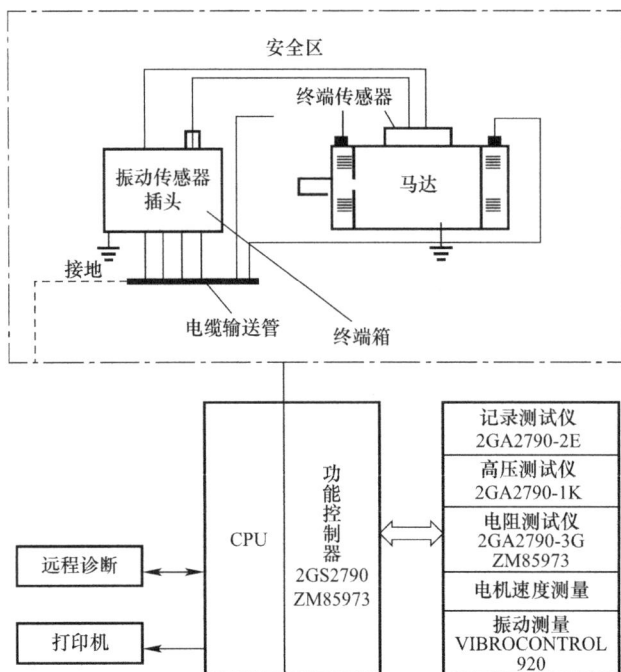

图 6.2-29 交流牵引电动机试验台控制示意图

6）远程通信；

7）全自动操作功能。

（3）技术参数

1）定子电阻测量范围：160～190MΩ。

2）高压测量：

普通电机：2100V。

修复电机：3450V。

新电机：4500V。

3）绝缘电阻测量：$\geqslant$10MΩ。

4）振动测量（I_{max}<100mA）。

振动值

① 1800 转/时：<2.8mm/s；

② 2700 转/时：<4.5mm/s；

③ 3600 转/时：<6.75mm/s。

5）电源：AC380V。

6）操作系统：WINDOWS 操作系统。

13. 车体静态秤重试验台

（1）概述

车体称重试验台为车辆大修设备，在静态情况下对架、大修后的单节车辆进行称重，能称出车体的单轮重、轴重、前后转向架重、整车重等数据，根据车体的配重图对车体进行配重，保证车体的配重符合要求。

设备组成：轮轴称重系统由 8 台电子秤（包括称重传感器、接线盒、称量轨等）、平台、过桥轨、过桥、称重显示仪、仪表柜、计算机、打印机等部分组成，见图 6.2-30。

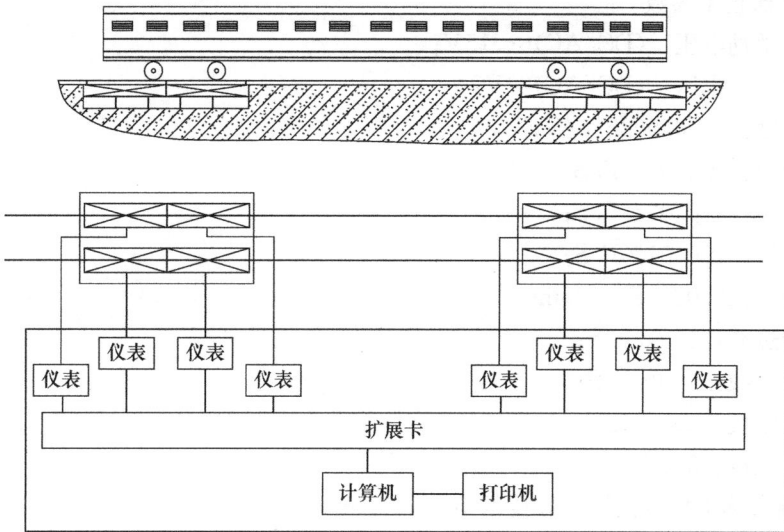

图 6.2-30　车体静态秤重试验台示意图

（2）主要功能

1）称出并显示车体的毛重、净重、皮重；

2）有自动零位跟踪功能；

3）能显示和打印单轮重、轴重、前后转向架重、整车重等；

4）采用计算机称重管理系统。

（3）技术参数

1）设备技术参数

① 最大秤量：10t×8 台；

② 显示分度值：5kg；

③ 车辆定距：15.7m；

④ 车辆轴距：2.5m；

⑤ 钢轨轨距：1435mm；

⑥ 秤台：由 8 台电子秤组成；

⑦ 工作环境温度：传感器：-20～+65℃；仪表：-10～+40℃；

⑧ 工作环境湿度：10%～95%；

⑨ 电源电压：AC　220V(-15%～+10%)；

⑩ 电源频率：50Hz(±2%)。

2）电子秤技术参数

① 台面规格：1200mm×600mm；

② 最大秤量：10t；

③ 分度值：5kg；

④ 分度数：2000；

⑤ 准确度等级：OIML，Ⅲ；

⑥ 传感器额定容量：10t。

3）传感器技术参数

① 推荐激励电压：(DC/AC)6～15V；

② 最大激励电压：(DC/AC)20V；

③ 灵敏度：2±0.002mV/V；

④ 非线性：±0.02％F.S；

⑤ 滞后性：±0.02％F.S；

⑥ 重复性：±0.01％F.S；

⑦ 蠕变：±0.02％F.S/30min；

⑧ 安全过载：150％F.S；

⑨ 极限过载：300％F.S；

⑩ 输出阻抗：350±1Ω；

⑪ 输入阻抗：382±4Ω。

4）控制台称重显示仪特点和技术参数

① 7位真空荧光管显示；

② LED状态显示：显示预置点状态或目标值分区状态；

③ A/D速率：300次/s；

④ 显示速率：20次/s；

⑤ 存储功能：可存储两个带提前量的预置点或四个分目标重量值，零点及皮重值；

⑥ 接口：1个可编程输入，3个独立输出，RS-232串行口；

⑦ 工作环境工作温度-10～+40℃，相对湿度10％～95％（无凝露）。

14. 减振器试验台

（1）概述

对转向架上横向和垂向两种形式的液压减振器进行综合性能的测试。装有可调节的旋转臂外，根据被测对象的不同（横向液压减振器或垂向液压减振器），设定不同的测试项目。整个设备由计算机进行操作控制，即时显示液压减振器试验时拉伸或压缩的负载曲线，并打印和保留。

（2）功能

1）横向减振器的测试；

2）垂向减振器的测试；

3）试验图形的即时显示和存储；

4）试验数据的存储；

5）图形和数据的打印；

6）拉伸或压缩8挡速度。

（3）主要技术参数

1）最大测试加载力：25kN。

2）行程（连续调节范围）：0～130mm。

3）测试速度（8挡）：0.65r/min、20r/min、25r/min、50r/min、84r/min、168r/min、

100r/min、200r/min。

    4）功率：7800W。

    5）外形尺寸：长：1500mm；

                 宽：2000mm；

                 高：900mm（杆垂直时），1700mm（杆水平时）。

    6）重量：11kN。

    7）电源：AC380V。

    15. 阀类试验台

    （1）概述

    设备主要用于电动列车的各类空气阀，气动元件在检修后的动作试验和气密性试验，试验台由一个台式操作台、控制阀（操作手柄）、显示仪表和气源组成，工作台上部为压力表表屏，台面上设有各种被测阀件的连接安装支座和气源操作控制手柄。压缩空气由两组气源交替供应，除自身外带小型移动式空压机外，还可通过集中供气罐换气，该试验台对压缩空气气源的质量要求较高，一般需单独配相应空气干燥过滤器。见图6.2-31。

    试验台内配有双速压力纪录仪，与被测管路相连及时纪录测试时的各项数据。

    （2）功能

    被测阀件的种类有：压力传感器、制动控制单元、空气干燥装置、消声器、各类减压阀、溢流阀、高度调整阀、电磁阀、压力表、操纵阀、安全阀等，对雨刮器驱动装置和空气接头等也能进行检测。

图 6.2-31　阀类试验台

    1）各被测空气阀、电磁阀、气动元件置于试验台支座上，连接上电源和气源后进行其动作模拟试验，检验该阀（气动元件）在规定的气压下，模拟动作是否符合要求。

    2）检测各被测阀件和气动元件在规定时间内的泄漏性。

    3）检测各被测阀件和气动元件动作是否灵敏。

    4）检查各被测阀件和气动元件各连接部位的气密性。

    5）检测阀件的弹簧是否符合规定。

    6）记录测试时的压力曲线，记录速度为两种，高速记录 36000mm/h 和低速记录 7200mm/h。

    7）根据具体情况，选择试验台进行常规压力（10×10^5Pa）测试/高压（12×10^5Pa）测试。

    （3）技术参数

    1）气源压力：$9.0 \sim 10.0 \times 10^5$Pa。

    2）电源电压：AC220V。

    3）气源接口。

    ① 常规测试（≤1MPa）：3/4in；

② 高压测试（≤1.2MPa）：3/4in。

4）减压阀设定。

① 常规测试：$9.0\pm0.1\times10^5$ Pa；

② 高压测试：$12.0\pm0.1\times10^5$ Pa。

5）安全阀设定。

① 常规测试：10×10^5 Pa；

② 高压测试：12×10^5 Pa。

16. 辅助逆变器试验台

（1）概述

本试验台用于地铁车辆辅助逆变器的整体性能试验。列车辅助逆变器输出三相交流电供辅助电动机和照明系统工作，同时经过整流输出直流电供列车蓄电池及应急电池充电使用。

辅助系统的供电的频率及幅值是固定的。

设备有以下单元组成：

① 可调直流电源模拟单元：由调压装置、变压装置、整流装置、平波装置等组成，直流电压输出可调范围大于线路网压变化范围，需平波，直流输出品质应与线路供电电源相当，容量满足负荷试验要求。

② 轻载负荷模拟单元：用于 SIV 轻载负荷试验。

③ 检测及控制单元：能满足 SIV 静止逆变器各种电量参数的测量，并对试验过程进行控制与保护，对数据进行处理，可打印报表。

（2）设备功能

具体试验内容有：

1）输出性能试验。

① 空载性能试验；

② 轻载性能试验；

③ 稳压性能试验。

2）保护性能试验。

① 欠压试验；

② 过压试验；

③ 过流试验；

④ 自诊断功能检查。

（3）技术要求

1）被试件主要技术条件。

① 型号：3EGH056 507。

② 输入电压：DC 1500±30%V。

③ 输出电压及容量：A. AC 380V/180A；B. DC 110V/48A。

④ 总容量：85000W（暂定）。

⑤ 工作制度：8h 连续工作。

2）可调直流电源模拟单元基本参数及性能要求。

① 输入电源：AC 380V±10%。

② 电源容量：100W。

③ 可调直流电源输出电压：150～2000V。

④ 额定输出电流：65A。

⑤ 保护功能：过压、短路、过载、欠压、过流等。

3）轻载负荷模拟单元。

满足不同输出回路负载试验，最大试验负荷按额定的50％设计。

① 电阻：单相：2.0～4.0Ω；

② 电流：单相：60A。

4）检测及控制单元：

① 对可调直流电源模拟单元进行通断、调压、保护等控制，对输出电压、电流进行测试，并将参数采入计算机。

② 对轻载负荷模拟单元进行检测、控制，并将有关参数采入计算机。

③ 不同工况下测量被静止逆变器输入U-I曲线。

④ 本单元工作电源：

电压：AC 220V；

容量：2000W。

⑤ 计算机及外围设备：工控机、触摸式显示屏、接口、打印机。

5）可触及的外壳均应可靠接地。

17. 空压机总成试验台

（1）概述

该设备主要用于对维修后的空气压缩机进行动态测试，检测排气量、工作温升检测，压缩机启动性能等综合测试。

空压机试验台有空压机组、操作控制台、电源柜、稳压缸、储风缸等组成。整个测试过程中，试验数据由计算机进行记录并存储。见图6.2-32空压机试验台。

（2）功能

1）空气压缩机检修后的动态试验。

2）空气压缩机排气量的试验。

3）空气压缩机工作过程的温升试验。

4）空气压缩机超负荷试验。

5）空气压缩机泄漏试验。

6）空气压缩机启动性能试验。

7）空气压缩机试验时间的设置和计时。

8）空气压缩机振动试验。

9）空气压缩机试验数据的记录、存储、打印。

图6.2-32 空压机试验台

10）安全保护装置齐全，常用电气连锁，有高温、气压、油压保护。

（3）技术参数

1）电源：AC 220V，DC 1500V。

2）功率（DC1500V）：12500W。

3) 试验数据。

① 连续运行时间：3h；

② 气密性（高气压状态 8.0bar）：高压入口阀无泄漏；

③ 温度测试：温升在规定范围内；

④ 升压速度检查：参考具体标准；

⑤ 输出压力的时间（从启动到达标的时间）：参考具体标准。

18. 单元制动机试验台

（1）概述

试验台可对电客列车单元制动机进行各项性能指标的试验。

设备由左右机架、压力传感器、位移传感器、压力表、控制台等组成。

（2）功能

1）强度试验：检验单元制动机的机械强度。

2）压力试验。

3）泄漏试验：检查闸缸规定时间内的泄漏程度。

4）间隙调整试验：检查间隙调整器的容量和活塞最大行程。

5）活塞杆推力试验：检验常用制动和弹簧制动是否达到规定压力值和行程。

6）紧急缓解装置（辅助缓解装置）试验：检验紧急缓解功能。

7）测试数据实时显示、能自动记录、保存、打印、检索各项测试数据。

8）图形曲线实时显示加载压力、位移等数据。

注：对于不同列车单元制动机检测项目会有增加。

（3）技术要求：

1）位移传感器：±0.1mm；

2）压力传感器：±0.05×10^5Pa；

3）压缩空气气源：10×10^5～15×10^5Pa；

4）精密压力表：5 级；

5）电源：AC220V。

19. 受电弓测试台

（1）概述

用于列车受电弓弓体试验，能试验升弓情况下受电弓的静特性。检修中，调节受电弓主张力弹簧长度调整接触压力，保证受电弓在整个运营线路上工作高度范围内的接触压力基本一致。设计上采用了光、机、电、风一体化形式。

（2）主要特点

1）测试台测力传感器固定于机箱内、不随挂钩上下，有利于传感器保护，延长使用寿命。

2）测试台 3 个测位传感器，选用新型的红外光电开关和接近开关，可对弓杆位置实施先进的不接触测量，使弓体在测试时处于完全不受外力的自由状态，提高了测量精度。

3）测力系统设置"力标定"键，可对受力曲线的原点和斜率进行高精度的标定，提高测试精度。

4）即时显示当前测试数据或完成测试的数据，并可分项显示弓体已测数据的合格情况。

5）显示和存储日期、风压、车型、车号、工号、端号等数据。

6）数据打印功能。

（3）主要数据

1）电源：AC220V；

2）风源：500～1000kPa（可调）。

20. 空调负载试验台

（1）概述

用于列车车顶式空调机组的名义制冷量测试。采用一体化结构，集冷媒室、热媒室、风道、机组安放基座上，便于被测空调机组的各种参数的采集，设备的控制、调节方便。

（2）功能

系统可以实现空调装置的模拟运转，检修人员可根据实际需要控制空调装置的系统运转，对其中的重要部件及易损元器件进行测试和调试，了解空调的运转性能。

1）被试空调机组运转控制。

2）试验工况调节控制。

3）参数显示。

4）试验原理（框图）动态显示。

5）制冷量计算及报表打印，并能指标被测机组是否合格。

（3）技术要求

1）输入电源（交流）：AC380V；

输出电源（交流）：AC380V；

　　　　　（直流）：DC110V。

2）最大被试量：3000m³/h。

3）最大被试机组制冷量：23260W。

4）制冷量测量误差：<4%。

5）制冷量测试原理：室内侧空气焓差法。

6）设备设试验工况（室外侧空气温度，室内侧空气温度、湿度、流量）调节及稳定装置，稳定精度应不低于中华人民共和国相关行业标准。

7）所有空气参数均能在测控台上采用数字式二次仪表显示，用计算机显示。

8）工作制度：8h连续工作。

9）转速：高、低两挡转速；

高、低转速控制点：80℃。

10）符合列车空调器主要技术条件。

21. 自动车钩试验台

（1）概述

对电客列车的自动车钩进行车钩连挂和解钩、气密性等性能测试。设备由机架、滑动机架、液压装置、气源（压缩空气）和控制台组成，便于车钩的搬动，需配250kg吊车，见图6.2-33车钩试验台。

图6.2-33　车钩试验台

（2）功能

一般试验为车钩连挂和解钩试验及气密性试验，将组装好的全自动或半自动车钩安装在试验台上，进行车钩自动连挂和解钩试验。连挂时要听其声音是否清脆，以判别机械钩头安装的质量。通过操纵手动解钩装置，检查手动解钩的性能是否正常。在车钩处于连挂状态下，用肥皂水喷在所有阀和管路接头处以检查气路是否有泄漏。

1）测试车钩机械钩头的连接性能；

2）测试车钩气路的泄漏量；

3）测试车钩电气头的前进、后退动作及按钮性能；

4）测试车钩回复中心装置的性能；

5）测试车钩横向摆动量；

6）测试车钩高度。

（3）技术参数

1）电动机功率：4000W；

2）电源：AC 380V；

3）转速：1450r/min；

4）液压泵：63cm³/min；

5）最大流量（10×10⁵Pa）：9.451cm³/min；

6）连续压力：315×10⁵Pa；

7）短时最大压力：400×10⁵Pa；

8）气源：6×10⁵～8×10⁵Pa。

22. 救援复轨组合设备

（1）概述

对脱离轨道的故障车辆进行现场恢复，保障线路畅通。救援复轨组合设备有各种功能的单台、单套设备组合而成，配套使用能完成救援工作，是地铁运营必须配备的关键设备。

主要设备有：液压千斤顶、液压泵组、液压控制台、横向位移设备、空气压缩机、各类剪切机械、扩张机械、内燃发电机、气割设备及蓄电池应急电池，转向架救援运载小车。

（2）主要组合设备

1）列车横向位移设备

横向位移设备是救援设备中主要的、常用的设备。操作液压控制台使横向位移设备中的垂直千斤顶顶升起脱轨列车，操作液压控制台使横向位移设备中的横向千斤顶（滚轴活动座）可在复轨桥上左右移动，让脱轨列车在轨道上精确复轨。

该套横向位移设备主要有：单油缸千斤顶和双油缸千斤顶两种。组合件有：复轨桥、桥接（两复轨桥接长连接用）、滚轴活动架、移动式千斤顶，固定支架。

一套典型的列车起复横移救援设备必须有以下设备组成：一台带内燃机的有多路输出控制的液压泵，若干组高压连接油管，各种液压千斤顶、连接板、横向液压油缸（千斤顶），各种规格的垫板。使用中，通过操纵液压控制器，控制液压千斤顶的升降和横向千斤顶左右移动，让脱轨车辆复轨。复轨的千斤顶可以是单油缸千斤顶、也可以是双油缸千斤顶，视现场情况及车型而定。

图 6.2-34 和图 6.2-35 分别是单油缸千斤顶和双油缸千斤顶起复列车的示意图，图 6.2-36 是用单油缸千斤顶起复车辆时的工作照。

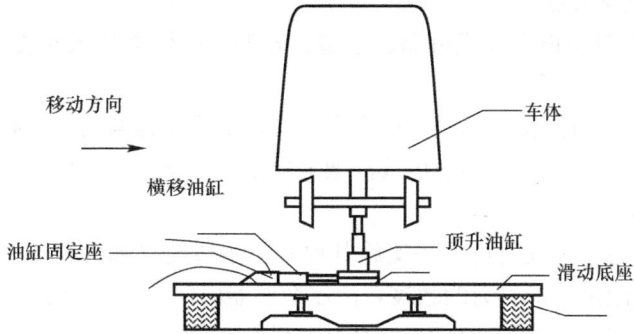

图 6.2-34　单油缸千斤顶起复车辆示意图

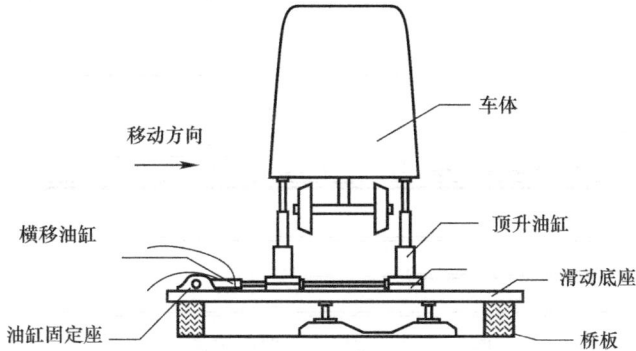

图 6.2-35　双油缸千斤顶起复车辆示意图

① 横向位移设备功能

A. 顶升高度可调：千斤顶顶升高度可调，所有形式千斤顶的行程通过增加活塞支撑部件和油缸支撑环可逐渐增加提升行程。

B. 顶升方向可变：倾斜式千斤顶可用来升降和复原脱轨车辆，并可进行侧面移动动作，倾斜式千斤顶底座上的钩状轮子制动器可防治从轨道上滑出。

C. 水平横向移位：有滚轴活动座、水平油缸和钩状定位器组成，千斤顶安放在滚轴活动座上能在轻型的复轨桥上移动，工作时能将已

图 6.2-36　单油缸千斤顶起复车辆

被顶升起的车辆进行横向移动。在特殊情况下采用可调节刚性连接杆能使两只滚轴活动座（千斤顶置于滚轴活动座上）同步水平移动。

D. 顶升部位（点）可变：不同的车型，具有不同的起复点（顶升点），采用的起复设备组合也不同。

E. 单点起复：采用单油缸（千斤顶）起复装置和桥板进行车辆复轨。

F. 双点起复：采用双油缸（千斤顶）组合起复装置，调节刚性连接杆使两只进行车

辆复轨。两只滚轴活动座，其间距可调（刚性连接杆长度可调），通过水平油缸的作用，带千斤顶的滚轴活动座同步在桥板水平移动。

② 横向位移设备特点

A. 轻便：所有设备被设计成可靠、小型、轻型、确保救援人员能方便地运输、安装和使用，只要 1～4 人即可操作。

B. 安全可靠：所有连接件被设计成安全可靠，采用高强度的材料制造。

C. 结构形式较新：具有在隧道内或高架上狭小空间条件下的拆装功能。

2）液压牵引器

在列车失去动力牵引或现场无法实施其他牵引手段时（如调机车牵引），可以采用液压牵引器来进行短距离大牵引力的救援，液压牵引器由两个轨道固定夹固定在轨道上，用来作为牵引器的固定端，液压油缸通过单向阀来锁定牵引方向。该牵引装置应用范围极为广泛，能在极其困难的环境下使用。图 6.2-37 液压牵引器应用示意图。

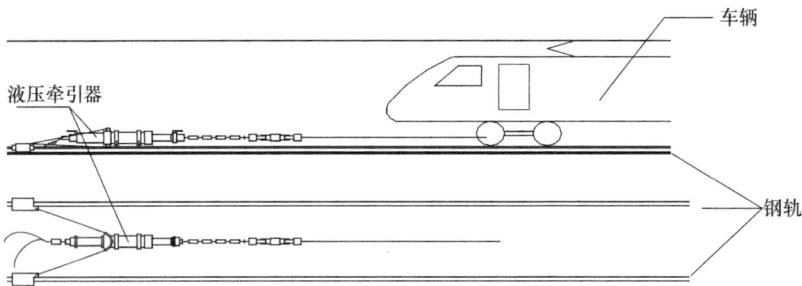

图 6.2-37　液压牵引器应用示意图

3）切割扩张设备

① 切割：操作液压控制器对切割机械和剪切机械进行操作，对受损变形的车辆外壳和内部材料实施切割，实施救援。

② 扩张：操作液压控制器对扩张设备进行操作，对受损变形的车辆外壳（主要是活动部件：如门、窗等）进行扩张，产生救援通道，实施救援。

4）气垫复轨装置

气垫复轨装置为充气式气囊，用特种橡胶制成，未充气时厚度只有 20mm，是对体积相对较大千斤顶的一种补充，在要实施救援处的位置间距较小时相当有效（如采用千斤顶位置不够），如列车在隧道中倾覆救援，就能快速扶整倾斜的列车。图 6.2-38 显示的是气垫复轨装置。

气源为小型高压钢瓶，有一个二路控制气阀控制充气动作。

5）应急电源

提供救援现场电力供应（照明、小型电动工具），一般采用发电机供电的形式。照明则采

图 6.2-38　气垫复轨装置

用蓄电池照明，蓄电池电源有轻便、安全电压、

无噪声等优点，但缺点是电池容量比较小，无法长时间使用。而发电机的优点是电源功率大，能长时间提供照明和其他动力电源，缺点是噪声大。

应急电源一般需要配齐蓄电池照明及发电机供电两种设备。

6）气割设备

为小型气割设备，由气割枪、氧气钢瓶等组成，在救援现场实施气割作业。

7）转向架救援轮对运载小车

地铁列车运营中如走行部分（转向架轮对）发生轴承烧损、齿轮咬死、齿轮箱悬挂装置失效等故障，致使某个轮对不能转动而无法实施牵引，使用该轮对救援运载小车，将故障轮对托起，由救援小车替代车轮转动，使故障列车尽快撤离现场，迅速恢复地铁线路的运行。图6.2-39显示的是轮对运载小车，图6.2-40显示的是将轮对运载小车安装在轮对下方，准备用轮对运载小车替代车轮转动，使故障列车尽快撤离现场的情况。

图6.2-39　轮对运载小车

图6.2-40　轮对运载小车应用工作照

（3）主要设备技术参数

1）内燃型液压动力装置

该装置由燃油内燃机和液压泵组合而成，是救援复轨组合设备的主要液压动力源。内燃机起动液压泵建立油压，提供与其连接液压设备的动力，附有减速齿轮、带消声器的空气过滤器。图6.2-41、图6.2-42为液压动力系统。

（1）GV-1S型2冲程

气缸容量：189.6mL；

动力：2573W；

转速：2500r/min。

（2）4冲程内燃机

发动机功率：3000W；

重量：58kg；

液压泵工作压力：30×10^5Pa；

液压输出：一路；

油箱：30L。

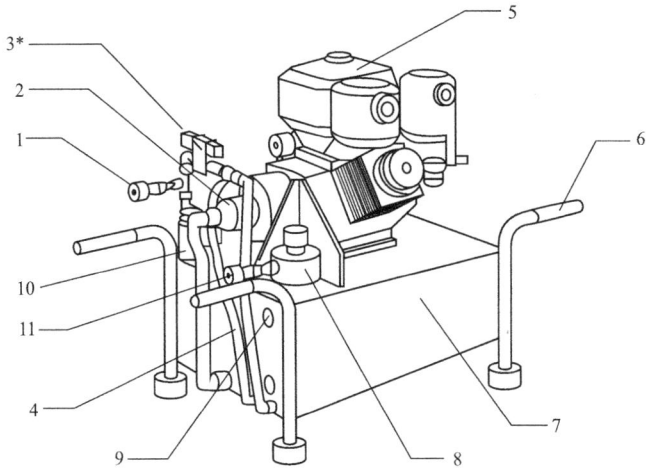

图 6.2-41 液压动力系统（内燃机组）

1—压力管接口；2—油泵；3—启动/工作阀；4—放油管；5—内燃机；6—搬运手柄；7—液压油箱；
8—回油管过滤器；9—油量观察窗；10—加油过滤器；11—回油管接口

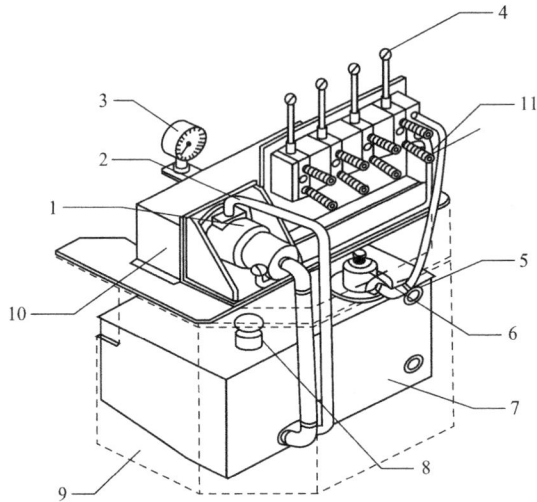

图 6.2-42 液压动力系统（液压控制器）

1—油泵；2—放油管；3—压力表；4—操作控制杆；5—油量观察窗；6—回油管过滤器；7—液压油箱；
8—机油过滤口；9—保护罩；10—防护罩

2）液压控制器

液压控制设备是救援复轨组合设备中主要设备，通过该设备上操作杆（手柄）控制复轨系统所有液压执行器件的动作。采用手提式柜架结构，能方便搬动。

液压输入：一路；

液压输出（带四路操作手柄）：四路；

进油液压阀：$300 \times 10^5 \, \mathrm{Pa}$；

回油液压阀：$150 \times 10^5 \, \mathrm{Pa}$；

高压过滤器：有。

3）液压千斤顶

液压千斤顶有各种形式，与复轨系统的其他设备联合使用，能起到被复轨列车的精确提升、降低、推拉定位。

液压千斤顶的主要形式有：单油缸千斤顶（EH）、多油缸（伸缩式）千斤顶（TH），带抱箍式千斤顶、倾斜式千斤顶。与千斤顶配套使用的附件有：标准压头、圆形顶端头（顶升电缆用）、凹型端头、摇杆轴支撑、抱箍、活塞支撑件等。图 6.2-43 是各类专用千斤顶及附件。

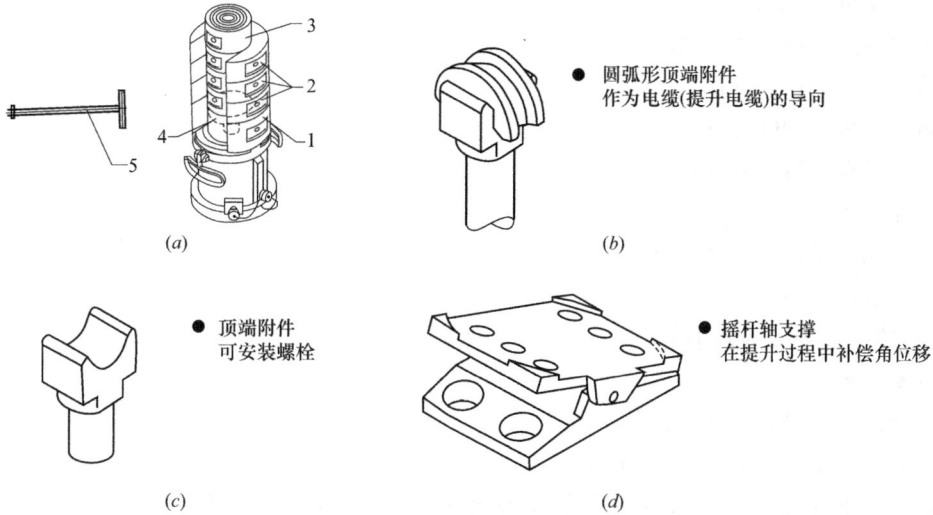

图 6.2-43 各类专用千斤顶及附件

(a) 带油缸支撑环的千斤顶；(b) 圆弧形顶升件；(c) 凹型端头；(d) 摇杆轴支撑件

① TH400/200-250

闭合高度：250mm；

活塞数目：2 节；

总行程：230mm；

额定顶升力（Ⅱ节）：200kN；

支撑环：可用；

重量：35kg。

② TH400/200-470

闭合高度：470mm；

活塞数目：2 节；

总行程：635mm；

额定顶升力（Ⅱ节）：200kN；

支撑环：可用；

重量：48kg。

4）应急电源

救援现场电力供应，一般采用蓄电池供电和发电机供电两种形式，蓄电池供电一般只用于照明。

① 发电机应急电源

A. EG4500（HONDA 公司）。

输出电压：AC 220V。

电源功率：3800W/4300W。

B. ET600A（雅马哈）

输出电压：AC 220V。

输出功率：450W。

汽油耗量：4L/h。

② 蓄电池照明（应急灯）。

防暴型：FW6100GF。

防暴等级：dⅡCT-6。

电压（直流）：DC24V。

消耗功率：50W。

蓄电池容量：DC24V/8Ah。

充电电池：DC37V/3A。

5）转向架救援运载小车

技术参数

走行速度：最大为 15km/h。

实际承重量：允许 16t，设计为 25t。

自重：支撑板为 14.5kg（钛合金），滚动轮为 24.4kg（合金钢）。

安装时间：（一个轮对，现场安装）25～30min。

温升：（5km/h）不超过 70℃。

23. 列车车下走行部在线检测设备

（1）概述

地铁列车运行中，车下走行部故障是最大的安全隐患之一，可引起列车脱轨、颠覆等恶性事故。地铁列车车下走行部状态在线检测技术已开始在地铁运营中使用，在线检测设备已具有对运营中的列车进行监控，能进行车号识别，车轴温度探测，轮对踏面擦伤检测和车速测量等功能，极大地提高了行车安全，提高了列车检修效率和自动化水平。

随着测检技术的不断发展，检测的方法、手段和检测元器件也在不断更新，测量精度和正确率迅速提高，目前轮对踏面擦伤的检测已采用激光技术，能准确地测出轮缘的高度、厚度、q_R 值和轮对内测距等参数。

（2）主要功能

1）轮对踏面擦伤探测，能对故障点定位；

2）对故障点进行跟踪、报警；

3）对故障点进行显示、记录；

4）能测出轮对直径，左右轮径差；

5）测量出轮缘高度、厚度、q_R 值；

6）测量内测距；

7）将被测轮子的参数与标准值进行比较，对超值轮对进行报警；

8) 轮对车轴温度检测；

9) 列车车号识别，自动记轴；

10) 自动测量列车车速。

（3）设备主要结构

设备主要由两个部分组成：探测站和监控站。

探测站：和轨道连接，可户外安装。包括车辆测速和启动装置，车辆识别装置，轮径测量装置，轮缘诊断装置及全天候保护装置，可自动检测通过的车辆的车轮和车号信息。

监控站：是一个全天候控制室。是一个钢制集装箱，配有门，窗户，工作台及空调，内里装置着数据传送控制器，电气设备，中央计算机及数据处理器。负责探测站信息的传送，显示，储存及分析。

系统的各种结构件和元器件都应有足够的防腐蚀措施。并具有防尘、防潮、防腐、防鼠害等功能。

图 6.2-44 为识别装置的基本原理图，图 6.2-45 为直径测量基本原理图。

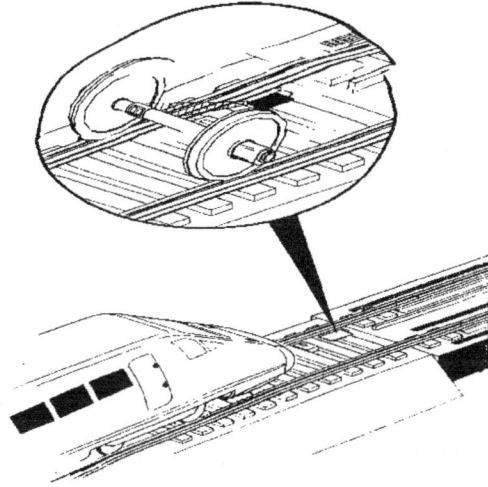

图 6.2-44　识别装置的基本原理图

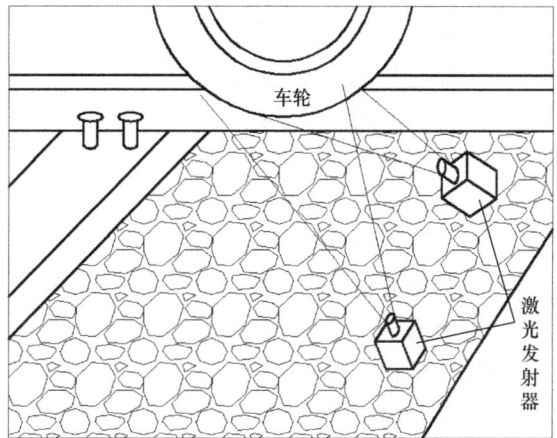

图 6.2-45　直径测量基本原理图

（4）主要参数

1) 设备参数

① 轨距：1435mm。

② 轮对内侧距 1350～1360mm。

③ 设备最大轴负重：400kN。

④ 测量直径范围：600～1200mm。

⑤ 车辆经过的最高速度：30km/h。

⑥ 测量时车辆车速：3～15km/h。

⑦ 设备测量能力（每辆列车最多）：1000 个轮对。

⑧ 轮缘高度测量范围：26～38mm。

⑨ 轮缘厚度测量范围：23～34mm。

⑩ q_R 值测量范围：4.5～13mm。

2) 设备测量精度

① 列车/轮对识别误差率：<0.01％。

② 直径测量误差：<0.8mm。

③ 轮缘高度误差：<0.2mm。

④ 轮缘厚度误差：<0.2mm。

⑤ 内侧距误差：<0.5mm。

3) 性能指标

① 适应列车速度：5～100km/h。

② 传感器环境等级：IP65.

③ 轴温探测/车号识别技术参数。

A. 微波工作频点：910.10MHz/912.10MHz/914.10MHz。

B. 号识别工作方式：微波反射调制。

C. 车号识别精度：≥99.99％。

D. 轴温定量检测精度：≤±3℃。

E. 轴温检测的准确率：99％。

F. 轴温检测的兑现率：90％。

G. 轴温检测的使用率：95％。

④ 平轮探测技术参数。

⑤ 平轮探测捕获率：>99％。

⑥ 报告兑现率：≥95％。

⑦ 系统计轴计辆误差：<1‰。

⑧ 数据通信技术参数。

A. 传输速率：≥1200 波特。

B. 信噪比：≥25dB。

C. 脉冲杂声（全程 15min 内峰值超过－18dB 的脉冲杂声数目）：不超过 18 个。

D. 全程误码率（测试 15min）：≤5×10^{-4}。

⑨ 适应电源条件：AC220V。

切换时间（自动进行电源切换且工作正常）小于 1s。

⑩ 可维护性 MTTR（系统故障恢复时间）。

A. 电器部分：MTTR<3min。

B. 机械部分：MTTR<10min。

⑪ 系统可靠 MTBF。

A. 电器部分：>5×10^{4}h。

B. 机械部分：>2×10^{4}h。

附录1 《城轨电动列车检修工》职业标准

1. 职业概况

（1）职业名称

城轨电动列车检修工。

（2）职业定义

从事城轨电动列车接收、检修及调试的人员。

（3）职业等级

本职业共设五个等级，分别为国家职业资格五级（初级）、国家职业资格四级（中级）、国家职业资格三级（高级）、国家职业资格二级（技师）、国家职业资格一级（高级技师）。

（4）职业环境条件

隧道、地面、高架。

（5）职业能力特征

能够查阅相关技术资料；分析及表达能力良好；有一定的计算能力；手臂、手指灵活；动作协调性强。

（6）基本文化程度

高中毕业（或同等学历）。

（7）鉴定要求

1）适用对象

从事或准备从事本职业的人员。

2）申报条件

五级

高中（或同等学历）及以上文化程度者，经本职业五级正规培训达到标准课时数，并取得结业证书。

四级（具备以下条件之一者）

取得本职业五级职业资格证书后，连续从事本职业工作满2年，经本职业四级正规培训达到标准课时数，并取得结业证书。

三级（具备以下条件之一者）

取得本职业四级职业资格证书后，连续从事本职业工作满2年，经本职业三级正规培训达到标准课时数，并取得结业证书。

二级

大专及以上文化程度者在取得本职业三级职业资格证书后，连续从事本职业工作满3年，经本职业二级正规培训达到标准课时数，并取得结业证书。

一级

大专及以上文化程度者在取得本职业二级职业资格证书后，连续从事本职业工作满5

年，经本职业一级正规培训达到标准课时数，并取得结业证书。

3）鉴定方式

城轨电动列车检修工五、四、三级鉴定采用非一体化鉴定模式，分为理论知识考试和操作技能鉴定两个部分。理论知识考试采用闭卷机考，技能操作鉴定采用实际操作、笔试、答辩相结合的方式。各级的考核方式根据职业等级和考核项目的特点而定。操作技能鉴定部分由考评员按技能操作考核规定或相关标准打分。考试、考核评分均采用百分制，两项皆达到 60 分及以上者为及格。

城轨电动列车检修工二级鉴定采用一体化鉴定模式，将理论知识融合在操作技能的考核中，采取实际操作、笔试、口试相结合的方式。由考评员按照操作考核规定或相关标准评分，每个模块均采用百分制，每个模块均达到 60 分及以上及通过论文答辩者为及格。

城轨电动列车检修工一级鉴定采用职业活动结合工作业绩，考核与评审相结合的方式进行鉴定。鉴定分专项技能、综合能力和公共模块 3 个模块，均实行百分制，成绩皆达 60分及以上者为合格。不及格者可按规定分模块进行补考。

4）鉴定场所设备

理论知识考试场所为标准教室；

技能操作鉴定场所应具有能满足技能鉴定需要的厂房和车辆，及相关的设备、仪器、工具、材料等，符合环境保护、劳动保护、安全和消防等各项要求。

2. 基本要求

（1）职业道德

1）职业道德基本知识

职工职业道德知识。

2）职业守则

爱岗敬业　　忠于职守　　尽职敬业　　完成任务
认真负责　　团结互助　　艰苦创业　　文明礼貌
爱护设备　　保证质量　　讲究效率　　勤俭节约
努力学习　　钻研技术　　善于总结　　勇于创新
遵纪守法　　按章办事　　雷厉风行　　实事求是

（2）基本知识

1）轨道交通基础

轨道交通概论。

线路基本知识。

供电基本知识。

通信和信号基本知识。

行车组织基本知识。

2）机械基础

机械传动的基本知识。

识图与绘图基本知识。

机械原理、机械零件的基本知识。

液压与气动的基本知识。

公差配合基本知识。

润滑油（脂）的牌号、性能及应用。

轴承的类型、结构与代号。

静力学的基本概念和刚体的受力分析。

平面力系的基本知识。

3）电工基础

电路图及常用电气符号。

电子技术基本知识。

数字与模拟电路的基本知识。

集成电路的基本知识。

常用电子、电力零、部件的工作原理和使用要求。

常用控制电器的种类、结构、作用及使用要求。

常用电子、电力组件的结构和作用。

交、直流电机的结构和作用。

4）计算机知识

计算机可编程控制器基础知识。

操作系统知识。

常用应用软件知识。

5）测量技术

测量技术基础知识。

6）安全知识

安全生产知识。

7）常用仪器仪表及使用工具知识

8）法律法规知识

《中华人民共和国消费者权益保护法》。

《中华人民共和国合同法》。

《中华人民共和国环境保护法》。

《中华人民共和国安全生产法》。

《中华人民共和国劳动合同法》。

轨道交通管理条例。

3. 工作要求

本标准对五级、四级、三级、二级、一级的技能要求依次递进，高级别涵盖低级别的要求。

（1）五级

职业功能	工作内容	技能要求	专业知识要求
1. 电动列车机械系统检修	车体及车门的检修与故障处理	（1）能更换、组装车体内的零部件； （2）能分解、组装贯通道及更换贯通道的零部件； （3）能调试车体内机械设备的连接状态、工作状态； （4）能拆卸、安装车门系统及更换车门系统的零部件； （5）能对车门系统进行常规调整、紧固、标记及润滑； （6）能使用专用测量工具对车门的零部件进行尺寸、拉力、缓冲等测量； （7）能处理车体、车门的简单故障	（1）车体的基本类型及特征； （2）车体内部结构和外部设备布置； （3）客室车门的类型及其特点； （4）客室车门的基本结构； （5）司机室侧门的基本结构
	车钩缓冲装置的检修与故障处理	（1）能拆卸、安装车钩缓冲装置及更换系统的零部件； （2）能调整车钩缓冲装置的重要参数； （3）能处理车钩缓冲装置的简单故障	（1）车钩的用途和分类； （2）地铁车辆的车钩类型和基本组成； （3）缓冲器的类型和基本原理； （4）对中装置的类型和基本原理
	转向架的检修与故障处理	（1）能拆卸转向架、清洗、分解转向架及轮对拆装并对转向架零部件归类、编号、运送及放置； （2）能对转向架及其零部件进行常规检修、更换、润滑； （3）能对组装后转向架的零部件进行紧固，并作好标记； （4）能处理转向架的简单故障	（1）转向架的组成及作用； （2）转向架结构的种类； （3）轮对轴箱装置； （4）弹簧减振系统； （5）构架； （6）中央牵引连接装置； （7）联轴器、齿轮减速箱； （8）制动装置
	气制动系统的检修与故障处理	（1）能对气制动系统零部件进行常规检修、更换、润滑； （2）能处理气制动系统的简单故障	（1）气动技术基础； （2）制动技术基础； （3）地铁气制动系统原理； （4）空气压缩机； （5）单元制动机； （6）干燥过滤器
	空调系统的检修与故障处理	（1）能对空调机组进行拆装并进行整机测试； （2）能处理空调系统的简单故障	（1）制冷方法、制冷剂及载冷剂； （2）单级压缩蒸汽制冷循环； （3）列车空调系统的组成； （4）单元式空调装置
2. 电动列车牵引系统检修	设备的检修与故障处理	（1）能够检查牵引设备的各部件的电路接线； （2）能够检查、更换集电器滑块； （3）能够检查、安装电制动单元及部件； （4）能够检查牵引电机进、出风功能和速度传感器； （5）能够检查各类传感器及其接线； （6）能够检查高速开关、线路滤波电容、平波电抗器的接线； （7）能处理牵引设备的简单故障	（1）牵引系统的组成； （2）受流器的种类； （3）受流器的基本结构； （4）受流器的控制概述； （5）高速断路器基本结构； （6）高速断路器的常见故障分析及处理； （7）VVVF的结构概述； （8）牵引电动机结构
	控制系统的检修与故障处理	（1）能检查、清洁主控制器及其机械连锁功能； （2）能检查各类传感器及其接线； （3）能检查各类控制单元； （4）能处理控制回路的简单故障	（1）列车继电器控制电路的基本构成及功能； （2）司机控制器构成及功能； （3）司机室显示屏的基本构成及功能； （4）事件记录仪； （5）列车制动控制构成及功能（BECU）； （6）列车控制技术的基本构成及功能； （7）列车监控的基本构成及功能

职业功能	工作内容	技能要求	专业知识要求
3. 电动列车辅助系统检修	设备的检修与故障处理	(1) 能对外接电源进行检修； (2) 能检查蓄电池电压和接线并清洁； (3) 能读取并判断辅助逆变器故障； (4) 能处理各设备元件的简单故障	(1) 辅助系统的基本组成概述； (2) 中压总线和低压总线； (3) 主蓄电池的功用概述； (4) 主蓄电池的化学原理； (5) 主蓄电池的性能特点； (6) 主蓄电池的活化； (7) 辅助逆变器的基本功能与负载； (8) 辅助系统的基本电路结构； (9) 辅助逆变器的冷却方式
	控制系统的检修与故障处理	(1) 能读取并判断空调系统故障； (2) 能处理照明系统的简单故障； (3) 能处理车钩监控电路的简单故障； (4) 能处理车门控制回路的简单故障	(1) 辅助控制回路的功能； (2) 空调系统的控制与监控； (3) 车钩电气回路； (4) 车门电气控制； (5) ATP/ATC系统的基本组成

（2）四级

职业功能	工作内容	技能要求	专业知识要求
1. 电动列车机械系统检修	车体及车门的检修与故障处理	(1) 能对车体充气部件进行气密性检查； (2) 能修复贯通道破损部位； (3) 能使用专用测量工具对车体、车门重要零部件进行测试、测量； (4) 能对组装后的车门驱动结构进行调试； (5) 能对车门系统进行常规试验，并记录分析试验数据； (6) 能处理车体、车门的较难故障	(1) 车体内部结构和外部设备布置； (2) 车体内部设施的防火要求； (3) 客室车门的基本结构； (4) 司机室侧门的基本结构； (5) 司机室通道门的基本结构； (6) 客室车门的气路原理
	车钩缓冲装置的检修与故障处理	(1) 能使用专用测量工具对车钩重要零部件进行测量、测试； (2) 能对车钩进行试验，记录试验数据； (3) 能处理车钩缓冲装置的较难故障	(1) 缓冲器的类型和基本原理； (2) 对中装置的类型和基本原理； (3) 地铁车辆缓冲设计原理
	转向架的检修与故障处理	(1) 能使用架车、起吊、运输设备组织架车及拆装转向架及轮对轴箱装置； (2) 能根据技术要求选配转向架主要零部件； (3) 能根据技术要求对转向架及其零部件进行润滑； (4) 能对转向架裂纹进行检查； (5) 能对转向架主要零部件及组装后的转向架性能、状态进行测试，记录试验数据，并给予调整； (6) 能对转向架充气部件进行气密性检查； (7) 能处理转向架的较难故障	(1) 转向架基本受力分析； (2) 轮轨基本关系； (3) 弹簧结构及特性； (4) 弹簧减振系统； (5) 减振器； (6) 中央牵引连接装置； (7) 联轴器、齿轮减速箱； (8) 抗侧滚扭杆； (9) 制动装置
	气制动系统的检修与故障处理	(1) 能拆卸、分解、组装气制动系统主要部件； (2) 能对气制动系统主要部件进行试验并记录分析试验数据； (3) 能处理气制动系统的较难故障	(1) 地铁气制动系统原理； (2) 空气压缩机的结构和原理； (3) 单元制动机的结构和原理； (4) 干燥过滤器的结构和原理； (5) 气制动控制单元的结构和原理； (6) 阀类的结构和原理
	空调系统的检修与故障处理	(1) 能对压缩机、冷凝电机、通风电动机进行拆装及更换； (2) 能使用常用或专用的测量工具对空调机组的零部件进行测量、测试； (3) 能对空调系统的零部件进行维护和保养； (4) 能处理空调系统的较难故障	(1) 单级压缩蒸气制冷循环； (2) 多级压缩制冷循环； (3) 自动调节的基础知识； (4) 制冷装置的自动保护； (5) 单元式空调装置

职业功能	工作内容	技能要求	专业知识要求
2. 电动列车牵引系统检修	设备的检修与故障处理	(1) 能够检查牵引设备各部件的电路接线； (2) 能够检查、安装电制动单元及部件； (3) 能够检查、保养和安装交、直流牵引电动机； (4) 能够检查高速开关、线路滤波电容、平波电抗器的接线； (5) 能够检查牵引电机进、出风功能和速度传感器； (6) 能够检查、维护和更换集电器滑块； (7) 能处理牵引设备的较难故障； (8) 能处理牵引电路的较难故障； (9) 能处理制动电路的较难故障	(1) 主回路的控制原理及方法； (2) 受流器的基本结构； (3) 受流器的控制； (4) 高速断路器基本结构； (5) 高速断路器的常见故障分析及处理； (6) VVVF 的控制原理及方式； (7) VVVF 保护系统； (8) VVVF 常见故障分析及处理；
	控制系统的检修与故障处理	(1) 能根据综合线路图查找牵引控制回路各电器元件并检查其状态； (2) 能处理牵引控制回路的较难故障	(1) 牵引电路的控制方式； (2) 制动电路的控制方式； (3) 控制回路的功能原理
3. 电动列车辅助系统检修	设备的检修与故障处理	(1) 能检查蓄电池电压和接线并对其进行试验； (2) 能读取并判断辅助逆变器故障及分析故障原因； (3) 能处理蓄电池的较难故障； (4) 能处理辅助逆变器的简单故障	(1) 辅助逆变器的负载； (2) 辅助逆变器的电路结构； (3) 辅助逆变器的监控与保护； (4) 主蓄电池的基本概念； (5) 在使用维护主蓄电池前的注意事项
	控制系统的检修与故障处理	(1) 能根据综合线路图查找辅助控制系统各电器元件并对其状态进行检查； (2) 能处理照明系统的较难故障； (3) 能处理空调电气系统的较难故障； (4) 能处理车钩监控回路的较难故障； (5) 能处理车门控制电路的较难故障	(1) 照明控制系统的组成及功能； (2) 空调系统的控制与监控； (3) 车钩电气回路； (4) 车门电气控制； (5) ATP/ATC 系统的组成及功能

（3）三级

职业功能	工作内容	技能要求	专业知识要求
1. 电动列车机械系统检修	车体及车门的检修与故障处理	(1) 能使用精密测量工具对车体、车门重要零部件进行尺寸测量； (2) 能分析车体、车门检修中的异常情况提出整修方案； (3) 能对贯通道密封试验结果进行分析，消除试验缺陷； (4) 能处理车体、车门的疑难故障； (5) 能消除列车调试中车体、车门的问题	(1) 车体内部结构和外部设备布置； (2) 客室车门的类型及其特点； (3) 客室车门的基本结构； (4) 客室车门的气路原理； (5) 客室车门的电气控制原理
	车钩缓冲装置的检修与故障处理	(1) 能使用精密测量工具对车钩重要零部件进行尺寸测量； (2) 能分析车钩检修中的异常情况并提出整修方案； (3) 能处理车钩缓冲装置的疑难故障； (4) 能消除列车调试中的车钩的问题	(1) 地铁车辆的车钩类型和基本组成； (2) 缓冲器的类型和基本原理； (3) 地铁车辆缓冲设计原理； (4) 自动车钩的"三态"原理

职业功能	工作内容	技能要求	专业知识要求
1. 电动列车机械系统检修	转向架的检修与故障处理	(1) 能分析转向架检修中的异常情况并提出整修方案； (2) 能根据检修要求选配转向架的主要零部件； (3) 能使用精密测量工具对转向架及重要零部件进行尺寸测量，并会设计简单的转向架检修所需的辅助工器具； (4) 能分析转向架零部件试验的试验结果，消除试验中的异常与缺陷，完成试验报告； (5) 能处理转向架的疑难故障； (6) 能消除列车调试中转向架的问题	(1) 转向架的概述； (2) 转向架的组成及作用； (3) 转向架结构的种类； (4) 动力转向架类型； (5) 转向架的基本受力分析； (6) 轮轨基本关系； (7) 滚动轴承轴箱装置； (8) 弹簧减振系统； (9) 构架； (10) 中央牵引连接装置； (11) 联轴器、齿轮减速箱； (12) 抗侧滚扭杆； (13) 制动装置
	气制动系统的检修及故障处理	(1) 能分析气制动系统检修中的异常状况并提出整修方案； (2) 能对制动试验结果进行分析，消除试验中的缺陷； (3) 能处理气制动系统的疑难故障； (4) 能消除列车调试中气制动系统的问题	(1) 地铁气制动系统原理； (2) 空气压缩机； (3) 单元制动机； (4) 干燥过滤器； (5) 防滑系统； (6) 气制动控制单元； (7) 电子控制系统
	空调系统的检修与故障处理	(1) 能对空调系统的膨胀机构进行更换、拆装及调整； (2) 能处理空调系统的疑难故障； (3) 能进行空调机组的基本测试	(1) 吸收式制冷循环； (2) 制冷装置的主要工艺参数的调节； (3) 制冷系统中各设备的控制； (4) 空调控制单元
2. 电动列车牵引系统检修	设备的检修与故障处理	(1) 能对牵引设备进行拆装、更换及保养； (2) 能使用常用工具、专用工具、电信工具、仪器设备对牵引设备进行测量； (3) 能使用专用软件对电动列车牵引设备进行检测、调试； (4) 能分析牵引设备检修中的异常状况并提出整修方案； (5) 能处理牵引设备的疑难故障； (6) 能使用专用软件对电动列车牵引、制动电路的常见故障记录进行分析并提出检修方案； (7) 能处理牵引电路的疑难故障； (8) 能处理制动电路的疑难故障	(1) 受流器的检测与调试； (2) 高速断路器的常见故障分析及处理； (3) 高速断路器的检测与调试； (4) VVVF的控制原理及方式； (5) VVVF常见故障分析及处理； (6) VVVF的检测与调试； (7) 牵引、制动电路的检测与调试； (8) 防滑防空转； (9) 牵引制动电路过流保护构成和原理； (10) 牵引制动电路过压、欠压保护的构成和原理； (11) 牵引制动电路温度保护的构成和原理
	控制系统的检修与故障处理	(1) 能使用专用软件对电动列车控制回路的常见故障记录进行分析并提出检修方案； (2) 能处理控制回路的疑难故障	(1) 牵引电路的控制方式； (2) 制动电路的控制方式； (3) 控制回路的功能原理； (4) 控制回路的设计原则； (5) 控制电路的检测与调试
3. 电动列车辅助系统检修	设备的检修与故障处理	(1) 能分析辅助设备检修中的异常状况并提出整修方案； (2) 能对蓄电池、辅助逆变器的测试数据进行分析，完成实验报告； (3) 能处理蓄电池的疑难故障； (4) 能处理辅助逆变器的较难故障	(1) 辅助逆变器的工作原理； (2) 辅助逆变器的电路结构； (3) 辅助逆变器的监控与保护； (4) 主蓄电池的活化； (5) 主蓄电池的失效

职业功能	工作内容	技能要求	专业知识要求
3. 电动列车辅助系统检修	控制系统的检修与故障处理	（1）能处理空调控制系统的疑难故障； （2）能处理车钩监控回路的疑难故障； （3）能处理车门控制系统的疑难故障； （4）能检查 ATP/ATC 系统各元件的状态并对简单故障进行处理	（1）空调电气控制系统； （2）车钩电气回路； （3）车门电气控制； （4）ATP/ATC 系统的监控

（4）二级

职业功能	工作内容	技能要求	专业知识要求
1. 电动列车机械系统检修	车体及车门的检修与故障处理	（1）能汇总车体、车门检修中的异常情况，制定检修方案； （2）能分析和处理车门的复合型故障； （3）能应用新技术或新工艺对车体、门的检修质量进行控制	（1）车体及内部设备的检修； （2）客室车门的基本结构与原理； （3）客室车门的电气控制原理； （4）车门零、部件的检查和调整； （5）车门复杂故障的排除
	车钩缓冲装置的检修与故障处理	（1）能汇总车钩检修中的异常情况，制定检修方案； （2）能分析和处理车钩的复合型故障； （3）能应用新技术或新工艺对车钩的检修质量进行控制	（1）车钩的基本结构和原理； （2）车钩复杂故障的处理
	转向架的检修与故障处理	（1）能汇总转向架检修中的异常情况，制定检修方案； （2）能分析转向架零部件的试验结果，完成试验报告； （3）能分析和处理转向架的复合型故障； （4）能应用新技术或新工艺对转向架的检修质量进行控制	（1）转向架各部件的作用及原理； （2）转向架主要部件的检查及调整； （3）转向架复杂故障的分析及排除； （4）转向架试验台的使用与维修
	气制动系统的检修及故障处理	（1）能汇总气制动系统检修中的异常状况，制定检修方案； （2）能分析和处理供气系统和空气制动系统的复合型故障； （3）能对供气系统及制动系统试验结果进行分析，完成试验报告； （4）能解决列车调试中空气制动系统的各种问题； （5）能应用新技术或新工艺对供气系统及空气制动系统的检修质量进行控制	（1）供气系统的组成与检修； （2）空气制动系统的工作原理； （3）空气制动系统复杂故障的分析与排除； （4）空气制动系统各部件的测试
	空调系统的检修及故障处理	（1）能汇总空调系统检修中的异常状况，制定检修方案； （2）能分析和处理空调系统的复合型故障； （3）能应用新技术或新工艺对空调系统的检修质量进行控制	（1）空调系统及各零部件的工作原理； （2）空调系统的电气控制原理； （3）空调系统各种疑难故障的处理
2. 电动列车牵引系统检修	设备的检修与故障处理	（1）能汇总牵引设备检修中的异常状况，制定检修方案； （2）能分析和处理牵引系统各高压部件与低压部件的复合型故障； （3）能对牵引系统的高压部件与低压部件进行功能检测与试验，并分析试验结果，完成试验报告； （4）能应用新技术或新工艺对牵引系统高压部件与低压部件的检修质量进行控制； （5）能汇总牵引逆变器的检修中的异常状况，制定检修方案； （6）能分析和处理牵引逆变器的常见故障； （7）能对牵引逆变器进行检测与调试； （8）能应用新技术或新工艺对牵引逆变器的检修质量进行控制	（1）受电弓（受流器）的试验与维修； （2）高速断路器的试验与维修； （3）牵引电动机的检修与试验； （4）牵引设备的故障分析与处理； （5）牵引逆变器的维修； （6）牵引逆变器常见故障分析与处理； （7）牵引逆变器的检测与调试； （8）牵引/制动电路的检测与调试； （9）牵引/制动电路的故障分析与处理

职业功能	工作内容	技能要求	专业知识要求
2. 电动列车牵引系统检修	控制系统的检修与故障处理	(1) 能汇总牵引控制回路检修中的异常状况，制定检修方案； (2) 能对控制回路进行检测与调试； (3) 能分析和处理控制回路的常见故障； (4) 能应用新技术或新工艺对控制回路的检修质量进行控制	(1) 控制回路的组成与工作原理； (2) 控制回路的检测与调试； (3) 控制回路的故障分析与处理
3. 电动列车辅助系统检修	辅助供电系统的检修与故障处理	(1) 能汇总辅助供电设备检修中的异常状况，制定检修方案； (2) 能分析和处理辅助系统供电回路的常见故障； (3) 能对辅助逆变器进行检测和调试； (4) 能应用新技术或新工艺对辅助供电设备的检修质量进行控制	(1) 辅助系统供电回路疑难故障的分析处理； (2) 辅助系统负载疑难故障的分析处理； (3) 辅助逆变器的监控和保护； (4) 辅助逆变器的检修与疑难故障分析处理
	控制系统的检修与故障处理	(1) 能汇总辅助控制系统检修中的异常状况，制定检修方案； (2) 能分析和处理列车照明控制的复杂故障； (3) 能分析和处理车钩监控回路的复杂故障； (4) 能分析和处理车门监控回路的复杂故障； (5) 能应用新技术或新工艺对辅助控制系统的检修质量进行控制	(1) 列车照明系统复杂故障的处理； (2) 车钩连接监控工作原理； (3) 车钩连接监控回路复杂故障的排除； (4) 客室车门的监控原理； (5) 客室车门控制与监控复杂故障的排除
	列车乘客信息系统的检修与故障处理	(1) 能完成列车乘客信息系统的日常检修及检查检修质量，消除检修缺陷； (2) 能对乘客信息系统的设备进行连接和调试； (3) 能分析和处理列车乘客信息系统的故障	(1) 列车乘客信息系统的组成； (2) 列车乘客信息系统的工作原理； (3) 列车乘客信息系统的设备连接； (4) 列车乘客信息系统设备的检查和故障排除
4. 系统接口技术	ATC系统车载设备与车辆的连接与故障处理	(1) 能分析列车自动驾驶系统各组成部分的功能； (2) 能分析ATC车载设备的功能； (3) 能完成ATC车载设备与车辆的电气连接； (4) 能分析列车自动驾驶系统与车辆接口的功能及控制方式； (5) 能对ATP与车辆接口常见故障进行处理； (6) 能对ATO与车辆接口常见故障进行处理	(1) 列车自动驾驶系统各组成部分的功能； (2) ATC车载设备的状态及功能； (3) ATC车载设备与车辆的电气连接； (4) 列车自动驾驶系统与车辆接口的功能及控制方式； (5) ATP与车辆接口常见故障及处理； (6) ATO与车辆接口常见故障及处理
	供电系统与车辆的关系	(1) 能分析受电弓和接触网（受电器和接触轨）参数对车辆运行的影响及控制方法； (2) 能分析牵引变电站和车辆的高速断路器整定值的关系及调整方法	(1) 牵引供电系统的组成及功能； (2) 受电弓和接触网（受电器和接触轨）参数对车辆运行的影响及控制方法； (3) 牵引变电站和车辆的高速断路器整定值的关系及调整
	轨道线路对车辆的影响	(1) 能分析限界中关键参数对车辆运行的影响及控制方式； (2) 能分析轨道线路中与车辆接口相关参数对车辆运行的影响及控制方法	(1) 轨道线路的组成及功能； (2) 车辆限界的基本概念； (3) 限界中关键参数对车辆运行的影响及控制方式； (4) 轨道线路中与车辆接口相关参数对车辆运行的影响及控制方法

（5）一级

职业功能	工作内容	技能要求	专业知识要求
1. 电动列车机械系统检修	车体及车门的检修与故障处理	（1）能组织、指导车体、车门的检修及各种故障的处理； （2）能检验车体、车门的检修质量，消除故障隐患； （3）能应用新技术、新工艺； （4）能解决车体、车门检修工艺中的疑难问题并提出整改意见； （5）能对车门进行技术改造及技术革新	（1）车门重要零、部件的检查和调整； （2）车门疑难故障的分析与排除
	车钩缓冲装置的检修与故障处理	（1）能组织、指导车钩的检修及各种故障的处理； （2）能检验车钩缓冲装置的检修质量，消除故障隐患； （3）能应用新技术、新工艺； （4）能解决车钩检修工艺中的疑难问题并提出整改意见； （5）能对车钩缓冲装置进行技术改造及技术革新	（1）地铁车辆缓冲设计原理； （2）车钩疑难故障的分析与排除
	转向架的检修与故障处理	（1）能组织、指导转向架的检修及各种故障的处理； （2）能检验转向架的检修质量，消除故障隐患； （3）能制定转向架各部件的调整工艺及选配标准； （4）能分析转向架零部件试验的试验结果，完成试验报告； （5）能应用新技术、新工艺； （6）能解决转向架检修工艺中的疑难问题并提出整改意见； （7）能对转向架进行技术改造及技术革新	（1）转向架的受力分析； （2）转向架主要部件的检查及调整； （3）转向架疑难故障的分析及处理； （4）转向架试验台的设计及使用
	气制动系统的检修及故障处理	（1）能组织、指导气制动系统的检修及各种故障的处理； （2）能检验气制动系统的检修质量，消除故障隐患； （3）能对供气系统及制动系统试验结果进行分析，完成试验报告； （4）能应用新技术、新工艺； （5）能解决供气系统及空气制动系统检修工艺中的疑难问题并提出整改意见； （6）能对气制动系统进行技术改造及技术革新	（1）气制动系统疑难故障的分析与排除； （2）制动部件的测试与调整
	空调系统的检修及故障处理	（1）能组织、指导空调系统的检修及各种故障的处理； （2）能检验空调系统的检修质量，消除故障隐患； （3）能进行空调机组的测试和试验，完成试验报告； （4）能应用新技术、新工艺； （5）能解决空调系统检修工艺中的疑难问题并提出整改意见； （6）能对空调系统进行技术改造及技术革新	（1）地铁车辆空调系统自动化控制原理； （2）地铁车辆空调系统各种疑难故障的处理

职业功能	工作内容	技能要求	专业知识要求
2. 电动列车牵引系统检修	设备的检修与故障处理	(1) 能组织、指导牵引设备的检修及各种故障的处理； (2) 能检验牵引系统高压部件与低压部件的检修质量，消除故障隐患； (3) 能对牵引系统的高压部件与低压部件进行功能检测与试验，并分析试验结果，完成试验报告； (4) 能应用新技术、新工艺； (5) 能解决牵引系统高压部件与低压部件的检修工艺中的疑难问题并提出整改意见； (6) 能对牵引设备进行技术改造及技术革新； (7) 能组织、指导牵引/制动电路的检修及各种故障的处理； (8) 能检验牵引逆变器的检修质量，消除故障隐患； (9) 能对牵引逆变器进行检测与调试； (10) 能解决牵引逆变器检修工艺中的疑难问题并提出整改意见； (11) 能对牵引逆变器进行技术改造及技术革新	(1) 车辆牵引电路的构成； (2) 受流器的试验与维修； (3) 高速断路器的试验与维修； (4) 牵引逆变器的故障分析与处理； (5) 牵引/制动电路的故障分析与处理
	控制系统的检修与故障处理	(1) 能组织、指导控制回路的检修及各种故障的处理； (2) 能检验牵引系统控制回路的检修质量，消除故障隐患； (3) 能对控制回路进行检测与调试； (4) 能应用新技术、新工艺； (5) 能解决控制回路检修工艺中的疑难问题并提出整改意见； (6) 能对牵引系统控制回路进行技术改造及技术革新	(1) 控制回路的故障分析与处理； (2) 控制回路的检修工艺
3. 电动列车辅助系统检修	设备的检修与故障处理	(1) 能组织、指导辅助设备的检修及各种故障的处理； (2) 能检验辅助供电系统的检修质量，消除故障隐患； (3) 能使用仪器、仪表对辅助逆变器的各部件进行测量和分析并更换故障部件； (4) 能使用调试程序对辅助逆变器进行各种调试； (5) 能解决辅助供电系统的检修工艺中的疑难问题并提出整改意见； (6) 能对辅助设备进行技术改造及技术革新	(1) 辅助逆变器主回路的工作原理； (2) 辅助逆变器控制原理； (3) 辅助逆变器的监控和保护； (4) 辅助逆变器的检修与疑难故障分析处理
	控制系统的检修与故障处理	(1) 能组织、指导辅助控制系统的检修及各种故障的处理； (2) 能检验辅助控制系统的检修质量，消除故障隐患； (3) 能应用新技术、新工艺； (4) 能解决辅助控制系统检修工艺中的疑难问题并提出整改意见； (5) 能对辅助控制系统进行技术改造及技术革新	(1) 列车照明系统复杂故障的处理； (2) 车钩连接监控回路复杂故障的排除； (3) 客室车门控制与监控复杂故障的排除

附录 2 城市轨道交通列车司机职业标准

1. 职业概况

（1）职业名称

城市轨道交通列车司机。

（2）职业定义

从事城市轨道交通列车驾驶作业的人员。

（3）职业等级

本职业共设五个等级，分别为：初级（国家职业资格五级）、中级（国家职业资格四级）、高级（国家职业资格三级）、技师（国家职业资格二级）、高级技师（国家职业资格一级）。

（4）职业环境条件

地下线、路面线、高架线温度随空间变化、噪声、磁场、振动。

（5）职业能力特征

具有较强的逻辑思维、分析判断能力；具有较强的空间感和形体感知觉；心理素质好；有较好的语言（普通话）和文字表达、理解能力；听力、视力及辨色力良好，双眼矫正视力不低于 1.0（5.0）；肢体灵活，动作协调性好，反应能力良好，身体状况能胜任列车驾驶要求。

（6）基本文化程度

大学专科毕业（或同等学力）。

（7）工作任务

1）接受、记录、传达及执行行车指示、命令；

2）进行列车技术性能（车辆牵引、制动、电气及车载信号设备等）操作检查、功能试验；

3）驾驶列车驶入指定线路、位置；

4）操作列车车门、站台门、列车广播等设备，完成列车进出站及乘客乘降作业；

5）按照突发事件、设备故障和恶劣天气下的行车要求，完成非正常和应急情况下的行车作业；

6）处理突发事件，进行乘客疏散作业、列车救援作业；

7）填写台账、报告，办理交接班；

8）完成车辆段/停车场内调车、洗车作业，施工及调试作业。

（8）职业工具

城市轨道交通列车及相关设备（车载通信设备、信号设备等）；行车及应急备品（钥匙、手电筒、运营时刻表、便携式无线电台等）。

（9）培训要求

1）晋级培训期限

初级不少于 640 标准学时，中级不少于 240 标准学时，高级不少于 400 标准学时，技师不少于 480 标准学时，高级技师不少于 560 标准学时。

2）培训教师

培训初级、中级的教师应具有本职业高级及以上职业资格证书或相关专业中级及以上专业技术职务任职资格；培训高级的教师应具有本职业技师职业资格证书2年以上或相关专业中级及以上专业技术职务任职资格2年以上；培训技师、高级技师的教师应具有本职业高级技师职业资格证书2年以上或相关专业高级及以上专业技术职务任职资格1年以上。

3）培训场所设备

培训场所主要包括：标准教室、模拟驾驶培训场、技能培训基地、演练场或作业现场、城市轨道交通车辆段、正线、城市轨道交通车站等。

培训设备主要包括：计算机、多媒体教学软件、城市轨道交通模拟驾驶器、必要的挂图和书籍、教学设备、仪器、仪表、轨道交通车辆、通信系统设备、城市轨道交通信号设施、列车维修设备、相关机械、电子和电工设备、心理测试设备等。

（10）鉴定要求

1）申报条件

具备以下条件者之一，可申报初级：

① 取得本专业大学专科毕业（或同等学力）证书，并在经验丰富的司机指导和监督下驾驶里程不少于5000km。

② 经本职业初级标准学时培训，达规定标准学时数，并在经验丰富的司机指导和监督下驾驶里程不少于5000km。

具备以下两条件者，可申报中级：

① 取得本职业初级职业资格证书后，连续从事本职业安全驾驶满3年且驾驶里程不少于90000km。

② 经本职业中级标准学时培训，达规定标准学时数。

具备以下两条件者，可申报高级：

① 取得本职业中级职业资格证书后，连续从事本职业安全驾驶满5年且驾驶里程不少于150000km。

② 经本职业高级标准学时培训，达规定标准学时数。

具备以下两条件者，可申报技师：

① 取得本职业高级职业资格证书后，连续从事本职业安全驾驶满6年且驾驶里程不少于130000km。

② 经本职业技师标准学时培训，达规定标准学时数。

具备以下条件者，可申报高级技师：

① 取得本职业技师职业资格证书后，连续从事本职业安全驾驶满7年且驾驶里程不少于70000km。

② 经本职业高级技师标准学时培训，达规定标准学时数。

有轨电车司机可针对以上标准做适当调整。

2）鉴定方式

理论知识考试、操作技能考核以及综合评审的方法和形式。

理论知识考试采用闭卷笔试方式，操作技能考核采用现场、模拟操作等方式。理论知识考试、操作技能考核实行百分制，成绩皆达80分以上者为合格。

技师、高级技师还须进行综合评审，通常采取审阅申报材料、论文答辩等方式进行全面评议和审查。

3）监考及考评人员与考生配比

理论知识考试中的监考人员与考生配比为1∶20，每个教室不少于2名监考人员；操作技能考核中的考评员与考生配比为1∶8，且不少于3名考评员；综合评审委员不少于5人。

4）鉴定时间

理论知识考试时间不少于90min，操作技能考试时间不少于60min，综合评审时间不少于30min。

5）鉴定场所设备

理论知识考试场所为标准教室；操作技能考核场所配备考核必备的计算机教室、模拟驾驶室、试车线及停车库并符合环境保护、安全和消防等各项要求。

2. 基本要求

（1）职业道德

1）职业道德基本知识

认识职业道德的内涵、特征及作用，掌握城市轨道交通职业道德的含义、原则和功能。

2）职业守则

① 遵纪守法，遵守规程；

② 敬业爱岗，竭诚服务；

③ 服从命令，顾全大局；

④ 规范操作，安全正点；

⑤ 爱护列车，文明生产；

⑥ 钻研技术，不断创新；

⑦ 节能降耗，保护环境；

⑧ 团结协作，诚实守信。

（2）基础知识

1）安全基本知识

① 消防安全知识；

② 用电安全知识；

③ 行车安全知识；

④ 机械结构安全知识；

⑤ 车辆系统安全知识；

⑥ 公共安全防范知识；

⑦ 突发事件应急处置知识；

⑧ 交通安全知识。

2）相关法律法规知识

①《中华人民共和国劳动法》相关知识；

②《中华人民共和国安全生产法》相关知识；

③《中华人民共和国突发事件应对法》相关知识；

④《中华人民共和国消防法》相关知识；

⑤《中华人民共和国特种设备安全法》相关知识；

⑥《中华人民共和国反恐怖主义法》相关知识；

⑦《中华人民共和国道路交通安全法》相关知识；

⑧《生产安全事故报告和调查处理条例》相关知识；

⑨ 城市轨道交通安全质量管理办法相关知识；

⑩《国家城市轨道交通运营突发事件应急预案》相关知识；

⑪ 城市轨道交通安全运营管理办法相关知识；

⑫ 城市轨道交通工程安全生产管理办法相关知识。

3）电子、电工、机械和计算机基础知识

① 电路图及常用电气符号；

② 电磁感应基础知识；

③ 电机的结构、作用以及基本原理；

④ 常用控制电器种类、结构及作用；

⑤ 机械传动知识；

⑥ 机械识图知识；

⑦ 计算机基础知识。

4）行车知识

① 行车组织规则和作业标准，车辆段/停车场功能、运作等知识；

② 行车线路线网构架基础知识；

③ 车辆配备、运用与检修计划基础知识；

④ 列车运行控制基础知识；

⑤ 列车运行图基础知识；

⑥ 线网密度及规模基础知识；

⑦ 车站站位及客流换乘流线基础知识；

⑧ 各级应急预案知识。

5）车辆知识

① 车辆结构、组成和功能基础知识；

② 车辆门系统、制动系统、转向架等基础知识；

③ 简单故障处理方法知识。

6）通信信号知识

① 城市轨道交通通信信号基础知识；

② 简单故障处理方法知识。

7）供电、轨道线路和站台门知识

① 供电系统组成基础知识；

② 轨道线路组成基础知识；

③ 站台门类型及操作基础知识。

（3）心理素质

1）抗压心理；

2）快速反应；

3）危机处理。

3. 工作要求

本标准对城市轨道交通列车司机初级、中级、高级、技师和高级技师的技能要求依次递进，高级别涵盖低级别的要求。

（1）初级

职业功能	工作内容	技能要求	相关知识
1. 操纵列车	出退勤作业	（1）能抄阅、理解行车指令； （2）能确认值乘列车的车次、车号、停放股道； （3）能按要求填写司机报单、事故报告等有关台账报表记录； （4）能按要求向有关人员介绍本次列车技术状况、运行情况、报单日志记录情况，办理专用物品及行车安全装备的交接； （5）能按规定办理退勤作业	（1）有关调度命令的内容和含义； （2）出勤、退勤的有关要求； （3）车辆段/停车场运作知识； （4）行车组织规则对出入车辆段/停车场作业的规定； （5）车辆段/停车场设备知识
	列车整备作业	（1）能检查车钩、走行部、空气管路及阀门等列车外部设备； （2）能检查客室内车门、设备柜、电子柜、各类阀门等设备； （3）能检查司机室内设备柜、电子柜、驾驶台仪器仪表以及辅助设备； （4）能进行牵引制动、车门、车载通信功能性试验	（1）列车出乘前准备流程； （2）客室设备知识； （3）设备柜设备知识； （4）辅助设备知识； （5）司机室设备知识； （6）车底、走行部设备知识； （7）车载ATC设备知识
	列车出入场	（1）能确认股道号、出场信号、供电状态、止轮器状态； （2）能使用通信设备进行行车联控动车； （3）能按停车标志停车，做到一次停妥； （4）能完成发车前的数据输入，确认等各项准备工作； （5）能驾驶列车进行出场运行； （6）能驾驶列车进行入场运行； （7）能完成洗车作业； （8）能进行列车连挂操作	（1）行车组织规则对出入车辆段/停车场作业的规定； （2）车辆段/停车场线路知识； （3）车辆段/停车场信号知识； （4）司机出、入场操作的方法； （5）平稳操纵的相关规定和方法； （6）列车制动、缓解方法； （7）行车组织规则对调车作业的规定； （8）车辆段/停车场运作知识； （9）列车司机操作手册
	车辆段/停车场内作业	（1）能辨别调车信号机指示灯，正确驾驶列车运行； （2）能确认道岔开通位置，正确调动列车到指定位置； （3）能辨识车厂线路标志牌，按要求驾驶列车； （4）能与信号楼进行相关行车用语联控作业，确保按调车指令动车； （5）能执行调车作业并确保调车任务安全有序进行； （6）能人工操作缓解列车停放制动； （7）能操作气制动阀开关，缓解列车气制动； （8）能判断客车与工程车是否连接良好； （9）能进行工程车与客车解勾操作，让连挂车钩解锁； （10）能确认铁鞋摆放位置及撤除； （11）能进行引导员与后端驾驶司机联控，确保安全行车； （12）能够按规定完成段场内试车线调试作业	（1）行车组织规则； （2）车辆段/停车场运作知识； （3）线路和轨道基本知识； （4）车辆段/停车场信号知识； （5）车辆段/停车场线路知识； （6）调车作业流程； （7）调车单各项内容代表意义及注意事项； （8）车辆段/停车场线路图知识、供电闸刀开关区域、股道、道岔基本情况及线路限速要求； （9）车辆段/停车场线路标志牌的意义及要求； （10）列车车底设备知识； （11）切除所有制动方法及判别； （12）切除B09状态下紧急停车操作方法； （13）停放制动施加与缓解方法； （14）解勾按钮操作方法； （15）列车司机操作手册

职业功能	工作内容	技能要求	相关知识
1. 操纵列车	正线驾驶	(1) 能在不同的线路状况和各种环境下平稳操纵列车； (2) 能遵守各项允许及限制速度，按列车运行图行车； (3) 能完成各种驾驶模式下的驾驶操作和模式的转换； (4) 能按规定执行自控、联控制度； (5) 能严格按信号显示行车； (6) 能使用列车无线调度电话、列车运行监控记录装置及其他列车安全防护装置； (7) 能观测列车运行速度，正确使用制动系统，掌握各种制动状态的制动距离； (8) 能操纵列车，达到安全、正点、平稳、停车准确，完成站台作业； (9) 能按要求填写司机手账； (10) 能完成正线终点站折返作业、区间折返作业	(1) 行车组织规则； (2) 正线线路知识； (3) 折返线线路知识； (4) 轨道基本知识； (5) 信号基本知识； (6) 线路工程和轨道结构； (7) 电力牵引系统分布； (8) 线路标志和信号标志牌知识； (9) 列车司机操作手册； (10) 时刻表的关键要素和组成及发车时刻的确认方法
	列车转线作业	能够根据跨线路列车的计划，配合计划的实施，保障跨线路列车安全有序的到达目的地	(1) 转线计划知识； (2) 转线作业流程； (3) 转线作业安全关键点及对策
2. 列车故障处理	列车制动故障	能判断、处理制动不缓解、停放制动不缓解、紧急制动不缓解、列车总线故障等	(1) 司机室故障显示屏知识； (2) 司机室内部指示灯识别方法； (3) 司机室气压表的识别方法； (4) 列车外部指示灯识别方法； (5) 司机与行车调度、车站的联控用语； (6) 司机室驾驶台各操作部件的功能及操作方法； (7) 司机室电器柜各旁路开关或微动开关的功能及操作方法； (8) 客室各操作部件的功能及操作方法； (9) 信号或车辆故障处理方法； (10) 列车司机操作手册； (11) 车载ATP系统
	车门故障	能判断、处理司机室侧门故障、客室车门故障、逃生门故障、端门（间隔门）故障、开/关门按钮卡滞等	
	牵引故障	能判断、处理辅助逆变器故障、牵引逆变器故障、受流器（受电弓）故障、牵引受阻、牵引无流等	
	通信信号故障	能判断、处理信号系统降级运营、车载信号故障、自动折返失败故障、站台门信号故障等	
	受电弓（靴）故障	能判断、处理不升弓、运行中自动降弓、不能降弓、弓（靴）网（轨）故障等	
	列车辅助系统故障	能判断、处理列车辅助系统（空压机、空调、逆变器）故障等	
	主电路故障	能判断、处理列车主电路故障	
3. 非正常行车及突发事件应急处置	非正常行车	能执行各类降级模式（站间电话联系法、电话闭塞法、调车方式折返、无车载ATP保护下的驾驶、越过信号红灯等）、小交路、单线双向、退行等驾驶任务	(1) 行车组织规则； (2) 应急处置预案（折返方式及相应应急处置）； (3) 列车运行图基本知识； (4) 自动闭塞知识； (5) 区间闭塞知识； (6) 电话闭塞知识； (7) 应急处置预案（行车闭塞及相应应急处置）； (8) 小交路行车组织方式与流程； (9) 列车反方向运行驾驶规定； (10) 列车退行驾驶规定； (11) 列车推进运行驾驶规定
	运营突发事件	(1) 能进行各种乘客应急事务的响应和处置； (2) 能按应急处理程序处置火灾、毒气、发现可疑物品、劫持人质、乘客擅自进入隧道（线路）、站台门与车门间滞留乘客、接触网（轨）停电、接触网（轨）异物、线路障碍物、线路积水、列车挤岔、脱轨、倾覆及自然灾害等运营突发事件	
	特殊天气	在台风、雨雪、雷电等恶劣天气下能够按规定安全行车	

职业功能	工作内容	技能要求	相关知识
4. 列车救援操作	故障判断及故障车处理	(1) 能掌握推进救援、牵引救援等方法； (2) 能判断是否需要救援； (3) 能进行清客等客流组织工作； (4) 能进行救援连挂准备工作； (5) 能确认救援列车连挂状态； (6) 能指挥救援列车完成救援任务	(1) 行车组织规则； (2) 司机与调度联系方法； (3) 故障判断的一般规则； (4) 故障处理的一般规则； (5) 列车救援办法（故障判断）； (6) 清客作业的原则、流程； (7) 连挂准备工作流程； (8) 全自动车钩工作原理； (9) 全自动车钩的操作； (10) 列车救援办法（故障车作业）； (11) 救援连挂的各种风险控制措施
	救援列车的准备及列车连挂	(1) 能按行调命令执行救援列车任务； (2) 能进行清客等客流组织工作； (3) 能按规定行车速度行驶至指定位置； (4) 能按规定进行与故障车连挂； (5) 能确认列车连挂状态及进行试拉； (6) 能在列车连挂后按要求驾驶列车完成救援任务	(1) 行车组织规则； (2) 清客作业的原则、流程； (3) 慢速前行模式的驾驶方法； (4) 列车连挂流程； (5) 连挂列车试拉的方法； (6) 牵引、推进运行规定； (7) 列车救援办法（救援列车的准备及列车连挂）； (8) 救援连挂的各种风险控制措施

（2）中级

职业功能	工作内容	技能要求	相关知识
1. 操纵列车	车厂内进行调车作业	(1) 能驾驶列车在车场内进行各种转线作业； (2) 能配合参与工程车调动客车作业； (3) 能驾驶列车在车厂试车线进行调试作业	(1) 行车组织规则； (2) 车厂运作手册； (3) 轨道基本知识； (4) 信号基本知识； (5) 停车场线路； (6) 调车作业流程； (7) 调车单各项内容代表意义及注意事项； (8) 能熟悉掌握车厂线路图（供电闸刀开关区域、股道、道岔基本情况）及线路限速要求； (9) 能掌握车厂线路标志牌的意义及要求
2. 列车故障处理	列车故障简单处理与风险防范分析	能准确判断、排除车门、牵引、制动、通信信号、受电弓（靴）、辅助系统、主电路等故障，并能做好风险防范	(1) 处理列车车门控制系统故障的风险点与防范措施； (2) 处理列车制动系统故障的风险点与防范措施； (3) 处理列车牵引系统故障的风险点与防范措施； (4) 处理列车通信、信号系统故障的风险点与防范措施； (5) 处理列车受电弓（靴）故障的风险点与防范措施； (6) 处理列车辅助系统故障的风险点与防范措施； (7) 处理列车主电路故障的风险点与防范措施

职业功能	工作内容	技能要求	相关知识
3. 非正常行车及突发事件应急处置	各类应急事件处置与风险防范	(1) 能执行各类非正常行车情况下的驾驶任务并做好风险防范； (2) 能正确处理各种运营突发事件并做好风险防范； (3) 能执行各类特殊天气下的驾驶任务并能做好风险防范	(1) 各类非正常行车情况下的风险点与防范措施； (2) 各种运营突发事件的风险点与防范措施； (3) 各类特殊天气下的驾驶的风险点与防范措施

（3）高级

职业功能	工作内容	技能要求	相关知识
1. 操纵列车	正线配合调试作业	(1) 能进行列车调试前的准备工作； (2) 能驾驶列车进行调试作业； (3) 能添乘各类调试列车，确保列车按规定速度安全行驶； (4) 能驾驶新车进行调试作业，并对列车牵引、制动及其他状况进行评估及反馈	(1) 行车组织规则； (2) 申请试车流程； (3) 非完整列车的启动方法； (4) 切除部分牵引或制动的操作和驾驶方法； (5) 牵引控制单元工作原理； (6) 制动控制单元工作原理； (7) 方向控制单元工作原理； (8) 列车牵引、制动性能； (9) 调试列车整备作业流程； (10) 调试管理规定及安全措施； (11) 各项制动试验的操作流程及技巧； (12) 各类调试方案的解读及与行车调度、调试负责人的联控用语
2. 列车故障处理	列车故障处理与分析	能准确判断、排除车门、牵引、制动、通信信号、受电弓（靴）、辅助系统、主电路等较复杂的故障，并能分析故障的原因	(1) 列车车门控制系统工作原理； (2) 列车制动系统工作原理； (3) 列车牵引系统工作原理； (4) 列车通信、信号系统工作原理； (5) 列车受电弓（靴）工作原理； (6) 列车辅助系统工作原理； (7) 主电路工作原理
3. 非正常行车及突发事件应急处置	各类应急事件分析与优化	(1) 能对各类非正常行车应急事件进行分析，并提出优化措施； (2) 能对各种运营突发事件进行分析，并提出优化措施	(1) 各类非正常行车事件的处理流程与关键点； (2) 各种运营突发事件的处理流程与关键点
4. 培训指导	技术培训和指导	(1) 能指导和纠正列车司机不良操作习惯和违规操作行为； (2) 能够对列车设备内部构造进行画图及讲解； (3) 能对中级操作工进行系统操作培训	(1) 培训教学的基本方法； (2) 培训计划编制方法

（4）技师

职业功能	工作内容	技能要求	相关知识
1. 操纵列车	列车完成新设备、设备改造后的调试作业	（1）能驾驶列车进行新设备、设备改造后的调试作业，确保列车安全运行； （2）能评估新设备（或设备改造）对行车安全产生的影响； （3）能根据影响制定应对措施或优化司机作业流程	（1）行车组织规则； （2）调试管理规定； （3）调试作业流程； （4）新设备使用和维修规程； （5）列车司机操作手册
2. 列车故障处理	列车疑难故障处理与分析	（1）能运用列车构造原理、电器及电气间的控制关系分析故障原因； （2）能判断、处理控制电路两点接地等较复杂的列车故障； （3）能使用列车逻辑控制装置并判断、处理故障	（1）列车电路控制原理； （2）列车构造理论知识； （3）列车电气、制动机和机械故障的判断及处理方法； （4）列车逻辑控制装置有关知识
3. 非正常行车及突发事件应急处置	非正常行车及突发事件演练方案的制定与实施	（1）能编写各类非正常行车及突发事件演练方案； （2）能组织司机开展各类非正常行车及突发事件演练实施	（1）演练方案编写方法； （2）各类非正常行车及突发事件的应急处理流程； （3）各类非正常行车及突发事件演练实施重点
4. 技术管理	乘务管理	（1）能组织实施司机出退勤作业； （2）能组织实施车场调车、列车调试等工作； （3）能组织实施各项演练方案； （4）能组织实施技术业务培训； （5）能根据列车运行图编制乘务交路任务单	（1）行车组织规则； （2）应急预案（折返方式及相应应急处置）； （3）列车运行图知识； （4）电话闭塞法行车规定
	列车维修	（1）能区分不同设备的运行状态，提出维保计划建议； （2）能根据列车使用情况，提出优化修程修制建议； （3）能配合制定列车维修计划和标准； （4）能对列车相关设备维修进行技术经济分析	（1）列车维修修程修制； （2）设备技术经济分析方法和理论
	列车相关设备更新	（1）能根据维修、大修项目，提出备件、材料采购、更新计划建议； （2）能鉴别列车上不同品牌设备的技术性能，提出设备购置建议	（1）备件管理方法和理论； （2）设备更新改造理论和方法
	制定技术措施	（1）能根据车辆和车载设施设备操作手册，细化标准化作业流程； （2）能配合监督检查列车运行技术档案	（1）司机标准化作业规定； （2）档案管理方法和理论
	撰写技术总结	能撰写技术总结	技术总结方法
5. 培训指导	技术培训	（1）能配合制定列车司机培训计划、编写培训教材，对培训进行总结； （2）能对初、中、高级操作工进行系统操作指导	（1）培训教学的基本方法； （2）培训计划编制方法； （3）有关列车的新技术、新设备、新标准
	专业指导	（1）能对值乘列车司机进行现场安全、技术指导； （2）能在作业中应用、推广新技术、新设备、新标准	

（5）高级技师

职业功能	工作内容	技能要求	相关知识
1. 技术管理	乘务管理	（1）能组织实施各项运营演练方案； （2）能制订乘务管理规章； （3）能策划和组织实施行车组织方案	（1）行车组织规则； （2）站前折返知识； （3）站后折返知识； （4）应急预案（折返方式及相应应急处置）； （5）列车运行图知识
	列车维修	（1）能结合日常工作状况和专业检查报告，对列车运行安全状况进行分析评估，提出针对性改进意见； （2）能够配合组织列车相关设备的定检及专项检查； （3）能参与对大修后的列车设备进行技术评定和验收； （4）能够配合对经常发生的设备故障进行技术改造、技术革新； （5）能配合对更换下来的零部件进行修复利用	（1）部分检测仪器使用手册； （2）列车维修规程； （3）安全评估方法和理论； （4）故障分析方法和理论； （5）技术鉴定评定方法
	制定技术措施	（1）能根据行车有关规程，制订相关技术措施； （2）能编写乘务专业的行车安全应急预案； （3）能根据行车设备的惯性故障进行分析，提出结构和功能改造方案	（1）城市轨道交通有关安全生产制度、措施及要求； （2）行车组织规则； （3）车辆段/停车场运作知识； （4）乘务管理与运用
	列车相关设备更新	（1）能配合检测列车设备劣化程度，协助对部件实施替换、更新； （2）能提出进口备件国产化改造建议； （3）能提出列车相关设备升级换代建议	（1）备件管理方法和理论； （2）设备更新改造理论和方法； （3）国产化相关政策
	制定非正常行车及突发事件的应急预案	（1）制定非正常行车及突发事件的应急预案； （2）能根据非正常行车及突发事件处置的情况（含演练）进行分析评估； （3）能对定非正常行车及突发事件的应急预案进行修订完善	（1）应急预案的编写要求与方法； （2）各类非正常行车及突发事件的应急处理流程与安全关键点
	技术总结和推广	（1）能对设备新技术、新工艺、新标准的应用技术状况进行总结、评定并推广； （2）能够区分和总结不同线别间行车设备的差异性并分析； （3）能提出列车运行节能降耗的措施	（1）新技术、新工艺、新标准在列车上应用的知识； （2）新技术、新工艺推广方法； （3）不同线别间行车设备相关知识和操作方法
	撰写技术论文	能撰写技术论文	技术论文写作方法
2. 培训指导	技术培训	（1）能对技师及以下进行培训和技术指导； （2）能开展对外培训	（1）技术资料分析和总结方法； （2）列车运行控制和设备管理理论； （3）计算机常用办公软件的使用方法
	专业指导	能对列车设备新技术、进行新技术、新工艺、新标准的应用进行指导	

4. 各专业占比

(1) 理论知识

项目	技能等级	初级（%）	中级（%）	高级（%）	技师（%）	高级技师（%）
基本要求	职业道德	5	5	5	5	5
	基础知识	10	10	10	5	5
	心理素质	5	5	5	5	5
相关知识	操纵列车	30	25	20	10	0
	列车故障处理	25	30	25	15	10
	非正常行车及突发事件应急处置	20	25	25	10	10
	列车救援	5	—	—	—	—
	培训指导	—	—	10	20	20
	技术管理	—	—	—	30	45
合计		100	100	100	100	100

(2) 技能操作

项目	技能等级	初级（%）	中级（%）	高级（%）	技师（%）	高级技师（%）
技能要求	操纵列车	30	30	20	10	10
	列车故障处理	50	50	45	40	30
	非正常行车及突发事件应急处置	15	20	25	20	20
	列车救援	5	—	—	—	—
	培训指导	—	—	10	15	20
	技术管理	—	—	—	15	20
合计		100	100	100	100	100